LE GRAND LIVRE DE LA CUISINE

méditerranéenne

LE GRAND LIVRE DE LA CUISINE

méditerranéenne

FIOREDITIONS

Publié par Murdoch Books®
Première publication en 2001
National Library of Australia Cataloguing-in-Publication Data
The essential Mediterranean cookbook. Includes index. ISBN 1 74045 033 7 (cased edition)
1 74045 034 5 (pbk) 1. Cookery, Mediterranean. (Series: Essential series (Sydney, N.S.W.)). 641.591822
A catalogue record of this book is available from the British Library.
©Texte, conception, photographies et illustrations Murdoch Books® 2001

Series Editor: Wendy Stephen. Managing Editor: Rachel Carter. Designer: Wing Ping Tong.
Design Concept: Marylouise Brammer. Food Editor: Christine Osmond. Food Director: Jane Lawson.
Stylistes (couverture et doubles pages spéciales) : Marie-Hélène Clauzon, Mary Harris.
Photographes (couverture et doubles pages spéciales) : Craig Cranko, Brett Stevens.
Économistes domestiques : Jo Glynn, Justine Poole.
Picture Librarian: Anne Ferrier.

Tous droits réservés. Aucune partie de ce livre ne peut être reproduite ou utilisée sous quelque
forme ou avec quelque moyen électronique ou mécanique que ce soit, y compris des systèmes de
stockage d'information ou de recherche documentaire, sans l'autorisation écrite de l'éditeur.

Titre original : *The Essential Mediterranean Cookbook*

Copyright 2004 © pour l'édition française

FIOREDITIONS

1136, Via Cassia - 00189 Rome - Italie

Traduction de l'anglais : Anne Le Bot, Hélène Marin
Réalisation : mot.*tiff*, Paris
Impression et reliure : SNP Leefung Printers Limited

Imprimé en Chine

ISBN : 88-7525-095-2

10 9 8 7 6 5 4 3 2 1

NOTRE SYSTÈME D'ÉTOILES
Lorsque nous testons les recettes, nous leur attribuons des étoiles en fonction de la facilité de leur préparation.
☆ Une seule étoile indique une recette simple et généralement rapide à préparer, idéale pour les débutants.
☆☆ Deux étoiles indiquent qu'il faut juste un peu plus de soin, ou de temps.
☆☆☆ Trois étoiles indiquent des plats particuliers nécessitant davantage de temps, de soin et de patience.
Mais les résultats en valent la peine. Même les débutants peuvent les réaliser,
à condition de suivre attentivement la recette.

MÉDITERRANÉE

Ce livre vous invite à un voyage culinaire sur les rives ensoleillées de la mer Méditerranée. De la Grèce à la Turquie, en passant par l'Italie, la France, l'Espagne, l'Afrique du Nord et le Moyen-Orient, vous découvrirez une multitude de recettes variées et vous laisserez séduire par les saveurs typiques et les mets de chaque pays, meze de Grèce, antipasti d'Italie ou tapas d'Espagne. Les succulentes recettes originaires de toutes ces régions reflètent les styles de cuisine, les pratiques culinaires et les traditions gastronomiques des Méditerranéens.

Épices, herbes, légumes et autres ingrédients abondent dans ces magnifiques contrées qui bordent la grande bleue. Cependant, la richesse historique et les origines diverses de ces peuples ont conduit à des utilisations différentes des mêmes produits. Tout au long de ce voyage, les recettes vous feront découvrir les multiples facettes de la cuisine méditerranéenne.

SOMMAIRE

La cuisine méditerranéenne	8
Ingrédients	10
La Grèce	16
La Turquie	62
L'Italie	86
La France	150
L'Espagne	194
L'Afrique du Nord	244
Le Moyen-Orient	270
Index	296

DOUBLES PAGES SPÉCIALES

MEZE	34
ANTIPASTI	96
PÂTES	106
PIZZAS	118
HUILE D'OLIVE	136
ASSAISONNEMENTS ET SAUCES	158
TAPAS	218
PRÉPARATION DES OLIVES	232

LA CUISINE MÉDITERRANÉENNE

La Méditerranée n'est pas qu'une vaste mer intérieure bercée par un climat tempéré : elle renvoie également à une longue et tumultueuse histoire de conquêtes et d'occupations successives. Phéniciens, Égyptiens, Grecs, Carthaginois, Perses et Romains ont tous apporté leur contribution à la Méditerranée, laissant derrière eux la trace visible de routes commerciales et de grandes civilisations. Pendant des siècles, la mer Méditerranée fut une voie maritime extrêmement active, source de richesse historique et d'échanges culturels. Il n'est donc pas surprenant que les recettes de cuisine aient traversé les frontières et se soient adaptées aux différents besoins des populations.

Ce livre se veut le reflet de cette histoire, et de nombreuses recettes se distinguent par leur frappante ressemblance. Poivrons et aubergines farcis, ragoûts de poissons et pâte fillo apparaissent ainsi tout au long de l'ouvrage en diverses variantes. En revanche, certains autres plats comme la pissaladière provençale (page 162) ou la moussaka grecque (page 44) renvoient directement au pays d'origine. Nombre de ces mets « nationaux » ont donné naissance à des variantes partout où ils se sont répandus, mais ils ont su garder leur identité culturelle.

La Méditerranée offre une formidable diversité de paysages et jouit d'une incroyable richesse de ressources. Cet ouvrage tente d'explorer, aussi bien d'un point de vue géographique que culinaire, l'Espagne, le Maroc et l'Algérie, puis, en longeant les côtes de la grande bleue, la Tunisie, la Libye, l'Égypte, Israël, le Liban et la Turquie à l'est, et la Grèce, l'Italie et le Sud de la France au nord.

Les Arabes ont grandement influencé la cuisine méditerranéenne. Suivant les routes commerciales, ils ont apporté avec eux l'eau de rose et l'eau de fleur d'oranger, les grenades, les agrumes, les pignons, les noix, les aubergines et les courgettes. Ils ont également répandu le safran, le cumin et la cannelle.

QU'EST-CE QUE LA CUISINE MÉDITERRANÉENNE ?

À l'image du passé de cette région, il n'existe pas *une* cuisine méditerranéenne, mais un mélange pittoresque et chaleureux de cuisines du monde entier. Le décor méditerranéen pourrait cependant se résumer à la culture des oliviers et à la fabrication de l'huile d'olive, mais de nombreux autres ingrédients sont également essentiels : courgettes, tomates, aubergines, poivrons et ail, mais aussi fruits, légumes secs, céréales, pâtes, herbes, épices et noix. Si les produits de la mer font naturellement partie de la cuisine méditerranéenne, l'incorporation de viande rouge dans les plats est souvent plus problématique en raison de la nature des terres intérieures, vallonnées et inhospitalières, qui rendent l'élevage difficile. Par ailleurs, dans la plupart des pays méditerranéens, les repas s'accompagnent toujours d'un bon vin. En règle générale, les arômes de la cuisine méditerranéenne sont forts et tenaces, et les saveurs naturelles des ingrédients ne sont pas noyées dans des sauces riches et onctueuses ou masquées par l'ajout de beurre.

Diététiciens et nutritionnistes se sont beaucoup intéressés à la nourriture méditerranéenne au cours de la dernière décennie. À l'heure actuelle, de nombreuses études sont menées visant à démontrer que la consommation d'huile d'olive, de produits de la mer en abondance, de fruits frais et de légumes, associée à une faible proportion de viande rouge et de graisses animales sous forme de beurre, de crème et de lard, peuvent prévenir certaines

LA CUISINE MÉDITERRANÉENNE

pathologies comme les maladies coronariennes, l'obésité, le diabète et le cancer.

Cet ouvrage est un florilège des recettes les plus classiques de la cuisine méditerranéenne. Les recettes du Nord de l'Italie n'ont pas été incluses dans ce livre car leurs origines, plus septentrionales, les rendent si différentes qu'il est parfois difficile de croire qu'elles sont issues d'une même tradition gastronomique. Si vous interrogez un Italien sur la cuisine italienne, vous vous rendrez compte qu'il n'existe pas une cuisine italienne, mais quantité de cuisines régionales étroitement liées à l'histoire locale. Ainsi les autochtones parlent-ils de cuisine vénitienne, florentine, napolitaine ou sicilienne – pour n'en citer que quelques-unes – plutôt que de cuisine italienne. Le chapitre consacré à la France traite essentiellement de la Provence, une région à part, non seulement du point de vue historique, mais également du point de vue climatique. La Provence jouit en effet d'un ensoleillement plus important que toutes les régions de l'Hexagone, et le fait qu'elle soit baignée de soleil et bordée par la Méditerranée la rapproche de ses voisins méridionaux. Presque toutes les recettes contenues dans ce livre sont issues d'une cuisine traditionnelle riche utilisant des ingrédients de base savoureux comme le safran, l'ail ou les anchois, pour relever le goût des légumes frais ou de simples pièces de viande.

LES CLÉS DU SUCCÈS

- Utilisez toujours des ingrédients de qualité et, de préférence, des produits de saisons. Les tomates en sont un exemple typique : dans la mesure du possible, choisissez des tomates fraîches qui ont mûri sur pied. Sinon, optez pour de bonnes tomates en conserve.
- Agrémentez vos plats d'herbes fraîches de préférence. Choisissez celles dont les tiges sont bien droites et dont les feuilles ne sont ni sombres, ni molles. Pour conserver des herbes comme le persil, le basilic ou la coriandre, rincez-les légèrement à l'eau froide, puis secouez-les pour les sécher et enveloppez-les dans des serviettes en papier humides.
- Certaines recettes comme le foie d'agneau à l'origan (page 26) ou les cailles rôties (page 30) requièrent l'utilisation d'herbes sèches. Essayez d'acheter des herbes sauvages séchées, en branches, dans des épiceries spécialisées, car elles ont généralement beaucoup plus de goût et évoquent véritablement la nature sauvage méditerranéenne.
- Les épices moulues ont un goût différent si vous les grillez et moulez vous-même. Grillez et moulez une petite quantité d'épices que vous mettrez ensuite dans un récipient fermé hermétiquement. Si vous achetez des épices déjà moulues, sachez qu'elles perdent leur saveur et leur arôme avec le temps.
- Pour préparer un repas à l'aide de ce livre, vous pouvez choisir des plats uniquement espagnols ou marocains, mais rien ne vous interdit de composer un menu avec des mets originaires de différents pays. Un assortiment de plats, allant des dolmades (page 19) à l'houmous (page 64), en passant par les sardines farcies à l'italienne (page 92), tous servis avec du pain, n'aurait rien de surprenant. Ces mets se distinguent en effet par leur extrême souplesse d'emploi. Créez vos menus en fonction des produits de saison et agrémentez-les à la mode méditerranéenne d'herbes hachées, d'amandes grillées ou de pignons, d'olives ou d'un trait d'huile d'olive extra vierge. Restez simple dans la présentation, et n'hésitez pas à servir des vins originaires des mêmes régions que les plats.

LE GRAND LIVRE DE LA CUISINE MÉDITERRANÉENNE

INGRÉDIENTS

ANCHOIS
Petit poisson de la famille du hareng, commun dans les eaux européennes méridionales. Bien que les anchois puissent se déguster frais, on les trouvera rarement en dehors des ports de pêche méditerranéens car ce sont des poissons délicats qui doivent être consommés ou transformés rapidement. Les anchois se consomment généralement marinés et salés. Ils sont vendus en conserves ou en bocaux.

RIZ ARBORIO
Riz blanc rond cultivé en Italie. Utilisé aussi bien dans des plats salés que sucrés, le riz arborio est indispensable à la préparation du risotto car ses grains sont capables d'absorber une importante quantité de liquide et de devenir crémeux sans perdre leur fermeté.

CŒURS D'ARTICHAUTS
Feuilles charnues du cœur de petits artichauts dont le haut est coupé. On les trouve entiers ou en quartiers, en conserves ou en bocaux, grillés ou nature, dans de l'huile d'olive ou de la saumure.

BOCCONCINI
Les petites boules de mozzarella sont appelées bocconcini. Fromage non affiné doux et onctueux, traditionnellement fabriqué à partir de lait de bufflonne, mais aujourd'hui souvent fabriqué à partir de lait de vache, le bocconcini doit être stocké au réfrigérateur dans son petit lait. Il peut se conserver jusqu'à trois semaines, mais s'il a tendance à jaunir, il vaut mieux le jeter. Égoutté et coupé en tranches, le bocconcini s'utilise dans les salades, les garnitures de pizzas et de bruschettas et dans les plats de pâtes.

HARICOTS BORLOTTI
Légèrement incurvés, les haricots borlotti sont des haricots clairs, de couleur brun rosâtre, joliment tachetés de rouge. Très répandus en Italie, leur goût rappelle celui des noix, et ils sont utilisés dans des soupes, des ragoûts et des salades. Ils sont parfois vendus frais, mais, en général, vous les trouverez secs ou en conserve.

BOULGHOUR
Blé germé, séché et concassé. Faisant partie des ingrédients de base de la cuisine du Maghreb et du Moyen-Orient, il est vendu cru ou précuit, et concassé plus ou moins grossièrement.

RIZ CALASPARRA
Ce riz blanc à grain moyen, d'origine espagnole, est traditionnellement utilisé pour la paella. Si vous ne pouvez vous en procurer, vous pouvez le remplacer par du riz arborio, du riz carnaroli ou du riz vialone nano.

HARICOTS LINGOTS
Ces haricots blancs incurvés, à la saveur douce et à la texture légère quand ils sont cuits, peuvent entrer dans la composition de nombreux plats, des soupes aux ragoûts, en passant par les salades. Les haricots lingots sont vendus frais, secs ou en conserve.

INGRÉDIENTS

CÂPRES
Boutons floraux confits dans du vinaigre, issus d'un arbrisseau (câprier) que l'on trouve à l'état sauvage dans de nombreuses régions de la Méditerranée. Les câpres ont un goût aigre et prononcé ; elles sont conservées dans du vinaigre ou de la saumure (qui doit être enlevée avant utilisation).

CÉDRAT
Agrume plus gros qu'un citron (fruit du cédratier). Remontant à l'Antiquité, il est essentiellement cultivé pour son écorce épaisse que l'on confit. Le cédrat est vendu dans les épiceries spécialisées.

POIS CHICHES
Figurant parmi les plantes légumineuses les plus polyvalentes et les plus populaires de nombreuses régions du monde, les pois chiches ont d'abord été cultivés dans les pays du Levant et dans l'Égypte ancienne. Il existe deux variétés de pois chiches : les garbanzo, gros et blancs, et les desi, plus petits et jaunâtres. Certains des plats les plus répandus au Moyen-Orient, dont l'houmous, sont à base de pois chiches. Les pois chiches peuvent être bouillis, grillés, pilés, réduits en purée ou moulus. Ils sont vendus secs ou en conserve.

CHORIZO
Saucisse à base de porc, de paprika et d'ail, d'origine espagnole, ayant donné naissance à de nombreuses variantes régionales. Coupé en rondelles, le chorizo peut être servi en tapas ou être incorporé dans une paella, un ragoût ou une soupe.

SEMOULE À COUSCOUS
Farine granulée que l'on tire des blés durs. La semoule à couscous instantanée cuit en 5 minutes. Au Maghreb, l'utilisation de la semoule à couscous est la même que celle du riz en Asie : aliment riche en glucides, elle accompagne plats de viandes et de légumes.

FETA
Fromage à pâte molle de couleur blanche, affiné en saumure. Traditionnellement fabriquée à partir de lait de brebis ou de chèvre, la feta est aujourd'hui souvent fabriquée à partir de lait de vache. Au goût robuste et salé, elle peut être servie en amuse-gueule, cuisinée ou marinée. Elle est toujours présente dans les salades grecques traditionnelles.

PÂTE FILLO
La pâte fillo se présente en feuilles très fines fabriquées à partir de farine et d'eau. Elle est fréquemment utilisée dans les pays orientaux du bassin méditerranéen pour la préparation de plats salés et sucrés. Légèrement graissées, les fines feuilles de pâte sont soit superposées pour faire des baklavas, soit roulées deux par deux pour recevoir une garniture dans le cas des tiropitakia.

FRISÉE
Chicorée aux feuilles finement dentelées, la frisée est une salade verte d'hiver à la saveur amère. Elle s'accorde très bien avec des ingrédients au goût robuste comme les lardons, les noix ou la moutarde.

HALOUMI
Fromage salé originaire du Moyen-Orient fabriqué à partir de lait de brebis. Le lait caillé est cuit, puis affiné dans de la saumure, généralement avec des herbes ou des épices. Ce fromage est le plus souvent grillé ou frit, mais il peut également être incorporé dans des salades ou servir de garniture pour sandwichs.

KEFALOTYRI
Fromage de brebis ou de chèvre à pâte très dure, affiné et pasteurisé, au goût léger. Son utilisation dépend de son âge. Jeune, il est consommé comme fromage de table ; à six mois, il s'utilise en cuisine, et vieux, il constitue un excellent fromage à râper. Il peut être remplacé par du parmesan ou du pecorino.

LENTILLES DU PUY
Considérées en France comme un ingrédient de choix, ces petites lentilles vert foncé sont relativement chères. Contrairement à la plupart des autres variétés, les lentilles vertes du Puy ont une excellente tenue et gardent une texture ferme même après cuisson. Elles sont surtout utilisées pour les salades et les plats d'accompagnement.

MARSALA
Vin doux originaire de Marsala en Sicile. Les marsalas secs entrent dans la composition de plats salés ou peuvent être servis en apéritif. Les marsalas doux, quant à eux, conviennent davantage aux entremets comme le sabayon, et peuvent également accompagner les desserts.

MELOKHIA
Les feuilles de melokhia sont utilisées comme légumes dans de nombreux pays méditerranéens. En Égypte, elles servent à préparer une soupe du même nom, à laquelle elles donnent une texture gélatineuse. Les feuilles de melokhia peuvent s'acheter fraîches, séchées ou congelées.

MOZZARELLA
Fromage frais à pâte molle, de couleur blanche et au goût peu prononcé. Traditionnellement fabriquée à partir de lait de bufflonne, la mozzarella est aujourd'hui souvent fabriquée à partir de lait de vache. Utilisée comme fromage de table aussi bien qu'en cuisine, la mozzarella fond très bien et est idéale pour garnir les pizzas. Elle est vendue en boules ou en blocs.

GRAINES DE NIGELLE
Parfois appelées graines de nielle, les graines de nigelle ont un goût poivré qui rappelle le parfum de la noix. Elles sont utilisées en Inde et au Moyen-Orient comme assaisonnement pour les légumes, les légumineuses et les pains. Elles sont souvent confondues avec le cumin noir.

GOMBO
Également appelée okra, cette plante potagère verte, striée et légèrement incurvée, est très répandue dans les pays orientaux du bassin méditerranéen. Elle renferme quantité de petites graines et possède une texture visqueuse que l'on peut fluidifier en trempant la plante dans du jus de citron mélangé à de l'eau salée avant cuisson. Agent épaississant naturel, le gombo est très utile dans les ragoûts. Il est vendu frais ou en conserve.

INGRÉDIENTS

EAU DE FLEUR D'ORANGER
Cette liqueur est obtenue par distillation des fleurs du bigaradier. L'huile remonte à la surface et est récupérée pour être utilisée en parfumerie, tandis que le résidu aqueux est largement employé dans les pays orientaux du bassin méditerranéen pour aromatiser les pâtes, les gâteaux, les sirops et les boissons.

PARMESAN
Fromage à pâte dure, fabriqué à partir de lait de vache et très répandu dans la cuisine italienne (râpé ou utilisé comme élément de garniture). Achetez un bloc de parmesan que vous râperez en fonction de vos besoins plutôt que du parmesan déjà râpé en sachet. Le Parmigiano Reggiano, fabriqué à Parme, est le meilleur des parmesans.

POLENTA
La polenta, ou semoule de maïs, obtenue en séchant et moulant des grains de maïs, constitue un ingrédient de base dans le Nord de l'Italie. Elle est souvent réduite en bouillie et parfumée en ajoutant du beurre et du parmesan. Une fois cuite, elle peut également être répandue en une fine couche dans un plat, puis laissée de côté avant d'être frite ou grillée et servie avec des légumes ou avec des amuse-gueule en guise d'apéritif.

CÈPES
Ingrédient de la cuisine française et italienne, ces champignons sont caractérisés par un chapeau brun et un pied épais de couleur blanchâtre. On les trouve frais ou séchés. Faire tremper les cèpes séchés dans de l'eau chaude, puis les rincer. À condition de la filtrer, l'eau de trempage peut être réutilisée. Les cèpes séchés ont un goût prononcé et doivent être utilisés avec parcimonie. Ils s'accordent très bien avec les risottos et les omelettes.

PANCETTA
Poitrine de porc salée et épicée. Il existe de nombreuses variantes selon les régions (période de salage plus ou moins longue, épices différentes). En règle générale, la pancetta se présente en roulade sous la forme d'un gros saucisson, se coupe en très fines tranches et s'accorde très bien avec les plats de pâtes.

PECORINO
Le pecorino est l'un des fromages les plus populaires d'Italie, et chaque région, pour ainsi dire, produit sa propre variété. C'est un fromage de brebis dont la méthode de fabrication n'a pas changé depuis 2 000 ans. Seuls l'arôme du lait et le vieillissement varient.

CONCENTRÉ DE GRENADE
Jus réduit d'une variété acide de grenade cultivée en Syrie et au Liban. Caractérisé par son goût aigre-doux, le concentré de grenade est utilisé dans les sauces et les assaisonnements.

CITRONS CONFITS
Citrons non traités, marinés dans du sel, de l'huile d'olive et éventuellement des épices. Caractéristiques de la cuisine nord-africaine, les citrons confits servent à parfumer couscous et tajines.

  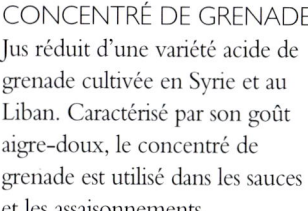  

LE GRAND LIVRE DE LA CUISINE MÉDITERRANÉENNE

PROSCIUTTO
Jambon italien salé et séché à l'air. La période de maturation peut durer jusqu'à dix mois. Ce jambon se coupe en tranches très fines et ne nécessite aucune préparation particulière.
Le Prosciutto di Parma est le jambon de Parme traditionnellement servi en antipasti, mais il est également très utilisé en cuisine, coupé en petits dés ou en fines lanières.

PROVOLONE
Fromage italien de couleur jaune doré, à la croûte brillante. Le provolone est souvent modelé en forme de poire avant d'être suspendu avec des cordes pour l'affinage. Jeune, il a un goût délicat et peu prononcé, et on le consomme comme fromage de table. Plus il s'affine, plus son goût devient robuste, et il peut alors servir de fromage à râper. Le provolone est souvent fumé.

RAS-AL-HANOUT
Mélange d'épices nord-africain qui peut compter jusqu'à vingt-sept ingrédients différents, réduits en poudre, dont les principaux sont le cumin, la cannelle, la cardamome, le gingembre, le curcuma, la muscade, les clous de girofle, les boutons de rose, les grains de poivre et l'origan.

ROQUETTE
Cette salade verte est originaire de la Méditerranée. Son goût de noix et de moutarde s'accentue au fur et à mesure que ses feuilles se développent. Elle agrémente souvent les pizzas, mais elle se marie aussi très bien avec d'autres salades.

EAU DE ROSE
Cette essence de roses diluée dans l'eau est utilisée dans les pays orientaux du bassin méditerranéen pour parfumer les confiseries comme les loukoums, ainsi que d'autres mets sucrés et certaines boissons.

SAFRAN
Variété de crocus dont les fleurs portent des stigmates orangés dont on tire le safran. C'est la plus onéreuse de toutes les épices en raison du travail minutieux que nécessite sa récolte. Mais il suffit d'une toute petite quantité de safran pour donner à un plat saveur et couleur. Celles-ci diffèrent selon l'origine et la qualité de la plante. Le safran est vendu en filaments ou en poudre, mais celle-ci est souvent falsifiée avec des teintures.

MORUE SALÉE
Filets de cabillaud salés et séchés. Il faut laisser tremper la morue salée au moins deux jours avant consommation.

SEMOULE
Produit résultant de la première mouture du blé, généralement du blé dur. Les grains de semoule peuvent être gros, moyens ou fins. La semoule est utilisée dans la confection des potages, des pâtes, des gnocchi et de certains desserts.

INGRÉDIENTS

BETTE
Également appelée blette, cette plante est souvent confondue avec l'épinard. Ses grandes feuilles plissées ont plus de texture que les feuilles d'épinards et se prêtent davantage à une cuisson longue car elles ne se ramollissent pas. Les feuilles et les côtes sont comestibles, mais il faut les blanchir avant de les braiser, de les gratiner ou de les utiliser comme garniture pour tartes.

SUMAC
Les baies rougeâtres de sumac ont un goût fruité et acidulé. Elles sont réduites en poudres de différentes qualités. Surtout utilisée en Syrie et au Liban, où les citrons sont rares, la poudre de sumac sert à agrémenter les viandes (surtout les kebabs), les poissons et les légumes, et à ajouter couleur et saveur aux plats.

TOMATES SÉCHÉES
Très répandues, les tomates séchées peuvent s'acheter en vrac ou en bocaux. Les tomates séchées non conservées dans l'huile ont besoin d'être réhydratées avant utilisation. Pour cela, les plonger dans de l'eau bouillante pendant dix minutes. Si vous achetez des tomates séchées marinées dans l'huile, choisissez plutôt de l'huile d'olive dont vous pourrez vous servir lors de la cuisson afin d'ajouter du goût à votre plat.

TAHINI
Pâte huileuse préparée à partir de graines de sésame moulues. Très répandu dans les pays orientaux du bassin méditerranéen, le tahini ajoute un fort goût de noix aux mets qu'il compose.

TARAMA
Œufs de mulet salés et séchés, entrant dans la composition du célèbre plat grec appelé taramosalata. On trouve plus facilement des œufs de cabillaud, qui remplacent donc souvent les œufs de mulet dans la préparation de ce plat.

COULIS DE TOMATES
Sauce tomate en pot, très employée dans la cuisine italienne et figurant dans de nombreuses recettes méditerranéennes. La sauce est préparée à partir de tomates fraîches bien mûres, pelées, épépinées et cuites à feu doux avec du basilic, des oignons et de l'ail. Une fois épaissie, la sauce est passée au tamis avant d'être mise en pot.

FEUILLES DE VIGNE
Les jeunes feuilles de vigne sont blanchies avant d'être conservées dans de la saumure. Elles sont vendues en sachets, en bocaux et en conserves.

ZA'ATAR
Très populaire en Turquie et en Afrique du Nord, ce mélange d'épices se compose de graines de sésame grillées, de thym séché, de sumac et de sel. Les proportions des divers ingrédients varient selon les régions. Le za'atar sert à assaisonner les viandes et les légumes ; il peut également être mélangé à de l'huile pour y tremper des mouillettes, ou saupoudré sur du pain plat (pita ou pain libanais) préalablement imprégné d'huile d'olive et légèrement grillé.

LA GRÈCE

Vous rêvez de paresser dans une taverna, avec en toile de fond les eaux scintillantes de la Méditerranée et l'azur intense du ciel ? Alors, vous êtes prêt pour une escapade gastronomique en Grèce. Saine et copieuse, la cuisine grecque possède toute la vitalité qui fait le charme de ce pays. Si la mer constituait autrefois l'une des principales sources de nourriture, l'agneau, le bœuf, les fruits, les légumes et les herbes fraîches occupent aujourd'hui une place essentielle dans l'alimentation des Grecs. Pour vous aiguiser l'appétit, rien de tel qu'un assortiment de meze comprenant des dolmades, du taramosalata et des olives Kalamata, symboles de la gastronomie grecque. Les recettes ci-après ne sont qu'un aperçu des spécialités à partir desquelles vous pourrez improviser à la manière des cuisiniers locaux.

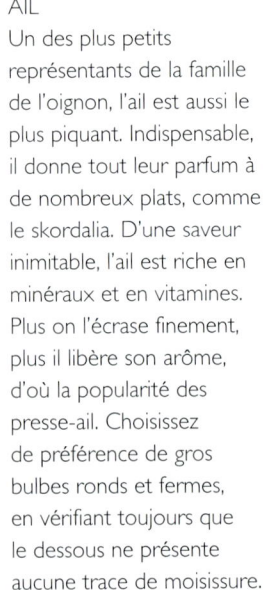

AIL
Un des plus petits représentants de la famille de l'oignon, l'ail est aussi le plus piquant. Indispensable, il donne tout leur parfum à de nombreux plats, comme le skordalia. D'une saveur inimitable, l'ail est riche en minéraux et en vitamines. Plus on l'écrase finement, plus il libère son arôme, d'où la popularité des presse-ail. Choisissez de préférence de gros bulbes ronds et fermes, en vérifiant toujours que le dessous ne présente aucune trace de moisissure.

CI-DESSUS : Tzatziki

TZATZIKI
(Sauce au concombre et au yaourt)

Préparation : 10 min + 15 min de repos
Pas de cuisson
Pour 2 bols

2 concombres (environ 300 g)
400 g de yaourt nature à la grecque
4 gousses d'ail, écrasées
3 cuil. à soupe de menthe fraîche finement hachée
1 cuil. à soupe de jus de citron
menthe fraîche hachée supplémentaire, pour garnir

1 Couper les concombres en deux dans le sens de la longueur et les épépiner à l'aide d'une petite cuillère. Sans les peler, râper grossièrement les concombres dans une petite passoire. Saler légèrement et les laisser dégorger pendant 15 min au-dessus d'un saladier.
2 Pendant ce temps, mélanger le yaourt, l'ail, la menthe et le jus de citron dans un saladier.
3 Rincer les concombres à l'eau froide, puis les essorer à la main par petites poignées. Mélanger les concombres à la mixture précédente et assaisonner à volonté. Servir immédiatement ou conserver au réfrigérateur jusqu'au moment de servir. Garnir de menthe. À déguster comme meze avec de la pita ou comme sauce avec des fruits de mer ou de la viande.

SKORDALIA
(Purée à l'ail)

Préparation : 15 min
Cuisson : 10 min
Pour 2 bols

500 g de pommes de terre farineuses, coupées en petits cubes de 2 cm de côté
5 gousses d'ail, écrasées
poivre blanc moulu, à volonté
180 ml d'huile d'olive
2 cuil. à soupe de vinaigre blanc

1 Porter une grande casserole d'eau à ébullition, verser les pommes de terre et laisser cuire 10 min, jusqu'à ce qu'elles soient très tendres. Bien les égoutter et les réduire en une purée assez lisse.
2 Incorporer l'ail, 1 cuil. à café de sel et 1 pincée de poivre blanc. Verser peu à peu l'huile d'olive, en mélangeant avec une cuillère en bois. Ajouter le vinaigre et assaisonner. Servir chaud ou froid avec du pain ou des crackers, ou pour accompagner de la viande ou du poisson grillés, ou du poulet rôti.

DOLMADES
(Feuilles de vigne farcies)

Préparation : 40 min + 15 min de trempage
Cuisson : 45 min
Pour 24 dolmades

200 g de feuilles de vigne en saumure
250 g de riz à grain moyen
1 petit oignon, finement émincé
1 cuil. à soupe d'huile d'olive
60 g de pignons, grillés
2 cuil. à soupe de raisins de Corinthe
2 cuil. à soupe d'aneth frais haché
1 cuil. à soupe de menthe fraîche finement hachée
1 cuil. à soupe de persil plat frais finement haché
80 ml d'huile d'olive supplémentaire
2 cuil. à soupe de jus de citron
500 ml de bouillon de poule

1 Faire tremper les feuilles de vigne dans de l'eau froide pendant 15 min, puis les retirer et les sécher. Couper les tiges. Réserver quelques feuilles pour garnir le fond de la casserole. Jeter les moins belles et celles qui présentent des trous. Pendant ce temps, faire tremper le riz dans l'eau bouillante pendant 10 min pour le ramollir, puis l'égoutter.

2 Dans un grand saladier, mélanger le riz, l'oignon, l'huile d'olive, les pignons, les raisins et les herbes. Saler et poivrer.

3 Disposer quelques feuilles sur une surface plane, nervures vers le bas. Verser 1 cuil. à soupe de farce au centre de chacune, replier la base de la feuille sur la farce, puis rabattre les deux côtés vers le centre et rouler le tout vers la pointe en serrant bien. Les dolmades doivent ressembler à de petits cigares. Procéder ainsi pour chaque feuille.

4 Garnir le fond d'une casserole avec les feuilles réservées. Arroser avec 1 cuil. à soupe d'huile d'olive. Tasser les dolmades sans les superposer. Verser le reste d'huile d'olive et le jus de citron.

5 Verser le bouillon sur les dolmades et les recouvrir d'une assiette retournée pour les empêcher de bouger pendant la cuisson. Porter à ébullition, puis réduire le feu et laisser mijoter à couvert pendant 45 min. Retirer les dolmades avec une écumoire. Servir chaud ou froid, avec ou sans rondelles de citron.

NOTE : les feuilles inutilisées peuvent se conserver au réfrigérateur pendant une semaine, à condition de baigner dans la saumure dans un récipient étanche.

DOLMADES

Rabattre les côtés de la feuille vers le milieu et rouler vers la pointe.

Tasser les dolmades dans la casserole et les arroser d'huile et de jus de citron.

Une fois cuites, retirer les dolmades à l'aide d'une écumoire.

CI-CONTRE : Dolmades

TARAMA

Le tarama, composé d'œufs de mulet salés, séchés et pressés, est considéré comme un mets délicat depuis des siècles. Traditionnellement, les œufs intacts étaient salés, séchés au soleil jusqu'à ce qu'ils soient bien fermes et enduits de cire d'abeille. Ils étaients ensuite dégustés en fines tranches avec du pain ou épluchés pour confectionner du taramosalata. Mélangé à de la purée de pommes de terre et à divers assaisonnements, le tarama permet également de préparer de délicieuses rissoles.

CI-CONTRE : Taramosalata

TARAMOSALATA
(Purée d'œufs de poisson)

Préparation : 10 min + trempage
Pas de cuisson
Pour 1 saladier

5 tranches de pain blanc, écroûtées
80 ml de lait
100 g de tarama en conserve (œufs de mulet)
1 jaune d'œuf
1/2 petit oignon, râpé
1 gousse d'ail, écrasée
2 cuil. à soupe de jus de citron
80 ml d'huile d'olive
1 pincée de poivre blanc moulu

1 Faire tremper le pain dans le lait pendant 10 min. Le presser dans une passoire pour extraire le lait, puis le mixer avec le tarama, le jaune d'œuf, l'oignon et l'ail pendant 30 s, jusqu'à ce que le mélange soit homogène. Ajouter 1 cuil. à soupe de jus de citron.
2 Sans cesser de mixer, verser lentement l'huile d'olive. La mixture doit être lisse. Ajouter le reste du jus de citron et le poivre blanc. Si le taramosalata est trop salé, ajouter une autre tranche de pain.
NOTE : le tarama est à base d'œufs de mulet, mais les œufs de cabillaud fumés conviennent également.

MELITZANOSALATA
(Salade de caviar d'aubergine)

Préparation : 25 min + 3 h de réfrigération
Cuisson : 1 h
Pour 6 personnes

☆

2 grosses aubergines
2 gousses d'ail, grossièrement hachées
4 cuil. à soupe de persil plat frais haché
1 petit oignon, râpé
1/2 poivron rouge, épépiné et haché
1 grosse tomate bien mûre, coupée en petits morceaux
2 petits piments rouges frais, épépinés
60 g de chapelure
80 ml de jus de citron
120 ml d'huile d'olive
1 à 2 cuil. à soupe d'huile d'olive supplémentaire (facultatif)
6 olives noires

1 Préchauffer le four à 180 °C. Piquer les aubergines avec une fourchette. Les faire cuire sur une plaque pendant 1 h. Les peler, hacher la chair grossièrement et la mettre à égoutter dans une passoire.
2 Verser les aubergines, l'ail, le persil, l'oignon, le poivron rouge, la tomate, le piment et la chapelure

LA GRÈCE

dans un robot. Saler et poivrer à volonté. Mixer jusqu'à obtention d'un mélange grossier.

3 Sans cesser de mixer, verser alternativement le jus de citron et l'huile d'olive en un filet continu, comme pour la mayonnaise. La mixture doit épaissir.

4 Transvaser le tout dans un grand saladier, couvrir et mettre au réfrigérateur pendant 3 h pour raffermir la mixture et laisser les arômes s'affirmer. Pour servir, étaler sur un grand plat, asperger ou non avec l'huile d'olive supplémentaire et garnir d'olives noires.

LATHOLEMONO
(Sauce à l'huile et au citron)

Pour 180 ml. Dans un bol, mélanger 120 ml d'huile d'olive, 60 ml de jus de citron et 2 cuil. à café d'origan frais haché. Saler et poivrer généreusement et mélanger à nouveau juste avant de servir. Cet assaisonnement accompagne à merveille les haricots verts, les courgettes, le chou-fleur ou tout autre légume cuit à la vapeur. Il peut également servir à arroser les viandes ou les fruits de mer cuits au grill.

SAGANAKI HALOUMI
(Haloumi frit)

Préparation : 5 min
Cuisson : 2 min
Pour 6 personnes

400 g de haloumi
huile d'olive, pour rissoler
2 cuil. à soupe de jus de citron

1 Sécher le haloumi avec du papier absorbant et le couper en tranches de 1 cm d'épaisseur.

2 Verser l'huile dans une grande poêle sur une hauteur de 5 mm et faire chauffer à feu moyen. Ajouter le fromage et le faire dorer 1 min de chaque côté. Retirer la poêle du feu et verser le jus de citron sur le fromage. Assaisonner de poivre noir moulu. Servir directement dans la poêle ou sur un plat à meze, avec du pain pour éponger le mélange d'huile d'olive et de citron.

NOTE : le terme *saganaki* fait référence à la poêle à deux manches dans laquelle ce plat est traditionnellement servi.

HALOUMI
Originaire de Chypre, ce fromage de brebis demi-sec et salé est un fromage de table très apprécié. Il est souvent servi saupoudré de menthe, ou bien coupé en tranches épaisses et grillé ou frit, puis arrosé d'un filet de jus de citron.

CI-DESSUS : *Saganaki haloumi*

21

TIROPITAKIA

Incorporer le gruyère, les œufs et le poivre à la feta.

Replier la pâte sur la farce pour former un triangle et continuer à plier.

PAGE CI-CONTRE, DE HAUT EN BAS : Keftedes ; Cailles en feuilles de vigne ; Tiropitakia

KEFTEDES
(Boulettes de viande)

Préparation : 15 min + 1 h de réfrigération
Cuisson : 15 min
Pour 4 personnes

1 œuf, légèrement battu
40 g de chapelure fraîche
1 oignon, finement émincé
2 cuil. à soupe de persil plat frais haché
3 cuil. à soupe de menthe fraîche hachée
500 g de viande de bœuf ou d'agneau, hachée
2 cuil. à soupe de jus de citron
farine
huile végétale, pour rissoler
rondelles de citron, pour décorer

1 Dans un grand saladier, bien mélanger l'œuf, la chapelure, l'oignon, les herbes, la viande hachée et le jus de citron. Assaisonner généreusement. Avec les mains mouillées, former des boulettes de la taille d'une grosse noix et les aplatir légèrement. Les poser sur une plaque, couvrir et mettre au réfrigérateur pendant 1 h.
2 Rouler les boulettes dans la farine. Dans une grande poêle, faire chauffer l'huile jusqu'à ce qu'elle soit bien chaude, et faire frire les boulettes pendant 3 à 4 min de chaque côté, en plusieurs fois si nécessaire, jusqu'à ce qu'elles soient dorées et croustillantes. Égoutter sur du papier absorbant et servir avec des rondelles de citron.

CAILLES EN FEUILLES DE VIGNE

Préparation : 15 min
Cuisson : 25 min
Pour 4 personnes

12 grains de raisin noir
1 cuil. à soupe d'huile d'olive
1 gousse d'ail, écrasée
4 grosses cailles
8 feuilles de vigne fraîches ou en conserve
4 tranches de prosciutto
grains de raisin noir, pour garnir

1 Préchauffer le four à 180 °C. Couper les grains de raisin en deux et les mélanger à l'huile et à l'ail. Placer 6 demi-grains dans le ventre de chaque caille.
2 Pour les feuilles de vigne fraîches, les blanchir pendant 1 min dans l'eau bouillante, puis retirer la nervure centrale. Pour les feuilles de vigne en conserve, les rincer à l'eau pour éliminer la saumure.
3 Envelopper chaque caille dans une tranche de prosciutto. Poser chaque caille sur une feuille de vigne. Couvrir chaque caille d'une feuille de vigne et former un paquet en l'attachant avec de la ficelle. Faire cuire sur une plaque de four pendant 20 à 25 min, selon la taille des cailles. Servir avec les grains de raisin entiers.
NOTE : les feuilles de vigne sont vendues dans les magasins d'alimentation spécialisés.

TIROPITAKIA
(Feuilletés au fromage)

Préparation : 35 min
Cuisson : 20 min
Pour 30 feuilletés

250 g de feta
180 g de gruyère, râpé
2 œufs, légèrement battus
poivre blanc, à volonté
15 feuilles de pâte fillo
120 ml d'huile d'olive
120 g de beurre, fondu

1 Préchauffer le four à 180 °C. Verser la feta dans un saladier et l'écraser avec une fourchette. Ajouter le gruyère, les œufs et le poivre, et mélanger.
2 Couper les feuilles de pâte fillo en deux dans le sens de la largeur. Couvrir la pâte inutilisée d'un linge humide afin qu'elle ne se dessèche pas. Poser une demi-feuille de pâte en long sur un plan de travail. Mélanger l'huile et le beurre, en badigeonner la pâte, puis la plier en trois dans le sens de la longueur et la badigeonner à nouveau.
3 Verser 1 cuil. à soupe de farce au fromage dans un coin de la pâte. Replier ce coin par-dessus la farce jusqu'au bord opposé pour former un triangle. Continuer à plier ainsi jusqu'au bout de la pâte afin d'enfermer la farce. Recommencer avec le reste de la pâte et de la farce.
4 Disposer les triangles sur une plaque de four légèrement beurrée et les badigeonner avec le mélange de beurre et d'huile. Cuire au four pendant 20 min, jusqu'à ce que les feuilletés soient croustillants.
NOTE : le gruyère peut être remplacé par de la ricotta et des herbes fraîches finement hachées peuvent être ajoutées : persil plat, menthe ou thym.

LA GRÈCE

CI-DESSUS : Lahano dolmathes

LAHANO DOLMATHES
(Rouleaux de chou)

Préparation : 30 min
Cuisson : 1 h 35
Pour 12 gros rouleaux

★★☆

1 cuil. à soupe d'huile d'olive
1 oignon, finement émincé
1 grosse pincée de poivre de la Jamaïque
1 cuil. à café de cumin moulu
1 grosse pincée de muscade moulue
2 feuilles de laurier
1 gros chou
500 g de viande d'agneau, hachée
250 g de riz blanc rond
4 gousses d'ail, écrasées
50 g de pignons, grillés
2 cuil. à soupe de menthe fraîche hachée
2 cuil. à soupe de persil plat frais haché
1 cuil. à soupe de raisins de Corinthe, hachés
250 ml d'huile d'olive supplémentaire
80 ml de jus de citron
huile d'olive extra vierge
rondelles de citron, pour décorer

1 Faire chauffer l'huile dans une casserole, ajouter l'oignon et faire revenir à feu moyen pendant 10 min, jusqu'à ce qu'il soit doré. Ajouter le poivre de la Jamaïque, le cumin et la muscade, et laisser cuire pendant 2 min, jusqu'à ce que le mélange soit odorant. Retirer de la casserole.
2 Porter une très grande casserole d'eau à ébullition et ajouter les feuilles de laurier. Couper les feuilles externes et environ 5 cm du cœur du chou, puis le plonger délicatement dans l'eau bouillante. Le faire cuire 5 min, puis détacher délicatement une feuille entière à l'aide de pinces et la retirer de l'eau. Détacher ainsi toutes les feuilles jusqu'au cœur, en laissant la casserole sur le feu. Égoutter en réservant le jus de cuisson et laisser refroidir.
3 Prendre 12 feuilles de taille égale et inciser en V la base de chacune pour ôter la partie la plus dure. Désépaissir la nervure centrale pour que la feuille soit aussi plate que possible. Garnir le fond d'une très grande casserole avec trois quarts des feuilles restantes pour empêcher les rouleaux d'attacher.
4 Mélanger la viande hachée, la mixture à base d'oignon, le riz, l'ail, les pignons, la menthe, le persil et les raisins dans un saladier et assaisonner généreusement. Prendre 2 cuil. à soupe de farce, lui donner une forme ovale et la poser au centre de la feuille, base devant vous. Former un rouleau et rentrer les extrémités. Procéder de même avec les 11 autres feuilles. Tasser les rouleaux dans la casserole sans les superposer, jointures vers le bas.
5 Mélanger 620 ml de jus de cuisson avec l'huile d'olive supplémentaire, le jus de citron et 1 cuil. à café de sel. Verser sur les rouleaux (le liquide doit tout juste les recouvrir). Disposer les feuilles de chou restantes par-dessus. Couvrir et porter à ébullition à feu vif, puis réduire le feu et laisser mijoter pendant 1 h 15, jusqu'à ce que la viande et le riz soient cuits. Retirer délicatement les rouleaux à l'aide d'une écumoire, puis les arroser légèrement d'huile d'olive extra vierge. Servir avec des rondelles de citron.
NOTE : les rouleaux de chou peuvent également être accompagnés de saltsa avgolemono (page 37), dans laquelle le jus de cuisson des rouleaux peut remplacer le bouillon de poule.

BETTERAVES ET SKORDALIA

Préparation : 25 min
Cuisson : 55 min
Pour 6 à 8 personnes

1 kg de betteraves de taille moyenne
  (avec les feuilles)
60 ml d'huile d'olive extra vierge
1 cuil. à soupe de vinaigre de vin rouge
skordalia (page 18), en accompagnement

1 Séparer les tiges des bulbes, en en laissant un petit bout. Couper l'extrémité dure des feuilles, puis couper les feuilles et les tiges en deux ou en trois dans le sens de la longueur. Bien les nettoyer.
2 Brosser les bulbes pour enlever la terre. Les faire cuire à l'eau bouillante salée pendant 30 à 45 min, selon leur taille, jusqu'à ce qu'ils soient tendres (vérifier avec la pointe d'un couteau). Les retirer avec une écumoire et les laisser refroidir légèrement.
3 Porter à nouveau l'eau à ébullition, y plonger les feuilles et les tiges (ajouter de l'eau si nécessaire), et faire bouillir pendant 8 min, jusqu'à ce qu'elles soient tendres. Égoutter et essorer avec les mains.
4 Enfiler des gants en caoutchouc et éplucher les bulbes. Les couper en deux, puis en tranches épaisses. Disposer les feuilles et les tranches sur un plat. Mélanger l'huile et le vinaigre, saler et poivrer à volonté. Verser la vinaigrette sur les betteraves et servir avec le skordalia.

CHOU-FLEUR MACÉRÉ AU VINAIGRE

Préparation : 10 min
Cuisson : 10 min
Pour 4 à 6 personnes

500 ml de vinaigre de vin blanc
1 cuil. à soupe de graines de moutarde
1/2 cuil. à café de graines de cumin
3 feuilles de laurier
180 g de sucre
400 g de têtes de chou-fleur

1 Dans une casserole, verser le vinaigre, les graines de moutarde et de cumin, le laurier et le sucre. Faire chauffer à feu moyen en remuant jusqu'à ce que le sucre soit dissous. Porter à ébullition, puis réduire le feu et ajouter le chou-fleur. Laisser cuire à petits bouillons pendant 4 min, jusqu'à ce qu'il soit tendre, mais ferme. Retirer du feu et laisser le chou-fleur refroidir dans le liquide. Servir glacé ou à température ambiante.
NOTE : pour conserver le chou-fleur, laver un bocal à couvercle dans de l'eau chaude savonneuse, puis le rincer soigneusement à l'eau chaude. Faire chauffer le four à 120 °C et y faire sécher le bocal pendant 20 min ou jusqu'à utilisation (ne pas utiliser de torchon). Verser le liquide chaud et le chou-fleur dans le bocal et le sceller à chaud. Se conserve trois mois avant ouverture.

LA GRÈCE

LÉGUMES MACÉRÉS

L'art ancestral de la macération est particulièrement développé dans des pays comme la Grèce, où il est indispensable de conserver les aliments en raison de la chaleur et des cultures saisonnières. Les légumes macérés dans du vinaigre sont également appréciés pour leur croquant et leur diversité : en effet, la plupart des légumes méditerranéens peuvent être conservés ainsi. Ils accompagnent immanquablement les assortiments de meze ou les plats principaux.

CI-CONTRE : Betteraves et skordalia

ABATS
Bien qu'en Grèce, les abats soient souvent associés aux fêtes religieuses, comme Pâques, ils étaient autrefois considérés comme des plats de pauvres et entraient dans la composition de nombreux mets traditionnels. Les abats, comme le foie et la cervelle, peuvent se déguster pochés, sautés, grillés ou frits. Il faut cependant faire attention à ne pas trop cuire le foie car il durcit très vite.

FOIES D'AGNEAU À L'ORIGAN

Préparation : 15 min
Cuisson : 10 min
Pour 6 à 8 personnes

☆☆

500 g de foies d'agneau
30 g de farine
1/2 cuil. à café de paprika
2 cuil. à soupe d'huile d'olive
2 cuil. à soupe de jus de citron
1 cuil. à café d'origan frais haché ou d'origan séché

1 Dégraisser les foies, puis les sécher avec du papier absorbant. Les couper en tranches de 2 cm d'épaisseur et recouper les tranches les plus grandes en deux ou en trois.
2 Dans un plat peu profond, mélanger la farine, le paprika et 1/2 cuil. à café de sel et de poivre noir concassé. Dans une poêle, faire chauffer l'huile à feu moyen. Fariner un tiers des morceaux de foie et les faire frire 1 min de chaque côté, jusqu'à ce qu'ils soient dorés, mais toujours roses à l'intérieur. Les égoutter sur du papier absorbant et les déposer sur une assiette chaude. Recommencer avec le reste du foie. Couvrir de papier aluminium.
3 Retirer la poêle du feu et y verser le jus de citron – qui doit faire des bulles sous l'effet de la chaleur. Quand les bulles retombent, verser le jus sur les morceaux de foie et parsemer d'origan. Servir chaud.

MIALA TIGANITA
(Cervelles frites)

Préparation : 20 min + trempage
Cuisson : 20 min
Pour 6 personnes

☆

6 cervelles d'agneau
1 cuil. à soupe de jus de citron
1/4 cuil. à café de grains de poivre blanc ou noir entiers
farine, assaisonnée
huile d'olive, pour frire
persil plat frais haché, pour décorer
rondelles de citron, pour décorer

1 Faire tremper les cervelles dans de l'eau froide salée pendant 30 min. Égoutter, puis retirer la membrane et les veines. Mettre dans une casserole. Couvrir d'eau froide et ajouter le jus de citron, le poivre et 1 cuil. à café de sel. Chauffer. Quand l'eau frémit, couvrir et laisser cuire 15 min, jusqu'à ce que la cervelle soit tendre. Ne pas faire bouillir.
2 Égoutter les cervelles et les sécher. Les couper en tranches de 1 cm et les fariner. Dans une poêle, faire chauffer 1 cm d'huile et faire frire les cervelles jusqu'à ce qu'elles soient bien dorées. Égoutter sur du papier absorbant et assaisonner à volonté. Parsemer de persil et servir avec des rondelles de citron.

CI-CONTRE : Foies d'agneau à l'origan

KALAMARIA TOURSI
(Calmars marinés)

Préparation : 25 min
   + 1 semaine de macération
Cuisson : 5 min
Pour 4 personnes

- 1 kg de petits calmars
- 4 feuilles de laurier fraîches
- 4 brins d'origan frais
- 10 grains de poivre noir entiers
- 2 cuil. à café de graines de coriandre
- 1 petit piment rouge frais, coupé en deux et épépiné
- 620 ml de vinaigre de vin blanc
- 2 à 3 cuil. à soupe d'huile d'olive, pour remplir le bocal

1 Pour préparer les calmars, prendre le corps d'une main, la tête et les tentacules de l'autre, et tirer pour les séparer. Couper les tentacules sous les yeux pour les séparer de la tête. Jeter la tête. Pousser sur le bec pour l'extraire et le jeter. Extraire la plume de l'intérieur du corps et la jeter. Sous un jet d'eau froide, arracher la membrane (les nageoires peuvent être utilisées). Découper le corps en anneaux de 7 mm de large.
2 Dans une grande casserole, verser 2 l d'eau et ajouter 1 feuille de laurier. Porter à ébullition et ajouter les calmars et 1 cuil. à café de sel. Réduire le feu et laisser mijoter pendant 5 min. Égoutter les calmars et bien les sécher.
3 Tasser les calmars dans un bocal de 500 ml, propre et sec (voir Note). Ajouter l'origan, le poivre, les graines de coriandre, le piment et le reste des feuilles de laurier. Couvrir entièrement de vinaigre, puis verser délicatement par-dessus 2 cm d'huile d'olive. Sceller le bocal et le conserver au réfrigérateur pendant 1 semaine. Au moment de servir, retirer les calmars de la marinade, les disposer sur un plat et garnir de rondelles de citron et de persil frais haché.
NOTE : laver le bocal et le couvercle à l'eau chaude savonneuse, puis rincer soigneusement à l'eau chaude et sécher au four (120 °C) pendant 20 min (ne pas utiliser de torchon).

YAOURT NATURE

Pour 1 l. Verser 1 l de lait dans une casserole, porter lentement à ébullition à feu doux et laisser frémir 5 min en remuant fréquemment. Retirer du feu et laisser tiédir. Incorporer délicatement 60 ml de yaourt nature dans le lait, puis verser dans un grand saladier. Couvrir d'un film alimentaire, puis envelopper le saladier dans un linge ou une serviette épaisse afin de le préserver de la chaleur et de faciliter la fermentation. Laisser reposer dans un endroit chaud pendant 12 h maximum, jusqu'à ce que le yaourt ait épaissi. Ne pas le laisser fermenter plus longtemps, car il deviendra de plus en plus acide. Le mettre au réfrigérateur au moins 4 h avant de l'utiliser.
Pour refaire du yaourt, vous pouvez utiliser 60 g de ce yaourt maison comme ferment.

CI-DESSUS : *Kalamaria toursi*

LE GRAND LIVRE DE LA CUISINE MÉDITERRANÉENNE

SALADE GRECQUE

Ce que l'on appelle couramment « salade grecque » n'est en réalité qu'une des nombreuses salades servies en Grèce. Son nom grec, *salata horiatiki*, signifie « salade paysanne ». C'est un mélange rustique dont les tomates, le concombre, la feta, les olives et les poivrons sont les principaux ingrédients. On y ajoute aussi parfois de la laitue romaine, des filets d'anchois, du persil plat, des câpres et un soupçon d'origan.

CI-DESSUS : *Salata horiatiki*

SALATA HORIATIKI
(Salade grecque)

Préparation : 20 min
Pas de cuisson
Pour 4 personnes

1 concombre, pelé
2 poivrons verts
4 tomates du potager, coupées en quartiers
1 oignon rouge, coupé en fines rondelles
16 olives Kalamata
250 g de feta, coupée en petits cubes
24 feuilles de persil plat frais
12 feuilles de menthe fraîche entières
120 ml d'huile d'olive
2 cuil. à soupe de jus de citron
1 gousse d'ail, écrasée

1 Couper le concombre en deux dans le sens de la longueur, l'épépiner et le couper en petits morceaux. Couper les poivrons de la même façon, retirer les côtes et les graines, et couper la chair en lanières de 1 cm de large. Dans un grand saladier, mélanger délicatement le concombre, les poivrons, les tomates, l'oignon, les olives, la feta, le persil et la menthe.
2 Verser l'huile, le jus de citron et l'ail dans un bocal, assaisonner, visser le couvercle et secouer énergiquement. Verser sur la salade et servir.

SALADE D'AUBERGINES

Préparation : 20 min + 30 min d'égouttage
Cuisson : 1 h 35
Pour 6 personnes

1 kg de grosses aubergines
120 ml d'huile d'olive
1 oignon, finement émincé
1/2 cuil. à café de cannelle moulue
4 gousses d'ail, écrasées
2 x 400 g de tomates concassées en conserve
2 cuil. à soupe de coriandre fraîche hachée
3 cuil. à soupe de persil plat frais haché
1 cuil. à soupe de jus de citron
2 cuil. à soupe de menthe fraîche hachée
150 g de yaourt nature à la grecque
25 g de pignons, grillés

1 Couper les aubergines en petits cubes de 2 cm de côté, les verser dans une passoire au-dessus d'un saladier et saler. Laisser dégorger pendant 30 min, rincer à l'eau froide et sécher avec un torchon.
2 Dans une poêle, faire chauffer 2 cuil. à soupe d'huile et faire frire les aubergines en plusieurs fois, jusqu'à ce qu'elles soient dorées, en ajoutant de l'huile si nécessaire. Les égoutter sur du papier absorbant.
3 Faire chauffer 2 autres cuil. à soupe d'huile dans la poêle et faire revenir l'oignon pendant 1 min.

Ajouter la cannelle et la moitié de l'ail, laisser cuire 1 min, puis ajouter la tomate. Verser les aubergines et laisser mijoter à découvert pendant 1 h, jusqu'à ce que la mixture soit assez sèche. Ajouter la moitié de la coriandre et du persil. Mélanger et laisser refroidir.
4 Mélanger 2 cuil. à soupe d'huile avec le jus de citron, ajouter le reste de l'ail et toute la menthe, et incorporer le tout au yaourt.
5 Mélanger délicatement les pignons dans la salade et garnir avec les herbes restantes. Servir à température ambiante avec la sauce au yaourt et à l'ail.

HALOUMI, SALADE ET PAIN À L'AIL

Préparation : 20 min
Cuisson : 5 min
Pour 4 personnes

4 tomates bien mûres, mais fermes
1 concombre
140 g de roquette
80 g d'olives Kalamata
1 miche de pain blanc non tranchée
5 cuil. à soupe d'huile d'olive
1 grosse gousse d'ail, coupée en deux
400 g de haloumi
1 cuil. à soupe de jus de citron
1 cuil. à soupe d'origan frais haché

1 Préchauffer le four à 180 °C. Faire chauffer le grill au maximum.
2 Couper les tomates et le concombre en petits morceaux et les disposer sur un plat avec la roquette et les olives. Bien mélanger.
3 Couper 8 tranches de pain de 1,5 cm d'épaisseur, les arroser avec 1 cuil. à soupe 1/2 d'huile d'olive, saler et poivrer. Les faire griller jusqu'à ce qu'elles soient légèrement dorées, puis les frotter d'ail. Les envelopper dans du papier sulfurisé et les maintenir au chaud dans le four.
4 Couper 8 tranches de haloumi. Dans une poêle, faire chauffer 1/2 cuil. à soupe d'huile et faire frire les tranches de haloumi pendant 1 à 2 min de chaque côté, jusqu'à ce qu'elles soient bien dorées et croustillantes.
5 Pour l'assaisonnement, battre le jus de citron, l'origan et le reste d'huile d'olive. Assaisonner. Verser la moitié de la sauce sur la salade et bien remuer. Disposer le haloumi par-dessus et arroser de sauce. Servir immédiatement avec le pain chaud frotté d'ail.

OLIVES KALAMATA
Originaires de Kalamata, dans le sud du Péloponnèse, ces olives de forme oblongue sont considérées comme les meilleures de Grèce en raison de leur chair ferme et de leur saveur riche et fruitée. Conservées dans de l'huile d'olive ou du vinaigre de vin pour accentuer leur goût robuste, elles sont souvent présentes dans les assortiments de meze, ainsi que dans les salades, les sauces et le pain.

CI-CONTRE : Haloumi, salade et pain à l'ail

CAILLES AU BARBECUE

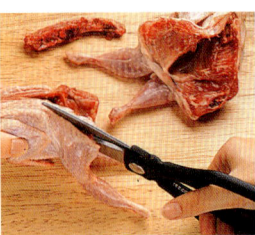

Avec des ciseaux, découper les cailles de chaque côté de la colonne vertébrale.

Poser les cailles sur le plan de travail et les aplatir délicatement.

Couper les cailles en deux entre les blancs, puis les recouper en deux.

CAILLES AU BARBECUE

Préparation : 30 min
 + 3 h de macération
Cuisson : 10 min
Pour 6 personnes

6 cailles
250 ml de vin rouge sec
2 céleris en branches, feuilles incluses, hachés
1 carotte, coupée en morceaux
1 petit oignon, haché
1 feuille de laurier, déchirée
1 cuil. à café de poivre de la Jamaïque
1 cuil. à café de thym séché
2 gousses d'ail, écrasées
2 cuil. à soupe d'huile d'olive
2 cuil. à soupe de jus de citron
1 citron, coupé en rondelles, pour décorer

1 À l'aide de ciseaux à volaille, découper les cailles de chaque côté de la colonne vertébrale et jeter celle-ci. Vider les cailles, nettoyer l'intérieur et essuyer avec du papier absorbant. Poser les cailles ventre vers le haut, les ouvrir et les aplatir délicatement. Avec les ciseaux à volaille, les couper en deux dans le sens de la longueur, puis les couper à nouveau en deux pour détacher la cuisse et le pilon d'une part, le blanc et l'aile d'autre part.

2 Dans un saladier non métallique, mélanger le vin, le céleri, la carotte, l'oignon, le laurier et le poivre de la Jamaïque. Ajouter les cailles et remuer pour les imprégner de la mixture. Couvrir et laisser mariner au réfrigérateur pendant 3 h, ou de préférence pendant toute une nuit, en remuant de temps en temps. Égoutter les cailles, les parsemer de thym, saler et poivrer.

3 Dans un petit saladier, battre ensemble l'ail, l'huile et le jus de citron.

4 Faire chauffer un grill de barbecue légèrement huilé jusqu'à ce qu'il soit très chaud ou préchauffer le grill du four au maximum. Réduire à feu moyen et faire cuire les cailles pendant 4 à 5 min de chaque côté pour les blancs et 3 min de chaque côté pour les cuisses, jusqu'à ce que le tout soit tendre et cuit à cœur. Badigeonner fréquemment de mélange à base de citron pendant la cuisson. Servir chaud avec des rondelles de citron.

NOTE : la règle d'or pour les cailles consiste à ne pas trop les faire cuire, car leur chair durcit très vite. Les cailles sont cuites à point lorsque les blancs sont encore roses. Il est possible de remplacer les cailles par des pigeonneaux, qui se préparent exactement de la même manière, avec un temps de cuisson identique.

CI-CONTRE : Cailles au barbecue

LA GRÈCE

BEIGNETS DE LENTILLES ET DE BOULGHOUR, SAUCE AU YAOURT

Préparation : 20 min + 1 h 30 de repos
Cuisson : 1 h
Pour 35 beignets

140 g de lentilles, rincées
90 g de boulghour
80 ml d'huile d'olive
1 oignon, finement émincé
2 gousses d'ail, finement hachées
3 cuil. à café de cumin moulu
2 cuil. à café de coriandre moulue
3 cuil. à soupe de menthe fraîche finement hachée
4 œufs, légèrement battus
60 g de farine
1 cuil. à café de sel de mer

SAUCE AU YAOURT
1 petit concombre, pelé
250 g de yaourt nature à la grecque
1 à 2 gousses d'ail, écrasées

1 Verser les lentilles dans une casserole remplie de 620 ml d'eau. Porter à ébullition à feu vif, puis réduire le feu et laisser mijoter pendant 30 min, jusqu'à ce que les lentilles soient tendres. Retirer du feu et verser suffisamment d'eau pour recouvrir les lentilles. Ajouter le boulghour, couvrir et laisser reposer pendant 1 h 30, jusqu'à ce qu'il ait gonflé.
2 Pour la sauce au yaourt, couper le concombre en deux dans le sens de la longueur et l'épépiner. Râper la chair et la mélanger avec le yaourt et l'ail.
3 Dans une grande poêle, faire chauffer la moitié de l'huile à feu moyen, ajouter l'oignon et l'ail et laisser cuire pendant 5 min, jusqu'à ce qu'ils aient ramolli. Incorporer le cumin et la coriandre. Verser le mélange à base d'oignon, la menthe, les œufs, la farine et le sel dans les lentilles et remuer énergiquement. Le mélange doit être assez épais pour pouvoir former des boules avec une cuillère. S'il est trop liquide, ajouter de la farine pour lier.
4 Nettoyer la poêle et faire chauffer le reste de l'huile à feu moyen. Former de grosses cuillerées de mixture et les jeter dans la poêle (les beignets doivent mesurer environ 5 cm de diamètre). Faire cuire les beignets 3 min de chaque côté, jusqu'à ce qu'ils soient dorés. Les égoutter sur du papier absorbant, saler et servir avec la sauce au yaourt.

SARDINES AU FOUR

Pour 6 personnes. Préchauffer le four à 210 °C. Écailler 6 sardines fraîches entières en grattant de la queue vers la tête avec un petit couteau (de préférence sous un filet d'eau). Les inciser le long du ventre. Trancher la tête sans la détacher complètement et tirer lentement : les viscères doivent venir avec la tête. Ouvrir le ventre et nettoyer l'intérieur. Essuyer et égoutter sur du papier absorbant. Disposer les sardines côte à côte, sans les superposer, dans un plat à four. Saler et saupoudrer avec 1/2 cuil. à café de poivre. Arroser de 3 cuil. à soupe d'huile et de 2 cuil. à soupe de jus de citron et parsemer avec 1 petite gousse d'ail hachée et 1 cuil. à café 1/2 d'origan séché. Retourner les sardines pour les imprégner, puis les faire cuire à découvert dans la moitié supérieure du four pendant 12 à 15 min, jusqu'à ce que la chair commence à s'écailler et à se détacher des arêtes. Servir chaud ou tiède avec des rondelles de citron.

CI-DESSUS : Beignets de lentilles et de boulghour, sauce au yaourt

POIS CHICHES

Les légumineuses jouent un rôle prépondérant dans le régime méditerranéen, réputé excellent pour la santé. D'abord cultivés dans les pays du Levant et dans l'Égypte ancienne, les pois chiches ont rapidement gagné d'autres pays et sont à la base de nombreux plats typiquement méditerranéens. Les pois chiches secs doivent être mis à tremper dans l'eau froide avant d'être cuits, ce qui permet de réduire le temps de cuisson.

CI-DESSUS : Pois chiches frits

POIS CHICHES FRITS

Préparation : 30 min
 + 1 nuit de trempage
Cuisson : 15 min
Pour 6 personnes

270 g de pois chiches secs
huile, pour frire
1/2 cuil. à café de paprika
1/4 de cuil. à café de poivre de Cayenne

1 Faire tremper les pois chiches toute une nuit dans l'eau froide. Bien les égoutter et les sécher avec du papier absorbant.
2 Remplir une casserole d'huile sur un tiers de sa hauteur et faire chauffer à 180 °C (à cette température, un morceau de pain jeté dans l'huile est doré en 15 s). Faire frire la moitié des pois chiches pendant 3 min. Les retirer de l'huile avec une écumoire, les égoutter sur du papier absorbant et recommencer avec le reste des pois. Couvrir partiellement la casserole (certains pois risquent d'éclater). Ne pas laisser l'huile sans surveillance.
3 Faire frire à nouveau les pois chiches en plusieurs fois pendant 3 min, jusqu'à ce qu'ils soient dorés. Égoutter soigneusement sur du papier absorbant. Mélanger le paprika et le poivre de Cayenne avec un peu de sel et en saupoudrer les pois chiches chauds. Laisser refroidir avant de servir.

FAVA
(Purée de pois cassés)

Préparation : 5 min
Cuisson : 1 h 15
Pour 4 à 6 personnes

3 cuil. à soupe d'huile d'olive
1 oignon, finement émincé
330 g de pois cassés jaunes secs, rincés
1 à 2 cuil. à soupe de jus de citron
2 cuil. à soupe de petites câpres, rincées, pour garnir
60 g de feta, émiettée, pour garnir
2 cuil. à soupe d'huile d'olive vierge extra, pour assaisonner
1 citron, coupé en rondelles, pour décorer

1 Dans une grande casserole à fond épais, faire chauffer l'huile à feu moyen et faire revenir l'oignon pendant 5 min, jusqu'à ce qu'il ait ramolli.
2 Verser les pois cassés et 1,25 l d'eau et porter à ébullition. Réduire le feu, couvrir et laisser mijoter pendant 45 à 50 min, en remuant fréquemment pour empêcher les pois d'attacher, jusqu'à ce qu'ils soient très tendres et se désagrègent. Retirer le couvercle et laisser cuire encore 15 à 20 min, jusqu'à ce que le mélange ait réduit et épaissi. Saler et poivrer à volonté, puis incorporer le jus de citron.

3 Servir chaud ou à température ambiante, en garnissant de câpres, de feta et de rondelles de citron. Arroser d'huile d'olive. Servir avec du pain.

MOULES SAGANAKI

Préparation : 45 min
Cuisson : 25 min
Pour 6 personnes

750 g de moules
120 ml de vin blanc sec
3 brins de thym frais
1 feuille de laurier
1 cuil. à soupe d'huile d'olive
1 gros oignon, finement émincé
1 gousse d'ail, finement hachée
420 g de tomates bien mûres, pelées et coupées en tout petits morceaux
2 cuil. à soupe de concentré de tomate
1/2 cuil. à café de sucre
1 cuil. à soupe de vinaigre de vin rouge
70 g de feta, émiettée
1 cuil. à café de feuilles de thym fraîches

1 Nettoyer les moules à l'aide d'une brosse à poils durs et retirer les byssus. Jeter les moules dont les coquilles sont cassées ou déjà ouvertes. Rincer.
2 Dans une grande casserole, verser le vin, le thym et la feuille de laurier, et porter à ébullition. Ajouter les moules et laisser cuire pendant 4 à 5 min, jusqu'à ce qu'elles s'ouvrent. Filtrer le jus de cuisson à l'aide d'une passoire et le récupérer dans une jatte résistant à la chaleur. Réserver. Jeter les moules qui ne se sont pas ouvertes. Détacher les coquilles supérieures des moules et les jeter.
3 Faire chauffer l'huile dans une casserole, ajouter l'oignon et le faire revenir à feu moyen pendant 3 min. Ajouter l'ail et laisser cuire pendant 1 min, jusqu'à ce qu'il commence à dorer. Verser le jus de cuisson réservé, augmenter le feu et porter à ébullition. Laisser bouillir pendant 2 min, jusqu'à ce que le jus se soit presque évaporé. Ajouter les tomates, le concentré de tomate et le sucre, puis réduire le feu et laisser mijoter pendant 5 min. Verser le vinaigre et laisser cuire encore 5 min.
4 Ajouter les moules et laisser cuire à feu moyen pendant 1 min, jusqu'à ce qu'elles soient bien chaudes. Les transvaser dans un plat chaud. Garnir de feta et de feuilles de thym. Servir chaud.

NOTE : le terme *saganaki* renvoie à la poêle à deux manches utilisée pour faire cuire différents types de meze. Elle peut être directement transférée du fourneau à la table. Cependant, toute autre poêle fera l'affaire.

LA GRÈCE

MOULES SAGANAKI

Nettoyer les moules fraîches avec une brosse à poils durs afin d'éliminer le sable et les algues.

Retirer les byssus. Jeter les moules dont les coquilles sont cassées ou déjà ouvertes.

CI-CONTRE : *Moules saganaki*

MEZE

Comme les tapas d'Espagne et les antipasti d'Italie, les meze sont des petits plats traditionnellement servis à l'apéritif ou en guise de repas dans les pays du Moyen-Orient et du Levant. Qu'ils s'appellent mezethakia en Grèce, meze en Turquie et au Moyen-Orient ou mukabalatt dans les pays du Maghreb, ils jouent un rôle très important dans la convivialité et l'hospitalité orientales.

ORIGINES DES MEZE
Dérivé d'un mot signifiant « moitié », le terme meze désigne à la fois les plats et la façon de les manger. Chez les peuples non musulmans de la région, la tradition des petits plats provient d'une coutume qui veut qu'on ne consomme jamais d'alcool sans grignoter quelque chose. Même dans les bars et les restaurants, le vin, la bière, le raki, l'ouzo et l'arak sont toujours accompagnés de tranches de melon, de feta, d'olives ou de pain. En Grèce, lorsqu'ils commandent un ouzo dans un bar, les touristes ont l'agréable surprise de se voir offrir une assiette de mezethakia garnie de feta, d'olives et de rondelles de tomates. Il existe d'ailleurs une catégorie particulière de tavernas, appelées mezepoulio, qui ne servent que des mezethakia. Le lien étroit entre le boire et le manger se manifeste aussi en Turquie, où une table de meze est couramment appelée « table de raki ».

Dans les communautés abstèmes, les plateaux de meze sont servis avec du café ou des sirops. Il n'est pas rare que les familles juives partagent un assortiment de meze après le sabbat ou l'office matinal des jours de fête.

Les meze font partie intégrante des mœurs levantines et la vie sociale s'organise souvent autour d'une table de meze. Autrefois réservés aux familles riches ou consommés dans les restaurants et lors de grandes occasions comme les fêtes religieuses et les mariages, les meze sont aujourd'hui une marque d'hospitalité courante. En prévision d'une visite inopinée, on trouve souvent dans les garde-manger les ingrédients de base d'un assortiment de

meze : fromages, saucisses, olives, tomates, concombres, condiments et purées de légumes maison. Quant aux cordons bleus, ils gardent toujours au congélateur de la pâte à pain et des feuilletés prêts à l'emploi.

Les meze fournissent un excellent tour d'horizon des saveurs du bassin méditerranéen, caractérisées par les olives, l'huile d'olive, les aubergines, l'ail, le fromage, les pois chiches, le yaourt, les fruits secs, les tomates et les fruits de mer. Nombre des meze les plus appréciés étaient à l'origine vendus dans la rue, les plus célèbres étant les falafel, l'houmous, les boulettes de viande et le baba ghannouj.

Textures, goûts et arômes permettent des combinaisons à l'infini : il est donc important de penser aux contrastes de couleurs et de saveurs dans les plateaux de meze. Par ailleurs, il est courant d'allier plats cuits et plats crus, certains étant servis chauds et d'autres à température ambiante. Les plats vont des salades aux feuilletés en passant par les purées de légumes, le pain, les fruits secs, les feuilles de vigne farcies, les condiments et les fruits de mer marinés.

COMPOSITION DES MEZE

Théoriquement, toute spécialité régionale pouvant être servie en petites portions peut figurer dans un assortiment de meze. De nombreux meze peuvent également accompagner les plats principaux, permettant ainsi un enchaînement plus fluide et plus souple des plats. De nombreux restaurants méditerranéens rivalisent d'imagination, servant jusqu'à 70 plats différents afin d'appâter le client.

Bien qu'ils soient censés ouvrir l'appétit, les meze sont parfois si alléchants qu'ils se laissent grignoter pendant des heures, notamment à l'occasion des fêtes.

Même si un simple bol d'herbes fraîches mélangées, accompagnées de fruits secs, peut constituer un meze, on sert souvent des plats plus élaborés. Plus délicats à préparer, les keftedes (page 22) ou le cerkes tavugu (page 78), spécialité turque, sont aussi plus nourrissants.

Certes, les possibilités sont multiples, mais il convient de limiter le nombre de plats lorsque les meze sont servis à l'apéritif, car ils sont censés aiguiser l'appétit et non le couper. Selon le nombre de plats, l'assortiment de meze peut constituer un repas à part entière ou accompagner des boissons à tout moment de la journée.

DANS LE SENS DES AIGUILLES D'UNE MONTRE : Skordalia (page 18) ; Lubyi bi zayt (page 66) ; Saganaki haloumi (page 21) ; Taramosalata (page 20) ; Dolmades (page 19) ; Houmous (page 64); Kalamaria tiganita (page 49) AU FOND : Pain turc

LE GRAND LIVRE DE LA CUISINE MÉDITERRANÉENNE

KAKAVIA
Bien que la bouillabaisse soit la plus célèbre, il existe en Méditerranée de nombreuses autres variétés de soupes et de ragoûts de poissons, dont la version grecque est le kakavia. Il doit son nom au kakavi, chaudron à trois pieds que les anciens Ioniens emportaient lors de leurs expéditions de pêche. On y faisait cuire les plus petites prises, assaisonnées d'huile d'olive, d'oignon et de safran. Aujourd'hui, le kakavia se compose toujours de petits poissons, selon l'arrivage, mais la tomate a remplacé le safran pour la couleur.

CI-CONTRE : *Kakavia*

KAKAVIA

Préparation : 20 min
Cuisson : 20 min
Pour 6 personnes

2 oignons, finement émincés
400 g de tomates en morceaux en conserve
750 g de pommes de terre, coupées en rondelles de 5 mm d'épaisseur
1 cuil. à café d'origan frais haché
150 ml d'huile d'olive
2 l de bouillon de poisson ou de légumes
1,5 kg de filets de poisson blanc (cabillaud, mérou), coupés en gros morceaux
500 g de crevettes crues, décortiquées
120 ml de jus de citron
persil plat frais, haché, pour garnir

1 Dans une grande casserole, disposer des couches d'oignons, de tomates et de pommes de terre, en assaisonnant de sel, de poivre et d'origan entre chaque couche. Verser l'huile et le bouillon, et porter à ébullition. Réduire le feu et laisser mijoter 10 min, jusqu'à ce que les pommes de terre soient tendres.
2 Ajouter le poisson et les crevettes et laisser cuire 5 min, jusqu'à ce qu'ils soient cuits. Ajouter le jus de citron, servir dans des bols et décorer de persil.

SOUPE AUX HARICOTS LINGOTS

Préparation : 20 min + 1 nuit de trempage
Cuisson : 1 h 15
Pour 8 personnes

500 g de haricots lingots secs
2 cuil. à soupe d'huile d'olive
2 oignons, émincés
2 gousses d'ail, écrasées
450 g de tomates bien mûres, pelées et hachées
3 cuil. à soupe de coulis de tomates
2 grosses carottes (400 g), coupées en dés
2 céleris en branches (200 g), effeuillés et coupés en dés
1,75 l de bouillon de légumes ou de poule
2 feuilles de laurier
2 cuil. à soupe de jus de citron
30 g de persil plat frais, haché

1 Verser les haricots dans un saladier, couvrir d'eau froide et laisser tremper toute une nuit.
2 Égoutter les haricots et les rincer à l'eau froide. Faire chauffer l'huile dans une casserole de 5 l. Ajouter les oignons, réduire le feu et laisser cuire doucement pendant 10 min, en remuant de temps à autre. Incorporer l'ail et laisser cuire pendant 1 min.

3 Ajouter les haricots, les tomates, le coulis de tomates, les carottes, le céleri et le bouillon. Mélanger et ajouter les feuilles de laurier. Porter à ébullition. Réduire le feu, couvrir et laisser mijoter pendant 45 à 60 min, jusqu'à ce que les haricots soient tendres.
4 Verser le jus de citron, saler et poivrer à volonté. Incorporer une partie du persil et utiliser le reste comme garniture.
NOTE : cette soupe peut être préparée la veille, laissant ainsi les arômes s'affirmer. Réchauffer à feu doux en ajoutant un peu d'eau si elle est trop épaisse.

SOUPE AVGOLEMONO AU POULET

Préparation : 20 min
Cuisson : 30 min
Pour 4 personnes

1 oignon, coupé en deux
2 clous de girofle
1 carotte, coupée en gros morceaux
1 feuille de laurier
500 g de blancs de poulet
75 g de riz rond
3 œufs (séparer les blancs des jaunes)
3 cuil. à soupe de jus de citron
2 cuil. à soupe de persil plat frais haché
4 fines rondelles de citron, pour décorer

1 Dans une grande casserole remplie de 1,5 l d'eau, plonger l'oignon piqué des clous de girofle. Ajouter la carotte, le laurier et le poulet, et assaisonner de sel et de poivre noir du moulin. Porter lentement à ébullition, réduire le feu et laisser mijoter pendant 10 min, jusqu'à ce que le poulet soit cuit.
2 Filtrer le bouillon dans une casserole propre, en réservant le poulet et en jetant les légumes. Verser le riz dans le bouillon et porter à ébullition. Réduire le feu et laisser mijoter pendant 15 min, jusqu'à ce que le riz soit tendre. Pendant ce temps, émietter le poulet.
3 Dans un saladier propre et sec, battre les blancs en neige très ferme. Sans cesser de battre, incorporer lentement les jaunes d'œufs et le jus de citron. Ajouter 150 ml du bouillon chaud (mais pas bouillant) et battre soigneusement. Verser ce mélange dans le reste du bouillon et faire chauffer doucement (ne pas laisser bouillir car les œufs risqueraient de prendre). Ajouter le poulet et assaisonner de sel et de poivre noir.
4 Laisser reposer 2 à 3 min pour que les arômes s'affirment. Parsemer de persil et garnir de rondelles de citron.

SALTSA AVGOLEMONO
(Sauce aux œufs et au citron)

Pour 4 personnes. Dans une petite casserole, porter 370 ml de bouillon de poule à ébullition. Mélanger 1 cuil. à soupe de Maïzena avec assez d'eau froide pour obtenir une pâte. L'ajouter au bouillon et mélanger jusqu'à ce que la mixture épaississe. Laisser mijoter pendant 2 à 3 min, puis retirer du feu et laisser refroidir. Dans un saladier, séparer les blancs de 3 œufs et les battre en neige ferme. Ajouter les jaunes et battre jusqu'à obtention d'une mixture légère et mousseuse. Incorporer 2 à 3 cuil. à soupe de jus de citron. Sans cesser de battre, incorporer peu à peu le bouillon épaissi. Verser la sauce dans la casserole et faire cuire à feu doux pendant 1 à 2 min, en remuant constamment. Assaisonner à volonté, retirer du feu et remuer pendant 1 min. Verser aussitôt sur le plat : dolmades (page 19), lahano dolmathes (page 24), poisson poché ou légumes à la vapeur.

CI-DESSUS : Soupe avgolemono au poulet

CI-DESSUS : Psari plaki

PSARI PLAKI
(Poisson au four aux tomates et aux oignons)

Préparation : 20 min
Cuisson : 45 min
Pour 4 personnes

☆

60 ml d'huile d'olive
2 oignons, finement émincés
1 petit céleri en branches, coupé en petits morceaux
1 petite carotte, coupée en petits morceaux
2 gousses d'ail, hachées
400 g de tomates en morceaux en conserve
2 cuil. à soupe de coulis de tomates
1/4 cuil. à café d'origan séché
1/2 cuil. à café de sucre
50 g de pain blanc (de la veille, de préférence)
500 g de filets ou de steaks de poisson blanc (cabillaud, mérou)
3 cuil. à soupe de persil plat frais haché
1 cuil. à soupe de jus de citron frais

1 Préchauffer le four à 180 °C. Dans une poêle à fond épais, faire chauffer 2 cuil. à soupe d'huile d'olive. Ajouter les oignons, le céleri et la carotte, et laisser cuire à feu doux pendant 10 min, jusqu'à ce qu'ils aient ramolli. Ajouter l'ail, laisser cuire 2 min, puis ajouter les tomates, le coulis de tomates, l'origan et le sucre. Laisser mijoter pendant 10 min environ, en remuant de temps à autre, jusqu'à ce que le tout ait réduit et épaissi. Assaisonner à volonté.
2 Mixer le pain pendant quelques minutes jusqu'à obtention d'une chapelure fine.
3 Disposer le poisson en une seule couche dans un plat à four. Incorporer le persil et le jus de citron à la sauce, l'assaisonner et la verser sur le poisson. Répandre la chapelure sur l'ensemble et arroser du reste d'huile. Cuire au four pendant 20 min.

SPANAKORIZO
(Riz aux épinards)

Préparation : 15 min
Cuisson : 30 min
Pour 6 personnes

400 g d'épinards
6 oignons nouveaux
2 cuil. à soupe d'huile d'olive
1 gros oignon, haché
2 gousses d'ail, écrasées

330 g de riz rond ou à grain moyen
2 cuil. à soupe de jus de citron
1 cuil. à soupe d'aneth frais haché
1 cuil. à soupe de persil plat frais haché
370 ml de bouillon de légumes

1 Laver les épinards plusieurs fois, déchirer les feuilles et hacher les tiges. Émincer finement les oignons nouveaux, tiges incluses.
2 Faire chauffer l'huile d'olive dans une grande cocotte. Ajouter l'oignon et l'ail, et les faire revenir à feu moyen pendant 5 à 7 min, jusqu'à ce qu'ils aient ramolli. Ajouter les oignons nouveaux et le riz, mélanger pour bien l'imprégner et laisser cuire pendant 2 min, en remuant constamment. Ajouter les épinards, 1 cuil. à soupe de jus de citron et les herbes. Assaisonner généreusement. Incorporer le bouillon et 370 ml d'eau. Couvrir, porter à ébullition, puis réduire à feu doux et laisser cuire pendant 15 min.
3 Retirer du feu et laisser reposer pendant 5 min. Incorporer le reste du jus de citron et rectifier l'assaisonnement.
NOTE : les épinards peuvent être remplacés par des bettes. Rincer les bettes, retirer les côtes et hacher grossièrement les feuilles. Les blanchir dans une grande casserole d'eau bouillante salée. Rincer à l'eau froide.

POULET AU CITRON

Préparation : 10 min
Cuisson : 45 min
Pour 4 personnes

3 cuil. à soupe d'huile d'olive
1 kg de pilons de poulet, assaisonnés
1 gros poireau, fendu en deux, lavé et coupé en fines tranches
4 grandes lamelles de zeste de citron
120 ml de jus de citron frais
250 ml de vin blanc sec
500 g de mini-carottes, équeutées

1 Faire chauffer l'huile dans une poêle et faire sauter le poulet en deux fois pendant 6 à 8 min, jusqu'à ce qu'il soit doré et croustillant. Reverser tout le poulet dans la poêle, ajouter le poireau et laisser cuire jusqu'à ce qu'il soit juste flétri. Ajouter le zeste de citron et laisser cuire 1 à 2 min.
2 Verser le jus de citron et le vin et laisser les arômes se mélanger pendant quelques secondes. Remuer, ajouter les carottes, couvrir et laisser cuire 30 à 35 min, en remuant, jusqu'à ce que le poulet soit cuit. Retirer le zeste et rectifier l'assaisonnement.

CITRONS

Comme dans de nombreux autres pays méditerranéens, le citron est omniprésent dans la cuisine grecque. Le jus de citron parfume les viandes, les volailles et les légumes rôtis ou mijotés, et constitue un ingrédient essentiel de la sauce avgolemono, aux œufs et au citron. Les rondelles de citron sont souvent pressées sur les légumes cuits ou crus, ainsi que sur les fruits de mer, la viande et le fromage grillés ou frits. Le zeste de citron est confit et se déguste comme une friandise. Pour exprimer le plus de jus possible, choisir des citrons à l'écorce fine et les attendrir en les roulant avec la paume de la main sur un plan de travail.

CI-CONTRE : Poulet au citron

STIFATHO
(Bœuf épicé aux oignons)

Préparation : 15 min
Cuisson : 1 h 30
Pour 4 personnes

1 kg de bœuf dans le paleron
60 ml d'huile d'olive
750 g de petits oignons entiers
3 gousses d'ail, coupées en deux dans le sens de la longueur
120 ml de vin rouge
1 bâton de cannelle
4 clous de girofle
1 feuille de laurier
1 cuil. à soupe de vinaigre de vin rouge
2 cuil. à soupe de concentré de tomate
2 cuil. à soupe de raisins de Corinthe

1 Retirer le gras et les nerfs de la viande, puis la couper en petits cubes. Dans une grande casserole à fond épais, faire chauffer l'huile à feu moyen. Ajouter les oignons et remuer pendant 5 min, jusqu'à ce qu'ils soient dorés. Les retirer de la casserole et les égoutter sur du papier absorbant.
2 Verser toute la viande dans la casserole et la faire sauter à feu vif pendant 10 min, jusqu'à ce qu'elle soit bien grillée et que le liquide ait été presque entièrement absorbé.
3 Ajouter l'ail, le vin, les épices, le laurier, le vinaigre, le concentré de tomate, 1/4 cuil. à café de poivre noir concassé, un peu de sel et 370 ml d'eau. Porter à ébullition. Réduire le feu, couvrir et laisser mijoter pendant 1 h, en remuant de temps en temps.
4 Remettre les oignons dans la casserole, ajouter les raisins et remuer doucement. Laisser mijoter à couvert pendant 15 min. Retirer la cannelle avant de servir. Servir avec du riz, des pommes de terre ou du pain.
NOTE : pour relever le goût, remplacer l'eau par 370 ml de bouillon de bœuf ou de veau, ou utiliser 250 ml d'eau et 250 ml de vin.

CI-DESSOUS : Stifatho

SOFRITO
(Veau au vinaigre)

Préparation : 10 min
Cuisson : 1 h 50
Pour 6 à 8 personnes

60 g de farine
1 grosse pincée de poivre de Cayenne
1 kg d'escalopes de veau
60 ml d'huile d'olive
1 feuille de laurier
5 gousses d'ail, écrasées
170 ml de vinaigre de vin rouge
620 ml de bouillon de bœuf
persil plat frais, haché, pour décorer

1 Mélanger la farine et le poivre de Cayenne, saler et poivrer. Fariner légèrement les escalopes en secouant l'excédent.
2 Dans une grande poêle assez profonde, faire chauffer l'huile à feu vif et faire cuire les escalopes en plusieurs fois pendant 1 min de chaque côté, jusqu'à ce qu'elles soient légèrement dorées. Les retirer de la poêle et les réserver.
3 Verser le laurier, l'ail, le vinaigre et le bouillon dans la poêle, et porter à ébullition en grattant les restes attachés au fond. Réduire à feu doux et remettre les escalopes et leur jus dans la poêle.

Couvrir et laisser cuire pendant 1 h 30, en remuant doucement de temps à autre, jusqu'à ce que le veau soit très tendre et que la sauce ait épaissi. Si la sauce est trop liquide, transvaser délicatement le veau dans un plat et faire bouillir la sauce jusqu'à ce qu'elle soit onctueuse. Parsemer de persil avant de servir.

FEUILLETÉ AU POULET

Préparation : 30 min
Cuisson : 1 h 10
Pour 6 personnes

1 kg de blancs de poulet sans la peau, désossés
500 ml de bouillon de poule
60 g de beurre
2 oignons nouveaux, équeutés et finement émincés
60 g de farine
120 ml de lait
8 feuilles de pâte fillo (40 x 30 cm)
60 g de beurre supplémentaire, fondu
200 g de feta, émiettée
1 cuil. à soupe d'aneth frais haché
1 cuil. à soupe de ciboulette fraîche hachée
1/4 cuil. à café de muscade moulue
1 œuf, légèrement battu

1 Couper le poulet en petits morceaux. Verser le bouillon dans une casserole et porter à ébullition à feu vif. Réduire à feu doux, ajouter le poulet et le pocher délicatement pendant 10 à 15 min, jusqu'à ce qu'il soit cuit à cœur. Égoutter en réservant le bouillon. Allonger le bouillon avec de l'eau pour obtenir 500 ml de liquide. Préchauffer le four à 180 °C.
2 Dans une casserole, faire fondre le beurre à feu doux, ajouter les oignons nouveaux et les faire revenir pendant 5 min, en remuant. Ajouter la farine et remuer pendant 30 s. Retirer la casserole du feu et ajouter peu à peu le bouillon de poule et le lait, en remuant à chaque fois. Remettre sur le feu et porter lentement à ébullition, en remuant. Laisser mijoter pendant quelques minutes, jusqu'à ce que la sauce ait épaissi. Retirer du feu.
3 Garnir un plat à four rectangulaire avec 4 feuilles de pâte fillo en les badigeonnant de beurre fondu sur la face inférieure. La pâte doit déborder du plat. Couvrir les feuilles inutilisées avec un linge humide afin qu'elles ne se dessèchent pas.
4 Incorporer à la sauce le poulet, la feta, l'aneth, la ciboulette, la muscade et l'œuf. Assaisonner à volonté de sel et de poivre noir du moulin. Étaler la mixture sur la pâte dans le plat. Replier la pâte sur la farce et recouvrir avec les 4 feuilles restantes en les badigeonnant de beurre au fur et à mesure. Froisser les bords de la pâte pour les faire tenir dans le plat. Badigeonner de beurre. Cuire au four pendant 45 à 50 min, jusqu'à ce que la pâte soit bien dorée et croustillante.
NOTE : la pâte fillo peut être remplacée par de la pâte feuilletée. Dans ce cas, faire cuire à 220 °C pendant 15 min, puis réduire la température du four à 180 °C et laisser cuire encore pendant 30 min, jusqu'à ce que la pâte soit dorée.

CI-DESSUS : *Feuilleté au poulet*

LE GRAND LIVRE DE LA CUISINE MÉDITERRANÉENNE

ROUGETS EN FEUILLES DE VIGNE

Préparation : 20 min
   + 30 min d'égouttage
Cuisson : 15 min
Pour 4 personnes (en entrée)

☆☆

4 grosses tomates du potager
2 gousses d'ail, écrasées
4 filets d'anchois, hachés
4 cuil. à soupe de persil plat frais haché
2 cuil. à soupe de basilic frais haché
4 olives Kalamata, dénoyautées et hachées
4 rougets (d'environ 250 g chacun),
   vidés et écaillés
8 feuilles de vigne en conserve
1 cuil. à soupe d'huile d'olive
1 cuil. à soupe de jus de citron
quartiers de citron, pour décorer

1 Marquer une croix à la base de chaque tomate et les plonger dans l'eau bouillante pendant 10 s. Les plonger ensuite dans l'eau froide et les peler en partant des croix. Les épépiner à l'aide d'une petite cuillère. Hacher finement la chair, puis la verser dans une passoire au-dessus d'un saladier et laisser égoutter pendant 30 min. Préchauffer le four à 180 °C.
2 Jeter le jus des tomates, puis les mettre dans le saladier et ajouter l'ail, les anchois, le persil, le basilic et les olives. Saler et poivrer.
3 Assaisonner généreusement les rougets à l'intérieur et à l'extérieur, puis les remplir avec 1/2 cuil. à soupe de farce à la tomate.
4 Rincer soigneusement les feuilles de vigne et les sécher en les tapotant. Poser deux feuilles côte à côte en les faisant se chevaucher légèrement. Diviser le reste de la farce en 4 portions. Étaler la moitié d'une portion sur les 2 feuilles, placer un rouget par-dessus et étaler le reste de la portion sur le poisson. Replier les feuilles pour former un paquet en laissant dépasser la tête et la queue du rouget. Procéder de même avec les autres rougets.
5 Dans un bol, mélanger l'huile et le jus de citron. Disposer les rougets dans un plat à four non métallique et les badigeonner de ce mélange (en particulier les queues, qui brûlent facilement). Cuire au four pendant 15 min, puis disposer les rougets délicatement dans des assiettes et garnir de quartiers de citron.

GARITHES ME FETA
(Crevettes rôties à la feta)

Préparation : 20 min
Cuisson : 30 min
Pour 4 personnes (en entrée)

☆

300 g de grosses crevettes crues
2 cuil. à soupe d'huile d'olive
2 petits oignons rouges, finement émincés
1 grosse gousse d'ail, écrasée
350 g de tomates bien mûres, coupées en dés
2 cuil. à soupe de jus de citron
2 cuil. à soupe d'origan frais
   ou 1 cuil. à café d'origan séché
200 g de feta
huile d'olive extra vierge
poivre noir concassé, pour saupoudrer
persil plat frais, haché, pour décorer

1 Décortiquer les crevettes en laissant les queues intactes. Retirer délicatement la veine noire le long du dos en partant de la tête.
2 Préchauffer le four à 180 °C. Dans une casserole, faire chauffer l'huile d'olive à feu moyen, ajouter les oignons et les faire revenir pendant 3 min, en remuant de temps en temps, jusqu'à ce qu'ils aient ramolli. Ajouter l'ail et laisser cuire quelques secondes, puis verser les tomates et laisser cuire pendant 10 min, jusqu'à ce que la mixture ait légèrement réduit. Ajouter le jus de citron et l'origan. Assaisonner à volonté.
3 Verser la moitié de la sauce dans un plat à four carré de 750 ml et d'environ 15 cm de côté. Disposer les crevettes par-dessus. Verser le reste de la sauce à l'aide d'une cuillère, puis émietter la feta au-dessus du plat. Arroser d'huile d'olive extra vierge et saupoudrer de poivre noir fraîchement concassé.
4 Mettre au four pendant 15 min, jusqu'à ce que les crevettes soient bien grillées. Servir immédiatement avec du pain légèrement grillé pour absorber la sauce.

ROUGETS EN FEUILLES DE VIGNE

Remplir chaque rouget avec une portion de farce à la tomate.

Étaler un peu de farce sur chaque rouget.

PAGE CI-CONTRE :
Garithes me feta (en haut) ;
Rouget en feuilles de vigne

MOUSSAKA

Préparation : 20 min
 + 30 min de repos
Cuisson : 2 h
Pour 6 personnes

1,5 kg d'aubergines, coupées en rondelles de 5 mm d'épaisseur
120 ml d'huile d'olive
2 oignons, finement émincés
2 grosses gousses d'ail, écrasées
1/2 cuil. à café de poivre de la Jamaïque moulu
1 cuil. à café de cannelle moulue
750 g de viande d'agneau, hachée
2 grosses tomates bien mûres, pelées et coupées en morceaux
2 cuil. à soupe de concentré de tomate
120 ml de vin blanc
3 cuil. à soupe de persil plat frais haché

SAUCE AU FROMAGE

60 g de beurre
60 g de farine
620 ml de lait
1 pincée de muscade moulue
35 g de kefalotyri ou de parmesan, finement râpé
2 œufs, légèrement battus

1 Disposer les aubergines sur un plat, saler et laisser reposer pendant 30 min. Les rincer à l'eau et les sécher en les tapotant. Préchauffer le four à 180 °C.
2 Dans une poêle, faire chauffer 2 cuil. à soupe d'huile d'olive et y faire cuire les aubergines en plusieurs fois pendant 1 à 2 min de chaque côté, jusqu'à ce qu'elles soient dorées et tendres. Ajouter un peu d'huile si nécessaire.
3 Dans une grande casserole, faire chauffer 1 cuil. à soupe d'huile d'olive, ajouter les oignons et les faire revenir à feu moyen pendant 5 min. Ajouter l'ail, le poivre de la Jamaïque et la cannelle, et laisser cuire 30 s. Ajouter la viande hachée et laisser cuire pendant 5 min, jusqu'à ce qu'elle soit grillée, en brisant les grumeaux avec le dos d'une cuillère. Ajouter les tomates, le concentré de tomate et le vin, et laisser mijoter à feu doux pendant 30 min, jusqu'à ce que le liquide se soit évaporé. Ajouter le persil et assaisonner.
4 Pour la sauce au fromage, faire fondre le beurre à feu doux dans une casserole. Incorporer la farine et laisser cuire pendant 1 min jusqu'à obtention d'un mélange clair et mousseux. Retirer la casserole du feu et incorporer peu à peu le lait et la muscade. Remettre sur le feu et remuer constamment jusqu'à ce que la sauce entre en ébullition et épaississe. Réduire le feu et laisser mijoter pendant 2 min. Ajouter 1 cuil. à soupe de fromage et bien mélanger. Incorporer les œufs juste avant d'utiliser la sauce.
5 Garnir un plat à four rectangulaire de 3 l avec un tiers des aubergines. Étaler la moitié de la viande par-dessus à l'aide d'une cuillère, et recouvrir d'une autre couche d'aubergines. Étaler le reste de la viande par-dessus et la recouvrir avec le reste des aubergines. Répartir ensuite la sauce au fromage et saupoudrer avec le reste de fromage. Cuire au four pendant 1 h. Laisser reposer pendant 10 min avant de découper.
NOTE : les aubergines peuvent être remplacées par une quantité égale de rondelles de courgettes ou de pommes de terre rissolées, ou par un mélange des trois.

CI-DESSUS : *Moussaka*

POIVRONS FARCIS

Préparation : 25 min
Cuisson : 1 h 15
Pour 6 personnes

175 g de riz blanc long
310 ml de bouillon de poule
6 poivrons rouges, oranges ou jaunes de taille moyenne
60 g de pignons
80 ml d'huile d'olive
1 gros oignon, haché
120 g de coulis de tomates
60 g de raisins de Corinthe
2 cuil. à soupe 1/2 de persil plat frais haché
2 cuil. à soupe 1/2 de feuilles de menthe fraîches hachées
1/2 cuil. à café de cannelle moulue

1 Verser le riz et le bouillon dans une casserole et porter à ébullition à feu moyen. Réduire le feu, bien couvrir et laisser cuire pendant 15 min, jusqu'à ce que le riz soit tendre. Retirer du feu et réserver sans ôter le couvercle.

2 Porter une grande casserole d'eau à ébullition. Couper les hauts des poivrons et les conserver. Retirer les graines et les côtes, et les jeter. Blanchir les poivrons (sans les hauts) dans l'eau bouillante pendant 2 min, puis les égoutter et les laisser sécher la tête en bas sur du papier absorbant.

3 Préchauffer le four à 180 °C. Dans une poêle, faire griller les pignons à feu doux jusqu'à ce qu'ils soient bien dorés, puis les retirer de la poêle et les réserver. Passer à feu moyen et faire chauffer 2 cuil. à soupe d'huile. Ajouter les oignons et les faire revenir pendant 10 min, en remuant de temps à autre, jusqu'à ce qu'ils aient ramolli.

4 Ajouter le coulis de tomates, les raisins, le persil, la menthe, la cannelle, le riz cuit et les pignons grillés. Remuer pendant 2 min, puis saler et poivrer à volonté.

5 Disposer les poivrons dans un plat à four en les serrant les uns contre les autres. Répartir la farce à l'intérieur des poivrons. Replacer les hauts réservés.

6 Verser 100 ml d'eau bouillante dans le plat et arroser les poivrons avec le reste d'huile. Cuire au four pendant 40 min. Vérifier avec la pointe d'un couteau que les poivrons sont juste tendres. Servir chaud ou froid.

LÉGUMES FARCIS

Les yemista, ou légumes farcis, occupent une place de choix dans la gastronomie grecque et sont servis dans les tavernas à travers tout le pays. La version végétarienne est farcie de riz, d'herbes, de raisins secs et de pignons. L'ajout de viande très finement hachée illustre parfaitement la capacité d'improvisation des Grecs, qui parviennent à élaborer un plat à part entière avec très peu de viande, utilisée uniquement pour parfumer.

CI-CONTRE : Poivrons farcis

PLATS AIGRES-DOUX
Bien qu'on les associe généralement à la cuisine chinoise, les spécialités aigres-douces plongent également leurs racines dans la tradition culinaire méditerranéenne, où le contraste des saveurs et des textures reflétait jadis une croyance mythologique dans l'équilibre des forces opposées. Cela fait ainsi des siècles que l'on fait cuire la viande avec des fruits, qui étaient à l'origine destinés à attendrir la viande dure. Dans la recette ci-contre, le parfum des figues se marie harmonieusement aux épices et au citron.

CI-CONTRE : Kotopoulo me syko

KOTOPOULO ME SYKO
(Poulet aux figues)

Préparation : 20 min
Cuisson : 1 h 10
Pour 4 personnes

1 poulet de 1,5 kg, découpé en 8 morceaux de taille égale
1 cuil. à soupe d'huile d'olive
12 figues fraîches (pas trop grosses) ou 12 figues sèches, trempées dans l'eau chaude pendant 2 h
10 gousses d'ail entières
1 gros oignon, coupé en fines rondelles
1/2 cuil. à café de coriandre moulue
1/2 cuil. à café de cannelle moulue
1/2 cuil. à café de cumin moulu
1 pincée de poivre de Cayenne
3 feuilles de laurier
370 ml de porto rouge
1 cuil. à café de zeste de citron finement râpé
2 cuil. à soupe de jus de citron

1 Préchauffer le four à 180 °C. Dégraisser le poulet. Réserver les éventuels abats. Assaisonner légèrement le poulet. Dans une grande poêle à fond épais, faire chauffer l'huile d'olive à feu vif. Faire rôtir le poulet en plusieurs fois pendant 5 min du côté de la peau, jusqu'à ce que celle-ci soit dorée.

2 Retirer le poulet de la poêle et disposer les morceaux et les abats côte à côte, peau vers le bas, dans un plat à four rectangulaire. Disposer les figues entre les morceaux de poulet. Parsemer d'ail, d'oignon et de laurier en les introduisant délicatement dans les interstices, sans endommager les figues. Saupoudrer d'épices, puis verser le porto. Couvrir et faire cuire au four pendant 25 min. Retourner le poulet et faire cuire à découvert pendant 20 min, jusqu'à ce que le poulet soit juste tendre. Ajouter le jus et le zeste de citron et laisser cuire encore pendant 15 min, jusqu'à ce que le poulet soit très tendre.

ARNI YAHNI
(Ragoût d'agneau)

Préparation : 25 min
Cuisson : 2 h 15
Pour 4 personnes

3 cuil. à soupe d'huile d'olive
1 kg d'épaule d'agneau désossée, coupée en cubes de 2 cm de côté
1 oignon, haché

LA GRÈCE

- 2 gousses d'ail, écrasées
- 2 céleris en branches, coupés en morceaux
- 1 grosse carotte, coupée en morceaux
- 4 tomates bien mûres, pelées, épépinées et coupées en morceaux
- 2 cuil. à soupe de concentré de tomate
- 1 cuil. à café de sucre
- 180 ml de vin rouge
- 2 feuilles de laurier
- 3 clous de girofle
- 1/4 cuil. à café de cannelle moulue
- 250 g de petits oignons
- 350 g de courgettes, coupées en rondelles épaisses
- persil plat frais haché, pour décorer

1 Dans une grande casserole, faire chauffer 1 cuil. à soupe d'huile et faire rôtir la viande en plusieurs fois, en ajoutant de l'huile si nécessaire. Réserver.
2 Faire chauffer une autre cuillerée à soupe d'huile, ajouter l'oignon et laisser cuire pendant 4 min, jusqu'à ce qu'il ait ramolli. Ajouter l'ail, le céleri et la carotte et laisser cuire pendant 1 min avant de verser les tomates, le concentré de tomate, le sucre, le vin, le laurier, les clous de girofle, la cannelle et 370 ml d'eau. Reverser la viande dans la poêle. Couvrir, porter à ébullition, puis réduire le feu et laisser mijoter pendant 1 h 30.
3 Dans une autre poêle, faire chauffer le reste de l'huile et faire revenir les petits oignons jusqu'à ce qu'ils soient bien dorés et tendres. Les verser dans le ragoût, ainsi que les courgettes, et laisser cuire encore 30 min. Parsemer de persil et servir immédiatement.

SOUVLAKE
(Brochettes d'agneau)

Préparation : 20 min + 1 nuit de macération + 30 min de repos
Cuisson : 10 min
Pour 4 personnes

- 1 kg de gigot d'agneau avec l'os, dégraissé et coupé en cubes de 2 cm de côté
- 60 ml d'huile d'olive
- 2 cuil. à café de zeste de citron finement râpé
- 80 ml de jus de citron
- 120 ml de vin blanc sec
- 2 cuil. à café d'origan séché
- 2 grosses gousses d'ail, finement hachées
- 2 feuilles de laurier fraîches
- 250 g de yaourt nature à la grecque
- 2 gousses d'ail supplémentaires, écrasées

1 Mettre l'agneau dans un saladier non métallique avec 2 cuil. à soupe d'huile, le jus et le zeste de citron, le vin, l'origan, l'ail, le laurier et du poivre noir. Mélanger, couvrir et réfrigérer toute une nuit.
2 Dans un bol, verser le yaourt et l'ail supplémentaire, bien mélanger et laisser reposer pendant 30 min.
3 Égoutter la viande. L'enfiler sur 8 brochettes, les badigeonner avec le reste d'huile et les faire cuire au barbecue ou au grill pendant 7 à 8 min, ou à volonté. Servir avec le yaourt, du pain et de la salade.

AGNEAU

En Grèce, la popularité de l'agneau est liée aux reliefs montagneux et souvent arides du pays. Ce type de terrain se prête mal à l'élevage bovin, c'est pourquoi on y élève généralement des moutons et des chèvres, aussi bien pour la viande que pour le lait. Jadis rare et coûteuse, la viande est traditionnellement associée aux fêtes religieuses et autres grandes occasions. À Pâques, principale fête religieuse des Grecs orthodoxes, il est de coutume de faire rôtir à la broche un agneau entier avec ses entrailles. Comme pour toutes les viandes, les Grecs préfèrent généralement l'agneau bien cuit, qui se détache tout seul de l'os. Cependant, dans la recette ci-contre, vous pouvez cuire l'agneau à votre goût.

CI-DESSUS : *Souvlake*

SPANOKOPITA
(Feuilleté aux bettes et au fromage)

Préparation : 25 min + refroidissement
Cuisson : 1 h
Pour 4 à 6 personnes

1,5 kg de bettes

3 cuil. à soupe d'huile d'olive

1 oignon blanc, finement émincé

10 oignons nouveaux, hachés (avec quelques tiges)

1 cuil. à soupe 1/2 d'aneth frais haché

200 g de feta, émiettée

120 g de fromage blanc en faisselle

3 cuil. à soupe de kefalotyri finement râpé

1/4 cuil. à café de muscade moulue

4 œufs, légèrement battus

10 feuilles de pâte fillo

80 g de beurre fondu, pour badigeonner

CI-DESSUS : Spanokopita

1 Rincer et égoutter soigneusement les bettes. Jeter les côtes et déchirer les feuilles. Dans une grande poêle, faire chauffer l'huile d'olive, ajouter l'oignon et le faire revenir à feu moyen pendant 5 min, en remuant, jusqu'à ce qu'il ait ramolli. Ajouter les oignons nouveaux et les bettes, et laisser cuire à couvert pendant 5 min à feu moyen. Ajouter l'aneth et laisser cuire à découvert pendant 3 à 4 min, jusqu'à ce que le liquide se soit presque entièrement évaporé. Retirer du feu et laisser refroidir à température ambiante.

2 Préchauffer le four à 180 °C et beurrer légèrement un plat à four rectangulaire de 2,5 l. Dans un grand saladier, mettre la feta, le fromage blanc et le kefalotyri. Incorporer le mélange de bettes, puis la muscade. Ajouter peu à peu les œufs et bien mélanger. Assaisonner à volonté.

3 Garnir le fond et les parois du plat à four avec une feuille de pâte fillo (recouvrir les autres feuilles d'un linge humide afin qu'elles ne se dessèchent pas). La badigeonner de beurre et la recouvrir d'une autre feuille de pâte. Répéter l'opération en superposant 5 feuilles au total. Avec une cuillère, verser la farce sur la pâte et lisser la surface. Replier les bords de la pâte pour recouvrir la farce. Couvrir avec une feuille de pâte, la badigeonner de beurre et recommencer avec le reste des feuilles. Couper grossièrement la pâte qui déborde avec des ciseaux de cuisine, puis enfoncer les bords à l'intérieur du plat.

4 Badigeonner le dessus avec du beurre. Avec un couteau bien aiguisé, quadriller la surface. Arroser de quelques gouttes d'eau froide pour empêcher la pâte de se recroqueviller. Faire cuire au four pendant 45 min, jusqu'à ce que le feuilleté soit gonflé et doré. Laisser reposer pendant 10 min à température ambiante avant de servir.
NOTE : à défaut de kefalotyri, utiliser du pecorino.

RIZ PILAF

Pour 6 à 8 personnes. Dans une casserole à fond épais, faire fondre 60 g de beurre à feu doux, puis ajouter 1 oignon finement émincé et le faire revenir pendant 5 min, en remuant fréquemment, jusqu'à ce qu'il ait ramolli. Verser 400 g de riz long et bien remuer pour l'imprégner. Ajouter 1 l de bouillon de poule ou de légumes chaud. Porter à ébullition, en remuant souvent, puis réduire à feu doux, bien couvrir et laisser cuire pendant 10 min. Retirer du feu et laisser reposer pendant 10 min. Aérer le riz à l'aide d'une fourchette et servir immédiatement. Le riz pilaf peut être tassé dans des moules individuels huilés et retourné sur des assiettes.

OKTAPODI KRASATO
(Ragoût de poulpes au vin rouge)

Préparation : 15 min
Cuisson : 1 h 10
Pour 4 à 6 personnes

☆☆

1 kg de petits poulpes
2 cuil. à soupe d'huile d'olive
1 gros oignon, haché
3 gousses d'ail, écrasées
1 feuille de laurier
750 ml de vin rouge
60 ml de vinaigre de vin rouge
400 g de tomates en morceaux en conserve
1 cuil. à soupe de concentré de tomate
1 cuil. à soupe d'origan frais finement haché
1/4 cuil. à café de cannelle moulue
1 petite pincée de clous de girofle moulus
1 cuil. à café de sucre
2 cuil. à soupe de persil plat frais haché

1 Pour préparer les poulpes, prendre un petit couteau bien aiguisé et couper entre la tête et les tentacules, juste sous les yeux. Saisir le corps et pousser le bec avec les doigts pour le faire sortir entre les tentacules. Découper un rond autour des yeux pour les extraire. Jeter les yeux. Inciser délicatement un côté de la tête et retirer les entrailles. Rincer soigneusement les poulpes à l'eau courante.
2 Dans une grande casserole, faire chauffer l'huile, ajouter l'oignon et le faire revenir à feu vif pendant 5 min, jusqu'à ce qu'il commence à dorer. Ajouter l'ail et la feuille de laurier et laisser cuire pendant encore 1 min. Ajouter les poulpes et remuer pour bien les imprégner de la mixture à base d'oignon.
3 Verser le vin, le vinaigre, les tomates, le concentré de tomate, l'origan, la cannelle, les clous de girofle et le sucre. Porter à ébullition, puis réduire à feu doux et laisser mijoter pendant 1 h, jusqu'à ce que les poulpes soient tendres et que la sauce ait légèrement épaissi. Ajouter le persil et assaisonner.
NOTE : le temps de cuisson varie en fonction de la taille des poulpes. Les plus petits sont généralement moins durs et cuisent donc plus vite.

KALAMARIA TIGANITA
(Calmars frits)

Préparation : 20 min
Cuisson : 15 min
Pour 4 personnes

☆☆

1 kg de petits calmars
farine, bien assaisonnée
huile, pour frire
rondelles de citron, pour décorer
skordalia (voir page 18), en accompagnement

1 Pour nettoyer les calmars, tirer doucement sur les tentacules pour les séparer du corps et retirer les viscères et la plume translucide. Couper les tentacules sous les yeux et détacher le bec. Sous un jet d'eau froide, retirer la peau. Rincer le corps et détacher les nageoires latérales. Couper le corps en anneaux de 5 mm de large. Sécher les anneaux, les nageoires et les tentacules en les tapotant.
2 Dans une poêle assez profonde à fond épais, faire chauffer l'huile à 180 °C (à cette température, un morceau de pain jeté dans l'huile est doré en 15 s). Fariner les calmars. Les faire frire en plusieurs fois pendant 2 à 3 min, jusqu'à ce qu'ils soient dorés. Servir avec des rondelles de citron.

CUISSON DES FRUITS DE MER
La règle générale pour la cuisson des fruits de mer, comme les calmars et les poulpes, est de les faire cuire soit très peu de temps, soit très longtemps, car les temps de cuisson intermédiaires les font durcir. Au barbecue, en friture ou au grill, calmars et poulpes cuisent donc en quelques minutes, mais ils sont également délicieux mijotés dans une sauce pendant au moins une heure.

CI-DESSOUS : Oktapodi krasato

RÔTI D'AGNEAU AU CITRON
ET AUX POMMES DE TERRE

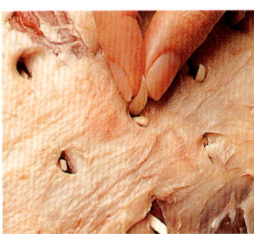

Faire de petites entailles dans l'agneau et y insérer les éclats d'ail.

Saupoudrer les pommes de terre d'origan, de sel et de poivre.

PAGE CI-CONTRE : Rôti d'agneau au citron et aux pommes de terre (en haut et en bas) ; Gratin de haricots de Lima

ARTICHAUTS BRAISÉS AUX FÈVES

Préparation : 25 min
Cuisson : 35 min
Pour 4 personnes

1 citron
6 gros artichauts
70 ml d'huile d'olive extra vierge
4 oignons nouveaux, coupés en fines rondelles
300 g de fèves fraîches, écossées
3 cuil. à soupe d'aneth frais haché

1 Remplir un saladier d'eau, y presser le citron et y faire tremper le zeste pour obtenir de l'eau acidulée. À l'aide d'un petit couteau bien aiguisé, retirer le foin des artichauts et arracher les feuilles extérieures piquantes. Couper la tige. Couper les artichauts en quartiers et les plonger dans l'eau acidulée pour les empêcher de noircir pendant la préparation du reste de la recette.
2 Faire chauffer l'huile dans une grande casserole à fond épais (pas en aluminium) et faire revenir les oignons nouveaux pendant 1 à 2 min, jusqu'à ce qu'ils aient à peine ramolli. Ajouter les artichauts égouttés, les fèves et l'aneth et verser juste assez d'eau pour recouvrir les légumes. Couvrir et laisser mijoter pendant 30 min, jusqu'à ce que les légumes soient tendres. Égoutter, assaisonner et servir chaud ou à température ambiante.

RÔTI D'AGNEAU AU CITRON ET AUX POMMES DE TERRE

Préparation : 20 min
Cuisson : 3 h
Pour 6 personnes

1 gigot d'agneau de 2,5 à 3 kg
2 gousses d'ail
120 ml de jus de citron
3 cuil. à soupe d'origan séché
1 oignon, coupé en rondelles
2 céleris en branches, coupés en rondelles
40 g de beurre, ramolli
1 kg de pommes de terre, coupées en quartiers

1 Préchauffer le four à 180 °C. Faire de petites entailles dans l'agneau, couper l'ail en éclats et les insérer dans la viande. Frotter tout le gigot avec la moitié du jus de citron, saupoudrer de sel, de poivre et de la moitié de l'origan. Mettre le gigot dans un plat à four et le faire cuire pendant 1 h.
2 Égoutter la graisse du plat, ajouter l'oignon, le céleri et 250 ml d'eau chaude. Étaler le beurre sur le gigot, réduire la température du four à 160 °C et laisser cuire pendant 1 h. Le retourner pendant la cuisson pour qu'il rôtisse uniformément.
3 Ajouter les pommes de terre, les parsemer avec le reste de l'origan et du jus de citron, saler et poivrer. Faire cuire pendant encore 1 h, en ajoutant de l'eau si nécessaire et en retournant les pommes de terre à mi-cuisson. Couper l'agneau en gros morceaux. Dégraisser le jus et le servir avec le gigot et les pommes de terre.

GRATIN DE HARICOTS DE LIMA

Préparation : 20 min + 1 nuit de trempage
Cuisson : 2 h
Pour 6 à 8 personnes

180 g de haricots de Lima secs
60 ml d'huile d'olive
1 gros oignon, coupé en deux, puis en rondelles
1 gousse d'ail, hachée
1 petite carotte, coupée en morceaux
1 petit céleri en branches, coupé en morceaux
400 g de tomates concassées en conserve
1 cuil. à soupe de concentré de tomate
2 cuil. à café d'aneth frais haché
huile d'olive extra vierge, pour assaisonner

1 Plonger les haricots dans l'eau froide et les laisser tremper toute une nuit. Bien les égoutter.
2 Porter une grande casserole d'eau à ébullition, ajouter les haricots, porter à nouveau à ébullition, puis réduire à feu moyen, couvrir partiellement et laisser cuire pendant 45 à 60 min, jusqu'à ce que les haricots soient tendres, mais pas réduits en bouillie. Égoutter. Préchauffer le four à 180 °C.
3 Dans un plat à four de 2,5 l, faire chauffer l'huile à feu moyen. Ajouter l'oignon, l'ail, la carotte et le céleri, et laisser cuire pendant 5 min, jusqu'à ce que l'oignon soit translucide. Ajouter les tomates concassées, le concentré de tomate et 120 ml d'eau. Porter à ébullition, puis réduire le feu et laisser mijoter pendant 3 min.
4 Ajouter les haricots et l'aneth, et assaisonner. Porter à nouveau à ébullition, puis couvrir et cuire au four pendant 50 min, jusqu'à ce que la sauce ait épaissi et que les haricots soient tendres. Arroser d'huile et servir chaud ou à température ambiante.

LA GRÈCE

51

LES LÉGUMES DANS LA CUISINE GRECQUE

Les Grecs consomment davantage de légumes que la plupart des Européens. Ils les dégustent crus, marinés dans le vinaigre ou cuits de maintes façons. En Grèce, les menus des restaurants proposent souvent des légumes comme plat principal, et non en tant qu'accompagnement. Dans les tavernas, il est encore possible d'aller faire un tour en cuisine pour jeter un œil dans les casseroles et choisir le plat le plus appétissant.

CI-CONTRE : Briami

BRIAMI
(Gratin de courgettes et de pommes de terre)

Préparation : 20 min
Cuisson : 1 h 45
Pour 4 à 6 personnes

1 gros poivron rouge
60 ml d'huile d'olive
2 oignons, coupés en rondelles
2 gousses d'ail, écrasées
400 g de courgettes, coupées en rondelles épaisses
400 g de petites pommes de terre à chair ferme, non épluchées, coupées en rondelles de 1 cm de large
1 kg de tomates bien mûres, pelées et coupées en gros morceaux
1 cuil. à café d'origan séché
2 cuil. à soupe de persil plat frais haché
2 cuil. à soupe d'aneth frais haché
1/2 cuil. à café de cannelle moulue

1 Préchauffer le four à 180 °C. Retirer les graines et les côtes du poivron, et couper la chair en carrés.

2 Dans une poêle à fond épais, faire chauffer 2 cuil. à soupe d'huile d'olive à feu moyen. Ajouter l'oignon et le faire revenir pendant 10 min, en remuant fréquemment. Ajouter l'ail et laisser cuire pendant encore 2 min. Dans un grand saladier, verser tous les autres ingrédients, saler et poivrer généreusement. Ajouter l'oignon et l'ail ramollis et bien mélanger le tout. Transvaser dans un grand plat à four et arroser les légumes avec le reste d'huile d'olive.

3 Couvrir et faire cuire au four pendant 1 h à 1 h 30, jusqu'à ce que les légumes soient tendres, en remuant toutes les demi-heures. Enfoncer la pointe d'un petit couteau dans les pommes de terre pour vérifier la cuisson.

NOTE : servi chaud, ce gratin accompagnera à merveille viande, poulet ou poisson grillés. Il peut également être servi à température ambiante dans un assortiment de meze.

LA GRÈCE

TOMATES YEMISTES
(Tomates farcies au riz)

Préparation : 30 min
Cuisson : 1 h
Pour 8 tomates

☆☆

- 8 tomates de taille moyenne
- 110 g de riz rond
- 2 cuil. à soupe d'huile d'olive
- 1 oignon rouge, finement émincé
- 1 gousse d'ail, écrasée
- 1 cuil. à café d'origan séché
- 40 g de pignons
- 35 g de raisins de Corinthe
- 30 g de basilic frais, haché
- 2 cuil. à soupe de persil plat frais haché
- 1 cuil. à soupe d'aneth frais haché
- huile d'olive, pour badigeonner

1 Huiler légèrement un grand plat à four. Préchauffer le four à 160 °C. Découper le haut des tomates et conserver les chapeaux. Retirer la chair des tomates à l'aide d'une cuillère, l'égoutter dans une passoire en réservant le jus, puis couper la chair en petits dés. Réserver le jus et la chair dans deux saladiers séparés. Mettre les tomates à égoutter la tête en bas.

2 Cuire le riz dans une casserole d'eau bouillante légèrement salée pendant 10 à 12 min, jusqu'à ce qu'il soit juste tendre. L'égoutter et le laisser refroidir.

3 Faire chauffer l'huile d'olive dans une poêle et y faire frire l'oignon, l'ail et l'origan pendant 8 min, jusqu'à ce que l'oignon ait ramolli. Ajouter les pignons et les raisins, et laisser cuire pendant encore 5 min, en remuant fréquemment. Retirer du feu et incorporer le basilic, le persil et l'aneth. Assaisonner à volonté de sel et de poivre noir du moulin.

4 Verser la mixture à base d'oignon et la chair de tomate dans le riz et bien mélanger. Remplir les tomates évidées avec la farce en dépassant du bord. Verser 1 cuil. à soupe de jus de tomate sur chaque tomate et replacer les chapeaux.

5 Badigeonner légèrement les tomates avec l'huile d'olive et les disposer dans un plat à four. Laisser cuire pendant 20 à 30 min, jusqu'à ce qu'elles soient bien chaudes. Servir chaud ou froid.

TOMATES FARCIES AU RIZ
Comme nombre de spécialités grecques, les légumes farcis peuvent se déguster chauds ou froids. Consommer les aliments brûlants est une habitude assez récente en Grèce, car seuls les plus fortunés possédaient autrefois leur propre four. Les mets étaient donc cuits à la boulangerie du village et consommés ensuite à température ambiante dans la journée.

CI-DESSUS : *Tomates yemistes*

CI-DESSUS : *Kalamaria yemista*

KALAMARIA YEMISTA
(Calmars farcis)

Préparation : 40 min
Cuisson : 35 min
Pour 4 personnes

☆☆

Sauce tomate

4 grosses tomates bien mûres
1 cuil. à soupe d'huile d'olive
1 oignon, finement émincé
1 gousse d'ail, écrasée
60 ml de vin rouge de qualité
1 cuil. à soupe d'origan frais haché

Farce

1 cuil. à soupe d'huile d'olive
2 oignons nouveaux, hachés
280 g de riz cuit froid (voir Note)
60 g de pignons
75 g de raisins de Corinthe
2 cuil. à soupe de persil plat frais haché
2 cuil. à café de zeste de citron finement râpé
1 œuf, légèrement battu

1 kg de corps de calmars de taille moyenne

1 Préchauffer le four à 160 °C. Pour la sauce tomate, marquer une croix à la base de chaque tomate et les plonger dans l'eau bouillante pendant 10 s. Les plonger ensuite dans l'eau froide et les peler en partant des croix. Couper la chair en morceaux. Faire chauffer l'huile dans une poêle. Ajouter l'oignon et l'ail, et les faire revenir à feu doux pendant 2 min, en remuant fréquemment, jusqu'à ce que l'oignon ait ramolli. Ajouter les tomates, le vin et l'origan, et porter à ébullition. Réduire le feu, couvrir et laisser cuire à feu doux pendant 10 min.
2 Pendant ce temps, préparer la farce en mélangeant tous les ingrédients, à l'exception de l'œuf, dans un saladier. Puis, ajouter assez d'œuf pour humidifier les ingrédients.
3 Laver les calmars et les sécher en les tapotant avec du papier absorbant. Remplir chaque calmar aux trois quarts avec de la farce et fermer l'extrémité avec un cure-dent ou une petite pique. Les disposer dans un plat à gratin sans les superposer.
4 Verser la sauce tomate sur les calmars, couvrir le plat et cuire au four pendant 20 min, jusqu'à ce que les calmars soient tendres. Les découper en tranches épaisses. Napper de sauce au moment de servir.
NOTE : pour cette recette, faire cuire 100 g de riz. Le temps de cuisson des calmars dépend de leur taille : les choisir petits car ils sont plus tendres.

SALADE DE PETITES COURGETTES

Pour 6 à 8 personnes. Prendre 1 kg de très petites courgettes et couper les queues. Les faire cuire entières dans de l'eau bouillante salée pendant 5 min, jusqu'à ce qu'elles soient tendres, mais toujours fermes. Les égoutter et les verser dans un saladier avec un petit oignon rouge coupé en fines rondelles, 3 cuil. à soupe de persil plat frais haché et une dose de sauce à l'huile et au citron (page 21). Bien mélanger. Servir à température ambiante avec de la viande ou du poisson grillés.

PASTITSIO
(Gratin de viande et de pâtes)

Préparation : 40 min + repos
Cuisson : 1 h 30
Pour 6 personnes

150 g de macaroni coudés
40 g de beurre
1/4 cuil. à café de muscade moulue
60 g de kefalotyri ou de parmesan, râpé
1 œuf, légèrement battu

SAUCE À LA VIANDE
2 cuil. à soupe d'huile
1 oignon, finement émincé
2 gousses d'ail, écrasées
500 g de viande de bœuf, hachée
120 ml de vin rouge
250 ml de bouillon de bœuf
3 cuil. à soupe de concentré de tomate
1 cuil. à café d'origan frais haché

SAUCE BÉCHAMEL
40 g de beurre
1 cuil. à soupe 1/2 de farine
1 pincée de muscade
370 ml de lait
1 œuf, légèrement battu

1 Préchauffer le four à 180 °C. Beurrer légèrement un plat à four de 1,5 l. Dans une grande casserole d'eau bouillante salée, faire cuire les pâtes pendant 10 min, jusqu'à ce qu'elles soient al dente. Les égoutter et les reverser dans la casserole. Dans une petite casserole, faire fondre le beurre et le verser sur les pâtes. Incorporer la muscade et la moitié du fromage, et assaisonner à volonté. Laisser refroidir, puis incorporer l'œuf et réserver.
2 Pour la sauce à la viande, faire chauffer l'huile dans une grande poêle, ajouter l'oignon et l'ail, et les faire revenir à feu moyen pendant 6 min, jusqu'à ce que l'oignon ait ramolli. Augmenter le feu, ajouter le bœuf et laisser cuire pendant 5 min, en remuant, jusqu'à ce que la viande soit dorée. Verser le vin et laisser cuire à feu vif pendant 1 min, jusqu'à ce que le vin se soit évaporé. Ajouter le bouillon, le concentré de tomate et l'origan, saler et poivrer. Réduire le feu, couvrir et laisser mijoter pendant 20 min.
3 Pendant ce temps, préparer la béchamel en faisant fondre le beurre à feu doux dans une petite casserole. Incorporer la farine et laisser cuire pendant 1 min jusqu'à obtention d'un mélange clair et mousseux. Retirer la casserole du feu et incorporer peu à peu le lait. Remettre sur le feu et remuer constamment jusqu'à ce que la sauce entre en ébullition et épaississe. Réduire le feu et laisser mijoter pendant 2 min. Ajouter la muscade, saler et poivrer. Laisser refroidir un peu avant d'incorporer l'œuf battu. Mélanger 3 cuil. à soupe de béchamel à la sauce à la viande.
4 Étaler la moitié de la sauce à la viande dans le plat, puis recouvrir avec la moitié des pâtes. Étaler le reste de viande, puis le reste de pâtes. Tasser fermement avec le dos d'une cuillère. Étaler la béchamel sur les pâtes et parsemer avec le reste de fromage. Cuire au four pendant 45 à 50 min, jusqu'à ce que le plat soit gratiné. Laisser reposer pendant 15 min avant de servir.
NOTE : les macaroni coudés peuvent être remplacés par des bucatini tubulaires, qui existent dans différentes tailles. Choisir une taille légèrement supérieure à celle des spaghetti.

CI-DESSOUS : Pastitsio

LE GRAND LIVRE DE LA CUISINE MÉDITERRANÉENNE

KOURAMBIETHES
(Biscuits aux amandes)

Préparation : 25 min + 10 min de refroidissement + 1 h de réfrigération
Cuisson : 15 min
Pour 22 biscuits

250 g de beurre
100 g d'amandes, grossièrement hachées
250 g de farine
1 cuil. à café de levure chimique
90 g de sucre glace, tamisé
1 jaune d'œuf
1 cuil. à café d'essence de vanille
1 cuil. à soupe d'ouzo
4 cuil. à soupe d'amandes en poudre
60 g de sucre glace, pour saupoudrer

1 Dans une petite casserole, faire fondre le beurre à feu doux, sans remuer ni secouer la casserole. Verser délicatement le beurre clarifié dans un autre récipient, en jetant le résidu blanc resté dans la casserole. Mettre le beurre au réfrigérateur pendant 1 h.

2 Préchauffer le four à 170 °C et recouvrir deux plaques de four avec du papier sulfurisé. Moudre les amandes hachées jusqu'à obtention d'une poudre moyennement fine. Dans un saladier, tamiser ensemble la farine et la levure.

3 Avec un fouet électrique, battre le beurre refroidi jusqu'à ce qu'il soit léger et mousseux. Ajouter peu à peu le sucre glace et bien mélanger. Ajouter le jaune d'œuf, la vanille et l'ouzo, et battre jusqu'à ce qu'ils soient juste mélangés. Incorporer la farine, les amandes moulues et la poudre d'amandes.

4 Prendre de grosses cuillerée à soupe de pâte et leur donner une forme de croissant. Les disposer sur les plaques de four et laisser cuire pendant 12 min, jusqu'à ce que les biscuits soient légèrement colorés. Les sortir du four et les saupoudrer généreusement de sucre glace. Laisser refroidir pendant 10 min sur les plaques.

5 Recouvrir une plaque de four de papier sulfurisé et la saupoudrer de sucre glace. Y déposer les biscuits encore chauds et saupoudrer à nouveau de sucre glace. Quand les biscuits sont froids, les saupoudrer à nouveau de sucre glace avant de les stocker dans un récipient étanche.

KOURAMBIETHES

Les kourambiethes sont des biscuits que l'on trouve dans toutes les maisons et les vitrines des pâtissiers au moment de Noël, et dont il ne reste au Nouvel An qu'un amas de sucre glace. Malgré ses nombreuses variantes, la recette comporte toujours du beurre et une faible proportion de sucre qui confère à la pâte sa densité et sa texture caractéristiques. Une fois cuits, les biscuits sont généreusement saupoudrés de sucre glace.

CI-CONTRE : Kourambiethes

LA GRÈCE

KATAIFI ME AMIGTHALA
(Pâtisseries aux amandes)

Préparation : 45 min
 + 2 h de repos
Cuisson : 50 min
Pour 40 pièces

☆☆

500 g de pâte kataifi (voir Note)
250 g de beurre fondu
120 g de pistaches moulues
230 g d'amandes moulues
620 g de sucre
1 cuil. à café de cannelle moulue
1/4 cuil. à café de clous de girofle moulus
1 cuil. à soupe de cognac
1 blanc d'œuf
1 cuil. à café de jus de citron
1 lamelle de zeste de citron
 de 5 cm de long
4 clous de girofle
1 bâton de cannelle
1 cuil. à soupe de miel

1 Environ 2 h à l'avance, sortir la pâte kataifi du réfrigérateur en la laissant dans son emballage, afin qu'elle soit à température ambiante, et donc plus facile à travailler, au moment de préparer la recette.
2 Préchauffer le four à 170 °C. Badigeonner une plaque ou un plat à four rectangulaire avec un peu de beurre fondu.
3 Dans un saladier, verser les pistaches, les amandes, 120 g de sucre, la cannelle et les clous de girofle moulus, et le cognac. Battre légèrement le blanc d'œuf avec une fourchette et l'incorporer à la mixture. Remuer jusqu'à obtention d'une pâte. Diviser la pâte en huit et rouler chaque portion en un cylindre d'environ 18 cm de long.
4 Prendre une petite poignée de filaments de pâte et les étaler de manière assez compacte à la verticale pour obtenir un rectangle de 25 x 18 cm. Badigeonner la pâte de beurre fondu. Poser un rouleau de farce à l'extrémité inférieure et rouler soigneusement la pâte. Procéder de même avec les autres portions.
5 Disposer les rouleaux côte à côte dans le plat et les badigeonner de beurre fondu. Les faire cuire au four pendant 50 min, jusqu'à ce qu'ils soient bien dorés.
6 Pendant que les rouleaux cuisent, verser le reste du sucre dans une petite casserole avec 500 ml d'eau et cuire à feu doux, en remuant, jusqu'à ce que le sucre soit dissous. Ajouter le jus et le zeste de citron, les clous de girofle et le bâton de cannelle, et laisser bouillir pendant 10 min. Incorporer le miel, et réserver juqu'à ce que le mélange ait refroidi.
7 En sortant les pâtisseries du four, verser le sirop par-dessus. Laisser refroidir complètement avant de couper chaque rouleau en cinq.
NOTES : la pâte en forme de filaments, appelée kataifi, est en vente dans les épiceries grecques et autres magasins d'alimentation spécialisés.

Il est très important que le sirop soit froid et la pâtisserie chaude au moment de verser le sirop, afin qu'il soit bien absorbé de façon homogène.

Couvertes, ces pâtisseries peuvent se conserver pendant une semaine. Ne pas les mettre au réfrigérateur.

CI-DESSUS : *Kataifi me amigthala*

LE GRAND LIVRE DE LA CUISINE MÉDITERRANÉENNE

GALATOBOUREKO
(Flan au citron)

Préparation : 35 min + refroidissement
Cuisson : 1 h
Pour 6 à 8 personnes

1 gousse de vanille, fendue en deux dans le sens de la longueur
750 ml de lait
110 g de sucre
110 g de semoule
1 cuil. à soupe de zeste de citron finement râpé
1 bâton de cannelle
40 g de beurre, coupé en dés
4 gros œufs, légèrement battus
12 feuilles de pâte fillo (40 x 30 cm)
60 g de beurre fondu supplémentaire

SIROP

75 g de sucre
1/2 cuil. à café de cannelle moulue
1 cuil. à soupe de jus de citron
1 lamelle de zeste de citron de 5 cm de long

1 Verser les graines de la gousse de vanille dans une casserole. Ajouter la gousse, le lait, le sucre, la semoule, le zeste de citron et le bâton de cannelle, et porter doucement à ébullition, en remuant constamment. Réduire à feu doux et laisser mijoter pendant 2 min pour que le mélange épaississe. Retirer du feu. Incorporer le beurre. Laisser refroidir pendant 10 min, puis retirer le bâton de cannelle et la gousse de vanille, et incorporer progressivement les œufs. Préchauffer le four à 180 °C.
2 Couvrir la pâte fillo d'un linge humide. Prendre une feuille, badigeonner une face avec du beurre fondu et la placer, face beurrée vers le bas, dans un moule de 30 x 20 x 3 cm. La pâte doit dépasser du bord. Procéder de même avec 5 autres feuilles en beurrant à chaque fois une face.
3 Verser la crème anglaise sur la pâte et la recouvrir avec les feuilles restantes, en les badigeonnant à chaque fois de beurre. Badigeonner le dessus avec du beurre. À l'aide d'un petit couteau bien aiguisé, couper la pâte le long des bords du moule. Faire cuire pendant 40 à 45 min, jusqu'à ce que la crème anglaise ait pris et gonflé, et que la pâte soit bien dorée. Laisser refroidir.
4 Dans une casserole, mélanger tous les ingrédients du sirop et 75 ml d'eau. Porter lentement à ébullition, puis réduire à feu doux et laisser mijoter pendant 10 min. Le sirop doit épaissir. Retirer du feu et laisser refroidir pendant 10 min.
5 Retirer le zeste de citron. Si la pâte déborde du moule, l'aplatir avec la main avant de verser le sirop sur le gâteau afin qu'il ne déborde pas. Laisser refroidir à nouveau avant de servir.

MELOMAKARONA
(Biscuits au miel)

Préparation : 20 min + refroidissement
Cuisson : 35 min
Pour 20 biscuits

210 g de farine
1 cuil. à café de levure chimique
1 cuil. à soupe de zeste d'orange finement râpé
1 cuil. à café de cannelle moulue
60 g de noix, finement hachées
60 g de beurre, ramolli
60 g de sucre
60 ml d'huile d'olive
60 ml de jus d'orange

SIROP

75 g de sucre
2 cuil. à soupe de miel liquide
1 cuil. à café de cannelle moulue
2 cuil. à soupe de jus d'orange

1 Préchauffer le four à 180 °C. Recouvrir une plaque de four de papier sulfurisé. Tamiser la farine et la levure dans un saladier. Incorporer le zeste d'orange, la cannelle et la moitié des noix.
2 Dans un autre saladier, battre le beurre et le sucre à l'aide d'un fouet électrique jusqu'à obtention d'un mélange clair et mousseux. Mélanger l'huile et le jus d'orange dans une jatte et les incorporer peu à peu à la mixture précédente, en battant constamment.
3 Incorporer en deux fois la farine au mélange, puis amalgamer la pâte à la main. Former des boules de pâte de la taille d'une cuillère à soupe et les disposer sur la plaque. Les aplatir légèrement et les faire cuire au four pendant 20 à 25 min, jusqu'à que les biscuits soient dorés. Laisser refroidir sur la plaque.
4 Pour le sirop, mélanger dans une petite casserole tous les ingrédients avec 60 ml d'eau et le reste des noix. Porter à ébullition à feu moyen jusqu'à ce que le sucre soit dissous, puis réduire à feu doux et laisser mijoter pendant 10 min. Le sirop doit épaissir.
5 À l'aide d'une écumoire, plonger quelques biscuits à la fois dans le sirop chaud. Puis, les arroser de sirop à l'aide d'une cuillère avant de les disposer sur un plat.

GALATOBOUREKO

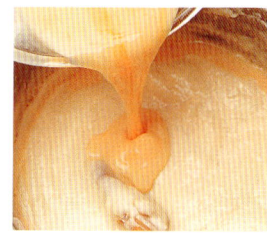

Incorporer progressivement les œufs battus au mélange.

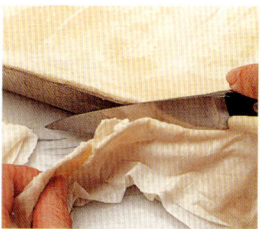

Couper l'excédent de pâte à l'aide d'un couteau bien aiguisé.

PAGE CI-CONTRE :
Galatoboureko (en haut) ;
Melomakarona

TSOUREKI TOU PASKA
(Pain de Pâques)

Préparation : 1 h
    + 1 h 40 de levage
Cuisson : 45 min
Pour 1 pain

1 sachet de levure de boulanger
120 ml de lait
60 g de beurre
60 g de sucre
1 cuil. à café de zeste d'orange râpé
370 g de farine à pain
1 cuil. à café d'anis moulu
1 œuf, légèrement battu

GARNITURE

1 œuf, légèrement battu
1 cuil. à soupe de lait
1 cuil. à soupe de graines de sésame
1 cuil. à soupe d'amandes grossièrement hachées
1 cuil. à soupe de sucre

œufs teints (facultatif ; voir Note)

1 Dans un petit saladier, verser la levure et 2 cuil. à soupe d'eau chaude, et bien mélanger. Laisser reposer dans un endroit chaud et calfeutré pendant 10 min, jusqu'à ce que des bulles se forment à la surface. La mixture doit être mousseuse et avoir légèrement augmenté de volume. Si la levure ne mousse pas, c'est que le mélange n'a pas pris et qu'il faut recommencer.

2 Dans une petite casserole, mélanger le lait, le beurre, le sucre, le zeste d'orange et 1/2 cuil. à café de sel. Faire chauffer jusqu'à ce que le beurre ait fondu et que le lait soit juste tiède. Dans un grand saladier, tamiser 310 g de farine et l'anis. Faire un puits au centre et y verser la levure, le contenu de la casserole, puis l'œuf. Incorporer le tout à la farine, en battant pendant 1 min, jusqu'à obtention d'une pâte lisse.

3 Déposer la pâte sur un plan de travail fariné. La pétrir 10 min, en incorporant le reste de la farine, jusqu'à ce qu'elle soit lisse et élastique. La mettre dans un saladier huilé et la badigeonner d'huile. Couvrir d'un film alimentaire et laisser reposer dans un endroit chaud pendant 1 h, jusqu'à ce que la pâte ait bien levé.

4 Beurrer une plaque de four. Dégonfler la pâte avec le poing et la pétrir pendant 1 min. La diviser en trois morceaux égaux et rouler ceux-ci en boudins de 35 cm de long. Tresser les trois boudins et replier les extrémités par dessous. Déposer le pain sur la plaque, le badigeonner avec l'œuf mélangé au lait, puis parsemer de graines de sésame, d'amandes et de sucre

CI-DESSUS : Tsoureki tou paska

LA GRÈCE

(ajouter éventuellement les œufs teints). Couvrir d'un film alimentaire huilé et laisser reposer dans un endroit chaud pendant 40 min, jusqu'à ce que le pain ait levé.
5 Préchauffer le four à 180 °C. Faire cuire le pain pendant 30 à 40 min, jusqu'à ce qu'il sonne creux quand on le tapote.
NOTE : pour teindre les œufs, de la teinture rouge en poudre accompagnée d'un mode d'emploi est en vente dans les épiceries grecques.

HALVAS FOURNO
(Gâteau de semoule)

Préparation : 20 min
Cuisson : 1 h
Pour 6 à 8 personnes

SIROP
620 g de sucre
2 cuil. à soupe de jus de citron

120 g de beurre
180 g de sucre
2 cuil. à café de zeste de citron finement râpé
3 œufs
180 g de semoule
120 g de farine avec levure incorporée
120 ml de lait
80 g d'amandes mondées, grillées et finement hachées
amandes mondées effilées, pour décorer

1 Préchauffer le four à 170 °C. Beurrer un moule à gâteau rectangulaire.
2 Dans une casserole, dissoudre le sucre dans 750 ml d'eau à feu vif, ajouter le jus de citron et porter à ébullition. Réduire le feu et laisser mijoter pendant 20 min. Retirer du feu et laisser refroidir.
3 Pendant que le sirop cuit, battre le beurre, le sucre et le zeste de citron à l'aide d'un fouet électrique, jusqu'à obtention d'un mélange léger et mousseux. Ajouter les œufs un par un, en battant bien à chaque fois.
4 Tamiser ensemble la semoule et la farine et les incorporer à la mixture précédente, en alternant avec le lait. Ajouter les amandes hachées, puis étaler la pâte dans le moule et décorer avec des rangées d'amandes effilées. Faire cuire pendant 35 à 40 min, jusqu'à ce le gâteau soit doré et se rétracte légèrement des parois du moule. Piquer la surface avec une petite pique fine, puis verser le sirop froid sur le gâteau encore chaud. Laisser refroidir le gâteau avant de le découper en carrés ou en losanges.

SUCRERIES GRECQUES
À la fin du repas, les Grecs servent généralement des fruits, plutôt qu'un dessert. Les innombrables variétés de pâtisseries, de biscuits et de confiseries se dégustent en fin d'après-midi ou au souper, avant d'aller se coucher. Ces sucreries permettent de mesurer à la fois les talents culinaires et l'hospitalité de l'hôte. Beaucoup, comme le tsoureki tou paska (pain de Pâques), sont associées aux jours de fête. Le halva grec diffère de celui dégusté au Moyen-Orient, qui est une friandise à base de graines de sésame moulues et de miel.

CI-CONTRE : *Halvas fourno*

LA TURQUIE

La cuisine turque est l'une des plus raffinées au monde. Elle doit sa réputation tant enviée au savoir-faire culinaire qui s'est développé au fil des siècles dans les grandes demeures et les palais. De nombreux cuisiniers, spécialisés chacun dans leur domaine, y ont perfectionné leurs talents, qu'ils ont ensuite transmis de génération en génération. L'agneau constitue la viande de base ; chiches kebabs et pilafs d'agneau sont célèbres dans le monde entier. Les légumes occupent également une place de choix dans la cuisine turque et, dans certaines régions, les produits de la mer sont présents en abondance. Le yaourt et de nombreuses variétés de pain, dont le pide et le pain lavash, constituent également des ingrédients essentiels. Le café fait bien entendu partie de la culture turque, et les cafés sont des lieux de rencontre très fréquentés.

HOUMOUS
(Purée de pois chiches)

Préparation : 1 nuit de trempage + 20 min
Cuisson : 1 h 15
Pour 3 personnes

☆☆

220 g de pois chiches secs
2 cuil. à soupe de tahini
4 gousses d'ail, écrasées
2 cuil. à café de cumin moulu
80 ml de jus de citron
3 cuil. à soupe d'huile d'olive
1 grosse pincée de poivre de Cayenne
jus de citron supplémentaire (facultatif)
huile d'olive extra vierge, pour décorer
paprika, pour décorer
persil plat frais, haché, pour décorer

CI-DESSOUS : Houmous

1 Mettre les pois chiches dans un grand saladier, ajouter 1 l d'eau et laisser tremper toute la nuit. Égoutter les pois chiches, les mettre dans une grande casserole et les couvrir d'eau (5 cm au-dessus du niveau des pois chiches). Porter à ébullition, puis réduire le feu et laisser cuire pendant 1 h 15 jusqu'à ce que les pois chiches soient très tendres. Écumer la surface. Bien égoutter en réservant le jus de cuisson et laisser refroidir. Retirer les peaux qui se sont détachées des pois chiches.
2 Mixer les pois chiches, le tahini, l'ail, le cumin, le jus de citron, l'huile d'olive, le poivre de Cayenne et 1 cuil. à café 1/2 de sel jusqu'à obtention d'une purée lisse et épaisse. Ajouter peu à peu le jus de cuisson réservé (environ 180 ml) sans cesser de mixer. Saler ou arroser de jus de citron.
3 Verser dans des coupelles ou des assiettes plates, ajouter un trait d'huile d'olive extra vierge, saupoudrer de paprika et parsemer de persil plat. Servir avec de la pita ou du pide chauds.

TARATOR AUX NOIX

Préparation : 5 min
Pas de cuisson
Pour 8 personnes

☆

250 g de noix, écalées
80 g de chapelure
3 gousses d'ail
60 ml de vinaigre de vin blanc
250 ml d'huile d'olive
persil frais, haché, pour décorer

1 Mixer les noix. Réserver 1/2 cuil. à café de noix pour la décoration. Ajouter la chapelure, l'ail, le vinaigre et 3 cuil. à soupe d'eau au reste et bien mélanger.
2 Sans cesser de mixer, ajouter peu à peu l'huile d'olive en un fin filet continu jusqu'à obtention d'un mélange liquide. Ajouter un peu d'eau si la mixture semble trop épaisse. Assaisonner, verser dans un bol et mettre au réfrigérateur.
3 Mélanger les noix réservées et le persil et en parsemer la mixture.
NOTE : ce mélange peut accompagner des fruits de mer, des salades, des légumes frits ou du pain. Les noix peuvent être remplacées par des amandes, des noisettes ou des pignons. Le jus de citron peut être substitué au vinaigre.

LA TURQUIE

BOREKS
(Feuilletés au fromage)

Préparation : 1 h
Cuisson : 20 min
Pour 24 boreks

400 g de feta
2 œufs, légèrement battus
25 g de persil plat frais, haché
375 g de pâte fillo
80 ml d'huile d'olive

1 Préchauffer le four à 180 °C. Beurrer légèrement une plaque de four. Émietter la feta dans un grand saladier avec une fourchette ou avec les doigts. Incorporer les œufs et le persil, et assaisonner de poivre noir fraîchement moulu.
2 Couvrir la pâte fillo d'un linge humide pour qu'elle ne se dessèche pas. Prendre une feuille de pâte à la fois. En les imprégnant chacune d'huile d'olive, superposer 4 feuilles. Découper la pâte en quatre bandes de 7 cm de large.
3 Mettre 2 grosses cuil. à café de la mixture à base de feta dans un coin de chaque bande et plier en diagonale pour former un triangle. Disposer sur la plaque de four et imprégner d'huile d'olive. Procéder ainsi pour chaque feuilleté. Laisser cuire pendant 20 min, jusqu'à ce que les feuilletés soient bien dorés. Servir sur un plateau d'assortiment de meze.
NOTE : la garniture des boreks peut varier et se composer d'autres fromages comme l'haloumi, le gruyère, le gouda ou la mozzarella.

SALADE DE CONCOMBRE AU YAOURT

Contrairement au tzatziki grec, cette salade de concombre au yaourt ne comporte qu'une faible quantité d'ail et elle n'est pas parfumée à la menthe, mais à l'aneth. Elle est très populaire en Turquie.
Pour 6 à 8 personnes. Râper grossièrement ou hacher un gros concombre non pelé dans une passoire, saler et réserver pendant 15 à 20 min. Dans un saladier, mélanger 500 g de yaourt épais et crémeux avec une gousse d'ail écrasée, 2 cuil. à soupe d'aneth frais haché et 1 cuil. à soupe de vinaigre de vin blanc. Ajouter le concombre et assaisonner le tout avec du sel et du poivre blanc. Couvrir et mettre au réfrigérateur. Si la salade est préparée juste avant de servir, il n'est pas nécessaire de saler le concombre. Servir avec un trait d'huile d'olive.

FETA
Traditionnellement à base de lait de brebis ou de chèvre, la feta est aujourd'hui souvent fabriquée à partir de lait de vache. Affinée et conservée dans de la saumure, elle se présente sous forme de gros blocs. Son goût est richement salé et sa texture extrêmement friable.

CI-DESSUS : Boreks

FARINE BESAN

La farine besan est obtenue en broyant très finement des pois chiches secs. Originaire des Indes orientales, elle est très nourrissante et riche en protéines. Sa texture est fine et sa couleur d'un jaune pâle crémeux. Elle remplace la farine de blé dans la confection des pains, des nouilles et des boulettes de pâte, sert également à épaissir les soupes et les sauces, mais elle est utilisée le plus souvent comme pâte à frire.

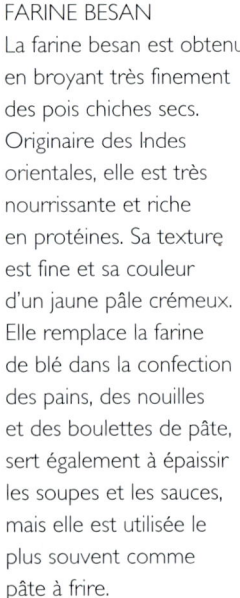

CI-DESSUS : *Lubyi bi zayt*

LUBYI BI ZAYT
(Haricots verts à la tomate et à l'huile d'olive)

Préparation : 10 min
Cuisson : 25 min
Pour 4 personnes

80 ml d'huile d'olive
1 gros oignon, haché
3 gousses d'ail, finement hachées
400 g de tomates en morceaux en conserve
1/2 cuil. à café de sucre
750 g de haricots verts équeutés
3 cuil. à soupe de persil plat frais haché

1 Faire chauffer l'huile d'olive dans une grande poêle, ajouter l'oignon et le faire revenir à feu moyen pendant 4 à 5 minutes. Ajouter l'ail et laisser sur le feu pendant encore 30 s.
2 Ajouter les tomates, le sucre et 125 ml d'eau, puis assaisonner avec du sel et du poivre noir du moulin. Porter à ébullition, puis réduire le feu et laisser cuire pendant 10 min, jusqu'à ce que la préparation ait légèrement réduit.
3 Ajouter les haricots et laisser cuire 10 min, jusqu'à ce que les haricots verts soient tendres et la mixture consistante. Ajouter le persil en remuant. Vérifier l'assaisonnement et le rectifier au besoin. Servir immédiatement, comme plat d'accompagnement.

BEIGNETS DE CHOU-FLEUR

Préparation : 10 min + 30 min de repos
Cuisson : 15 min
Pour 4 à 6 personnes

600 g de chou-fleur
60 g de farine besan
2 cuil. à café de cumin moulu
1 cuil. à café de coriandre moulue
1 cuil. à café de curcuma moulu
1 pincée de poivre de Cayenne
1 œuf, légèrement battu
1 jaune d'œuf
huile, pour frire

1 Couper le chou-fleur en petites têtes. Tamiser la farine et les épices dans un saladier, puis incorporer 1/2 cuil. à café de sel.
2 Fouetter légèrement l'œuf battu, le jaune d'œuf et 60 ml d'eau dans un cul de poule. Faire un puits au centre du mélange de farine et d'épices et y verser la préparation. Fouetter jusqu'à ce qu'elle devienne onctueuse. Laisser reposer pendant 30 min.
3 Remplir une casserole d'huile sur un tiers de sa hauteur et faire chauffer à 180 °C (à cette température, un morceau de pain jeté dans l'huile est doré en 15 s). Verser les têtes de chou-fleur dans la pâte à frire, en laissant l'excédent à égoutter dans

LA TURQUIE

le saladier. Frire les beignets en plusieurs fois pendant 3 à 4 min, jusqu'à ce qu'ils soient bien gonflés et dorés. Égoutter, saupoudrer de sel et de poivre de Cayenne, et servir chaud.

SIGARA BOREGI
(Rouleaux au fromage et aux épinards)

Préparation : 30 min
Cuisson : 20 min
Pour 12 rouleaux

500 g d'épinards
1 cuil. à soupe d'huile d'olive
4 gousses d'ail, écrasées
200 g d'échalotes finement hachées
75 g de feta émiettée
1 œuf, légèrement battu
3 cuil. à soupe de persil plat frais haché
1/4 cuil. à café de zeste de citron finement râpé
1/4 cuil. à café de paprika
1 pincée de muscade
6 feuilles de pâte fillo
125 g de beurre, fondu
huile d'olive légère, pour frire

1 Laver les épinards et laisser une importante quantité d'eau sur les feuilles. Les mettre dans une grande casserole, couvrir et laisser cuire légèrement à feu doux jusqu'à ce que les feuilles aient ramolli. Verser les épinards dans une passoire et exprimer l'excédent de liquide à l'aide d'une cuillère en bois. Une fois refroidis, essorer les épinards.
2 Faire chauffer l'huile d'olive dans une poêle, ajouter l'ail et les échalotes, et laisser cuire pendant 2 min jusqu'à ce qu'ils aient ramolli, sans roussir. Verser dans un saladier et ajouter la feta, l'œuf, le persil, les épinards et le zeste de citron. Assaisonner de paprika, de muscade, de sel et de poivre, et bien mélanger.
3 Prendre une feuille de pâte fillo et couvrir le reste d'un linge humide pour que la pâte ne se dessèche pas. Badigeonner la feuille de beurre fondu et la plier en deux dans le sens de la longueur (environ 32 x 12 cm). Couper la feuille en deux dans le sens de la largeur. Badigeonner de beurre chaque morceau, étaler 1 grosse cuil. à soupe de mixture à une extrémité, en laissant 1 cm de marge à chaque bord. Replier les deux plus grands bords sur toute la longueur pour maintenir la mixture. Badigeonner de beurre fondu, puis rouler la pâte jusqu'au bout en serrant bien. Beurrer l'extérieur et sceller le tout. Couvrir d'un linge humide pendant la préparation des autres rouleaux.
4 Faire chauffer l'huile d'olive légère à 180 °C dans une poêle à bords hauts (à cette température, un morceau de pain jeté dans l'huile est doré en 15 s). Frire les rouleaux en plusieurs fois jusqu'à ce qu'ils soient dorés. Servir chaud ou à température ambiante.

SIGARA BOREGI

Étaler la mixture en laissant une marge à chaque bord.

Rouler la pâte en serrant bien pour maintenir la mixture.

CI-CONTRE : Sigara boregi

IMAM BAYILDI

Imam bayildi signifie littéralement « le prêtre s'est évanoui ». Répandu dans tout le monde arabe, c'est certainement le plat d'aubergine le plus célèbre. L'histoire de ce mets est toutefois entourée de mystère : le prêtre s'est-il évanoui de plaisir en abusant de ce plat délicieux ou bien ne s'est-il pas remis de la quantité d'huile d'olive, fort coûteuse, utilisée dans la préparation ?

IMAM BAYILDI
(Aubergines farcies)

Préparation : 15 min
Cuisson : 1 h
Pour 4 à 6 personnes

☆☆

180 ml d'huile d'olive
1 kg d'aubergines, coupées en deux dans le sens de la longueur
3 oignons, finement émincés
3 gousses d'ail, finement hachées
400 g de tomates Roma, pelées et coupées en morceaux, ou 400 g de tomates en morceaux en conserve
2 cuil. à café d'origan séché
4 cuil. à soupe de persil plat frais haché
35 g de raisins de Corinthe
1/4 cuil. à café de cannelle moulue
2 cuil. à soupe de jus de citron
1 pincée de sucre
120 ml de jus de tomate

1 Préchauffer le four à 180 °C. Faire chauffer la moitié de l'huile d'olive dans une grande poêle à fond épais et laisser cuire les aubergines pendant environ 8 à 10 min, jusqu'à ce que les bords soient dorés. Retirer les aubergines de la poêle et enlever un peu de chair en prenant soin d'en laisser sur la peau et de ne pas abîmer cette dernière. Couper en petits morceaux la chair d'aubergine ainsi enlevée et réserver.

2 Faire chauffer l'huile d'olive restante dans la même poêle et faire revenir l'oignon pendant 8 à 10 min, jusqu'à ce qu'il devienne transparent. Ajouter l'ail et laisser cuire pendant encore 1 min. Ajouter les tomates, l'origan, le persil, les raisins de Corinthe, la cannelle, la chair d'aubergine réservée. Saler et poivrer à volonté.

3 Disposer les moitiés d'aubergines dans un grand plat à four et les remplir de mixture.

4 Mélanger le jus de citron, le sucre, le jus de tomate et du sel, et verser cette préparation sur les aubergines. Couvrir et laisser cuire pendant 30 min. Découvrir et laisser cuire pendant encore 10 min. Pour servir, disposer les aubergines sur un plateau et verser un léger filet du jus restant.

NOTE : ce mets succulent se sert à température ambiante et constitue une excellente entrée.

CI-CONTRE : Imam bayildi

BEIGNETS DE COURGETTES

Préparation : 20 min
Cuisson : 15 min
Pour 16 beignets

☆☆

300 g de courgettes, râpées
1 petit oignon, finement émincé
30 g de farine avec levure incorporée
35 g de kefalotyri ou de parmesan, râpé
1 cuil. à soupe de menthe fraîche hachée
2 cuil. à café de persil plat frais haché
1 pincée de muscade moulue
25 g de chapelure
1 œuf, légèrement battu
huile d'olive, pour rissoler

1 Mettre les courgettes et l'oignon au centre d'un linge propre, rassembler les coins et tordre aussi fort que possible pour exprimer tout le liquide. Mélanger les courgettes, l'oignon, la farine, le fromage, la menthe, le persil, la muscade, la chapelure et l'œuf dans un grand saladier. Assaisonner généreusement avec du sel et du poivre noir concassé, puis malaxer jusqu'à obtention d'une mixture compacte.

2 Faire chauffer l'huile à feu moyen dans une grande poêle. Quand elle est chaude, verser des cuillerées à soupe de mixture dans la poêle et rissoler pendant 2 à 3 min, jusqu'à ce que les beignets soient bien dorés. Bien égoutter sur du papier absorbant et servir chaud avec des rondelles de citron ou avec une salade de concombre au yaourt (page 65).

SALADE DE POIS CHICHES AU CUMIN

Pour 6 personnes. Faire tremper 220 g de pois chiches secs dans de l'eau froide pendant 8 h ou pendant toute une nuit. Égoutter, mettre dans une grande casserole, couvrir d'eau et porter à ébullition. Réduire à feu doux et laisser cuire pendant 1 h 30, en ajoutant de l'eau pour couvrir les pois chiches. Égoutter et laisser refroidir. Dans un grand saladier, verser les pois chiches et ajouter 3 cuil. à soupe de persil plat frais finement haché, 1 petit oignon rouge finement émincé, 1 gousse d'ail finement hachée, 60 ml de jus de citron, 2 cuil. à soupe d'huile d'olive, 1/2 cuil. à café de cumin moulu, 1/2 cuil. à café de sel, une pincée de poivre de Cayenne et 1/2 cuil. à café de poivre noir du moulin. Bien mélanger.

CI-DESSUS : Beignets de courgettes

LE GRAND LIVRE DE LA CUISINE MÉDITERRANÉENNE

YAOURT

Il y a des milliers d'années, des tribus nomades des Balkans ont inventé accidentellement le yaourt, qui devint un moyen de conserver le lait. Aujourd'hui, le yaourt est fabriqué par adjonction dans le lait de bactéries inoffensives pour l'homme qui provoquent la fermentation et la coagulation. On obtient ainsi un yaourt crémeux au goût légèrement âpre.

CI-DESSUS : Soupe au yaourt

SOUPE AU YAOURT

Préparation : 15 min
Cuisson : 20 min
Pour 4 à 6 personnes

☆

1,5 l de bouillon de légumes
75 g de riz blanc rond
80 g de beurre
50 g de farine
250 g de yaourt nature
1 jaune d'œuf
1 cuil. à soupe de menthe fraîche coupée en fines lamelles
1/4 cuil. à café de poivre de Cayenne

1 Verser le bouillon de légumes et le riz dans une casserole et porter à ébullition. Réduire à feu doux, laisser cuire 10 min, puis retirer du feu et réserver.
2 Dans une autre casserole, faire fondre 60 g de beurre à feu doux. Incorporer la farine et laisser cuire 2 à 3 min, jusqu'à ce que la mixture soit claire et mousseuse. Ajouter peu à peu le bouillon de légumes et le riz, en remuant sans cesse, et laisser cuire à feu moyen pendant 2 min, jusqu'à ce que la préparation ait légèrement épaissi. Réduire à feu doux.
3 Dans un petit saladier, battre le yaourt et le jaune d'œuf. Verser peu à peu ce mélange dans la soupe, en remuant constamment. Retirer du feu et ajouter la menthe et 1/2 cuil. à café de sel sans cesser de remuer.
4 Juste avant de servir, faire fondre le beurre restant à feu moyen dans une petite casserole. Ajouter le poivre de Cayenne et laisser cuire jusqu'à ce que la mixture ait légèrement bruni. Verser sur la soupe.

VELOUTÉ DE LENTILLES ROUGES

Préparation : 25 min
Cuisson : 1 h
Pour 6 personnes

☆☆

CROÛTONS
4 tranches de pain épaisses, écroûtées
60 g de beurre
1 cuil. à soupe d'huile

1 cuil. à café 1/2 de graines de cumin
180 g de lentilles rouges
80 g de beurre
1 gros oignon, coupé en dés
1,5 l de bouillon de poule ou de bœuf
2 cuil. à soupe de farine
2 jaunes d'œufs
180 ml de lait

1 Pour les croûtons, couper le pain en petits cubes de 1 cm de côté. Faire chauffer le beurre et l'huile dans une poêle et, quand le beurre frémit, ajouter le pain et laisser cuire à feu moyen jusqu'à ce que les petits dés soient dorés et croustillants. Égoutter sur du papier absorbant.
2 Dans une petite poêle, faire griller à sec les graines de cumin jusqu'à ce qu'elles commencent à éclater et à embaumer. Laisser refroidir, puis réduire les graines en une fine poudre à l'aide d'un mortier et d'un pilon.
3 Rincer les lentilles à l'eau froide et égoutter.
4 Faire fondre la moitié du beurre dans une casserole à fond épais et faire revenir l'oignon à feu moyen pendant 5 à 6 min, jusqu'à ce qu'il ait ramolli. Ajouter les lentilles, le cumin et le bouillon, et porter à ébullition. Couvrir et laisser cuire pendant 30 à 35 min, jusqu'à ce que les lentilles soient bien tendres. Laisser refroidir, puis réduire les lentilles en purée par petites quantités dans un robot et verser dans un pot ou dans un bol.
5 Dans une grande casserole à fond épais, faire fondre le beurre restant à feu doux. Ajouter la farine en remuant et laisser cuire pendant 2 à 3 min, jusqu'à ce que la mixture soit claire et mousseuse. Sans cesser de remuer, ajouter peu à peu la purée de lentilles et laisser cuire pendant 4 à 5 min.
6 Dans un petit saladier, mélanger les jaunes d'œufs et le lait. Ajouter une petite quantité de soupe à la mixture et battre le tout. Puis, reverser la préparation dans la soupe, sans cesser de remuer. Faire chauffer la soupe en faisant attention à ne pas la faire bouillir : l'œuf risquerait de prendre. Saler et poivrer. Servir avec des croûtons.

SALADE AUX OLIVES VERTES, AUX NOIX ET AUX GRENADES

Préparation : 10 min
Pas de cuisson
Pour 4 personnes

100 g de cerneaux de noix
120 ml d'huile d'olive
1 cuil. à soupe 1/2 de sirop de grenade
1/2 cuil. à café de flocons de piment
350 g d'olives vertes dénoyautées, coupées en deux
175 g de graines de grenade
1 gros oignon rouge, haché
20 g de feuilles de persil plat frais

1 Plonger les cerneaux de noix dans l'eau bouillante pendant 3 à 4 min. Égoutter, peler et sécher les noix en les tapotant. Les griller légèrement et, une fois refroidies, les couper grossièrement en morceaux.
2 Mélanger l'huile d'olive, le sirop de grenade et les flocons de piment dans un récipient à couvercle et secouer énergiquement.
3 Mettre les olives, les graines de grenade, l'oignon, les noix et le persil dans un saladier, et bien mélanger. Juste avant de servir, verser la sauce par-dessus, assaisonner et mélanger vigoureusement.

GRENADES
Fruits du grenadier, les grenades sont des baies rondes à la peau rougeâtre, fine et résistante. Elles renferment des centaines de petites graines transparentes comestibles de couleur rouge. Ces graines peuvent être dégustées en tant que fruits ou servir de décoration pour des plats salés ou sucrés. Elles ont un goût délicieux, agréablement aigrelet.

CI-CONTRE : Salade aux olives vertes, aux noix et aux grenades

HUNKAR BEGENDI

Peler les aubergines froides en veillant à éliminer tout résidu de peau.

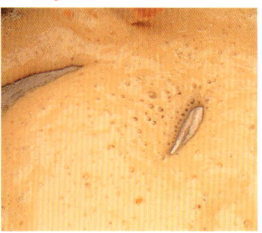

Remuer le beurre à feu moyen jusqu'à ce qu'il brunisse légèrement et dégage une odeur de roussi.

PAGE CI-CONTRE :
Hunkar begendi (en haut) ;
Brochettes d'espadon

HUNKAR BEGENDI
(Agneau braisé et purée d'aubergines)

Préparation : 30 min
Cuisson : 1 h 45
Pour 6 à 8 personnes

☆☆

2 cuil. à soupe d'huile d'olive
1 kg de viande d'agneau, coupée en cubes de 2 cm
1 gros oignon, haché
1 feuille de laurier
1 petite pincée de clous de girofle moulus
2 gousses d'ail, écrasées
2 cuil. à soupe de concentré de tomate
400 g de tomates en morceaux en conserve
30 g de persil plat, haché
750 ml de bouillon de bœuf
125 g de tomates, coupées en morceaux
persil plat frais haché, pour décorer

PURÉE D'AUBERGINES
1 kg d'aubergines
60 g de beurre
2 cuil. à soupe 1/2 de farine
310 ml de crème fleurette
60 g de kasseri, râpé (voir Note)
1 grosse pincée de muscade moulue

1 Préchauffer le four à 200 °C. Faire chauffer l'huile d'olive à feu vif dans une grande casserole et cuire les petits cubes d'agneau en trois fois pendant 4 à 5 min, jusqu'à ce que la viande soit bien rôtie. Retirer l'agneau à l'aide d'une écumoire et réserver.
2 Mettre l'oignon dans la casserole et le faire revenir pendant 5 min. Ajouter la feuille de laurier, les clous de girofle, l'ail, le concentré de tomate, le persil, le bouillon et l'agneau, et mélanger le tout. Porter à ébullition, puis réduire à feu doux, couvrir et laisser cuire pendant 1 h 30 en remuant de temps en temps, jusqu'à ce que la viande d'agneau soit tendre et la sauce épaisse. Assaisonner.
3 Pendant ce temps, percer les aubergines à plusieurs reprises avec une fourchette et, à l'aide d'une longue fourchette, les rôtir directement sur la flamme (réchaud à gaz ou barbecue) pendant environ 5 min, en les retournant de temps en temps, jusqu'à ce qu'elles noircissent et que leur peau forme des cloques : cela leur donnera un bon goût de fumé. Disposer les aubergines sur une plaque de four et laisser cuire pendant 30 min, jusqu'à ce que la peau soit flétrie et que la chair soit bien tendre. Les transvaser dans une passoire et laisser refroidir.
4 Une fois refroidies, peler les aubergines en veillant à éliminer tout résidu de peau. Couper la chair en morceaux et réserver. Faire fondre le beurre à feu moyen dans une casserole et ajouter la farine. Remuer pendant 2 min, jusqu'à ce que le mélange brunisse légèrement et dégage une odeur de roussi. Ajoutez peu à peu la crème fleurette en la fouettant jusqu'à obtention d'une mixture onctueuse, puis ajouter les aubergines et mélanger. Incorporer le fromage et la muscade, et remuer jusqu'à ce que le fromage ait fondu. Assaisonner.
5 Répartir la purée d'aubergines dans un plat et placer l'agneau braisé au centre. Parsemer de tomates en morceaux et de persil. Servir immédiatement.
NOTE : le kasseri, en vente dans les épiceries spécialisées, est un fromage fabriqué à partir de lait de chèvre ou de brebis, qui accompagne souvent les ragoûts d'agneau.

BROCHETTES D'ESPADON

Préparation : 15 min + 3 h de macération
Cuisson : 10 min
Pour 6 personnes

MARINADE
80 ml de jus de citron
2 cuil. à soupe d'huile d'olive
1 petit oignon rouge, finement émincé
1 cuil. à café de paprika
2 feuilles de laurier frais, déchirées
10 feuilles de sauge fraîche, déchirées

1,5 kg d'espadon, coupé en petits cubes de 3 cm

SAUCE AU CITRON
60 ml d'huile d'olive
60 ml de jus de citron
3 cuil. à soupe de persil plat frais haché

1 Dans un saladier, mélanger les ingrédients de la marinade en ajoutant 1 cuil. à café de sel et du poivre noir du moulin. Ajouter le poisson et remuer pour qu'il s'imprègne de la marinade. Couvrir et mettre au réfrigérateur pendant 3 h, en retournant le poisson de temps en temps.
2 Faire six brochettes de poisson et les passer au grill bien chaud pendant 5 min, en les retournant et en les badigeonnant de marinade à plusieurs reprises.
3 Mélanger les ingrédients de la sauce au citron dans un récipient à couvercle, fermer et secouer énergiquement. Verser la sauce sur les brochettes de poisson.
NOTE : vous pouvez remplacer l'espadon par tout type de poisson à chair ferme comme la lotte, le colin ou la dorade, ou bien par des crevettes.

LA TURQUIE

CHICHES-KEBABS AUX POIVRONS ET AUX HERBES

Préparation : 20 min
   + 4 h de macération
Cuisson : 5 min
Pour 4 personnes

1 kg de gigot d'agneau, désossé
1 poivron rouge
1 poivron vert
3 oignons rouges
huile d'olive, pour badigeonner

MARINADE

1 oignon, finement émincé
2 gousses d'ail, écrasées
60 ml de jus de citron
80 ml d'huile d'olive
1 cuil. à soupe de thym frais haché
1 cuil. à soupe de paprika
1/2 cuil. à café de flocons de piment
2 cuil. à café de cumin moulu
15 g de persil plat frais, haché
20 g de menthe fraîche, hachée

1 Enlever les nerfs et la plupart du gras de la viande et la couper en petits cubes de 3 cm.
2 Mélanger tous les ingrédients de la marinade dans un grand saladier. Assaisonner généreusement, ajouter la viande et mélanger le tout. Couvrir et mettre au réfrigérateur pendant 4 à 6 h ou pendant toute une nuit.
3 Couper les poivrons en petits dés de 3 cm de côté. Couper chaque oignon rouge en 6 rondelles.
4 Retirer la viande de la marinade et réserver le liquide. Enfiler les cubes de viande sur de longues piques métalliques en alternant avec les oignons et les poivrons. Passer les brochettes au grill pendant 5 à 6 minutes en les imprégnant fréquemment de marinade pendant les deux premières minutes. Servir immédiatement. Les chiches-kebabs s'accordent très bien avec du pain ou du riz pilaf.

MARINADES
Les marinades attendrissent viandes, volailles et poissons ; elles ajoutent également saveur et humidité. La durée nécessaire à la bonne imprégnation d'une marinade dépend de la taille des morceaux de viande et du type de viande. Bien souvent, la marinade est utilisée pour arroser la viande pendant la cuisson afin de lui donner encore plus de goût.

CI-CONTRE : Chiches-kebabs aux poivrons et aux herbes

LA TURQUIE

CILBIR
(Œufs pochés au yaourt)

Préparation : 10 min
Cuisson : 20 min
Pour 4 personnes

☆

60 g de beurre
1 oignon, finement émincé
250 g de yaourt nature épais
4 gros œufs
1 cuil. à café de paprika rouge

1 Préchauffer le four à 150 °C. Faire fondre 20 g de beurre dans une poêle à fond épais et faire revenir l'oignon à feu doux pendant 15 min, jusqu'à ce qu'il soit bien doré. Le retirer de la poêle et laisser légèrement refroidir. Dans un petit saladier, mélanger l'oignon et le yaourt. Saler.
2 Répartir la mixture à base de yaourt dans quatre ramequins allant au four, d'environ 7 cm de diamètre et 4 cm de profondeur. Les disposer sur une plaque et les enfourner.
3 Pendant ce temps, remplir aux trois quarts d'eau une grande poêle à hauts bords, ajouter une pincée de sel et porter à faible ébullition. Casser les œufs un par un dans un petit saladier, puis les verser dans l'eau. Réduire le feu : l'eau doit à peine frémir. Laisser cuire pendant 2 à 3 min, jusqu'à ce que les œufs soient à peine pris. Les retirer à l'aide d'une écumoire et enlever l'excès d'eau en épongeant avec du papier absorbant. Disposer un œuf dans chaque ramequin, saler et poivrer.
4 Faire fondre le reste de beurre dans une petite casserole et ajouter le paprika. Répandre au-dessus des œufs et servir immédiatement.
NOTE : ce plat est idéal pour un dîner léger ou un brunch. À la place ou en plus des oignons, vous pouvez utiliser 2 gousses d'ail écrasées, légèrement revenues dans du beurre pendant 1 min.

PAPRIKA
Cette épice s'obtient en réduisant en poudre les cosses séchées du piment doux. Les piments doux sont originaires de Turquie, mais c'est en Hongrie, où ils ont par la suite été importés, qu'est né le paprika. Il existe plusieurs variétés de paprika dont le paprika rose, le paprika doux et le paprika surfin. Toutes diffusent un parfum subtil et peuvent être utilisées comme assaisonnement ou comme élément de décoration.

CI-DESSUS : Cilbir

HARICOTS BLANCS
Ces petits haricots s'utilisent le plus souvent secs. Leur goût est très doux, et c'est généralement cette variété qui est utilisée pour préparer les haricots blancs à la sauce tomate. Comme pour tous les haricots secs, il faut les plonger dans l'eau froide et les laisser tremper toute une nuit avant de les égoutter et de les cuire jusqu'à ce qu'ils soient très tendres.

CI-DESSUS : Jarret d'agneau braisé et haricots blancs à la sauce tomate

JARRET D'AGNEAU BRAISÉ ET HARICOTS BLANCS À LA SAUCE TOMATE

Préparation : 1 nuit de trempage + 10 min
Cuisson : 2 h 15
Pour 4 personnes

400 g de haricots blancs secs
4 cuil. à soupe d'huile
4 jarrets d'agneau, dégraissés
2 cuil. à soupe de beurre
2 gousses d'ail, écrasées
2 oignons, finement émincés
1 cuil. à soupe 1/2 de feuilles de thym
2 cuil. à soupe de concentré de tomate
2 x 400 g de tomates concassées en conserve
1 cuil. à soupe de paprika
1 piment jalapeño séché, grossièrement haché
30 g de persil plat frais, grossièrement haché

1 Mettre les haricots blancs dans un saladier, couvrir d'eau et laisser tremper toute une nuit.
2 Faire chauffer à feu moyen 3 cuil. à soupe d'huile dans une grande poêle à fond épais et faire dorer les jarrets. Retirer la viande et réserver. Ôter la graisse de la poêle.
3 Faire chauffer le beurre et le reste d'huile dans la poêle. Faire revenir l'ail et l'oignon à feu moyen pendant 3 à 4 min. Ajouter le thym, le concentré de tomates, les tomates et le paprika, et laisser cuire pendant 5 min. Ajouter les jarrets d'agneau et 500 ml d'eau chaude. Assaisonner généreusement et porter à ébullition. Couvrir la poêle, réduire le feu et laisser cuire doucement pendant 30 min.
4 Égoutter les haricots, les verser dans la poêle avec le piment jalapeño et 500 ml d'eau chaude. Porter à nouveau à ébullition, couvrir et laisser cuire pendant 1 h à 1 h 30, jusqu'à ce que la viande et les haricots soient tendres, en ajoutant de l'eau (120 ml à chaque fois) si nécessaire. Vérifier l'assaisonnement, rectifier au besoin et ajouter la moitié du persil en remuant. Répandre le reste du persil sur le plat et servir chaud.

KEFTA BEL GHANEM
(Kefta d'agneau)

Préparation : 30 min
Cuisson : 1 h
Pour 4 personnes

1 kg de viande d'agneau, hachée
1 oignon, finement émincé
2 gousses d'ail, finement hachées
2 cuil. à soupe de persil plat frais finement haché
2 cuil. à soupe de feuilles de coriandre fraîches finement hachées
1/2 cuil. à café de poivre de Cayenne
1/2 cuil. à café de poivre de la Jamaïque
1/2 cuil. à café de gingembre moulu
1/2 cuil. à café de cardamome moulue
1 cuil. à café de cumin moulu
1 cuil. à café de paprika

SAUCE

2 cuil. à soupe d'huile d'olive
1 oignon, finement émincé
2 gousses d'ail, finement hachées
2 cuil. à café de cumin moulu
1/2 cuil. à café de cannelle moulue
1 cuil. à café de paprika
2 x 400 g de tomates en morceaux en conserve
2 cuil. à soupe de harissa
4 cuil. à soupe de feuilles de coriandre fraîches hachées

1 Préchauffer le four à 180 °C. Beurrer deux plaques de four. Verser l'agneau, l'oignon, l'ail, le persil, la coriandre, le poivre de Cayenne, le poivre de la Jamaïque, le gingembre, la cardamome, le cumin et le paprika dans un saladier et mélanger. Assaisonner. Avec une cuillère à soupe, faire des boulettes avec la mixture et les disposer sur les plaques. Les faire dorer pendant 18 à 20 min.
2 Pendant ce temps, préparer la sauce en faisant chauffer l'huile dans une grande casserole, ajouter l'oignon et le faire revenir à feu moyen pendant 5 min. Ajouter l'ail, le cumin, la cannelle et le paprika, et laisser cuire pendant 1 min.
3 Incorporer la tomate et la harissa, et porter à ébullition. Réduire à feu doux et laisser cuire pendant 20 min. Verser les boulettes de viande et laisser cuire pendant 10 min, jusqu'à ce qu'elles soient chaudes. Ajouter la coriandre, assaisonner et servir.

POIVRONS ROUGES RÔTIS

Pour 4 à 6 personnes. Prendre 8 poivrons rouges, les couper chacun en 4 quartiers, les épépiner et retirer les côtes. Disposer les poivrons sur une plaque de four sans les superposer et les cuire au grill jusqu'à ce que la peau soit noire et cloquée. Mettre les poivrons dans un grand saladier, couvrir à l'aide d'une assiette ou d'un film alimentaire et réserver pendant 10 min. Peler les poivrons et couper la chair en lanières de 3 cm de large. Mettre les lanières dans un saladier propre. Mélanger 2 gousses d'ail écrasées et 80 ml de vinaigre de vin rouge dans un petit saladier et saler. Verser l'assaisonnement sur les poivrons et mélanger doucement pour qu'ils en soient bien imprégnés. Répandre 2 cuil. à café de feuilles de thym fraîches sur le dessus et mettre au réfrigérateur pendant au moins 4 heures. Servir à température ambiante.

CI-DESSOUS : Kefta bel ghanem

CERKES TAVUGU
(Poulet à la circassienne)

Préparation : 25 min
Cuisson : 1 h
Pour 6 personnes

☆☆

2 cuil. à café de paprika

1/4 cuil. à café de poivre de Cayenne

1 cuil. à soupe d'huile de noix

4 blancs de poulet, non désossés

4 ailes de poulet

1 gros oignon, haché

2 céleris en branches, grossièrement hachés

1 carotte, coupée en rondelles

1 feuille de laurier

4 brins de persil frais

1 brin de thym frais

6 grains de poivre

1 cuil. à café de graines de coriandre

250 g de noix grillées (voir Note)

2 tranches de pain blanc, écroûtées

1 cuil. à soupe de paprika supplémentaire

4 gousses d'ail, écrasées

1 Verser le paprika et le poivre de Cayenne dans une petite poêle et laisser cuire à feu doux pendant environ 2 min, jusqu'à ce qu'ils dégagent un agréable parfum. Ajouter l'huile de noix et réserver le mélange jusqu'au dernier moment.

2 Mettre le poulet dans une grande casserole avec l'oignon, le céleri, la carotte, la feuille de laurier, le persil, le thym, les grains de poivre et les graines de coriandre. Ajouter 1 l d'eau et porter à ébullition. Réduire à feu doux et laisser cuire pendant 15 à 20 min, jusqu'à ce que le poulet soit tendre. Retirer du feu et laisser refroidir dans le jus de cuisson. Retirer le poulet et chauffer à nouveau le jus de cuisson. Le laisser cuire pendant 20 à 25 min, jusqu'à ce qu'il ait réduit de moitié. Filtrer, enlever la graisse et réserver. Retirer la peau du poulet et découper la chair en petites bouchées. Assaisonner généreusement et verser un peu de jus de cuisson pour l'humidifier. Réserver.

3 Réserver quelques noix pour la décoration et mixer le reste jusqu'à obtention d'une purée grossière. Mélanger le pain avec 120 ml de jus de cuisson, puis mixer le tout par à-coups pendant plusieurs secondes. Ajouter le paprika supplémentaire et l'ail, saler et poivrer légèrement et mixer jusqu'à obtention d'un mélange onctueux. Ajouter peu à peu 250 ml de bouillon de poule chaud pour rendre la mixture encore plus homogène (ajouter davantage de bouillon si nécessaire).

4 Mixer la moitié de la sauce avec le poulet et disposer sur un plat. Verser le reste par-dessus, puis arroser le tout avec le mélange d'huile épicée réservé et décorer avec les noix. Servir à température ambiante.

NOTE : les noix de Californie seront idéales pour cette recette car elles sont beaucoup moins amères que certaines autres variétés.

POULET À LA CIRCASSIENNE
Cette recette fait partie de l'héritage gastronomique transmis par les femmes circassiennes qui appartenaient au harem du sultan à l'époque de l'Empire ottoman. Appréciées aussi bien pour leurs talents culinaires que pour leur beauté, les Circassiennes ont légué ce plat qui porte aujourd'hui leur nom et qui est devenu un grand classique de la cuisine turque.

CI-CONTRE : *Cerkes tavugu*

LA TURQUIE

PILAF D'AGNEAU

Préparation : 25 min
  + 1 h de repos
Cuisson : 40 min
Pour 4 à 6 personnes

☆☆

1 grosse aubergine d'environ 500 g,
  coupée en petits cubes de 1 cm de côté
120 ml d'huile d'olive
1 gros oignon, finement émincé
2 cuil. à café de cumin moulu
1 cuil. à café de cannelle moulue
1 cuil. à café de coriandre moulue
300 g de riz long
500 ml de bouillon de poule
  ou de légumes
500 g de viande d'agneau, hachée
1/2 cuil. à café de poivre de la Jamaïque
2 cuil. à soupe d'huile d'olive supplémentaire
2 tomates du potager, coupées en rondelles
3 cuil. à soupe de pistaches grillées
2 cuil. à soupe de raisins de Corinthe
2 cuil. à soupe de feuilles de coriandre fraîches
  hachées, pour décorer

1 Mettre l'aubergine dans une passoire, assaisonner généreusement de sel et laisser reposer pendant 1 h. Bien rincer et sécher dans un linge propre. Faire chauffer 2 cuil. à soupe d'huile dans une grande poêle à bords hauts, ajouter l'aubergine et laisser cuire à feu moyen pendant 8 à 10 min, jusqu'à ce qu'elle soit bien chaude et dorée. Égoutter sur du papier absorbant.
2 Faire chauffer l'huile restante, ajouter l'oignon et le faire revenir pendant 4 à 5 min, jusqu'à ce qu'il soit ramolli, mais pas doré. Ajouter la moitié du cumin, de la cannelle et de la coriandre en remuant. Verser le riz et mélanger pour bien l'imprégner. Ajouter le bouillon, assaisonner et porter à ébullition. Réduire le feu et laisser cuire à couvert pendant 15 min, en ajoutant de l'eau si le pilaf a tendance à se dessécher.
3 Pendant ce temps, mettre l'agneau dans un saladier avec le poivre de la Jamaïque et le reste de cumin, de cannelle et de coriandre. Assaisonner et bien mélanger. Former des petites boulettes de la taille d'une noix. Faire chauffer l'huile supplémentaire dans la poêle et cuire les boulettes en plusieurs fois, à feu moyen, pendant 5 min, jusqu'à ce qu'elles soient dorées et chaudes. Égoutter sur du papier absorbant. Verser les tomates dans la poêle et les faire cuire, en les retournant, pendant 3 à 5 min. Retirer de la poêle.
4 Mélanger l'aubergine, les pistaches, les raisins de Corinthe, les boulettes et le riz (qui doit à présent être relativement sec). Servir en disposant les tomates tout autour du plat et en décorant de feuilles de coriandre.

PISTACHES
La pistache possède une enveloppe rigide et claire qui renferme une graine verte très appréciée dans le monde entier. Au fur et à mesure que les pistaches mûrissent, leurs coquilles s'entrouvrent et laissent apparaître des graines à la saveur délicate. Les pistaches se mangent grillées et salées, ou s'utilisent en cuisine dans des plats salés ou sucrés.

CI-DESSUS : Pilaf d'agneau

PAIN TURC

Préparation : 30 min + levage
Cuisson : 30 min
Pour 6 pains

2 sachets de levure de boulanger
1/2 cuil. à café de sucre
60 g de farine
430 g de farine à pain (voir Note)
60 ml d'huile d'olive
1 œuf
graines de nigelle ou de sésame, pour parsemer

1 Mélanger la levure, le sucre et 120 ml d'eau chaude dans un saladier. Ajouter la farine et mélanger jusqu'à obtention d'une mixture onctueuse. Couvrir avec une assiette et laisser reposer pendant 30 min, jusqu'à ce que la mixture soit mousseuse et ait triplé de volume.
2 Mettre la farine à pain dans un grand saladier avec 1 cuil. à café de sel. Ajouter l'huile, la mixture et 270 ml d'eau chaude. Malaxer jusqu'à obtention d'une pâte fluide, puis la déposer sur un plan de travail légèrement fariné et la pétrir pendant 15 min. Ajouter de la farine avec parcimonie : la pâte doit rester malléable et humide.
3 Faire une grosse boule de pâte et la placer dans un grand saladier huilé. Couvrir avec un linge et laisser reposer dans un endroit chaud pendant 1 h, jusqu'à ce que la pâte ait doublé de volume. Dégonfler la pâte avec le poing, la diviser en 6 morceaux et en faire des boules lisses, en les pétrissant le moins possible. Les disposer sur une plaque et glisser celle-ci dans un sac en plastique. Attendre 10 min.
4 Fariner une grande plaque de four. Abaisser deux boules de pâte en deux disques de 15 cm de diamètre et les disposer sur la plaque, en les espaçant suffisamment. Couvrir avec un linge et réserver pendant 20 min. Préchauffer le four à 230 °C et mettre une autre plaque de four à chauffer sur la grille du milieu.
5 Faire des empreintes dans la pâte avec le doigt. Battre légèrement l'œuf dans 60 ml d'eau, imprégner la pâte de cette mixture et parsemer de graines. Mettre cette plaque de four au-dessus de l'autre et laisser cuire pendant 8 à 10 min, jusqu'à ce que les pains soient bien gonflés et dorés. Laisser refroidir les pains en les enveloppant dans un linge propre pour ramollir les croûtes. Pendant ce temps, procéder de la même façon avec le reste de pâte.
NOTE : la farine à pain nécessite plus d'eau que les autres farines. Si vous n'utilisez que de la farine normale, commencez par verser seulement la moitié de l'eau dans l'étape 2, puis ajoutez peu à peu le reste jusqu'à ce que se forme une pâte lisse et malléable. La texture du pain fabriqué à base de farine simple sera différente.

PIZZA TURQUE

Préparation : 25 min + levage
Cuisson : 45 min
Pour 8 pizzas

1 cuil. à café de levure de boulanger
1/2 cuil. à café de sucre
225 g de farine
4 cuil. à soupe d'huile d'olive
250 g d'oignons, finement émincés
500 g de viande d'agneau, hachée
2 gousses d'ail
1 cuil. à café de cannelle moulue
1 cuil. à café 1/2 de cumin moulu
1/2 cuil. à café de poivre de Cayenne
3 cuil. à soupe de concentré de tomate
400 g de tomates concassées en conserve
50 g de pignons
3 cuil. à soupe de coriandre fraîche hachée
Yaourt nature à la grecque, en accompagnement

1 Mélanger la levure, le sucre et 60 ml d'eau chaude dans un saladier. Laisser reposer dans un endroit chaud pendant 20 min, jusqu'à ce que des bulles se forment à la surface. La mixture doit être mousseuse et avoir augmenté de volume.
2 Tamiser la farine et 1 cuil. à café de sel dans un saladier, incorporer la mixture, 1 cuil. à soupe d'huile et 100 ml d'eau chaude. Mélanger jusqu'à obtention d'une pâte onctueuse. La déposer sur un plan de travail fariné et la pétrir pendant 10 min, jusqu'à ce qu'elle soit lisse. Mettre la pâte dans un saladier huilé, couvrir et laisser lever pendant 1 h.
3 Faire chauffer à feu doux 2 cuil. à soupe d'huile dans une poêle et faire revenir l'oignon pendant 5 min, jusqu'à ce qu'il soit ramolli, mais pas doré. Ajouter l'agneau et laisser cuire pendant 10 min, jusqu'à ce qu'il soit doré. Ajouter l'ail, les épices, le concentré de tomate et les tomates. Laisser cuire pendant 15 min, jusqu'à ce que la mixture soit relativement sèche. Ajouter la moitié des pignons et 2 cuil. à soupe de coriandre. Assaisonner et laisser refroidir. Préchauffer le four à 210 °C. Beurrer deux plaques de four.
4 Dégonfler la pâte avec le poing. La déposer sur un plan de travail fariné. Diviser la pâte en 8 morceaux et abaisser chacun d'eux en un ovale de 18 x 12 cm. Les déposer sur les plaques. Répartir l'agneau sur les ovales en laissant une marge au bord. Parsemer de pignons. Huiler les bords. Replier les bords de la pâte pour maintenir la garniture. Joindre les deux bords à chaque extrémité. Imprégner d'huile. Faire dorer les pizzas pendant 15 min. Parsemer de coriandre et servir avec du yaourt.

PIZZA TURQUE

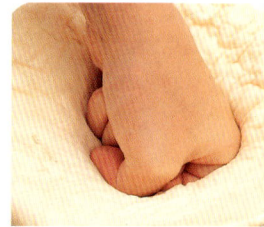

Dégonfler la pâte avec le poing, puis la déposer sur un plan de travail fariné.

Répartir l'agneau sur les morceaux de pâte ovales et parsemer de pignons.

PAGE CI-CONTRE : *Pain turc (en haut)* ; *Pizza turque*

CI-DESSUS : Figues au sirop de miel

FIGUES AU SIROP DE MIEL

Préparation : 20 min
Cuisson : 1 h
Pour 4 personnes

100 g d'amandes, mondées

12 figues fraîches entières (environ 750 g)

125 g de sucre

115 g de miel

2 cuil. à soupe de jus de citron

1 lamelle de zeste de citron de 6 cm de long

1 bâton de cannelle

250 g de yaourt nature à la grecque

1 Préchauffer le four à 180 °C. Disposer les amandes sur une plaque de four et laisser cuire pendant 5 min, jusqu'à ce qu'elles soient dorées. Laisser refroidir. Couper les queues des figues et faire une petite incision en croix de 5 mm de profondeur en haut de chacune. Enfoncer une amande mondée dans la base de chaque figue. Hacher grossièrement le reste des amandes.

2 Verser 750 ml d'eau dans une grande casserole, ajouter le sucre et remuer en chauffant à feu moyen, jusqu'à ce que le sucre se dissolve. Augmenter le feu et porter à ébullition. Ajouter le miel, le zeste et le jus de citron, ainsi que le bâton de cannelle. Réduire à feu moyen, mettre les figues dans la casserole et laisser cuire pendant 30 min. Retirer les figues à l'aide d'une écumoire et les disposer dans un grand plat.

3 Faire bouillir le jus de cuisson à feu vif pendant 15 à 20 min, jusqu'à ce qu'il soit épais et sirupeux. Enlever la cannelle et le zeste de citron. Laisser refroidir le sirop et le verser sur les figues. Parsemer d'amandes et servir tiède ou froid avec du yaourt.

LOUKOUMS

Préparation : 10 min
Cuisson : 1 h
Pour 25 loukoums

1 kg de sucre

125 g de Maïzena

1 cuil. à café de crème de tartre

2 cuil. à soupe d'eau de rose

colorant rouge

40 g de sucre glace

2 cuil. à soupe de Maïzena supplémentaire

1 Verser 620 ml d'eau dans une grande casserole à fond épais et porter à ébullition. Ajouter le sucre et remuer jusqu'à ce qu'il soit complètement dissous. Retirer du feu.

2 Dans un grand saladier, mélanger la Maïzena et la crème de tartre dans 250 ml d'eau froide. Ajouter cette mixture au sirop, remettre la casserole à chauffer à feu moyen et remuer jusqu'à ce que le mélange frémisse.

3 Réduire le feu et laisser cuire très lentement pendant 45 min, en remuant fréquemment. Ce faisant, le mélange va passer d'une couleur trouble à une teinte claire et dorée et la texture va s'épaissir.

4 Ajouter l'eau de rose et quelques gouttes de colorant, verser sur une plaque rectangulaire légèrement huilée et laisser prendre. Une fois la préparation durcie et refroidie, couper des carrés de 2 cm de côté, ajouter le mélange de sucre glace et de Maïzena supplémentaire et remuer.

NOTE : cette recette se prête à de nombreuses variantes. Si vous souhaitez parfumer vos loukoums à l'orange, remplacez l'eau de rose par 1 ou 2 cuil. à soupe d'eau de fleur d'oranger et utilisez un colorant alimentaire orangé. Si vous souhaitez les aromatiser à l'amande, ajoutez 80 g d'amandes mondées, hachées et grillées au moment d'ajouter le parfum et le colorant.

TATLISI AU YAOURT
(Gâteau au yaourt et au sirop)

Préparation : 20 min + refroidissement
Cuisson : 50 min
Pour 8 à 10 personnes

185 g de beurre, ramolli
250 g de sucre
5 œufs
250 g de yaourt nature à la grecque
2 cuil. à café de zeste de citron râpé
1/2 cuil. à café d'essence de vanille
280 g de farine
1/2 cuil. à café de bicarbonate de soude
2 cuil. à café de levure chimique
crème fouettée, en accompagnement

SIROP
250 g de sucre
1 bâton de cannelle
1 lamelle de zeste de citron de 4 cm de long
1 cuil. à soupe de jus de citron

1 Préchauffer le four à 180 °C et beurrer légèrement un moule à cake.
2 Battre le beurre et le sucre dans un saladier à l'aide d'un batteur électrique jusqu'à ce que le mélange soit léger et mousseux. Ajouter les jaunes d'œufs un par un, en fouettant énergiquement à chaque fois. Ajouter le yaourt, le zeste de citron et l'essence de vanille en remuant. Incorporer la farine tamisée, le bicarbonate de soude et la levure chimique avec une cuillère métallique.
3 Battre les blancs en neige dans un autre saladier jusqu'à ce qu'ils soient bien fermes et les incorporer progressivement à la mixture. Verser le tout dans le moule à l'aide d'une cuillère et laisser cuire pendant 50 min : enfoncer la pointe d'un couteau en plein cœur du gâteau pour s'assurer qu'il est bien cuit. Laisser refroidir dans le moule pendant 10 min, puis démouler le gâteau sur une grille.
4 Pendant ce temps, préparer le sirop en versant le sucre et le bâton de cannelle dans une petite casserole remplie de 180 ml d'eau froide. Chauffer à feu moyen et remuer jusqu'à ce que le sucre soit dissous. Porter à ébullition, ajouter le zeste et le jus de citron, puis réduire le feu et laisser cuire pendant 5 à 6 min. Filtrer, puis répandre le sirop uniformément sur le gâteau encore chaud et attendre que le liquide soit presque complètement absorbé. Couper en tranches et servir chaud avec de la crème fouettée.

ZERDE
(Riz sucré au safran)

Pour 6 personnes. Écraser 1 cuil. à café de filaments de safran avec les doigts et les plonger dans 2 cuil. à soupe d'eau bouillante pendant 30 min. Porter à ébullition 1,25 l d'eau dans une grande casserole, puis ajouter 110 g de riz à grain moyen. Réduire le feu et laisser mijoter pendant 20 min, en remuant de temps en temps. Ajouter en remuant 250 g de sucre, 2 cuil. à soupe d'eau de rose et le safran bouilli, et laisser cuire pendant 10 min. Ajouter 3 cuil. à soupe de pignons grillés et 3 cuil. à soupe de pistaches concassées, et laisser cuire pendant encore 10 min. La mixture doit être épaisse et dense. Si elle est trop épaisse, ajouter un peu d'eau. Servir chaud ou froid (le zerde épaissit en refroidissant). Décorer, au choix, avec des graines de grenade ou des pistaches. Servir avec du yaourt nature à la grecque. Le zerde est un plat sucré et savoureux.

CI-DESSUS : Tatlisi au yaourt

CAFÉ TURC

Comme dans de nombreux pays du bassin méditerranéen, le café turc se prépare dans une cafetière pourvue d'un long manche, appelée *cezve*. Le café doit impérativement être moulu en une poudre très fine juste avant d'être porté à ébullition. Les torréfactions moyenne et noire conviennent toutes les deux à la préparation du café turc. L'ajout d'une capsule de cardamome donne au café un merveilleux arôme.

CI-DESSOUS : Baklavas

BAKLAVAS

Préparation : 30 min + refroidissement
Cuisson : 1 h 15
Pour 18 baklavas

560 g de sucre
1 cuil. à café 1/2 de zeste de citron râpé
90 g de miel
60 ml de jus de citron
2 cuil. à soupe d'eau de fleur d'oranger
200 g de noix, finement hachées
200 g de pistaches, finement hachées
200 g d'amandes, finement hachées
2 cuil. à soupe de sucre supplémentaire
2 cuil. à café de cannelle moulue
200 g de beurre, fondu
375 g de pâte fillo

1 Dans une casserole, verser le sucre, le zeste de citron et 370 ml d'eau. Chauffer à feu vif en remuant jusqu'à ce que le sucre soit dissous, puis porter à ébullition pendant 5 min. Réduire à feu doux et laisser cuire pendant 5 min, jusqu'à ce que le sirop ait légèrement épaissi et attache à peine au dos d'une cuillère. Ajouter le miel, le jus de citron et l'eau de fleur d'oranger, et laisser cuire pendant 2 min. Retirer du feu et laisser refroidir complètement.

2 Préchauffer le four à 170 °C. Mélanger les noix, le sucre supplémentaire et la cannelle dans un saladier. Graisser le fond et les bords d'un plat allant au four ou d'un moule rectangulaire avec le beurre fondu. Recouvrir le fond d'une feuille de pâte fillo, l'imprégner légèrement de beurre et replier les bords qui dépassent. Superposer ainsi 10 feuilles de pâte en les beurrant à chaque fois et en repliant les bords. Envelopper la pâte fillo non utilisée dans un linge humide.

3 Répandre la moitié de la mixture à base de noix sur la pâte et la répartir uniformément. Superposer à nouveau 5 feuilles de pâte fillo en les beurrant, répandre le reste de la mixture et superposer les feuilles de pâte restantes jusqu'à la dernière. Excercer une pression avec les mains afin que la pâte et la mixture adhèrent bien. À l'aide d'un grand couteau aiguisé, couper des petits losanges dans la pâte en s'assurant que la feuille de pâte du fond est bien tranchée. Répandre le beurre restant sur le dessus et lisser avec les mains. Laisser cuire pendant 30 min, puis réduire la température à 150 °C et cuire encore pendant 30 min.

4 Séparer immédiatement les losanges en coupant le long des marques faites au couteau, puis répartir le sirop sur le dessus. Laisser refroidir complètement avant de disposer les losanges sur un plat.

NOTE : afin d'obtenir la texture idéale, il faut impérativement que le baklava soit extrêmement chaud et le sirop, à l'inverse, complètement froid au moment de le verser.

CAFÉ TURC

Pour 2 personnes. Dans une petite casserole remplie de 250 ml d'eau froide, verser 2 cuil. à soupe de grains de café finement moulus, 2 cuil. à café de sucre en poudre (ou à volonté) et 1 capsule de cardamome concassée. Chauffer à feu moyen en remuant, jusqu'à ce que le café commence à remonter à la surface. Retirer du feu immédiatement. Retirer l'écume crémeuse à l'aide d'une cuillère, la verser dans 2 petites tasses et remettre la casserole sur le feu. Lorsque le café remonte à nouveau à la surface, retirer du feu et remplir les tasses. On reconnaît un bon café turc à son écume crémeuse.

GÂTEAUX DE SEMOULE AUX NOISETTES ET AUX AMANDES

Préparation : 30 min + 30 min de repos
Cuisson : 40 min
Pour 12 gâteaux

110 g de beurre, ramolli
125 g de sucre
125 g de semoule fine
110 g de noisettes, grillées et moulues
2 cuil. à café de levure chimique
3 œufs, légèrement battus
1 cuil. à soupe de zeste d'orange finement râpé
2 cuil. à soupe de jus d'orange
crème fouettée ou yaourt au miel, en accompagnement

Sirop
750 g de sucre
4 bâtons de cannelle
1 cuil. à soupe de zeste d'orange coupé en fines lamelles
80 ml de jus de citron
120 ml d'eau de fleur d'oranger

Décoration
60 g d'amandes, grossièrement hachées
70 g de noisettes, grillées et grossièrement hachées

1 Préchauffer le four à 210 °C. Beurrer légèrement un moule carré et recouvrir le fond de papier sulfurisé. Battre le beurre et le sucre dans un saladier de taille moyenne, jusqu'à ce que le mélange soit léger et aérien. Ajouter la semoule, les noisettes grillées et la levure chimique en remuant. Ajouter les œufs, le zeste et le jus d'orange et mélanger jusqu'à ce que la mixture soit bien homogène. La verser dans le moule à l'aide d'une cuillère, lisser la surface et cuire au four pendant 20 min, jusqu'à ce que le gâteau soit doré et à peine pris. Ne pas démouler.

2 Pendant ce temps, préparer le sirop en versant le sucre, les bâtons de cannelle et 830 ml d'eau dans une casserole. Chauffer à feu doux et remuer jusqu'à ce que le sucre soit dissous. Augmenter le feu et laisser bouillir pendant 5 min sans remuer. Verser le sirop dans un verre gradué, puis reverser la moitié dans la casserole. Faire bouillir pendant 15 à 20 min, jusqu'à ce que le sirop ait épaissi et réduit de quatre cinquièmes (170 ml). Ajouter le zeste d'orange en remuant.

3 Incorporer le jus de citron et l'eau de fleur d'oranger au sirop resté dans le verre et le verser sur le gâteau non démoulé. Une fois le sirop absorbé, démouler le gâteau sur un grand plat. Le couper en 4 bandes de largeur égale, puis couper chaque bande en diagonale afin de former 3 losanges. Jeter les petits bouts restants à chaque extrémité, mais conserver les losanges qui se touchent.

4 Pour la décoration, mélanger les amandes et les noisettes et les répandre sur les losanges. Verser le sirop épais et les lamelles de zeste d'orange sur les amandes et les noisettes, et laisser reposer pendant 30 min avant de servir. À l'aide d'une pelle à gâteau, disposer les losanges dans des plats individuels et servir avec de la crème fouettée ou du yaourt au miel.

CI-DESSUS : Gâteaux de semoule aux noisettes et aux amandes

L'ITALIE

Les Italiens aiment la bonne chère et se retrouvent souvent autour d'une table, en famille ou entre amis. La cuisine italienne est remarquablement sobre, et les fameux antipasti ont largement franchi les frontières en raison de leur simplicité. Elle possède aussi une histoire digne d'intérêt car ingrédients et styles de cuisine ont donné naissance au fil du temps, et jusque dans les années 1950, à d'innombrables variantes selon les régions. Les recettes ont ainsi suivi les migrations de population au sein du pays, contribuant à la création d'une cuisine incroyablement cosmopolite mêlant les ingrédients les plus variés : polenta, risotto, pâtes, huile d'olive, beurre, pizzas, tomates, aubergines, mais aussi câpres, persil, basilic et fromages, dont le célèbre Parmigiano Reggiano.

FLEURS DE COURGETTES
Les délicates fleurs de courgettes sont très fragiles et périssables : il convient donc de les conserver au réfrigérateur, dans un plat recouvert d'une serviette en papier humide. Il faut choisir les fleurs les plus fraîches et les plus fermes et vérifier qu'elles sont propres et débarrassées de tout insecte avant de les utiliser. Les fleurs peuvent être mâles ou femelles : les fleurs mâles sont rattachées à la tige alors que les fleurs femelles sont rattachées à la courgette.

CI-DESSUS : *Purée de haricots au romarin*

PURÉE DE HARICOTS AU ROMARIN

Préparation : 5 min
 + refroidissement
Cuisson : 5 min
Pour 2 personnes

☆

- 2 x 310 g de haricots blancs ou de haricots lingots en conserve
- 3 cuil. à soupe d'huile d'olive
- 2 gousses d'ail, écrasées
- 1 cuil. à soupe de feuilles de romarin fraîches finement hachées
- 250 ml de bouillon de poule ou de légumes
- 2 cuil. à café de jus de citron

1 Rincer et égoutter les haricots, et réserver. Faire chauffer l'huile d'olive dans une casserole et faire revenir l'ail et le romarin pendant 1 min, jusqu'à ce que l'ail ait ramolli. Ajouter les haricots et le bouillon, et porter à ébullition. Réduire le feu et laisser cuire pendant 3 à 4 min. Laisser refroidir.
2 Mixer le mélange en plusieurs fois jusqu'à obtention d'une consistance lisse et onctueuse. Ajouter le jus de citron et assaisonner à volonté. Servir avec du pain ou des gressins (grissini). Cette purée peut se conserver plusieurs jours au réfrigérateur dans un récipient fermé.

FLEURS DE COURGETTES FARCIES

Préparation : 20 min
Cuisson : 15 min
Pour 20 fleurs

☆

- 75 g de farine
- 100 g de mozzarella
- 10 filets d'anchois, coupés en deux dans le sens de la longueur
- 10 feuilles de basilic fraîches, déchirées
- 20 fleurs de courgette (sans tiges, ni pistils)
- huile d'olive, pour rissoler
- 2 rondelles de citron, pour décorer

1 Dans un saladier, verser la farine et 250 ml d'eau, et mélanger jusqu'à obtention d'une mixture onctueuse. Ajouter une pincée de sel et remuer.
2 Couper la mozzarella en 20 allumettes et sécher les anchois. Insérer un morceau de mozzarella, la moitié d'un filet d'anchois et un peu de basilic dans chaque fleur de courgette. Refermer les pétales.
3 Verser 2,5 cm d'huile dans une poêle à fond épais et la faire chauffer.
4 Plonger une fleur de courgette à la fois dans la pâte. Cuire en plusieurs fois pendant 3 min, jusqu'à ce que les fleurs soient croustillantes et dorées. Égoutter sur du papier absorbant. Assaisonner et servir immédiatement avec des rondelles de citron.

POIVRONS RÔTIS AUX ANCHOIS

Préparation : 15 min
Cuisson : 50 min
Pour 6 personnes

☆

- 3 poivrons jaunes
- 3 poivrons rouges
- 2 cuil. à soupe d'huile d'olive extra vierge
- 12 filets d'anchois, coupés en deux dans le sens de la longueur
- 3 gousses d'ail, finement émincées
- 25 g de feuilles de basilic fraîches
- 1 cuil. à soupe de petites câpres dessalées
- huile d'olive extra vierge, pour décorer

1 Préchauffer le four à 180 °C. Couper chaque poivron en deux dans le sens de la longueur, sans retirer les queues. Si les poivrons sont gros, les couper en quartiers. Les épépiner et retirer les côtes. Verser un filet d'huile dans un plat allant au four et y disposer les poivrons, côté chair vers le haut. Saler et poivrer.
2 Disposer sur chaque morceau de poivron une moitié de filet d'anchois, des lamelles d'ail et une feuille de basilic déchirée. Répartir les câpres sur les poivrons. Saler, poivrer et verser l'huile restante.
3 Couvrir le plat d'une feuille de papier aluminium et laisser cuire les poivrons pendant 20 min. Retirer la feuille et laisser cuire encore pendant 25 à 30 min, jusqu'à ce que les poivrons soient tendres. Verser un filet d'huile d'olive extra vierge. Répartir les feuilles de basilic restantes et servir chaud ou à température ambiante.

MOZZARELLA IN CARROZZA
(Mozzarella en carrosse / Toasts frits au fromage)

Pour 4 personnes. Plonger 8 fines tranches de pain blanc écroûté de la veille dans 170 ml de lait. Faire des sandwichs en intercalant deux tranches de mozzarella entre deux tranches de pain. Battre légèrement 2 œufs et assaisonner généreusement de sel et de poivre. Plonger les sandwichs dans l'œuf, puis les enduire de chapelure fraîche. Faire chauffer 250 ml d'huile à feu moyen dans une poêle à fond épais et frire les sandwichs pendant 2 à 3 min des deux côtés, jusqu'à ce qu'ils soient bien dorés. Égoutter sur du papier absorbant et servir avec des rondelles de citron.

MOZZARELLA

Jadis, la mozzarella était fabriquée dans toute l'Italie à partir du très prisé lait de bufflonne, qui produit un fromage frais crémeux et savoureux. De nos jours, cependant, la mozzarella est très souvent fabriquée à partir de lait de vache, qui lui donne une texture et un goût légèrement différents. La mozzarella à base de lait de bufflonne se trouve encore, et de plus en plus fréquemment, dans des magasins d'alimentation spécialisés.

CI-CONTRE : Poivrons rôtis aux anchois

ARANCINI

Briser les grumeaux de viande hachée à l'aide d'une cuillère en bois.

Déposer 2 grosses cuil. à café de farce au cœur de chaque boulette de riz.

Enrober la farce avec le riz afin de reconstituer la boulette.

Rouler chaque boulette de riz dans la farine, puis la plonger dans l'œuf avant de l'enduire de chapelure.

CI-CONTRE : *Arancini*

ARANCINI
(Boulettes de riz farcies et frites)

Préparation : 30 min
  + 30 min de refroidissement
  + 30 min de réfrigération
Cuisson : 45 min
Pour 12 boulettes

500 g de riz blanc rond
1/4 cuil. à café de filaments de safran
2 œufs, battus
100 g de parmesan, râpé
farine
2 œufs supplémentaires, battus
100 g de chapelure sèche
huile, pour frire

FARCE

1 cuil. à soupe d'huile d'olive
1 petit oignon, finement émincé
150 g de viande de porc et de veau, hachée,
  ou de viande de bœuf, hachée
170 ml de vin blanc
1 cuil. à soupe de concentré de tomate
2 cuil. à café de feuilles de thym fraîches

1 Porter à ébullition 1 l d'eau dans une grande casserole, puis verser le riz et les filaments de safran. Reporter lentement à ébullition, puis réduire le feu et laisser mijoter. Couvrir et laisser cuire à feu doux pendant 20 min, jusqu'à ce que le riz soit tendre. Verser dans un grand saladier et laisser refroidir à température ambiante. Incorporer l'œuf et le parmesan râpé.
2 Pour la farce, faire chauffer l'huile à feu moyen dans une petite poêle. Ajouter l'oignon et laisser cuire pendant 2 à 3 min, jusqu'à ce qu'il ait ramolli. Ajouter la viande hachée et laisser cuire pendant 2 min, jusqu'à ce qu'elle ait changé de couleur, en brisant les grumeaux à l'aide d'une cuillère en bois. Verser le vin et le concentré de tomate. Réduire le feu et laisser cuire pendant 3 à 4 min, jusqu'à ce que le vin se soit évaporé. Incorporer le thym, réserver et laisser refroidir.
3 Avec les mains humides, former 12 boulettes de riz à partir de la mixture. Aplatir légèrement chacune d'elles, former un creux au centre et y déposer 2 grosses cuil. à café de farce. Refermer le riz autour de la farce.
4 Rouler chaque boulette dans la farine, puis la plonger dans les œufs battus supplémentaires et l'enduire de chapelure. Mettre au réfrigérateur pendant 30 min.
5 Remplir une casserole à fond épais d'huile sur un tiers de sa hauteur et la faire chauffer à 180 °C (à cette température, un morceau de pain jeté dans l'huile est doré en 15 s). Frire les boulettes de riz en quatre fois pendant 2 à 3 min, jusqu'à ce qu'elles soient bien dorées. Égoutter sur du papier absorbant. Servir chaud ou à température ambiante.

L'ITALIE

ASPERGES

Quand vous achetez des asperges fraîches, assurez-vous que les pointes sont bien serrées et que les tiges sont fermes et vertes, sans tirer sur le jaune. Toutes les asperges ne nécessitent pas d'être pelées, surtout si elles sont fines. Toutefois, si les tiges sont épaisses et filandreuses, il faudra alors les tailler et les peler sur leur tiers inférieur à l'aide d'un couteau économe. Il existe également une variété d'asperge blanche, qui met plus de temps à cuire, et une variété d'asperge violette.

FRITTATA DI ASPARAGI ALLA MENTA
(Omelette aux asperges et à la menthe)

Préparation : 10 min
Cuisson : 20 min
Pour 4 personnes

6 œufs
35 g de pecorino ou de parmesan, râpé
5 g de feuilles de menthe fraîches, coupées en fines lanières
200 g de pointes d'asperges
2 cuil. à soupe d'huile d'olive extra vierge

1 Casser les œufs dans un grand saladier et les battre énergiquement. Puis, incorporer le fromage et la menthe et réserver.
2 Enlever la partie filandreuse des asperges, puis couper les asperges, en diagonale, en petits morceaux de 5 cm de longueur. Faire chauffer l'huile dans une poêle de 20 cm de diamètre à manche isolant contre la chaleur. Verser les asperges et laisser cuire pendant 4 à 5 min, jusqu'à ce qu'elles soient tendres et bien vertes. Saler et poivrer, puis réduire à feu doux.
3 Verser la mixture à base d'œuf sur les asperges et laisser cuire pendant 8 à 10 min. Pendant la cuisson, utiliser une spatule afin d'éviter que l'omelette ne colle aux parois de la poêle et incliner légèrement celle-ci pour que l'œuf passe sous les asperges.
4 Quand l'omelette est presque prise, mais encore baveuse sur le dessus, passer la poêle sous le grill du four à faible température pendant 1 à 2 min, jusqu'à ce que l'omelette finisse de prendre et dore légèrement. Servir chaud ou à température ambiante.

FIGUES AU PROSCIUTTO

Pour 6 personnes. Prendre 6 belles figues bien mûres et, à l'aide d'un petit couteau bien aiguisé, faire une croix en haut de chacune d'elles, en les ouvrant sans pour autant les couper en morceaux. Enrober chaque figue d'une fine tranche de prosciutto. Maintenir le tout avec un cure-dent.

CI-DESSUS : Frittata di asparagi alla menta

PANCETTA

La pancetta, de l'italien *pancia* qui signifie poitrine, est l'exact équivalent du bacon à ceci près qu'elle n'est pas fumée. Il existe deux variétés de pancetta : la *pancetta stesa*, plate, salée pendant environ trois semaines, puis suspendue à l'air libre et séchée pendant quatre mois, et la *pancetta arrotolata*, roulée en un gros saucisson. Dans la cuisine italienne, la *pancetta stesa* est utilisée pour parfumer les sauces, les ragoûts et les pâtes, et la *pancetta arrotolata* est surtout servie en antipasti.

CI-DESSUS : Sardines farcies

SARDINES FARCIES

Préparation : 20 min
Cuisson : 25 min
Pour 4 à 6 personnes

☆☆

1 kg de sardines fraîches, coupées en deux dans le sens de la longueur
60 ml d'huile d'olive
40 g de chapelure
40 g de raisins de Smyrne
40 g de pignons grillés
20 g d'anchois en conserve, égouttés et réduits en purée
1 cuil. à soupe de persil plat frais finement haché
2 oignons nouveaux, finement émincés

1 Préchauffer le four à 200 °C. Ouvrir les sardines et les disposer sur une planche, côté chair vers le bas.
2 Faire chauffer la moitié de l'huile dans une poêle, ajouter la chapelure et laisser cuire à feu moyen, en remuant, jusqu'à ce qu'elle soit légèrement dorée. Égoutter sur du papier absorbant.
3 Verser la moitié de la chapelure dans un saladier et incorporer les raisins, les pignons, les anchois, le persil et l'oignon nouveau. Saler et poivrer à volonté. Insérer 2 cuil. à café de la mixture dans chaque sardine, puis refermer afin de maintenir la garniture.
4 Disposer les sardines dans un plat à four beurré, sans les superposer. Répandre la mixture restante sur les sardines, ainsi que la chapelure. Verser le reste d'huile d'olive et laisser cuire pendant 15 à 20 min.

OLIVES FARCIES ET FRITES

Préparation : 45 min
Cuisson : 1 h 15
Pour 6 à 8 personnes (en antipasti)

☆☆☆

1 cuil. à soupe d'huile d'olive
100 g de viande de porc et de veau, hachée
60 g de pancetta, hachée
3 gousses d'ail, écrasées
1/2 cuil. à soupe de persil plat frais haché
1 pincée de poivre de Cayenne
120 ml de vin blanc sec
500 ml de bouillon de poule
25 g de chapelure fraîche
1 jaune d'œuf
2 cuil. à soupe de provolone râpé
1 kg d'olives vertes (Gordal) dénoyautées

60 g de farine
1 œuf, battu
100 g de chapelure sèche
huile, pour frire

1 Faire chauffer l'huile à feu doux dans une poêle et ajouter la viande hachée, la pancetta, l'ail et le persil. Laisser cuire en remuant, jusqu'à ce que la viande de porc ait changé de couleur. Ajouter le poivre de Cayenne, puis assaisonner de sel et de poivre noir. Passer à feu vif, verser le vin et laisser cuire jusqu'à ce qu'il se soit presque évaporé. Ajouter le bouillon, réduire le feu et laisser cuire pendant 45 min, au bout desquelles le liquide devrait s'être évaporé ; si ce n'est pas le cas, augmenter le feu et le réduire jusqu'à évaporation complète.
2 Passer la mixture au hachoir ou au robot, jusqu'à ce qu'elle soit bien homogène. Incorporer la chapelure, le jaune d'œuf et le provolone. À l'aide d'une poche à douille circulaire, introduire la farce dans les olives. Rouler les olives dans la farine. Les rouler ensuite dans l'œuf, puis dans la chapelure.
3 Remplir une casserole d'huile sur un tiers de sa hauteur et faire chauffer à 180 °C. Frire les olives en plusieurs fois, jusqu'à ce qu'elles soient dorées. Les égoutter sur du papier absorbant avant de servir.

INSALATA CAPRESE
(Salade de tomates au bocconcini)

Préparation : 10 min
Pas de cuisson
Pour 4 personnes

3 grosses tomates
250 g de bocconcini
12 feuilles de basilic fraîches
60 ml d'huile d'olive extra vierge
4 feuilles de basilic supplémentaires, déchirées

1 Couper les tomates en 12 rondelles de 1 cm de large. Couper le bocconcini en 24 rondelles de la même épaisseur.
2 Disposer sur un plat, en intercalant 2 rondelles de bocconcini entre 2 rondelles de tomates et une feuille de basilic entre les 2 rondelles de bocconcini.
3 Répartir l'huile d'olive, parsemer de basilic haché et assaisonner généreusement de sel et de poivre noir du moulin.
NOTE : il est possible d'utiliser des tomates cerises entières et de les mélanger au bocconcini et au basilic.

SALADE DE TOMATES AU BOCCONCINI
C'est une salade d'été très appréciée en Italie. Elle est encore meilleure accommodée de mozzarella fabriquée à partir de lait de bufflonne.

CI-CONTRE : Insalata caprese

LE GRAND LIVRE DE LA CUISINE MÉDITERRANÉENNE

CROSTINI AUX OLIVES

Préparation : 10 min
Cuisson : 5 min
Pour 4 personnes

☆

150 g d'olives Kalamata dénoyautées
4 filets d'anchois
2 cuil. à soupe de petites câpres
1 gousse d'ail
2 cuil. à soupe de basilic frais haché
60 ml d'huile d'olive
12 tranches de pain

1 Préchauffer le four à 190 °C. Passer tous les ingrédients au robot, à l'exception du pain : mixer par à-coups jusqu'à ce que le tout soit finement haché, mais ne forme pas une mixture homogène. Assaisonner à volonté. Disposer les tranches de pain sur une plaque et les faire dorer pendant 2 à 3 min de chaque côté. Étaler la mixture sur les canapés.

CROSTINI AU FOIE DE VOLAILLE

Préparation : 15 min
Cuisson : 20 min
Pour 4 personnes

☆

12 tranches de pain
80 ml d'huile d'olive extra vierge
220 g de foie de volaille, haché
2 champignons de Paris, coupés en tranches
4 feuilles de sauge fraîches
2 gousses d'ail, écrasées
1 pincée de muscade
120 ml de madère
1 filet d'anchois
1/2 cuil. à soupe de câpres
1 jaune d'œuf

1 Préchauffer le four à 190 °C. Utiliser la moitié de l'huile pour en imprégner les tranches de pain des deux côtés. Les enfourner sur une plaque et les laisser dorer pendant 5 min. Laisser refroidir.
2 Faire chauffer le reste de l'huile dans une poêle et ajouter le foie de volaille, les champignons et la sauge. Laisser cuire 5 min, jusqu'à ce que le foie ait changé de couleur. Ajouter l'ail et la muscade, et assaisonner. Laisser cuire 1 min, puis ajouter le madère. Verser le tout dans un robot. Ajouter le filet d'anchois et les câpres, et mixer jusqu'à obtention d'un mélange homogène. Ajouter le jaune d'œuf, mélanger, vérifier l'assaisonnement. Étaler la mixture sur les canapés.

CROSTINI À LA TOMATE ET AU BASILIC

Préparation : 10 min
Cuisson : 5 min
Pour 4 personnes

☆

4 tomates, grossièrement hachées
15 g de feuilles de basilic fraîches, déchirées
2 cuil. à soupe d'huile d'olive extra vierge
12 tranches de pain
1 grosse gousse d'ail

1 Préchauffer le four à 190 °C. Presser les tomates pour en exprimer l'excédent de jus ou les égoutter dans une passoire. Les mélanger au basilic et à l'huile dans un petit saladier, saler et poivrer.
2 Disposer les canapés sur une plaque et les faire dorer au four. Tant qu'ils sont encore chauds, les frotter d'ail des deux côtés, puis les garnir. Servir.

CROSTINI À LA NAPOLITAINE

Préparation : 10 min
Cuisson : 15 min
Pour 4 personnes

☆

100 g de beurre, ramolli
12 tranches de pain
6 bocconcini, coupés chacun en 4 rondelles
12 filets d'anchois, coupés en deux dans le sens de la longueur
2 tomates, pelées, coupées en quartiers et épépinées
1 cuil. à café d'origan séché

1 Préchauffer le four à 180 °C. Graisser une plaque de four avec le beurre fondu.
2 Beurrer les canapés sur un côté. Déposer 2 rondelles de bocconcini. Superposer 2 moitiés de filets d'anchois et un morceau de tomate sur le fromage. Assaisonner d'origan, de sel et de poivre du moulin. Cuire les canapés sur la plaque pendant 12 à 15 min. Imprégner les tomates du beurre resté sur la plaque et servir.

CÂPRES

Boutons floraux du câprier, arbrisseau très répandu en Méditerranée, les câpres sont conservées dans du vinaigre ou de la saumure. Les meilleures câpres sont les Lilliput qui, comme leur nom l'indique, possèdent le plus petit calibre et sont issues des boutons les plus durs. Les amateurs de câpres ne jurent que par les câpres saumurées qui ont un goût et une texture si caractéristiques. Quel que soit leur mode de conservation, toutes les câpres doivent être rincées et égouttées avant utilisation.

PAGE CI-CONTRE, DE GAUCHE À DROITE :
Crostini au foie de volaille ;
Crostini à la napolitaine ;
Crostini aux olives ; Crostini
à la tomate et au basilic

ANTIPASTI

Le terme *antipasti*, qui désigne l'aspect le plus moderne de la table italienne, signifie « avant le repas ». La variété de ces plats savoureux, qui composent de délicieux assortiments, est infinie. Aujourd'hui, les antipasti ne font pas partie du repas familial traditionnel italien, mais tout dîner quelque peu formel, surtout dans les milieux aisés, au restaurant ou à l'occasion d'un mariage, commence par des antipasti.

Il n'existe pas de règles strictes quant aux ingrédients à utiliser, mais la plupart des plats privilégient les aliments frais locaux. Ils peuvent être servis en entrée, comme en-cas ou constituer un repas à part entière. Si les légumes grillés peuvent, en certaines occasions, faire partie d'un assortiment d'antipasti, ils peuvent, en d'autres occasions, composer le *contorno*, plat d'accompagnement servi avec ou après le plat principal. Cette souplesse d'emploi font de cette spécialité italienne une solution idéale pour les fêtes et les réceptions. Grand buffet, repas en tête-à-tête ou simple en-cas, les antipasti savent s'adapter à toutes les occasions.

Les antipasti peuvent aussi bien se composer d'un plat de viandes salées et coupées en tranches (prosciutto et salami, essentiellement), accompagnées de fruits frais de saison comme les figues ou les melons, que d'une omelette chaude, d'une simple salade de thon ou d'une assiette de petites fritures. D'autres ingrédients de qualité, comme les légumes marinés et grillés, les fromages frais et les olives marinées, peuvent venir compléter ces plats faits maison.

Toutes les recettes d'antipasti présentées aux pages 88 à 103 sont des grands classiques de la table italienne. Il vous suffira d'ajuster les quantités à vos besoins. Bien que les recettes suivantes figurent dans ce livre en tant que

légumes d'accompagnement du plat principal, elles peuvent également faire partie d'un assortiment d'antipasti : haricots verts à l'ail et à la mie de pain (page 121), beignets de fenouil (page 124), carciofi alla Romana (page 127) et bettes sautées (page 129).

Pour réussir un bel assortiment d'antipasti, il est indispensable d'utiliser des produits frais de saison. Ainsi, l'insalata caprese (page 93), les crostini à la tomate et au basilic (page 95) ou la panzanella (page 103) sauront parfaitement mettre en valeur la délicieuse saveur des tomates, produit estival par excellence. En revanche, un assortiment hivernal pourra se composer d'une purée de haricots au romarin (page 88), d'arancini (page 90) ou de bettes sautées (page 129). Si vous envisagez d'inclure des viandes salées dans vos antipasti, il est préférable de vous les procurer auprès d'un bon traiteur.

L'huile d'olive constitue sans doute l'ingrédient essentiel à la préparation des antipasti. Un simple filet d'huile d'olive extra vierge au goût fruité peut en effet transformer le plus banal des ingrédients en un véritable plat à part entière. Ne soyez pas tenté de transiger sur la qualité de l'huile car, même si l'huile d'olive extra vierge est notablement plus onéreuse que les autres huiles d'olive ordinaires, la différence est énorme. Si vous utilisez de l'huile d'olive extra vierge pour les assaisonnements ou pour en verser un filet sur des canapés, et de l'huile d'olive ordinaire pour cuisiner, l'écart sera nettement sensible. Il vous suffit de verser un filet d'huile d'olive extra vierge sur une tranche de pain de campagne frottée d'ail pour obtenir une bruschetta sobre, mais savoureuse. Une assiette de légumes bouillis, comme des artichauts, peut se transformer en véritable repas si ces derniers sont servis avec de l'huile d'olive extra vierge, du sel de mer et du poivre concassé.

Le secret de la cuisine italienne repose en effet sur la qualité des ingrédients, et non sur la complexité des plats. Les antipasti en sont l'exemple parfait et vous offriront l'occasion idéale de mettre en valeur des produits frais de saison sans vous compliquer la tâche.

DE GAUCHE À DROITE : Fleurs de courgettes farcies (page 88) ; Plat de viandes salées, de fromages, d'olives, de légumes grillés et d'artichauts ; Sardines farcies (page 92) ; Crostini à la tomate et au basilic (page 95).

VINAIGRE BALSAMIQUE
Cette spécialité séculaire de la province de Modène, au nord de Bologne, est fabriquée à partir de moût de raisins blancs sucrés cultivés dans cette région. Le véritable vinaigre balsamique est vieilli dans différents fûts de bois pendant des décennies afin d'obtenir un liquide sirupeux à la saveur aigre-douce. Portant l'étiquette *aceto balsamico tradizionale di Modena*, il n'était traditionnellement fabriqué que par les riches familles qui pouvaient se permettre d'attendre un si long vieillissement. Aujourd'hui, la plupart des vinaigres balsamiques disponibles sur le marché sont bien loin du produit original et ne possèdent pas l'Appellation d'Origine Contrôlée. Le vrai vinaigre balsamique doit être employé avec parcimonie ; en cuisine, il convient de l'incorporer en dernier lieu afin que les arômes soient préservés au moment de servir.

CI-CONTRE : Oignons grillés au vinaigre balsamique

OIGNONS GRILLÉS AU VINAIGRE BALSAMIQUE

Préparation : 15 min + 1 nuit de réfrigération
Cuisson : 1 h 30
Pour 8 personnes (en antipasti)

- 1 kg de petits oignons non épluchés (voir Note)
- 180 ml de vinaigre balsamique
- 2 cuil. à soupe de cassonade
- 180 ml d'huile d'olive

1 Préchauffer le four à 160 °C. Disposer les oignons dans un plat et les cuire au four pendant 1 h 30. Une fois suffisamment refroidis, retirer les tiges et éplucher les oignons (la racine se détache avec la peau, mais les oignons restent intacts). Rincer à l'eau bouillante un bocal de 1 l à large goulot et le faire sécher au four (ne pas utiliser de torchon). Y verser les oignons.
2 Mélanger le vinaigre et la cassonade dans un petit bocal avec un couvercle à vis et secouer jusqu'à ce que le sucre soit dissous. Ajouter l'huile, refermer le bocal et secouer énergiquement jusqu'à ce que le tout soit bien mélangé.
3 Verser cette mixture sur les oignons, refermer le bocal et le renverser plusieurs fois pour bien imprégner les oignons. Laisser macérer toute une nuit au réfrigérateur, en retournant le bocal de temps en temps. Sortir le bocal du réfrigérateur et le secouer pour répartir l'assaisonnement avant de servir.
NOTE : comme leur nom l'indique, les petits oignons sont vraiment très petits : ils pèsent environ 35 g chacun, mais leur poids varie de 20 g à 40 g. Le temps de cuisson indiqué ici convient à cette fourchette de poids, et il est inutile de cuire plus longtemps les plus gros oignons. Le temps de macération indiqué est une durée minimale : les oignons peuvent macérer jusqu'à trois jours au réfrigérateur. La marinade risque de se séparer après quelques heures, ce qui est normal ; pour la répartir à nouveau, il suffit de remuer de temps à autre.

SALADE DE FENOUIL

Pour 4 personnes. Prendre deux beaux bulbes de fenouil et en couper la partie supérieure. Réserver les petites feuilles vertes et jeter les tiges. Retirer les parties du bulbe éventuellement abîmées ou décolorées. Enlever la base et couper le bulbe horizontalement en fines rondelles. Les tremper dans deux bains d'eau froide successifs pendant 5 min. Les égoutter en les tapotant avec du papier absorbant ou un linge propre. Verser les rondelles dans un saladier et ajouter de l'huile d'olive extra vierge en quantité suffisante pour bien imprégner le fenouil. Assaisonner de sel et de poivre noir du moulin.

INSALATA DI FRUTTI DI MARE
(Salade de fruits de mer)

Préparation : 45 min + 40 min de macération
Cuisson : 25 min
Pour 4 personnes

☆☆

500 g de petits calmars
1 kg de grosses palourdes
1 kg de moules
5 cuil. à soupe de persil plat frais haché (réserver les tiges)
500 g de crevettes moyennes, partiellement décortiquées (conserver les queues)
2 cuil. à soupe de jus de citron
80 ml d'huile d'olive
1 gousse d'ail, écrasée

1 Pour chaque calmar, tenir le corps dans une main, la tête et les tentacules dans l'autre. Tirer pour les séparer. Détacher les tentacules de chaque tête sous les yeux. Jeter les têtes. Extraire le bec et le jeter. Faire sortir la plume du corps et la jeter. Enlever la peau sous l'eau froide (les nageoires peuvent être utilisées). Rincer et couper en anneaux de 7 mm.

2 Laver les palourdes et les moules à l'aide d'une brosse à poils durs et retirer les byssus. Jeter les mollusques dont les coquilles sont fendues ou ne sont pas fermées. Rincer à l'eau froide. Remplir une grande poêle de 1 cm d'eau, ajouter les tiges de persil, couvrir la poêle et porter à ébullition. Ajouter les palourdes et les moules par petites quantités, sans remplir complètement la poêle. Couvrir et laisser cuire à feu vif pendant 2 à 3 min, jusqu'à ce que les coquilles commencent à s'ouvrir. Retirer les mollusques à l'aide d'une écumoire et les verser dans une passoire au-dessus d'un saladier. Reverser le jus de cuisson égoutté dans la poêle avant de faire cuire les mollusques suivants. Procéder ainsi jusqu'à ce que toutes les palourdes et toutes les moules soient cuites. Réserver le jus de cuisson. Laisser refroidir les palourdes et les moules avant de retirer les coquilles. Jeter celles qui ne se sont pas ouvertes.

3 Verser 1 l d'eau et le jus de cuisson dans la poêle. Porter à ébullition, puis ajouter les crevettes et laisser cuire pendant 3 à 4 min, jusqu'à ce que l'eau soit à nouveau en ébullition. Retirer les crevettes à l'aide d'une écumoire et les égoutter dans une passoire. Cuire ensuite les calmars pendant 30 à 40 s, jusqu'à ce que la chair devienne blanche et opaque. Retirer immédiatement et égoutter.

4 Mélanger le jus de citron, l'huile et l'ail dans un saladier. Assaisonner. Verser les fruits de mer en ajoutant 4 cuil. à soupe de persil et remuer. Rectifier l'assaisonnement si nécessaire. Laisser macérer pendant 30 à 40 min pour permettre aux arômes de s'affirmer. Parsemer de persil. Servir avec du pain.

MOULES
Les moules se fixent aux rochers ou, dans le cas des moules de culture, à des sacs ou des cordes, grâce à un faisceau de filaments soyeux que l'on nomme byssus. Il faut jusqu'à deux ans pour que les moules de culture soient prêtes à la consommation. Lorsque vous achetez des moules, veillez à ce que les coquilles ne soient pas cassées. Consommez-les aussitôt après les avoir achetées ou conservez-les dans un endroit très froid, plongées dans un peu d'eau et recouvertes d'un sac en toile de jute humide. Ne consommez pas de moules dont les coquilles sont déjà ouvertes : celles-ci doivent s'ouvrir pendant la cuisson. Si elles ne s'ouvrent pas au bout de 3 à 5 min, jetez-les.

CI-DESSUS : Insalata di frutti di mare

LE GRAND LIVRE DE LA CUISINE MÉDITERRANÉENNE

FRITURE
Ces petits poissons sont en réalité de jeunes harengs et de jeunes sprats. Ils abondent surtout au printemps et en été, mais on en trouve toute l'année. Ils se mangent entiers, généralement en friture, mais on peut également les déguster en beignets ou en croquettes.
On peut les conserver au réfrigérateur pendant deux jours, dans un récipient couvert qui leur permet de s'égoutter. Avant de les rouler dans la farine pour les frire, il convient de bien les égoutter et de bien les sécher, sinon la farine risque de former des grumeaux. Tout autre petit poisson peut être cuisiné de la même façon que la friture.

CI-DESSUS : Petits poissons frits

PETITS POISSONS FRITS

Préparation : 10 min
Cuisson : 10 min
Pour 6 personnes

☆☆

40 g de farine
30 g de Maïzena
500 g de friture (harengs, sprats)
2 cuil. à café de persil plat frais finement haché
huile, pour frire
1 citron, coupé en rondelles, pour décorer

1 Dans un saladier, mélanger la farine et la Maïzena tamisées, ainsi que le persil. Assaisonner de sel et de poivre noir concassé. Remplir d'huile une casserole à fond épais sur un tiers de sa hauteur et faire chauffer (à cette température, un morceau de pain jeté dans l'huile est doré en 15 s). Rouler un tiers de la friture dans le mélange de farine, débarrasser de l'excédent et frire les poissons pendant 1 min 1/2, jusqu'à ce qu'ils soient clairs et croustillants. Égoutter sur du papier absorbant. Recommencer avec le reste de la friture, en les cuisant en deux fois.
2 Réchauffer l'huile et frire à nouveau les poissons en trois fois pendant 1 min, jusqu'à ce qu'ils soient légèrement dorés. Égoutter sur du papier absorbant et servir chaud avec des rondelles de citron.

CHAMPIGNONS SAUTÉS À L'AIL

Pour 4 à 6 personnes. Nettoyer 750 g de champignons (girolles ou autres champignons sauvages). Tailler les pieds et couper les champignons en fines lamelles, sans les abîmer. Faire chauffer 80 ml d'huile d'olive extra vierge dans une grande poêle à fond épais et faire revenir à feu doux 2 cuil. à café d'ail écrasé, jusqu'à ce qu'il se colore légèrement, sans roussir. Ajouter 1 cuil. à café de thym frais haché, verser les champignons et mélanger. Augmenter le feu, assaisonner et laisser cuire pendant 10 min, jusqu'à ce que les champignons aient absorbé l'huile et ramolli. Réduire à feu doux et continuer à cuire, en remuant avec une cuillère en bois, jusqu'à ce que les champignons aient rejeté leur jus. Réchauffer à feu vif et laisser cuire pendant 4 à 5 min, jusqu'à ce que le jus se soit évaporé. Vérifier l'assaisonnement, ajouter 3 cuil. à soupe de persil plat frais haché et mélanger. Servir chaud ou à température ambiante, en tant qu'antipasti, accompagnés de bruschetta.

SALADE DE HARICOTS LINGOTS AU THON

Préparation : 25 min
Cuisson : 5 min
Pour 4 à 6 personnes

400 g de thon, en tranches
1 cuil. à soupe d'huile d'olive
1 petit oignon rouge, finement émincé
1 tomate, épépinée et coupée en morceaux
1 petit poivron rouge, coupé en fines lamelles
2 x 400 g de haricots lingots en conserve
2 gousses d'ail, écrasées
1 cuil. à café de thym frais haché
4 cuil. à soupe de persil plat frais haché
1 cuil. à soupe 1/2 de jus de citron
80 ml d'huile d'olive extra vierge
1 cuil. à café de miel
100 g de roquette
1 cuil. à café de zeste de citron

1 Faire chauffer le grill ou le barbecue. Disposer les tranches de thon sur un plat, les imprégner d'huile et les saupoudrer de poivre noir concassé des deux côtés. Couvrir d'un film alimentaire et mettre au réfrigérateur.

2 Mélanger l'oignon, la tomate et le poivron rouge dans un grand saladier. Rincer les haricots lingots à l'eau froide, les égoutter et les verser dans le saladier avec l'ail, le thym et 3 cuil. à soupe de persil.

3 Verser le jus de citron, l'huile et le miel dans une petite casserole, porter à ébullition, puis réduire à feu doux et laisser mijoter pendant 1 min, en remuant de temps en temps, jusqu'à ce que le miel soit dissous. Retirer du feu.

4 Faire griller le thon pendant 1 min de chaque côté. La chair doit toujours être rose à cœur. Couper le thon en cubes de 3 cm de côté et l'incorporer à la salade. Verser l'assaisonnement encore chaud et mélanger.

5 Disposer la roquette dans un grand plat. Verser la salade de haricots par-dessus, assaisonner et décorer avec le zeste de citron et le reste de persil. Servir.

NOTE : le thon frais peut tout à fait être remplacé par du thon en conserve de qualité. Bien l'égoutter avant de l'utiliser.

THON
Le thon frais possède une chair sombre et semblable à de la viande, qui peut se déguster crue ou cuite. La saveur supérieure de la chair rouge indique que le poisson a été pêché à la main, tué et saigné rapidement. À l'inverse, si le thon présente une chair brunâtre et terne, cela signifie généralement que le poisson a été pêché à l'aide d'un filet et qu'il a probablement été noyé. L'industrie de la pêche en Sicile est l'une des plus importantes du Sud de l'Italie. Les conserveries de thon représentent une activité commerciale considérable, et le thon en conserve de bonne qualité, à la texture ferme et épaisse, est très recherché.

CI-CONTRE : Salade de haricots lingots au thon

AUBERGINES FARCIES À LA TOMATE ET À LA MOZZARELLA

Préparation : 20 min
Cuisson : 40 min
Pour 6 personnes

- 6 aubergines grosses et longues, coupées en deux dans le sens de la longueur (laisser les queues)
- 5 cuil. à soupe d'huile d'olive
- 2 oignons, finement émincés
- 2 gousses d'ail, écrasées
- 400 g de tomates en morceaux en conserve
- 1 cuil. à soupe de concentré de tomate
- 3 cuil. à soupe de persil plat frais haché
- 1 cuil. à soupe d'origan frais haché
- 120 g de mozzarella, râpée

CI-DESSOUS : Aubergines farcies à la tomate et à la mozzarella

1 Préchauffer le four à 180 °C. Inciser la chair des aubergines en formant une croix à l'aide d'un couteau et en prenant soin de ne pas entamer la peau. Faire chauffer 2 cuil. à soupe d'huile dans une grande poêle, ajouter 3 aubergines et laisser cuire pendant 2 à 3 min, jusqu'à ce que la chair soit tendre. Retirer. Recommencer avec le reste des aubergines et 2 autres cuil. à soupe d'huile. Laisser refroidir légèrement et retirer la chair, en en laissant 2 mm après la peau. Hacher la chair finement et réserver les peaux.
2 Dans la même poêle, faire chauffer le reste de l'huile et faire revenir l'oignon à feu moyen pendant 5 min. Ajouter l'ail et laisser cuire pendant 30 s. Puis, ajouter les tomates, le concentré de tomate, les herbes et la chair d'aubergine, et laisser cuire à feu doux pendant 8 à 10 min, en remuant de temps en temps, jusqu'à ce que la sauce soit épaisse et pâteuse. Assaisonner généreusement.
3 Disposer les peaux d'aubergines dans un plat à four légèrement beurré et remplir chacune de mixture. Parsemer de mozzarella et laisser cuire pendant 5 à 10 min, jusqu'à ce que le fromage ait fondu.

RICOTTA AUX HERBES

Préparation : 25 min + 1 nuit de réfrigération
Cuisson : 30 min
Pour 6 à 8 personnes

- 1 bloc de ricotta de 1 kg (voir Note)
- 2 cuil. à soupe de feuilles de thym fraîches
- 2 cuil. à soupe de romarin frais haché
- 2 cuil. à soupe d'origan frais haché
- 15 g de persil frais, haché
- 15 g de ciboulette fraîche, hachée
- 2 gousses d'ail, écrasées
- 120 ml d'huile d'olive

1 Sécher la ricotta en la tapotant avec du papier absorbant et la disposer dans un plat à four.
2 Dans un saladier, mélanger les herbes, l'ail, l'huile et 2 cuil. à café de poivre concassé. Verser sur la ricotta, en appuyant avec le dos de la cuillère. Couvrir et mettre au réfrigérateur toute la nuit.
3 Préchauffer le four à 180 °C. Laisser cuire pendant 30 min, jusqu'à ce que la ricotta soit dorée. Servir avec du pain.
NOTE : si vous ne pouvez vous procurer un bloc de ricotta, égoutter la ricotta humide dans une passoire placée au-dessus d'un grand saladier. Répartir la mixture à base d'herbes dans un moule à cake, puis verser la ricotta à l'aide d'une cuillère et répandre le reste d'herbes avant d'enfourner.

L'ITALIE

PANZANELLA

Préparation : 30 min
+ 15 min de repos
Cuisson : 5 min
Pour 6 à 8 personnes

☆

- 1 petit oignon rouge, finement émincé
- 250 g de pain rassis (pain ciabatta), écroûté
- 4 tomates bien mûres
- 6 filets d'anchois, finement hachés
- 1 petite gousse d'ail, écrasée
- 1 cuil. à soupe de petites câpres, hachées
- 2 cuil. à soupe de vinaigre de vin rouge
- 125 ml d'huile d'olive extra vierge
- 2 petits concombres, pelés et coupés en rondelles
- 30 g de feuilles de basilic fraîches, déchirées

1 Dans un petit saladier, couvrir l'oignon d'eau froide et laisser reposer pendant 5 min. Presser les rondelles dans la main, en serrant bien et en relâchant cinq fois de suite : cela permet d'éliminer l'acidité de l'oignon. Recommencer depuis le début encore deux fois, en renouvelant l'eau à chaque fois.
2 Couper le pain en petits cubes de 3 cm de côté et les faire dorer légèrement au grill pendant 4 min, jusqu'à ce que le pain soit bien croustillant, mais pas roussi. Laisser refroidir. Réserver.
3 Marquer une croix à la base de chaque tomate et les plonger dans l'eau bouillante pendant 10 s. Les plonger ensuite dans l'eau froide et les peler en partant des croix. Couper les tomates en deux et les épépiner à l'aide d'une petite cuillère. Couper grossièrement en morceaux deux tomates et réduire en purée les deux autres.
4 Mélanger les anchois, l'ail et les câpres dans un bocal avec un couvercle à vis. Ajouter le vinaigre et l'huile d'olive, bien refermer et secouer énergiquement. Assaisonner, puis transvaser le tout dans un grand saladier et ajouter le pain, l'oignon, les tomates en morceaux et en purée, le concombre et le basilic. Mélanger et assaisonner à volonté. Laisser reposer au moins 15 min pour permettre aux arômes de s'affirmer. Servir à température ambiante.

ANCHOIS
En Italie, les anchois utilisés en cuisine sont généralement conservés dans de la saumure. Ils sont entiers et beaucoup plus gros que les filets conservés dans l'huile. Leur saveur et leur texture sont également nettement supérieures. Cependant, toutes les recettes présentées dans ce livre recommandent les anchois conservés dans l'huile car ces derniers sont ceux que l'on trouve le plus fréquemment hors d'Italie. Si vous utilisez des anchois conservés dans de la saumure, il faut préalablement les dessaler sous l'eau froide et détacher les filets de l'arête centrale avec les doigts. Souvenez-vous que les anchois en saumure sont d'ordinaire jusqu'à quatre fois plus gros que les anchois conservés dans l'huile : il faut donc adapter la recette en conséquence.

CI-DESSUS : *Panzanella*

MINESTRONE

Parce que tous les ingrédients de la soupe minestrone ne sont pas versés dans la casserole en même temps, vous pouvez réduire le temps de préparation en épluchant et en coupant certains légumes pendant que d'autres cuisent. Il n'est même pas nécessaire de préparer entièrement la soupe minestrone le jour même car, comme pour la plupart des soupes de légumes, le temps de repos améliore la saveur du plat.

CI-DESSUS : Soupe minestrone au pesto

SOUPE MINESTRONE AU PESTO

Préparation : 1 nuit de trempage + 25 min
Cuisson : 2 h
Pour 6 personnes

125 g de haricots borlotti secs
60 ml d'huile d'olive
1 gros oignon, finement émincé
2 gousses d'ail, écrasées
60 g de pancetta, finement hachée
1 céleri en branches, coupé en deux dans le sens de la longueur, puis coupé en tranches de 1 cm
1 carotte, coupée en deux dans le sens de la longueur, puis coupé en rondelles de 1 cm
1 pomme de terre, coupée en petits dés
2 cuil. à soupe de concentré de tomate
400 g de tomates concassées en conserve
6 feuilles de basilic fraîches, grossièrement déchirées
2 l de bouillon de poule ou de légumes
2 fines courgettes, coupées en rondelles de 1,5 cm
115 g de petits pois frais, écossés
60 g de haricots verts, coupés en petits morceaux
80 g de feuilles de bette, coupées en lanières
3 cuil. à soupe de persil plat frais haché
70 g de ditalini ou autre variété de petites pâtes

PESTO

30 g de feuilles de basilic fraîches
20 g de pignons, légèrement grillés
2 gousses d'ail
100 ml d'huile d'olive
25 g de parmesan, râpé

1 Faire tremper les haricots borlotti dans l'eau froide pendant une nuit. Égoutter et rincer à l'eau froide.
2 Faire chauffer l'huile dans une grande casserole profonde, ajouter l'oignon, l'ail et la pancetta et laisser cuire à feu doux pendant 8 à 10 min, en remuant de temps en temps, jusqu'à ce que le tout ait ramolli.
3 Ajouter le céleri, la carotte et la pomme de terre et laisser cuire pendant 5 min. Incorporer le concentré de tomate, les tomates, le basilic et les haricots borlotti égouttés. Assaisonner à volonté avec du poivre noir du moulin. Ajouter le bouillon et porter lentement à ébullition. Couvrir et laisser mijoter pendant 1 h 30, en remuant de temps à autre.
4 Verser le reste des légumes, le persil et les pâtes. Laisser cuire pendant 8 à 10 min, jusqu'à ce que les légumes et les pâtes soient al dente. Vérifier l'assaisonnement et le rectifier au besoin.
5 Pour le pesto, mixer le basilic frais, les pignons et l'ail avec une pincée de sel, jusqu'à ce que tous les ingrédients soient finement hachés. Ajouter lentement l'huile d'olive sans cesser de mixer. Transvaser le mélange dans un saladier, incorporer le parmesan et assaisonner à volonté de poivre noir moulu. Répartir le pesto à la surface de la soupe à l'aide d'une cuillère.

PAPPA AL POMADORO
(Soupe de pain à la tomate)

Préparation : 25 min
Cuisson : 25 min
Pour 4 personnes

☆

750 g de tomates
1 pain d'une livre de la veille
1 cuil. à soupe d'huile d'olive
3 gousses d'ail, écrasées
1 cuil. à soupe de concentré de tomate
1,25 l de bouillon de légumes chaud
   ou d'eau chaude
20 g de feuilles de basilic fraîches, déchirées
2 à 3 cuil. à soupe d'huile d'olive extra vierge
huile d'olive extra vierge, pour arroser

1 Marquer une croix à la base de chaque tomate. Les plonger dans l'eau bouillante pendant 10 s, puis dans l'eau froide, et les peler en partant de la croix. Couper les tomates en deux et les épépiner. Hacher grossièrement la chair de tomate.

2 Retirer la plupart de la croûte du pain et couper celui-ci en petits cubes de 3 cm de côté.

3 Faire chauffer l'huile dans une grande casserole. Ajouter l'ail, les tomates et le concentré de tomate, puis réduire le feu et laisser cuire pendant 10 à 15 min, en remuant de temps à autre, jusqu'à ce que la mixture ait réduit. Ajouter le bouillon et porter à ébullition, en remuant pendant 2 à 3 min. Réduire à feu moyen, incorporer les morceaux de pain et laisser cuire pendant 5 min, en remuant, jusqu'à ce qu'ils aient ramolli et absorbé la plupart du liquide. Ajouter davantage de bouillon ou d'eau si la soupe est trop épaisse. Retirer la casserole du feu.

4 Incorporer les feuilles de basilic et l'huile d'olive extra vierge, et laisser cuire pendant 5 min pour permettre aux arômes de s'affirmer. Servir avec un filet d'huile d'olive extra vierge.

SALADE DE ROQUETTE AU PECORINO

Pour 4 personnes. Dans un saladier, mélanger 3 cuil. à soupe d'huile d'olive extra vierge et 2 cuil. à soupe de jus de citron. Saler et poivrer. Ajouter 150 g de feuilles de roquette et remuer légèrement pour les imprégner de l'assaisonnement. Disposer la salade sur un plat. Avec un couteau économe, couper de fines lamelles de pecorino. Vérifier l'assaisonnement et servir.

PRÉPARATION DE LA SALADE

Il est important de bien secouer les feuilles de salade, une fois lavées ; sinon, l'eau risque de diluer l'assaisonnement qui ne pourra plus imprégner les feuilles. Si vous ne possédez pas d'essoreuse à salade, enveloppez les feuilles dans un grand linge, rassemblez les quatre coins dans une main et secouez le linge à plusieurs reprises au-dessus de l'évier. Traditionnellement, les ingrédients qui composent l'assaisonnement de base en Italie (huile d'olive, vinaigre ou jus de citron, sel et poivre) ne sont pas mélangés à l'avance. Ils sont en effet versés séparément dans la salade, une fois servie sur la table, puis légèrement remués.

CI-CONTRE : Pappa al pomadoro

PÂTES

FRAÎCHES OU SÈCHES ?
Les pâtes fraîches, contrairement aux pâtes sèches, contiennent des œufs et sont fabriquées à partir d'une farine de blé plus douce que la semoule fine de blé dur qui donne aux pâtes sèches leur texture al dente. Les pâtes fraîches sont idéales pour la confection des lasagnes, des pâtes en ruban et des pâtes farcies.

AVANT DE COMMENCER
Fabriquer des pâtes n'est pas difficile, mais il est bon de connaître quelques astuces. Une cuisine bien aérée et des ingrédients de qualité constituent un bon point de départ. Un plan de travail spacieux, à la surface dure, régulière (bois ou marbre) et farinée, rend la tâche plus facile. L'étape du pétrissage est essentielle car elle permet de travailler le gluten de la farine et de produire une pâte ferme, mais malléable. Cet aspect est très important si vous abaissez et découpez la pâte à la main car, plus la pâte sera élastique, plus votre travail sera facilité. Il faut pétrir la pâte jusqu'à ce qu'elle soit malléable ; si elle est trop molle ou trop collante, il convient d'ajouter de petites quantités de farine. L'abaissement est également fondamental : il aère mieux la pâte, lui permettant d'absorber une quantité maximale de sauce, tandis que la finesse de la pâte est la garantie d'une texture tendre après cuisson.

PÂTE À PÂTES : RECETTE DE BASE
Pour 6 personnes, dans le cas d'une entrée, ou 4 personnes, dans le cas du plat principal, prévoir 300 g de farine, 3 gros œufs de 60 g, 30 ml d'huile d'olive et une pincée de sel.

1 Verser un petit tas de farine sur le plan de travail ou dans un grand saladier et faire un puits au centre. Casser les œufs dans le puits et ajouter l'huile d'olive et une bonne pincée de sel. À l'aide d'une fourchette, commencer à battre les œufs et l'huile, en incorporant un peu de farine au fur et à mesure. Mélanger progressivement la farine et les œufs, en allant du centre vers l'extérieur.

2 Pétrir la pâte sur une surface légèrement farinée pendant 6 min, jusqu'à ce qu'elle soit lisse, élastique et sèche au toucher. Si elle est encore collante, la pétrir à nouveau dans un peu de farine. Couvrir d'un film alimentaire et laisser reposer pendant 30 min.

ABAISSER LA PÂTE À LA MAIN

1 Diviser la pâte en quatre morceaux égaux et couvrir d'un linge. Fariner un grand plan de travail et, avec un long rouleau à pâtisserie fariné, abaisser un morceau de pâte, en allant du centre vers l'extérieur. Continuer, en abaissant toujours la pâte vers l'avant et vers l'extérieur. Tourner la pâte fréquemment.

2 Lorsque la pâte a pris la forme d'un grand rond, la plier en deux et l'abaisser à nouveau. Recommencer l'opération sept à huit fois jusqu'à obtention d'une épaisseur de 5 mm. Abaisser à nouveau la pâte pour obtenir une épaisseur de 2,5 mm.

3 Procéder de même avec les trois autres morceaux et, une fois la pâte abaissée, la transférer dans un linge sec. Pour les pâtes farcies, laisser les feuilles de pâte couvertes. Pour les pâtes en ruban ou fantaisie, les découvrir pour les sécher légèrement.

4 Pour préparer des lasagnes, couper la pâte à la taille voulue.

5 Pour les pâtes en ruban, comme les fettucine, rouler chaque feuille de pâte, puis couper des rondelles de largeur égale avec un long couteau aiguisé. Dérouler les rondelles et laisser sécher les rubans, en les disposant sur un linge sans les superposer, pendant 10 min maximum ou en les pendant à un manche à balai bloqué entre deux chaises.

6 Pour confectionner des farfalle, abaisser les feuilles de pâte jusqu'à une épaisseur de 2,5 mm. À l'aide d'une roulette de pâtissier et d'une règle, couper des rectangles de 2,5 cm par 5,5 cm et les pincer au milieu afin de former de petits nœuds papillon. Les laisser sécher sur un linge pendant 10 à 12 min.

7 Pour les ravioli, se reporter à la recette de la page 112.

ABAISSER LA PÂTE AU LAMINOIR

1 Diviser la pâte en quatre morceaux égaux. Couvrir les morceaux afin qu'ils ne se dessèchent pas. Prendre un morceau de pâte et l'abaisser avec un rouleau à pâtisserie en essayant de former un rectangle de la même largeur que le laminoir. Fariner légèrement la pâte et les rouleaux du laminoir.

2 Régler les rouleaux du laminoir à la largeur la plus grande. Passer la pâte dans le laminoir deux ou trois fois de suite. Plier la pâte en trois, la faire pivoter d'un quart de tour et la passer à nouveau dans le laminoir. Recommencer l'opération huit à dix fois, jusqu'à obtention d'une pâte lisse et élastique, à la surface veloutée.

3 Réduire d'un cran la distance entre les rouleaux et repasser la pâte dans le laminoir. Recommencer, en diminuant d'un cran à chaque fois, jusqu'à ce que la pâte ait l'épaisseur voulue. En cas d'utilisation du dispositif de coupe intégré au laminoir, passer la pâte tout de suite après l'avoir abaissée, puis la laisser sécher pendant 10 min. La couvrir si elle doit servir à fabriquer des pâtes farcies.

LE GRAND LIVRE DE LA CUISINE MÉDITERRANÉENNE

PESTO
Cette célèbre sauce italienne s'accorde parfaitement avec les plats de pâtes ou de poissons. Elle requiert quelque peu de patience au moment de verser l'huile, en un mince filet, très lentement et progressivement sur la mixture à base de basilic et de pignons. Il convient toujours d'incorporer le fromage en dernier lieu, que le pesto soit réalisé à l'aide d'un robot ou, suivant la tradition, à l'aide d'un mortier et d'un pilon. Le pesto doit toujours se déguster cru et à température ambiante, et ne doit en aucun cas être réchauffé.

LINGUINE AU PESTO

Préparation : 15 min
Cuisson : 15 min
Pour 4 à 6 personnes

100 g de feuilles de basilic fraîches
2 gousses d'ail, écrasées
40 g de pignons, grillés
180 ml d'huile d'olive
50 g de parmesan, râpé
500 g de linguine
parmesan supplémentaire, pour décorer

1 Mixer finement le basilic, l'ail et les pignons. Sans cesser de mixer, verser l'huile en un filet continu jusqu'à obtention d'une mixture homogène. Transvaser le mélange dans un saladier, incorporer le parmesan et assaisonner à volonté.
2 Cuire les pâtes al dente dans une grande casserole remplie d'eau bouillante salée. Égoutter et reverser les pâtes dans la casserole. Mélanger le pesto avec les pâtes. Servir en parsemant le plat de parmesan.
NOTE : conserver au réfrigérateur le reste de pesto dans un récipient hermétiquement fermé pendant une semaine. Recouvrir la surface d'une couche d'huile. Congeler et conserver jusqu'à un mois.

ORECCHIETTE AUX BROCOLIS

Préparation : 5 min
Cuisson : 15 min
Pour 6 personnes

750 g de têtes de brocoli
450 g d'orecchiette
60 ml d'huile d'olive extra vierge
8 filets d'anchois
1/2 cuil. à café de flocons de piment séché
30 g de pecorino ou de parmesan, râpé

1 Blanchir le brocoli dans une grande casserole remplie d'eau bouillante salée pendant 5 min, jusqu'à ce qu'il soit tendre. Le retirer avec une écumoire, l'égoutter et porter à nouveau l'eau à ébullition. Cuire les pâtes al dente, les égoutter et les reverser dans la casserole.
2 Pendant ce temps, faire chauffer l'huile dans une poêle à fond épais et laisser cuire les anchois à feu très doux pendant 1 min. Ajouter les flocons de piment et le brocoli. Augmenter le feu et laisser cuire pendant 5 min, en remuant, jusqu'à ce que les têtes de brocoli soient bien imprégnées et commencent à se détacher. Assaisonner. Verser sur les pâtes, ajouter le fromage et mélanger le tout.

CI-CONTRE : Linguine au pesto

PENNE À LA NAPOLITAINE

Préparation : 20 min
Cuisson : 25 min
Pour 4 à 6 personnes

☆

2 cuil. à soupe d'huile d'olive
1 oignon, finement émincé
2 à 3 gousses d'ail, finement hachées
1 petite carotte, coupée en petits dés
1 céleri en branches, coupé en petits dés
2 x 400 g de tomates pelées en morceaux en conserve, ou 1 kg de tomates bien mûres, pelées et coupées en morceaux
1 cuil. à soupe de concentré de tomate
15 g de feuilles de basilic fraîches, déchirées
500 g de penne
parmesan, pour décorer

1 Chauffer l'huile dans une grande poêle, ajouter l'oignon et l'ail, et laisser cuire pendant 2 min, jusqu'à ce qu'ils soient dorés. Ajouter la carotte et le céleri, et laisser cuire pendant encore 2 min.
2 Ajouter les tomates et le concentré de tomate. Laisser mijoter pendant 20 min, en remuant de temps à autre, jusqu'à ce que la sauce épaississe. Incorporer les feuilles de basilic déchirées et assaisonner à volonté de sel et de poivre noir du moulin.
3 Pendant que la sauce mijote, cuire les pâtes al dente dans une grande casserole remplie d'eau bouillante salée. Bien égoutter et reverser les pâtes dans la casserole. Ajouter la sauce et mélanger le tout énergiquement. Servir avec du parmesan fraîchement râpé ou en copeaux.

BUCATINI AMATRICIANA

Pour 4 personnes. Dans une poêle à fond épais, faire revenir à feu moyen un oignon finement émincé avec 2 cuil. à soupe d'huile d'olive, jusqu'à ce qu'il soit doré. Ajouter 150 g de pancetta hachée et remuer pendant 1 min. Ajouter 400 g de tomates concassées en conserve, saler, poivrer et verser 1/2 cuil. à café de flocons de piment. Laisser cuire pendant 20 à 25 min. Pendant ce temps, cuire 450 g de bucatini al dente dans une grande casserole remplie d'eau bouillante. Égoutter et verser la sauce, additionnée de 3 cuil. à soupe de parmesan râpé. Mélanger et servir immédiatement.

TOMATES

À moins qu'elles aient mûri sur pied, les tomates sont malheureusement souvent insipides et aqueuses, et n'apportent généralement pas grand-chose aux plats, si ce n'est une certaine acidité. En dehors de la période estivale, la plupart des tomates disponibles sur le marché sont de très mauvaise qualité. Il est donc important de tenir compte de la saison avant de programmer un repas incluant des tomates fraîches. Faute de trouver des tomates fraîches de bonne qualité, il est recommandé d'utiliser des tomates en conserve, de préférence des tomates Roma pelées, importées d'Italie.

CI-DESSUS : Penne à la napolitaine

PUTTANESCA

Le terme *puttanesca* vient de l'italien *puttana* qui signifie « prostituée ». Ce nom est entouré de nombreuses histoires, mais il semblerait que son origine s'explique par le fait que les arômes intenses de la sauce agissaient comme le chant d'une sirène sur les hommes qui se laissaient tenter par ces filles de joie. Une autre histoire veut que cette sauce ait été baptisée de la sorte parce que ces femmes de petite vertu n'avaient pas le droit de faire leurs courses chez l'épicier pendant les heures d'ouverture normales afin de ne pas se mêler aux dames de bonne famille, et qu'elles étaient donc obligées de ne compter que sur des produits de base comme les olives, les câpres et les anchois.

CI-DESSUS : Spaghetti à la puttanesca

SPAGHETTI À LA PUTTANESCA

Préparation : 15 min
Cuisson : 20 min
Pour 6 personnes

☆

80 ml d'huile d'olive
2 oignons, finement émincés
3 gousses d'ail, finement hachées
1/2 cuil. à café de flocons de piment
6 grosses tomates bien mûres, coupées en petits cubes
4 cuil. à soupe de câpres dessalées
8 anchois conservés dans l'huile, égouttés et hachés
150 g d'olives Kalamata
3 cuil. à soupe de persil plat frais haché
370 g de spaghetti

1 Dans une casserole, faire chauffer l'huile d'olive, ajouter l'oignon et le faire revenir à feu moyen pendant 5 min. Ajouter l'ail et les flocons de piment et laisser cuire pendant 30 s. Ajouter les tomates, les câpres et les anchois. Laisser mijoter à feu doux pendant 10 à 15 min, jusqu'à ce que la sauce soit épaisse et pâteuse. Verser les olives et le persil dans la sauce et remuer.
2 Pendant que la sauce mijote, cuire les spaghetti al dente dans une casserole remplie d'eau bouillante salée. Égoutter et reverser les pâtes dans la casserole.
3 Verser la sauce sur les pâtes et mélanger. Assaisonner à volonté de sel et de poivre noir du moulin, et servir immédiatement.

SPAGHETTINI À L'AIL ET AU PIMENT

Pour 4 à 6 personnes. Cuire 500 g de spaghettini al dente dans une grande casserole remplie d'eau bouillante salée. Égoutter et reverser les pâtes dans la casserole. Pendant ce temps, faire chauffer 120 ml d'huile d'olive extra vierge dans une grande poêle. Ajouter 2 à 3 gousses d'ail finement hachées et 1 à 2 piments rouges frais, épépinés et hachés finement. Laisser cuire à feu très doux pendant 2 à 3 min, jusqu'à ce que l'ail soit doré. Prendre soin de ne pas brûler l'ail ou les piments : cela rendrait la sauce plus amère. Verser la mixture sur les pâtes, ajouter 3 cuil. à soupe de persil plat frais haché et bien mélanger. Assaisonner de sel et de poivre noir du moulin. Servir avec du parmesan râpé.

SPAGHETTI AUX SARDINES, AU FENOUIL ET À LA TOMATE

Préparation : 30 min
Cuisson : 45 min
Pour 4 à 6 personnes

- 3 tomates Roma, pelées, épépinées et hachées
- 80 ml d'huile d'olive
- 3 gousses d'ail, écrasées
- 80 g de chapelure fraîche
- 1 oignon rouge, finement émincé
- 1 bulbe de fenouil, coupé en quartiers et finement émincé
- 40 g de raisins secs
- 40 g de pignons, grillés
- 4 filets d'anchois, hachés
- 120 ml de vin blanc
- 1 cuil. à soupe de concentré de tomate
- 4 cuil. à soupe de persil plat frais haché
- 350 g de sardines, coupées en deux dans le sens de la longueur
- 500 g de spaghetti

1 Marquer une croix à la base de chaque tomate. Les plonger dans l'eau bouillante, puis dans l'eau froide et les peler en partant de la croix. Couper les tomates en deux et les épépiner. Hacher grossièrement la chair de tomate.

2 Dans une grande poêle, faire chauffer 1 cuil. à soupe d'huile à feu moyen. Ajouter un tiers de l'ail écrasé et la chapelure, et remuer pendant environ 5 min, jusqu'à ce que le mélange soit doré et croustillant. Transvaser dans un plat.

3 Faire chauffer l'huile restante dans la même poêle et faire revenir l'oignon, le fenouil et le reste de l'ail pendant 8 min, jusqu'à ce qu'ils aient ramolli. Ajouter les tomates, les raisins secs, les pignons et les anchois, et laisser cuire 3 min. Verser le vin, le concentré de tomate et 120 ml d'eau. Laisser mijoter 10 min, jusqu'à ce que la mixture ait légèrement épaissi. Incorporer le persil et réserver.

4 Sécher les sardines en les tapotant avec du papier absorbant. Les faire cuire en plusieurs fois à feu moyen, dans une poêle légèrement graissée, pendant 1 min. Prendre soin de ne pas trop les cuire : elles risqueraient de se désagréger. Réserver.

5 Cuire les pâtes al dente dans une grande casserole remplie d'eau bouillante salée. Égoutter et reverser les pâtes dans la casserole.

6 Verser la sauce sur les pâtes et remuer jusqu'à ce qu'elles en soient bien imprégnées et que la sauce soit uniformément répartie. Ajouter les sardines et la moitié de la chapelure, et mélanger. Saupoudrer le reste de la chapelure sur le dessus et servir immédiatement.

SARDINES
Ces petits poissons ont une chair tendre et huileuse, et une texture fine. L'arête centrale s'enlève facilement et les petites arêtes sont comestibles. Les sardines sont vendues entières, en filets ou fendues en deux dans le sens de la longueur. Leur goût prononcé est caractéristique. Elles se prêtent aussi bien à la cuisson et à la friture, qu'au grill et au barbecue.

CI-CONTRE : *Spaghetti aux sardines, au fenouil et à la tomate*

RAVIOLI AUX HERBES ET AU BEURRE DE SAUGE

Disposer des cuillerées à café de farce à intervalles réguliers sur la pâte.

Découper les raviolis à l'aide d'une roulette de pâtissier ou d'un couteau bien aiguisé.

RAVIOLI AUX HERBES ET AU BEURRE DE SAUGE

Préparation : 1 h + 30 min de repos
Cuisson : 10 min
Pour 4 personnes

☆☆☆

PÂTE
300 g de farine
3 œufs, battus
3 cuil. à soupe d'huile

250 g de ricotta
2 cuil. à soupe de parmesan râpé
    + parmesan en copeaux, pour décorer
2 cuil. à café de ciboulette fraîche hachée
1 cuil. à soupe de persil plat haché
2 cuil. à café de basilic frais haché
1 cuil. à café de thym frais haché

BEURRE DE SAUGE
200 g de beurre
12 feuilles de sauge fraîches

1 Tamiser la farine dans un saladier et faire un puits au centre. Mélanger peu à peu les œufs et l'huile. Déposer la pâte sur un plan de travail fariné et la pétrir pendant 6 min, jusqu'à ce qu'elle soit lisse. Couvrir d'un film alimentaire et laisser reposer pendant 30 min.
2 Mélanger la ricotta, le parmesan et les herbes. Assaisonner.
3 Suivre les instructions de la page 107 pour abaisser la pâte en 4 feuilles (deux légèrement plus grandes que les deux autres). Couvrir d'un linge.
4 Étaler une des deux plus petites feuilles sur le plan de travail et disposer de grosses cuillerées à café de farce tous les 5 cm. Humecter les lignes de séparation des ravioli. Placer une feuille de pâte plus grande au-dessus de la première et appuyer pour que les deux feuilles adhèrent le long des lignes. Découper les ravioli avec une roulette de pâtissier ou un couteau et les disposer sur une plaque de four farinée. Recommencer l'opération avec les feuilles de pâte et la farce restantes.
5 Pour le beurre de sauge, faire fondre le beurre à feu doux dans une poêle, sans remuer ni secouer. Verser le beurre clarifié dans un récipient et jeter le reste. Reverser le beurre clarifié dans une casserole propre et chauffer à feu moyen. Ajouter les feuilles de sauge et laisser cuire jusqu'à ce qu'elles soient croustillantes, mais pas dorées. Retirer du feu et égoutter sur du papier absorbant. Réserver le beurre chaud.
6 Cuire les ravioli en plusieurs fois dans une grande casserole remplie d'eau salée frémissante pendant 5 à 6 min, jusqu'à ce qu'ils soient tendres. Les recouvrir de beurre de sauge chaud et de feuilles de sauge, et décorer de copeaux de parmesan.
NOTE : ne pas cuire les ravioli dans de l'eau bouillante car ils risqueraient de s'ouvrir.

CI-CONTRE : Ravioli aux herbes et au beurre de sauge

L'ITALIE

BASILIC
Afin de préserver toute sa saveur, le basilic ne doit pas être trop cuit. Il est donc recommandé d'ajouter le basilic à la dernière minute, au moment de mélanger la sauce avec les pâtes. Cependant, il peut arriver que l'on cuise le basilic dans une soupe ou un ragoût afin que la saveur de l'herbe se marie avec celle des autres ingrédients. Mais, en cas de doute, mieux vaut toujours l'incorporer en dernier lieu. Choisir du basilic frais : les feuilles ne doivent pas retomber, ni être noircies. À moins que la recette recommande de couper le basilic en julienne, il est préférable d'émietter les feuilles de basilic à la main plutôt que de les couper avec un couteau qui aura tendance à l'abîmer et à le faire brunir.

BUCATINI ALLA NORMA

Préparation : 15 min
Cuisson : 40 min
Pour 4 à 6 personnes

180 ml d'huile d'olive
1 oignon, finement émincé
2 gousses d'ail, écrasées
2 x 400 g de tomates concassées en conserve
1 grosse aubergine (environ 500 g)
30 g de feuilles de basilic fraîches, déchirées
400 g de bucatini
60 g de ricotta salata, émiettée (voir Note)
50 g de pecorino ou de parmesan, râpé
1 cuil. à soupe d'huile d'olive extra vierge

1 Faire chauffer 2 cuil. à soupe d'huile dans une poêle à fond épais et faire revenir l'oignon à feu moyen pendant 5 min, jusqu'à ce qu'il ait ramolli. Ajouter l'ail et laisser cuire pendant encore 30 s. Ajouter les tomates, saler et poivrer à volonté, puis réduire le feu. Laisser cuire pendant 20 à 25 min, jusqu'à ce que la sauce ait épaissi et réduit.
2 Pendant que la sauce cuit, couper l'aubergine en tranches de 5 mm d'épaisseur dans le sens de la longueur. Faire chauffer le reste de l'huile dans une grande poêle à fond épais. Quand l'huile est chaude, mais pas fumante, ajouter les tranches d'aubergine en plusieurs fois et laisser cuire pendant 3 à 5 min, jusqu'à ce qu'elles soient légèrement dorées des deux côtés. Retirer de la poêle et bien égoutter sur du papier absorbant.
3 Couper chaque tranche d'aubergine en trois morceaux et les ajouter à la sauce tomate avec les feuilles de basilic déchirées. Remuer et garder au chaud à feu très doux.
4 Cuire les bucatini al dente dans une grande casserole remplie d'eau bouillante salée. Bien égoutter et verser la sauce tomate avec la moitié de la ricotta et du pecorino. Bien mélanger et servir immédiatement, en parsemant le plat avec le reste de pecorino ou de parmesan râpé. Verser un filet d'huile d'olive extra vierge.
NOTE : la ricotta salata est une variété de ricotta pressée et légèrement salée. Si vous ne parvenez pas à vous en procurer, remplacez-la par de la feta.

CI-DESSUS : Bucatini alla Norma

CRESPELLE RIPIENE

Répartir la pâte à crêpe dans la poêle afin qu'elle en recouvre le fond.

Répandre la sauce tomate sur les crêpes à l'aide d'une cuillère.

PAGE CI-CONTRE :
Crespelle ripiene (en haut) ;
Gnocchi à la romaine

CRESPELLE RIPIENE
(Crêpes fourrées)

Préparation : 25 min + 30 min de repos
Cuisson : 1 h 10
Pour une douzaine de crêpes

Crêpes
160 g de farine
500 ml de lait
3 œufs, légèrement battus
30 g de beurre, fondu

Sauce tomate
2 cuil. à soupe d'huile
1 gousse d'ail, écrasée
400 g de tomates concassées en conserve
3 cuil. à soupe de persil plat frais haché

Farce au fromage
400 g de ricotta, émiettée
100 g de mozzarella, râpée
25 g de parmesan frais, râpé
1 pincée de muscade fraîchement râpée
3 cuil. à soupe de persil plat frais haché

2 cuil. à soupe d'huile d'olive extra vierge
25 g de parmesan frais, râpé

1 Pour les crêpes, tamiser la farine et 1/2 cuil. à café de sel dans un saladier. Faire un puits dans la farine et ajouter peu à peu le lait, en remuant constamment, jusqu'à ce que la mixture soit lisse. Ajouter les œufs, un par un, en les battant énergiquement jusqu'à obtention d'un mélange homogène. Couvrir et réserver pendant 30 min.
2 Pendant ce temps, préparer la sauce tomate en faisant chauffer l'huile dans une poêle à fond épais et ajouter l'ail. Laisser cuire pendant 30 s à feu doux, jusqu'à ce qu'il soit à peine doré, puis ajouter les tomates et 120 ml d'eau. Assaisonner généreusement. Laisser mijoter à feu doux pendant 30 min, jusqu'à ce que la sauce ait réduit et épaissi. Incorporer le persil.
3 Faire chauffer une poêle à crêpes ou une poêle antiadhésive et la badigeonner légèrement de beurre fondu. Verser 60 ml de pâte dans la poêle et la répartir rapidement afin qu'elle en recouvre le fond. Laisser cuire pendant 1 min, jusqu'à ce que le dessous de la crêpe soit doré. Retourner la crêpe et cuire l'autre face. Placer la crêpe sur une assiette et continuer avec le reste de la pâte. Empiler les crêpes les unes au-dessus des autres.
4 Préchauffer le four à 200 °C et graisser légèrement un plat à four peu profond avec du beurre ou de l'huile.
5 Pour la farce, mélanger tous les ingrédients et assaisonner généreusement.
6 Pour finir, étaler 1 grosse cuil. à soupe de farce sur chaque crêpe, en laissant 1 cm de marge au bord. Plier les crêpes en deux, puis en quatre. Les disposer sur un plat à four en les faisant se chevaucher, mais sans les superposer. Répandre la sauce tomate sur les crêpes à l'aide d'une cuillère, parsemer de parmesan et verser un filet d'huile. Cuire au four pendant 20 min.
NOTE : les crêpes peuvent être préparées deux ou trois jours à l'avance, mais il convient alors de les conserver au réfrigérateur, en les séparant les unes des autres avec du papier sulfurisé.

GNOCCHI À LA ROMAINE

Préparation : 20 min + 1 h de réfrigération
Cuisson : 40 min
Pour 4 personnes

750 ml de lait
1/2 cuil. à café de muscade moulue
80 g de semoule fine
1 œuf, battu
150 g de parmesan frais, râpé
40 g de beurre, fondu
80 ml de crème fleurette
70 g de mozzarella fraîche, râpée

1 Tapisser un moule à gâteau profond de papier sulfurisé. Mélanger le lait et la moitié de la muscade dans une casserole. Assaisonner de sel et de poivre noir du moulin. Porter à ébullition, réduire le feu et incorporer peu à peu la semoule. Laisser cuire pendant 5 à 10 min, en remuant souvent, jusqu'à ce que la semoule soit très ferme.
2 Retirer la casserole du feu, ajouter l'œuf et 100 g de parmesan. Remuer, puis verser la mixture dans le moule. Mettre au réfrigérateur pendant 1 h, jusqu'à ce que la mixture soit ferme.
3 Préchauffer le four à 180 °C. Couper la semoule durcie en rondelles à l'aide d'un petit couteau fariné et disposer les morceaux dans un plat à four beurré peu profond.
4 Verser le beurre fondu par-dessus, puis la crème fleurette. Mélanger le reste de parmesan râpé avec la mozzarella et en parsemer les gnocchi. Parsemer également le plat avec le reste de la muscade. Cuire au four pendant 20 à 25 min, jusqu'à ce que les gnocchi soient bien chauds et dorés.

L'ITALIE

115

RISOTTO AUX FRUITS DE MER

Cuire les crevettes jusqu'à ce qu'elles rosissent.

Incorporer peu à peu le liquide chaud jusqu'à ce qu'il soit complètement absorbé.

RISOTTO AUX FRUITS DE MER

Préparation : 25 min
Cuisson : 45 min
Pour 4 personnes

2 tomates bien mûres
500 g de moules
310 ml de vin blanc
1,25 l de bouillon de poisson
1 pincée de filaments de safran
2 cuil. à soupe d'huile d'olive
30 g de beurre
500 g de crevettes, décortiquées et déveinées
220 g de calmars, coupés en fins anneaux
200 g de coquilles Saint-Jacques
3 gousses d'ail, écrasées
1 oignon, finement émincé
370 g de riz (arborio, vialone nano ou carnaroli)
2 cuil. à soupe de persil frais haché

1 Marquer une croix à la base de chaque tomate. Plonger les tomates dans l'eau bouillante pendant 10 s, puis les plonger dans l'eau froide et les peler en partant de la croix. Hacher la chair de tomate.
2 Laver les moules à l'aide d'une brosse à poils durs et retirer les byssus. Jeter les moules dont les coquilles sont cassées ou déjà ouvertes. Verser le vin dans une grande casserole et porter à ébullition. Ajouter les moules et laisser cuire à feu moyen et à couvert pendant 3 à 5 min, jusqu'à ce que les moules se soient toutes ouvertes. Jeter toutes celles qui ne sont pas ouvertes. Égoutter en réservant le jus de cuisson. Retirer les moules de leur coquille.
3 Dans une casserole, mélanger le jus de cuisson des moules, le bouillon de poisson et le safran, couvrir et laisser mijoter à feu doux.
4 Faire chauffer l'huile et le beurre à feu moyen dans une grande casserole. Verser les crevettes et laisser cuire jusqu'à ce qu'elles rosissent. Ajouter les calmars et les coquilles Saint-Jacques et laisser cuire pendant 1 à 2 min, jusqu'à ce qu'ils blanchissent. Retirer. Ajouter l'ail et l'oignon et les faire revenir pendant 3 min, jusqu'à ce qu'ils soient dorés. Verser le riz et remuer jusqu'à ce qu'il se soit bien imprégné des condiments.
5 Verser 120 ml du liquide resté sur le feu et remuer constamment, jusqu'à ce qu'il soit complètement absorbé. Continuer à verser le liquide, 120 ml par 120 ml, sans cesser de remuer, pendant 25 min. Incorporer les tomates, les fruits de mer et le persil, et chauffer le tout. Assaisonner à volonté.
NOTE : il est possible d'associer d'autres fruits de mer dans cette recette de risotto (poissons blancs à chair ferme, palourdes ou poulpe).

CI-DESSUS : Risotto aux fruits de mer

RISOTTO AUX CHAMPIGNONS

Préparation : 10 min
   + 30 min de trempage
Cuisson : 1 h
Pour 4 à 6 personnes

20 g de cèpes séchés
1 l de bouillon de poule ou de légumes
2 cuil. à soupe d'huile d'olive
100 g de beurre, coupé en dés
650 g de champignons de Paris ou de girolles
   pieds taillés, coupés en lamelles
3 gousses d'ail, écrasées
80 ml de vermouth blanc sec
1 oignon, finement émincé
440 g de riz (arborio, vialone nano
   ou carnaroli)
150 g de parmesan, râpé

1 Faire tremper les cèpes dans 500 ml d'eau chaude pendant 30 min. Égoutter, en mettant le liquide de côté. Hacher les cèpes et verser le liquide dans une fine passoire tapissée de papier absorbant.
2 Dans une casserole, verser le bouillon et le liquide des champignons, porter à ébullition, puis réduire le feu, couvrir et laisser mijoter à feu doux.
3 Faire chauffer à feu vif la moitié de l'huile et 40 g de beurre dans une grande poêle. Ajouter tous les champignons et l'ail et laisser cuire pendant 10 min, en remuant, jusqu'à ce qu'ils aient ramolli et rendu tout leur jus. Réduire à feu doux et laisser cuire pendant encore 5 min, jusqu'à ce que le jus se soit évaporé. Augmenter le feu, verser le vermouth et laisser cuire pendant 2 à 3 min, jusqu'à ce qu'il se soit évaporé. Réserver.
4 Faire chauffer à feu moyen le reste de l'huile et 20 g de beurre dans une grande casserole. Ajouter l'oignon et laisser cuire pendant 10 min, jusqu'à ce qu'il ait ramolli. Ajouter le riz et remuer pendant 1 à 2 min, jusqu'à ce qu'il soit bien imprégné. Verser 120 ml de bouillon dans la casserole et laisser cuire à feu moyen en remuant constamment, jusqu'à ce que tout le liquide ait été absorbé. Continuer à verser le bouillon, 120 ml par 120 ml, sans cesser de remuer, pendant 20 à 25 min, jusqu'à ce que le mélange soit onctueux et crémeux.
5 Retirer du feu et incorporer les champignons, le parmesan et le reste de beurre. Assaisonner à volonté avec du sel et du poivre noir du moulin.
NOTE : il est important que les cèpes soient mis à tremper dans l'eau chaude pendant au moins 30 min et que le liquide de trempage soit filtré dans une fine passoire tapissée de papier absorbant : cela permet en effet d'éliminer toutes les impuretés. S'ils sont stockés dans un récipient hermétiquement fermé, les cèpes peuvent se conserver pendant très longtemps.

RISOTTO
On entend souvent dire – à tort – que le risotto doit être dégusté très chaud, à peine retiré du feu. Mais, contrairement aux pâtes, le risotto sera d'autant plus savoureux qu'il aura reposé pendant une ou deux minutes dans votre assiette : les arômes auront pu s'affirmer et la vapeur se sera dispersée. Les Italiens ont coutume de servir le risotto en partant du centre de l'assiette et en le répartissant vers les bords, et de le déguster ensuite en sens inverse.

CI-CONTRE : Risotto aux champignons

PIZZAS

La pizza a transcendé ses origines napolitaines pour devenir un symbole international de la cuisine italienne. En règle générale, elle ne comprend pas plus de trois à cinq ingrédients afin que chacun d'eux puisse affirmer sa saveur et son caractère. Dans la pizza Margherita, l'assortiment de tomates, de fromage et de basilic rappelle les couleurs du drapeau italien ; la Romana reprend les ingrédients de la Margherita, mais se distingue par l'origan et les anchois ; et la Marinara, malgré son nom, n'inclut généralement pas de fruits de mer, mais se compose d'une sauce tomate parfumée à l'ail, à l'huile d'olive et à l'origan.

Les conseils suivants vous seront très utiles. La base de la pizza est constituée d'une galette de pain : il est donc recommandé d'utiliser une farine à pain de qualité. Afin d'éviter que la pâte n'adhère au plat, enduire celui-ci d'huile et le saupoudrer de semoule de maïs. Répartir la garniture sur la pâte afin que les arômes des ingrédients, une fois la pizza cuite, soient perceptibles à chaque bouchée. Laisser une marge de 3 cm au bord afin que la garniture ne déborde pas sur le plat à pizza.

PIZZA MARGHERITA

Pour une pizza de taille moyenne, il faut 225 g de farine blanche à pain, 1 cuil. à café de sucre, 1 sachet de levure de boulanger, 2 cuil. à soupe d'huile d'olive, 90 ml de lait, 1 gousse d'ail écrasée, 420 g de tomates concassées en conserve, 1 feuille de laurier, 1 cuil. à café de thym frais haché, 6 feuilles de basilic fraîches hachées, 150 g de bocconcini finement émincé et de l'huile d'olive supplémentaire.

1 Verser la farine, le sucre, la levure et 1/2 cuil. à café de sel dans un saladier. Mélanger la moitié de l'huile d'olive avec le lait et 80 ml d'eau chaude, et verser le tout dans le saladier. Remuer.

2 Déposer la pâte sur un plan de travail fariné et la pétrir pendant 5 min, jusqu'à ce qu'elle soit lisse et malléable. Huiler un saladier, y mettre la pâte et la retourner pour l'imprégner d'huile. Laisser reposer dans un endroit chaud pendant 1 h, jusqu'à ce que la pâte ait doublé de volume. Préchauffer le four à 210 °C.

3 Faire chauffer le reste de l'huile d'olive dans une casserole, ajouter l'ail et remuer pendant 30 min. Ajouter les tomates, la feuille de laurier, le thym et le basilic, et laisser mijoter 20 à 25 min, jusqu'à ce que la mixture ait épaissi. Laisser refroidir et retirer le laurier.

4 Déposer la pâte sur un plan de travail fariné, dégonfler la pâte avec le poing et la pétrir. Former une boule, puis l'abaisser en une galette de 28 à 30 cm de diamètre. Huiler un plat à pizza, le saupoudrer de semoule de maïs et déposer la pâte dessus. Verser la garniture, en laissant une marge de 3 cm au bord. Disposer le fromage sur la garniture et verser un filet d'huile d'olive. Cuire la pizza 15 min, jusqu'à ce qu'elle soit croustillante et que la garniture commence à bouillonner.

PÂTE ÉPAISSE

Pour préparer une pâte épaisse pour une pizza de taille moyenne, il faut 1 sachet de levure de boulanger, 1/2 cuil. à café de sel et de sucre, 310 g de farine blanche à pain, 2 cuil. à soupe d'huile d'olive, 2 cuil. à café de semoule fine ou de semoule de maïs et de la sauce tomate comme décrite ci-dessus.

1 Dans un saladier, mélanger la levure, le sel et le sucre avec de l'eau. Couvrir d'un film alimentaire et laisser reposer pendant 10 min, jusqu'à ce que le mélange soit mousseux. Si la levure ne mousse pas, recommencer depuis le début. Tamiser la farine dans un saladier. Faire un puits au centre, verser la mixture à base de levure et mélanger jusqu'à obtention d'une pâte ferme. Préchauffer le four à 210 °C.

2 Déposer la pâte sur un plan de travail fariné et la pétrir pendant 5 min, jusqu'à ce qu'elle soit lisse et élastique. L'abaisser en une galette de 35 cm de diamètre. Huiler un plat à pizza, le saupoudrer de semoule et déposer la pâte sur le plat, en rentrant les bords pour former un contour épais. Verser la sauce tomate, en laissant une marge de 3 cm au bord. Ajouter les garnitures de votre choix, verser un filet d'huile d'olive et laisser cuire pendant 25 min, jusqu'à ce que la croûte soit dorée.

GARNITURES

Fromages, fruits de mer, légumes, viandes salées, oignons, olives, herbes : les combinaisons possibles sont multiples. Les pizzas suivantes ne sont pas préparées à base de tomates : à la place, elles sont frottées d'huile d'olive, parsemées de mozzarella ou de parmesan, puis salées et poivrées avant de recevoir la garniture.

PROSCIUTTO ET ROQUETTE : disposer de fines tranches de prosciutto sur le dessus. Une fois la pizza cuite, parsemer de roquette et verser un filet d'huile d'olive extra vierge.

QUATRE FROMAGES : cette pizza se compose de mozzarella, de parmesan, de fontina et de gorgonzola ou de pecorino râpé.

PIZZA RUSTICA

Incorporer les blancs à la mixture à base de ricotta.

Répartir la garniture uniformément sur la pâte, puis lisser la surface avec le dos d'une cuillère.

PIZZA RUSTICA

Préparation : 35 min + 30 min de réfrigération + 20 min de repos
Cuisson : 50 min
Pour 6 personnes

☆☆☆

Pâte
370 g de farine
1 cuil. à café de sucre glace
150 g de beurre du réfrigérateur, coupé en dés
1 œuf
1 jaune d'œuf
2 cuil. à soupe d'eau glacée

Garniture
500 g de ricotta
6 œufs (séparer les blancs des jaunes)
100 g de bacon maigre, coupé en lanières
70 g de salami de Milan, coupé en tranches épaisses, puis coupé en petits cubes de 5 mm de côté
100 g de mozzarella, râpée
100 g de mozzarella fumée (ou autre fromage fumé), coupée en petits dés de 1 cm de côté
25 g de parmesan frais, râpé
1 cuil. à soupe de persil plat frais haché
1/2 cuil. à café d'origan frais haché
1 pincée de muscade
1 œuf battu, mélangé à 1 cuil. à soupe d'eau froide, pour le glaçage

1 Pour la pâte, tamiser la farine, le sucre glace et 1 cuil. à café de sel dans un saladier. Faire pénétrer le beurre avec les doigts, jusqu'à ce que la mixture ait l'aspect d'une chapelure fine. Ajouter l'œuf et le jaune d'œuf, et verser l'eau par 1/2 cuil. à café. Bien amalgamer le tout avec la lame d'un couteau. Déposer la pâte sur un plan de travail fariné et former une belle boule. Couvrir d'un film alimentaire et mettre au réfrigérateur pendant 30 min.
2 Préchauffer le four à 190 °C et mettre une plaque de four sur la grille du milieu. Beurrer une tourtière de 24 cm de diamètre et de 4 cm de profondeur.
3 Pour la garniture, mettre la ricotta dans un grand saladier et la battre énergiquement jusqu'à ce qu'elle soit onctueuse. Incorporer les jaunes d'œufs un par un, en fouettant bien à chaque fois. Ajouter le bacon, le salami, la mozzarella (râpée et fumée), le parmesan, le persil, l'origan et la muscade. Assaisonner généreusement. Dans un grand saladier, battre les blancs en neige, jusqu'à ce qu'ils soient fermes, et les incorporer à la mixture à base de ricotta.

CI-CONTRE : *Pizza rustica*

4 Diviser la pâte en deux morceaux (l'un légèrement plus gros que l'autre). Sur un plan de travail fariné, abaisser le plus gros morceau jusqu'à obtention d'un rond de la taille de la tourtière. Garnir le fond et les bords du moule. Abaisser le second morceau, jusqu'à obtention d'un rond de la même épaisseur : celui-ci couvrira la tourte. Verser la garniture sur la pâte étalée dans le moule et lisser la surface. Frotter les bords de la pâte avec l'œuf additionné d'eau et mettre en place la couche de pâte supérieure. Appuyer sur les bords et couper le surplus de pâte avec un couteau aiguisé. Canneler le contour avec les doigts afin que la garniture ne s'échappe pas. Badigeonner la surface de la tourte avec le reste d'œuf, puis la piquer avec une fourchette.

5 Mettre la tourtière sur la plaque de four chaude et laisser cuire 45 à 50 min, jusqu'à ce que la pâte soit dorée et que la garniture ait pris. Recouvrir la tourte d'un papier sulfurisé si le dessus a tendance à dorer trop vite. Réserver pendant 20 min avant de servir.

FEGATO GARBO E DOLCE
(Foie de veau sauce aigre-douce)

Préparation : 10 min
Cuisson : 10 min
Pour 4 personnes

40 g de beurre

80 ml d'huile d'olive

600 g de foie de veau, coupé en tranches longues et minces

80 g de chapelure fraîche

1 cuil. à soupe de sucre

2 gousses d'ail, écrasées

60 ml de vinaigre de vin rouge

1 cuil. à soupe de persil plat frais haché

1 Faire chauffer à feu moyen le beurre et la moitié de l'huile dans une poêle à fond épais. Rouler le foie de veau dans la chapelure, en appuyant bien avec les mains. Secouer le foie pour le débarrasser de la chapelure en trop, et le mettre dans la poêle quand le beurre commence à mousser. Le cuire des deux côtés pendant 1 min, jusqu'à ce que la chapelure soit dorée et croustillante. Retirer de la poêle et le garder au chaud.

2 Verser le reste de l'huile dans la poêle et faire revenir à feu doux le sucre et l'ail, jusqu'à ce qu'il soit doré. Ajouter le vinaigre et laisser cuire pendant 30 s, jusqu'à ce qu'il se soit presque évaporé. Ajouter le persil et verser le tout sur le foie. Servir chaud ou à température ambiante.

HARICOTS VERTS À L'AIL ET À LA MIE DE PAIN

Pour 4 personnes. Faire cuire 600 g de haricots verts dans une grande casserole remplie d'eau salée, jusqu'à ce qu'ils soient tendres, mais fermes. Les égoutter et les rincer à l'eau froide. Les égoutter à nouveau et les sécher avec du papier absorbant. Faire chauffer 60 ml d'huile d'olive dans une poêle à fond épais et faire revenir 4 gousses d'ail entières pelées, jusqu'à ce qu'elles soient bien dorées. Les retirer et les jeter. Verser 40 g de mie de pain fraîche dans l'huile et laisser cuire à feu doux pendant 3 à 4 min, en remuant constamment, jusqu'à ce qu'elle soit dorée et croustillante. Ajouter les haricots et 2 cuil. à soupe de persil plat frais haché, puis assaisonner à volonté de sel de poivre noir du moulin. Remuer pour bien répartir la mie de pain et réchauffer les haricots. Servir chaud ou à température ambiante.

CI-DESSUS : *Fegato garbo e dolce*

CACCIATORA
Cacciatora signifie « façon chasseur ». Comme pour de nombreux plats italiens, les variantes sont nombreuses, chaque région ayant ajouté sa touche personnelle à la préparation. Cependant, en règle générale, un poulet ou un lapin chasseur est accompagné de champignons, de tomates, d'oignons et d'autres légumes.

CI-DESSUS : Poulet cacciatora

POULET CACCIATORA

Préparation : 15 min
Cuisson : 1 h
Pour 4 personnes

☆

60 ml d'huile d'olive

1 gros oignon, finement émincé

3 gousses d'ail, écrasées

150 g de pancetta, finement hachée

120 g de champignons de Paris, coupés en tranches épaisses

1 gros poulet (au moins 1,5 kg), coupé en 8 morceaux

80 ml de vermouth sec ou de vin blanc sec

2 x 400 g de tomates en morceaux en conserve

1/4 cuil. à café de cassonade

1/4 cuil. à café de poivre de Cayenne

1 brin d'origan frais

1 brin de thym frais

1 feuille de laurier

1 Faire chauffer la moitié de l'huile d'olive dans une grande cocotte. Ajouter l'oignon et l'ail, et les faire revenir à feu doux pendant 6 à 8 min, jusqu'à ce que l'oignon soit doré. Ajouter la pancetta et les champignons, augmenter le feu et laisser cuire pendant 4 à 5 min, en remuant. Transvaser dans un saladier.
2 Verser le reste de l'huile dans la cocotte et faire rôtir les morceaux de poulet en plusieurs fois à feu moyen. Assaisonner de sel et de poivre noir au fur et à mesure qu'ils rôtissent. Retirer l'excédent de graisse à l'aide d'une cuillère et reverser tous les morceaux de poulet dans la cocotte. Augmenter le feu, verser le vermouth et laisser cuire jusqu'à ce qu'il se soit presque évaporé.
3 Ajouter les tomates coupées en morceaux, la cassonade, le poivre de Cayenne, l'origan, le thym et la feuille de laurier, verser 80 ml d'eau et remuer. Porter à ébullition, puis incorporer la mixture à base d'oignon réservée. Réduire le feu, couvrir et laisser mijoter pendant 25 min, jusqu'à ce que la chair du poulet soit tendre, mais qu'elle ne se détache pas des os.
4 Si le jus est trop clair, retirer le poulet de la cocotte, augmenter le feu et faire bouillir jusqu'à ce que le jus ait épaissi. Retirer les brins d'origan et de thym, et vérifier l'assaisonnement. Agrémenter de brins d'origan ou de thym frais, et servir avec du riz vapeur.

CALMARS GRILLÉS SAUCE VERTE

Préparation : 10 min + 30 min de macération
Cuisson : 10 min
Pour 6 personnes

1 kg de calmars

250 ml d'huile d'olive

2 cuil. à soupe de jus de citron

2 gousses d'ail, écrasées

2 cuil. à soupe d'origan frais haché

2 cuil. à soupe de persil plat frais haché,
 pour décorer

6 rondelles de citron,
 pour décorer

SAUCE VERTE

4 filets d'anchois, égouttés

1 cuil. à soupe de câpres

1 gousse d'ail, écrasée

7 g de persil plat haché

7 g de feuilles de basilic fraîches

7 g de feuilles de menthe fraîches

2 cuil. à soupe de vinaigre de vin rouge

3 cuil. à soupe d'huile d'olive extra vierge

1 cuil. à café de moutarde de Dijon

TOMATES ROMA SEMI-SÉCHÉES

Pour un bocal de 500 ml. Préchauffer le four à 160 °C. Couper 16 tomates Roma en quartiers et les disposer, côté chair vers le haut, sur une grille placée dans un plat à four. Dans un petit saladier, mélanger 1 cuil. à café de sel et de poivre noir concassé et 3 cuil. à soupe de thym frais haché. Répandre la mixture sur les tomates. Cuire au four pendant 2 h 30, en veillant à ce que les tomates ne brûlent pas. Verser les tomates dans un saladier et les mélanger avec 2 cuil. à soupe d'huile d'olive. Les laisser refroidir avant de les transférer dans un récipient hermétiquement fermé. Les mettre au réfrigérateur 24 h avant de les utiliser. Les tomates semi-séchées peuvent se conserver pendant 3 à 4 jours.

1 Pour nettoyer les calmars, tenir le corps et tirer doucement sur les tentacules pour les détacher de la tête. Couper le bec et le jeter avec les éventuels intestins restés attachés aux tentacules. Rincer celles-ci sous l'eau froide, les sécher et les couper en filaments de 5 cm de long. Les verser dans un saladier. Nettoyer le corps et retirer la plume transparente. Retirer la peau sous l'eau froide, rincer et bien sécher. Couper le corps en rondelles de 1 cm de large et les verser dans le saladier avec les tentacules. Ajouter l'huile, le jus de citron, l'ail et l'origan, et remuer pour en imprégner les calmars. Laisser macérer pendant 30 min.

2 Pour la sauce verte, mettre les anchois, les câpres, l'ail, le persil, le basilic et la menthe dans un robot et les mixer par à-coups jusqu'à ce que tous les ingrédients soient grossièrement mélangés. Transvaser dans un saladier et incorporer le vinaigre. Verser lentement l'huile tout en remuant, puis la moutarde de Dijon. Assaisonner.

3 Faire chauffer un grill ou un barbecue. Égoutter les anneaux de calmars et les griller par petits groupes, de chaque côté, pendant 1 à 2 min.

4 Saler et poivrer les rondelles, les parsemer de persil et servir avec la sauce verte et les rondelles de citron.

CI-DESSOUS : *Calmars grillés sauce verte*

BEIGNETS DE FENOUIL

Préparation : 15 min
Cuisson : 20 min
Pour 4 personnes

1 kg de bulbes de fenouil
30 g de pecorino, râpé
80 g de chapelure fraîche
60 g de farine
3 œufs, légèrement battus
huile d'olive, pour rissoler
rondelles de citron, pour décorer

1 Retirer les feuilles extérieures les plus dures du fenouil, couper la base et les petites tiges. Couper le fenouil dans le sens de la longueur en tranches de 5 mm d'épaisseur et le blanchir dans de l'eau bouillante salée pendant 3 min, jusqu'à ce qu'il soit tendre. L'égoutter et le sécher. Laisser refroidir.
2 Mélanger le fromage et la chapelure, saler, poivrer.
3 Rouler les tranches de fenouil dans la farine, les secouer pour enlever l'excédent et les plonger dans les œufs battus. Les enduire de la mixture précédente. Faire chauffer l'huile dans une poêle à fond épais. Frire les morceaux de fenouil en plusieurs fois pendant 2 à 3 min de chaque côté, jusqu'à ce qu'ils soient bien dorés et croustillants. Égoutter sur du papier absorbant, assaisonner et servir immédiatement avec les rondelles de citron.
NOTE : préférez les bulbes mâles bien ronds aux bulbes femelles, plus plats, car ils ont plus de goût.

SALTIMBOCCA
(Escalopes de veau au prosciutto)

Préparation : 15 min
Cuisson : 20 min
Pour 4 personnes

4 escalopes de veau fines
2 gousses d'ail, écrasées
4 tranches de prosciutto
4 feuilles de sauge fraîches
30 g de beurre
170 ml de marsala

1 Retirer les nerfs et l'essentiel du gras de la viande et réduire l'épaisseur des escalopes à 5 mm. Faire des encoches sur les bords pour éviter qu'ils ne se retroussent, puis sécher la viande avec du papier absorbant. Mélanger l'ail avec 1/4 cuil. à café de sel

MARSALA
Cette variété de vin porte le nom d'une petite ville de Sicile. Les marsalas sont fabriqués à partir des vignes locales ; il en existe des très secs et des très doux. Les marsalas secs sont essentiellement utilisés en cuisine, mais ils peuvent également être servis en apéritif. Les marsalas doux, quant à eux, accompagnent généralement les entremets, comme le célèbre sabayon (page 140), et se dégustent également en vins de dessert. Il existe par ailleurs des mélanges spéciaux à base de marsala, de crème, d'œufs et d'amandes.

CI-CONTRE : *Beignets de fenouil*

L'ITALIE

SEICHE
Comme le calmar et le poulpe, la seiche appartient à la classe des céphalopodes (mollusques sans coquille). Presque tous les céphalopodes sont pourvus d'une poche à encre qui sécrète un liquide brunâtre ou noir destiné à les protéger en cas d'attaque. Dans de nombreux pays méditerranéens, cette encre sert à colorer et à parfumer les plats de pâtes et de fruits de mer. Certains prétendent que seule l'encre de seiche devrait être utilisée en cuisine car elle est plus douce que les autres, mais de nombreux cuisiniers ont recours à l'encre de calmar. Les petites seiches sont généralement très tendres, tandis que les plus grosses nécessitent, comme les poulpes, un traitement spécial pour les attendrir avant de les cuire.

CI-DESSUS : *Fritto misto di mare*

et 1/2 cuil. à café de poivre noir moulu, et en frotter un côté de chaque escalope. Garnir d'une tranche de prosciutto et d'une feuille de sauge. Le prosciutto doit entièrement recouvrir l'escalope, sans déborder.
2 Faire fondre le beurre dans une poêle à fond épais, ajouter le veau et laisser cuire à feu moyen pendant 5 min, jusqu'à ce que le dessous des escalopes soit rôti. Ne pas retourner la viande. Verser le marsala sans en arroser les escalopes. Réduire le feu et laisser mijoter pendant 10 min. Disposer les escalopes dans des assiettes. Faire bouillir le jus de cuisson pendant 2 à 3 min, jusqu'à ce qu'il soit sirupeux, puis le verser sur la viande à l'aide d'une cuillère.

FRITTO MISTO DI MARE
(Salade de fruits de mer)

Préparation : 15 min
Cuisson : 10 min
Pour 4 personnes

☆☆

2 seiches
8 filets de rouget
1/2 cuil. à café de paprika
70 g de farine
12 crevettes moyennes, partiellement décortiquées (conserver les queues)
huile d'olive, pour frire
rondelles de citron, pour décorer
persil plat frais, pour décorer

1 Préchauffer le four à 150 °C. Recouvrir une grande plaque de four de papier sulfurisé. Placer les seiches sur le dos sur une planche à découper et, à l'aide d'un couteau bien aiguisé, couper délicatement les corps dans le sens de la longueur. Ouvrir et retirer délicatement l'os et les entrailles. Couper la chair en deux. Retirer la peau sous l'eau froide. Couper les seiches et les filets de rouget en morceaux de même taille. Assaisonner généreusement. Dans un saladier, mélanger le paprika et la farine, verser les seiches, les rougets et les crevettes, et remuer le tout. Retirer l'éventuel excédent de farine.
2 Remplir d'huile une casserole à fond épais sur un tiers de sa hauteur et faire chauffer à 190 °C (à cette température, un morceau de pain jeté dans l'huile est doré en 10 s). Cuire les fruits de mer en plusieurs fois pendant 1 à 2 min, jusqu'à ce qu'ils soient dorés et croustillants. Les maintenir au chaud dans le four.
3 Disposer les fruits de mer dans un plat. Saler et servir avec des rondelles de citron. Décorer de persil.

CI-DESSUS : Carrés de polenta aux champignons

CARRÉS DE POLENTA AUX CHAMPIGNONS

Préparation : 25 min + réfrigération
Cuisson : 25 min
Pour 4 personnes

500 ml de bouillon de légumes ou d'eau
150 g de polenta
20 g de beurre
70 g de parmesan, râpé
5 g de cèpes séchés
200 g de girolles
300 g de champignons des prés
120 ml d'huile d'olive
1 oignon, finement émincé
3 gousses d'ail, finement hachées
1 feuille de laurier fraîche
2 cuil. à café de thym frais finement haché
2 cuil. à café d'origan frais finement haché
15 g de persil plat frais, finement haché
1 cuil. à soupe de vinaigre balsamique
25 g de parmesan râpé supplémentaire

1 Beurrer un moule carré peu profond de 20 cm de côté. Verser le bouillon et une pincée de sel dans une casserole et porter à ébullition. Ajouter la polenta en un filet continu, en remuant constamment. Réduire le feu et laisser cuire pendant 15 à 20 min, en remuant fréquemment. Retirer du feu et incorporer le beurre et le parmesan. Répartir la mixture dans le moule et mettre au réfrigérateur pendant 20 min.
2 Faire tremper les cèpes dans 120 ml d'eau bouillante pendant 10 min, jusqu'à ce qu'ils aient ramolli. Les égoutter, en réservant 80 ml du liquide de trempage.
3 Nettoyer les girolles et les champignons des prés avec un linge humide. Les hacher grossièrement. Faire chauffer 80 ml d'huile dans une grande poêle, ajouter les champignons, y compris les cèpes. Laisser cuire pendant 4 à 5 min, puis les retirer de la poêle. Faire chauffer le reste de l'huile dans la poêle et faire revenir l'oignon et l'ail à feu moyen pendant 2 à 3 min, jusqu'à ce qu'ils soient transparents.
4 Verser le liquide de trempage réservé, ajouter la feuille de laurier, le thym et l'origan, assaisonner et laisser cuire pendant 2 min. Remettre les champignons dans la poêle, ajouter le persil et le vinaigre, et laisser cuire à feu moyen pendant 1 min, jusqu'à ce qu'ils soient presque secs. Retirer la feuille de laurier et vérifier l'assaisonnement.
5 Parsemer la polenta de parmesan supplémentaire et faire chauffer sous le grill du four à température moyenne pendant 10 min, jusqu'à ce que la polenta soit légèrement dorée et que le fromage ait fondu. Couper la polenta en 4 carrés de 10 cm de côté.
6 Déposer chaque carré de polenta au centre d'une assiette et verser la garniture à base de champignons par-dessus. Assaisonner de poivre noir.

CÔTES DE PORC AU MARSALA

Pour 4 personnes. Sécher en les tapotant 4 côtes premières de porc d'environ 2,5 cm d'épaisseur et assaisonner généreusement. Faire chauffer à feu moyen 2 cuil. à soupe d'huile d'olive dans une poêle à fond épais et cuire les côtes de porc pendant 5 min des deux côtés, jusqu'à ce qu'elles soient rôties. Ajouter 120 ml de marsala, 2 cuil. à café de zeste d'orange râpé et 60 ml de jus d'orange, et laisser cuire pendant 4 à 5 min, jusqu'à ce que la sauce ait réduit et épaissi. Parsemer de 3 cuil. à soupe de persil plat frais haché et servir.

CARCIOFI ALLA ROMANA
(Artichauts à la romaine)

Préparation : 25 min
Cuisson : 1 h 30
Pour 4 personnes (en entrée ou antipasti)

4 artichauts
3 cuil. à soupe de jus de citron
1 cuil. à soupe de chapelure fraîche, grillée
1 grosse gousse d'ail, écrasée
3 cuil. à soupe de persil frais finement haché
3 cuil. à soupe de menthe fraîche finement hachée
1 cuil. à soupe 1/2 d'huile d'olive
60 ml de vin blanc sec

1 Préchauffer le four à 190 °C. Verser le jus de citron dans un grand saladier rempli d'eau froide. Retirer les feuilles extérieures les plus rigides des artichauts et couper les tiges à 5 cm de long. Peler les tiges à l'aide d'un couteau économe. Couper le quart supérieur de chaque artichaut avec un couteau bien aiguisé. Ouvrir délicatement les feuilles et retirer le foin à l'aide d'une cuillère à café ou d'un petit couteau. Déposer les artichauts dans l'eau citronnée au fur et à mesure.
2 Dans un saladier, mélanger la chapelure, l'ail, le persil, la menthe et l'huile d'olive, et assaisonner généreusement. Remplir le cœur de chaque artichaut avec la mixture, en la tassant bien. Refermer les feuilles le plus possible afin d'éviter que la garniture ne s'échappe.
3 Mettre les artichauts, tiges vers le haut, dans une cocotte profonde (sa taille doit permettre de disposer les artichauts serrés les uns contre les autres). Saler et verser le vin. Couvrir d'un couvercle ou d'une double feuille de papier sulfurisé, bien attachée aux bords. Cuire au four pendant environ 1 h 30, jusqu'à ce que les artichauts soient très tendres. Servir chaud en entrée ou en accompagnement, ou à température ambiante comme antipasti.
NOTE : vérifier la consistance des artichauts à mi-cuisson et, si nécessaire, ajouter un peu d'eau pour empêcher qu'ils ne brûlent.

ARTICHAUTS
Appartenant à la famille du chardon, les artichauts sont originaires de la Méditerranée. Au moment de choisir un artichaut, assurez-vous que ses feuilles sont bien serrées et n'achetez jamais un artichaut de couleur brune : cela signifie qu'il est bon à jeter. Il est préférable de cuisiner les artichauts le jour même, mais ces plantes peuvent se conserver jusqu'à trois jours au réfrigérateur dans un sac en plastique. Les artichauts ont la réputation d'adoucir le goût de l'aliment que l'on déguste ensuite. Cela est dû au fait qu'ils contiennent un agent chimique appelé cynarine, qui rend par ailleurs le goût du vin extrêmement désagréable. Cette réaction est cependant largement atténuée si les artichauts ont été préalablement émiettés ou frits. Les artichauts de Jérusalem tirent leur nom de l'italien *girasole*, qui signifie « tournesol », et ne sont ni des artichauts, ni originaires de Jérusalem. En fait, ils désignent les topinambours, ou héliantes tubéreux, variété appartenant à la famille des tournesols.

CI-CONTRE : *Carciofi alla Romana*

LE GRAND LIVRE DE LA CUISINE MÉDITERRANÉENNE

ABBACCHIO
(Agneau à la romaine)

Préparation : 15 min
Cuisson : 1 h 20
Pour 4 à 6 personnes

☆

60 ml d'huile d'olive
1 kg de viande d'agneau de lait, coupée en cubes de 2 cm de côté
2 gousses d'ail, écrasées
6 feuilles de sauge fraîches
1 brin de romarin frais
1 cuil. à soupe de farine
120 ml de vinaigre de vin blanc
6 filets d'anchois

1 Faire chauffer l'huile dans une poêle à fond épais et cuire les morceaux de viande à feu moyen en plusieurs fois pendant 3 à 4 min, jusqu'à ce qu'ils soient rôtis de tous les côtés.
2 Reverser tous les morceaux de viande dans la poêle et ajouter l'ail, la sauge et le romarin. Saler et poivrer. Bien mélanger et laisser cuire pendant 1 min.
3 Saupoudrer la farine sur la viande à l'aide d'un chinois et laisser cuire pendant encore 1 min. Verser le vinaigre et laisser cuire pendant 30 s, puis ajouter 250 ml d'eau. Porter à faible ébullition, réduire le feu et couvrir, en posant le couvercle de travers. Laisser cuire pendant 50 min à 1 h, jusqu'à ce que la viande soit tendre, en remuant de temps en temps et en ajoutant un petit peu d'eau si nécessaire.
4 Quand l'agneau est presque cuit, réduire les anchois en purée à l'aide d'un mortier et un pilon, avec 1 cuil. à soupe de jus de cuisson, jusqu'à ce qu'une sorte de pâte se forme. Verser celle-ci sur la viande et laisser cuire, à découvert, pendant encore 2 min. Servir avec des pommes de terre au romarin.
NOTES : il est recommandé de servir ce plat immédiatement. Cependant, les trois premières étapes de la recette peuvent être préparées à l'avance. Les anchois doivent être ajoutés au dernier moment ; sinon, ils risquent d'effacer la saveur délicate de l'agneau.

Le secret de cette célèbre recette repose essentiellement sur la qualité de la viande utilisée. Dans l'idéal, l'agneau doit être âgé de tout juste un mois et avoir été nourri exclusivement au lait, mais toute viande provenant d'un agneau aussi jeune donnera un résultat satisfaisant.

POMMES DE TERRE AU ROMARIN

Préparation : 5 min
Cuisson : 1 h
Pour 6 personnes

☆

120 ml d'huile d'olive extra vierge
2 brins de romarin frais de 12 cm de long
8 gousses d'ail, non pelées
1,5 kg de pommes de terre farineuses, coupées en cubes de 4 cm de côté
sel de mer, à volonté

1 Préchauffer le four à 180 °C. Verser l'huile dans un grand plat à four, ajouter le romarin, l'ail et les pommes de terre, et bien mélanger le tout.
2 Enfourner sur la grille du milieu et laisser cuire pendant 30 min. Retourner les pommes de terre et assaisonner de sel de mer. Cuire au four pendant encore 30 min, jusqu'à ce que les pommes de terre soient dorées et croustillantes. Servir chaud.

BETTES SAUTÉES

Préparation : 15 min
Cuisson : 10 min
Pour 4 à 6 personnes

☆

1 kg de bettes
2 cuil. à soupe d'huile d'olive
3 gousses d'ail, finement émincées
huile d'olive extra vierge, pour décorer

1 Détacher les feuilles des tiges et les rincer à l'eau froide. Dans une grande casserole remplie d'eau bouillante salée, blanchir les feuilles pendant 1 à 2 min, jusqu'à ce qu'elles soient tendres, mais fermes. Égoutter dans une passoire. Étaler les feuilles sur un linge ou une plaque et les laisser refroidir. Retirer ensuite l'excédent d'eau avec les mains.
2 Faire chauffer l'huile dans une poêle à fond épais et faire revenir l'ail à feu doux sans le laisser roussir. Verser les bettes, saler et poivrer. Laisser cuire à feu moyen pendant 3 à 4 min. Transférer dans un plat et verser un filet d'huile d'olive extra vierge. Servir chaud ou à température ambiante.
NOTE : servie chaud, cette préparation accompagne à merveille les plats de viande ou de poisson ; servie à température ambiante avec de la bruschetta, elle peut faire office d'antipasti.

POMMES DE TERRE
Le grand nombre de variétés de pommes de terre peut parfois rendre le choix difficile. Les pommes de terre se répartissent en pommes de terre farineuses et pommes de terre à chair ferme, et on ne les utilise pas aux mêmes fins. Cependant, certaines nouvelles variétés ont été cultivées pour tous les usages et sont donc difficiles à ranger dans l'une ou l'autre catégorie. Les pommes de terre farineuses contiennent peu d'eau et de sucre, mais sont riches en fécule : elles peuvent êtres cuites au four, réduites en purée ou frites sans aucune difficulté. En revanche, il est déconseillé de les faire bouillir car elles ne se tiennent pas. Les bintjes et les Mona Lisa sont des pommes de terre farineuses. Les pommes de terre à chair ferme sont riches en eau et pauvres en fécule : elles conservent donc leur forme et leur texture lorsqu'elles sont cuites à l'eau. Il n'est pas souhaitable de les réduire en purée ou d'en faire des frites. Les rattes et les rosevals sont des pommes de terre à chair ferme. Les Manon et les Viola, quant à elles, conviennent à tous les usages.

PAGE CI-CONTRE,
DE HAUT EN BAS : *Bettes sautées ; Pommes de terre au romarin ; Abbacchio*

PARMESAN

Le parmesan est un fromage friable à pâte dure, fabriqué à base de lait de vache écrémé ou demi-écrémé. Le Parmiggiano Reggiano est la meilleure variété de parmesan. Il est produit dans les provinces de Parme et de Reggio, dans le nord de l'Italie, selon des méthodes de fabrication restées inchangées depuis sept siècles. L'appellation est strictement protégée par la loi.
Le Parmiggiano Reggiano peut être vieilli pendant quatre ans. Sa texture et sa saveur restent à ce jour inégalées.
Le Parmiggiano Grana est un fromage granuleux qui peut être consommé comme fromage de table ou utilisé comme fromage à râper. Il vaut mieux acheter un bloc de parmesan et le râper au fur et à mesure des besoins car, une fois coupé, le fromage sèche et sa saveur s'altère. Il est déconseillé d'acheter du parmesan râpé en sachet dont la texture et la saveur sont très éloignées de celles du fromage original. Achetez le parmesan avec sa croûte, qui ne doit présenter aucun signe de décoloration. Enveloppez-le dans du papier sulfurisé, puis dans une feuille d'aluminium en nid d'abeilles.

CI-CONTRE : Escalopes de veau panées au parmesan et au romarin

ESCALOPES DE VEAU PANÉES AU PARMESAN ET AU ROMARIN

Préparation : 15 min
Cuisson : 15 min
Pour 4 personnes

4 escalopes de veau
150 g de chapelure fraîche
70 g de parmesan, râpé
1 cuil. à soupe de romarin frais finement haché
2 œufs, légèrement battus, assaisonnés
3 cuil. à soupe d'huile d'olive
60 g de beurre
4 gousses d'ail

1 Retirer l'essentiel du gras et les nerfs de la viande et réduire l'épaisseur des escalopes à 1 cm. Sécher la viande en la tapotant avec du papier absorbant. Dans un petit saladier, mélanger la chapelure, le parmesan et le romarin.
2 Plonger les escalopes dans les œufs battus et les égoutter. Les rouler des deux côtés dans la chapelure.
3 Faire chauffer à feu doux l'huile et le beurre dans une poêle à fond épais, ajouter l'ail et le faire revenir jusqu'à ce qu'il soit doré. Jeter l'ail.
4 Chauffer la poêle à feu moyen, y ajouter les escalopes et les laisser cuire pendant 4 à 5 min de chaque côté, selon l'épaisseur de la viande, jusqu'à ce qu'elles soient bien dorées et croustillantes. Transférer dans un plat chaud, saler et poivrer.

SALSA ROSSA (« SAUCE ROUGE »)

Elle va souvent de pair avec la sauce verte pour accompagner des viandes bouillies, mais elle est également délicieuse avec des viandes panées (voir recette ci-contre).
Pour 4 personnes. Prendre 3 gros poivrons rouges et les couper en deux dans le sens de la longueur. Les épépiner et retirer les côtes. Les couper en lanières de 1 cm de large. Faire chauffer 60 ml d'huile d'olive dans une poêle et faire revenir à feu moyen 3 gros oignons finement émincés, jusqu'à ce qu'ils aient ramolli, sans roussir. Verser les poivrons et laisser cuire jusqu'à ce que les poivrons et les oignons soient très mous et qu'ils aient réduit de moitié. Ajouter 1/4 cuil. à café de flocons de piment, 400 g de tomates en conserve et saler. Laisser mijoter la sauce pendant encore 25 min, jusqu'à ce qu'elle ait épaissi et que l'huile se soit séparée des tomates. Vérifier l'assaisonnement et le rectifier au besoin. Servir chaud.

CAPONATA AU THON

Préparation : 25 min
 + 1 h de repos + refroidissement
Cuisson : 45 min
Pour 6 personnes

CAPONATA
500 g de tomates bien mûres
750 g d'aubergines, coupées
 en petits cubes de 1 cm de côté
120 ml d'huile d'olive
1 oignon, émincé
3 celeris en branches, hachés
2 cuil. à soupe de câpres
120 g d'olives vertes dénoyautées
1 cuil. à soupe de sucre
120 ml de vinaigre de vin rouge

6 tranches de thon de 200 g chacune
huile d'olive, pour badigeonner

1 Marquer une croix à la base de chaque tomate. Plonger les tomates dans l'eau bouillante pendant 10 s, puis les plonger dans l'eau froide et les peler en partant de la croix. Couper les tomates en petits cubes de 1 cm de côté.
2 Saler les aubergines et les laisser reposer dans une passoire pendant 1 h. Les rincer sous l'eau froide et les sécher. Faire chauffer à feu moyen 2 cuil. à soupe d'huile dans une poêle et cuire la moitié des aubergines pendant 4 à 5 min, jusqu'à ce qu'elles soient dorées et tendres. Retirer de la poêle et égoutter sur du papier absorbant. Recommencer l'opération avec 2 cuil. à soupe d'huile et le reste des aubergines.
3 Faire chauffer l'huile restante dans la même poêle, ajouter l'oignon et le céleri, et laisser cuire pendant 5 à 6 min, jusqu'à ce qu'ils aient ramolli. Réduire à feu doux, ajouter les tomates et laisser mijoter pendant 15 min, en remuant de temps à autre. Incorporer les câpres, les olives, le sucre et le vinaigre, assaisonner et laisser mijoter encore pendant 10 min, en remuant de temps en temps, jusqu'à ce que la mixture ait légèrement réduit. Incorporer les aubergines. Retirer du feu et laisser refroidir à température ambiante.
4 Faire chauffer un grill et le frotter d'huile d'olive. Cuire les tranches de thon pendant 2 à 3 min de chaque côté, ou à volonté. Servir avec la caponata.

TRÉVISE CUITE

Pour 4 personnes. Préchauffer le four à 180 °C. Prendre 1 kg de trévise, retirer les feuilles extérieures et couper les cœurs en 4 morceaux. Faire chauffer 2 cuil. à soupe d'huile d'olive dans une cocotte suffisamment grande pour contenir tous les morceaux sans qu'ils se superposent. Ajouter 100 g de poitrine fumée coupée en fines tranches et laisser cuire à feu moyen jusqu'à ce que le gras ait fondu (mais la poitrine ne doit pas être croustillante). Incorporer la trévise. Laisser cuire à couvert pendant 25 à 30 min, en remuant, jusqu'à ce qu'elle soit tendre. Assaisonner et transférer le tout (y compris le jus de cuisson) dans un plat chaud. Servir immédiatement.

CI-DESSUS : Caponata au thon

ROMARIN

Le nom latin du romarin est *Rosmarinus officinalis*. Le premier terme signifie « rosée de la mer » et renvoie probablement au fait que cet arbuste pousse à proximité de la mer. Remontant à l'époque romaine, le romarin était utilisé tant pour ses propriétés médicinales que pour sa saveur aromatique. C'est une herbe à employer avec parcimonie car son goût caractéristique peut facilement effacer celui des aliments qu'elle accompagne. Avec le persil, le romarin est l'une des herbes les plus répandues en Italie, et elle agrémente le plus souvent les rôtis. Il est préférable d'utiliser du romarin frais, en retirant les extrémités des brins les plus jeunes, qui sont plus parfumés.

CI-DESSUS : Poulet rôti au romarin

POULET RÔTI AU ROMARIN

Préparation : 15 min
 + 10 min de repos
Cuisson : 1 h
Pour 4 personnes

1 poulet de 1,5 à 1,8 kg
6 gros brins de romarin frais
4 gousses d'ail
3 cuil. à soupe d'huile d'olive

1 Préchauffer le four à 220 °C. Nettoyer l'extérieur du poulet, en retirer les entrailles et le sécher avec du papier absorbant. Assaisonner l'intérieur du poulet et y disposer 4 brins de romarin et les gousses d'ail.
2 Enduire l'extérieur du poulet avec 1 cuil. à soupe d'huile, assaisonner et mettre le poulet sur le flanc dans un plat à rôtir. Y ajouter les brins de romarin restants et verser le reste de l'huile tout autour du plat.
3 Enfourner le plat sur la grille du milieu. Au bout de 20 min de cuisson, retourner le poulet sur l'autre flanc, l'arroser de jus de cuisson et le laisser cuire 20 min de plus. Mettre le poulet sur le dos, l'arroser à nouveau de jus de cuisson et laisser cuire pendant 15 min, jusqu'à ce que le jus coulant de la jointure de la cuisse et du blanc soit clair. Transférer le poulet dans un plat chaud et réserver pendant au moins 10 min avant de le découper.
4 Pendant ce temps, retirer la plupart de la graisse restée dans le plat et mettre ce dernier à chauffer à feu vif sur la cuisinière. Verser 2 cuil. à soupe d'eau et, à l'aide d'une cuillère en bois, gratter le fond du plat afin de détacher les résidus. Vérifier l'assaisonnement et verser sur le poulet au moment de servir.

SALMORIGLIO À LA MARJOLAINE

En Sicile, cette sauce accompagne poissons et fruits de mer grillés. Pour 4 personnes. À l'aide d'un mortier et d'un pilon, écraser 2 cuil. à soupe de marjolaine fraîche. Verser dans un saladier et ajouter peu à peu 120 ml d'huile d'olive extra vierge et 1 cuil. à soupe de jus de citron. Assaisonner. Il est possible de remplacer la marjolaine par du thym ou de l'origan.

MOULES À LA SAUCE TOMATE AUX HERBES

Préparation : 30 min
Cuisson : 40 min
Pour 4 personnes

SAUCE TOMATE AUX HERBES

80 ml d'huile d'olive

3 gousses d'ail, finement hachées

1/4 cuil. à café de flocons de piment séché

2 x 400 g de tomates concassées en conserve

1 pincée de sucre, ou à volonté

8 tranches de pain

4 cuil. à soupe d'huile d'olive

2 grosses gousses d'ail, coupées en deux

1 kg de moules

1 oignon rouge, finement émincé

6 brins de persil plat frais

2 brins de thym frais

2 brins d'origan frais

250 ml de vin blanc

persil plat frais haché, pour décorer

feuilles de thym fraîches
   supplémentaires, pour décorer

feuilles d'origan fraîches hachées
   supplémentaires, pour décorer

1 Préchauffer le four à 160 °C. Pour préparer la sauce tomate aux herbes, faire chauffer l'huile dans une casserole, ajouter l'ail et les flocons de piment, et laisser cuire à feu doux pendant 30 s, sans les faire roussir. Ajouter les tomates, le sucre et 80 ml d'eau. Assaisonner et laisser mijoter 15 min, en remuant, jusqu'à ce que la sauce ait épaissi et réduit.

2 Frotter le pain avec la moitié de l'huile d'olive. Disposer les tranches de pain sur une plaque de four sans les superposer et les cuire 10 min, jusqu'à ce qu'elles soient dorées et croustillantes. Tant qu'elles sont encore chaudes, frotter un côté de chaque tranche avec de l'ail.

3 Pendant ce temps, laver les moules à l'aide d'une brosse à poils durs et retirer les byssus. Jeter les moules dont les coquilles sont cassées ou déjà ouvertes. Bien rincer.

4 Faire chauffer le reste de l'huile d'olive dans une casserole et faire revenir l'oignon pendant 3 min, jusqu'à ce qu'il ait ramolli, sans roussir. Ajouter les brins de persil, de thym et d'origan, et verser le vin dans la casserole. Porter à ébullition, puis réduire le feu et laisser mijoter pendant 5 min.

5 Verser les moules dans la casserole, remuer pour les imprégner de la mixture à base de vin et d'oignon, et laisser cuire, à couvert et à feu vif, pendant 3 à 4 min. Secouer la casserole de temps en temps afin de répartir la mixture sur l'ensemble des moules. Retirer les moules au fur et à mesure qu'elles s'ouvrent. Jeter celles qui ne se sont pas ouvertes.

6 Filtrer la mixture à base de vin au-dessus de la sauce tomate, après avoir retiré l'oignon et les herbes. Vérifier l'assaisonnement de la sauce et le rectifier au besoin. Ajouter les moules et bien mélanger pour qu'elles s'imprègnent de la sauce. Verser les moules dans des ramequins et décorer de persil, de thym et d'origan. Disposer les tranches de pain autour des ramequins et servir.

NOTES : il est possible de conserver les moules (non nettoyées) pendant un ou deux jours, à condition de les plonger dans une bassine d'eau froide salée.

Les palourdes, dont la préparation est identique, peuvent remplacer les moules dans cette recette.

CI-DESSOUS : *Moules à la sauce tomate aux herbes*

INVOLTINI D'ESPADON

Étaler l'espadon entre deux feuilles de film alimentaire.

Former des rouleaux avec le poisson et la farce.

Enfiler les rouleaux, les feuilles de laurier, les zestes de citron et les oignons sur des piques métalliques.

INVOLTINI D'ESPADON

Préparation : 35 min
Cuisson : 10 min
Pour 4 personnes

1 kg d'espadon (sans la peau), coupé en 4 morceaux de 4 x 5 cm
3 citrons
80 ml d'huile d'olive
1 petit oignon, émincé
3 gousses d'ail, hachées
2 cuil. à soupe de câpres, hachées
2 cuil. à soupe d'olives Kalamata dénoyautées, finement hachées
35 g de parmesan, râpé
120 g de chapelure
2 cuil. à soupe de persil plat frais haché
1 œuf, légèrement battu
24 feuilles de laurier fraîches
2 petits oignons blancs, coupés en quartiers et séparés en petits morceaux
rondelles de citron, pour décorer

1 Couper chaque morceau d'espadon en 4 tranches dans le sens de la longueur afin d'obtenir 16 tranches en tout. Disposer chaque morceau entre deux feuilles de film alimentaire et étaler le poisson sans le déchirer à l'aide d'un rouleau à pâtisserie. Couper chaque morceau en deux afin d'obtenir 32 morceaux en tout.
2 Avec un couteau économe, peler finement le zeste des citrons et le couper en 24 morceaux de taille égale. Presser les citrons pour obtenir de 60 ml de jus.
3 Faire chauffer 2 cuil. à soupe d'huile d'olive, ajouter l'oignon et l'ail, et les faire revenir pendant 2 min. Verser dans un saladier avec les câpres, les olives, le parmesan, la chapelure et le persil. Assaisonner, ajouter l'œuf et remuer pour lier.
4 Répartir la farce sur les morceaux de poisson et, avec les mains enduites d'huile, former des petits rouleaux. Enfiler 4 rouleaux sur chaque brochette, en intercalant les feuilles de laurier, le zeste de citron et l'oignon.
5 Mélanger le reste de l'huile avec le jus de citron. Cuire les brochettes au grill ou au barbecue pendant 3 à 4 min de chaque côté, en les enduisant de la mixture à base d'huile et de jus de citron. Servir avec des rondelles de citron.
NOTE : pour éviter que les piques en bois ne brûlent pendant la cuisson, les faire tremper dans l'eau froide pendant 20 min avant de les utiliser.

CI-CONTRE : Involtini d'espadon

L'ITALIE

LAPIN AU ROMARIN ET AU VIN BLANC

Préparation : 25 min
Cuisson : 2 h
Pour 4 personnes

☆

1 gros lapin (au moins 1,6 kg)
30 g de farine, assaisonnée
60 ml d'huile d'olive
2 oignons, finement émincés
1 gros brin de romarin
1 petit brin de sauge fraîche
2 gousses d'ail, écrasées
500 ml de vin blanc sec
400 g de tomates en morceaux en conserve
1 bonne pincée de poivre de Cayenne
120 ml de bouillon de poule
12 petites olives niçoises ou de Ligure (facultatif)
3 petits brins de romarin supplémentaires

1 Couper le lapin en gros morceaux et les saupoudrer de farine. Faire chauffer l'huile à feu moyen dans une grande casserole à fond épais. Rôtir les morceaux de lapin et les retirer de la casserole.

2 Réduire le feu et ajouter l'oignon, le romarin et la sauge. Laisser cuire doucement pendant 10 min, puis incorporer l'ail et reverser le lapin dans la casserole.

3 Passer à feu vif, verser le vin et laisser cuire pendant 1 min. Incorporer les tomates, le poivre de Cayenne et la moitié du bouillon. Réduire le feu, couvrir et laisser mijoter à feu doux pendant environ 1 h 30, jusqu'à ce que la viande soit tendre. À mi-cuisson, vérifier la sauce et, si elle semble trop sèche, ajouter 60 ml d'eau.

4 Jeter les brins de romarin et de sauge. Si nécessaire, épaissir la sauce en la cuisant à découvert et à feu vif pendant 5 min, après avoir retiré le lapin de la casserole et l'avoir déposé dans un plat. Vérifier l'assaisonnement et le rectifier au besoin. Verser la sauce sur le lapin et décorer avec les olives et le romarin supplémentaire. Servir avec de la polenta.

LAPIN
Les lapins sauvages ont davantage de goût que les lapins domestiques car ils se nourrissent d'herbes sauvages, de feuilles de laurier ou de baies de genièvre. La qualité de la viande de lapin domestique dépend de son alimentation, de son âge et de la façon dont il est élevé, mais, en règle générale, les lapins domestiques sont plus dodus que les lapins sauvages. Le poids moyen d'un lapin doit être compris entre 1 kg et 1,25 kg et la chair doit être de couleur claire. Ces critères garantissent la tendreté de la viande, qui peut se cuisiner exactement comme de la viande de jeune poulet. En revanche, pour les lapins plus âgés ou sauvages, il est préférable de recourir à un mode de cuisson plus long et plus humide (en les braisant, par exemple).

CI-DESSUS : *Lapin au romarin et au vin blanc*

HUILE D'OLIVE

La saveur, la couleur et le parfum de l'huile d'olive dépend du fruit, du climat, du sol et de la zone de culture. La variété et le degré de maturité des olives influencent la couleur de l'huile. Des olives vertes donnent des huiles vertes et herbacées, des olives noires mûres produisent des huiles jaunes et riches. Des olives moins mûres donnent des huiles vertes, riches, qui s'éclaircissent au bout de trois mois et qui sont considérées comme supérieures. Mais des olives mûres produisent une plus grande quantité d'huile. Certains oliviers sont cultivés pour la production d'olives de table, et d'autres pour la fabrication de l'huile d'olive : ce ne sont pas les mêmes arbres.

Les connaisseurs distinguent quatre catégories d'huiles d'olive sur l'échelle du goût. Les huiles fines, au doux parfum et au léger goût d'olive, sont dites légères. Les huiles à la saveur délicate et au goût de beurre sont douces. Les huiles au goût d'olive plus prononcé sont dites semi-fruitées. Les huiles dont le bouquet rappelle l'odeur et le goût de l'olive sont fruitées ou poivrées. Il n'est pas toujours évident de reconnaître une huile à sa couleur. En effet, des variations dans les conditions de culture, ainsi que l'existence de mélanges d'huiles, peuvent influencer la couleur et la saveur d'une huile.

QUE SIGNIFIE L'ÉTIQUETTE ?
Les huiles d'olive se divisent en quatre grandes catégories, définies en fonction du degré d'acidité.

L'huile d'olive extra vierge est issue de la première pression des olives et son taux d'acidité, qui ne doit pas dépasser 1 %, est le plus faible. Sa saveur est intense et fruitée. Elle ne peut être extraite que mécaniquement ou pressée à froid manuellement, sans recourir à la chaleur ou à des produits chimiques.
L'huile d'olive vierge a un goût agréable. Elle est extraite et traitée de la même façon que l'huile d'olive extra vierge, mais son taux d'acidité est compris entre 1 % et 2 %.
L'huile d'olive, autrefois appelée huile d'olive pure, est un mélange d'huile d'olive vierge raffinée et non raffinée. Son taux d'acidité est inférieur à 3,3 %. La chaleur, utilisée pour faciliter l'extraction, fait augmenter le degré d'acidité.

L'huile d'olive légère est le résultat de la filtration d'huile d'olive raffinée et d'une très faible quantité d'huile d'olive vierge. Malgré les apparences, elle n'est pas légère du tout en termes de kilojoules : elle possède en effet exactement la même valeur calorique que les autres huiles. Elle a cependant une texture et un goût plus légers que les autres huiles d'olive, ce qui la rend idéale pour la cuisine. Le fait de la filtrer permet d'augmenter son point de fumée : l'huile d'olive légère convient donc également à la friture.

Les huiles d'olive infusées au citron, au basilic, à l'ail, au romarin, aux truffes, à l'estragon et aux cèpes sont de plus en plus répandues. Les meilleures huiles infusées sont fabriquées en pressurant les olives en même temps que les aromates afin d'en extraire les huiles essentielles simultanément. Sinon, l'huile essentielle est extraite séparément, puis infusée dans l'huile d'olive : il y a alors souvent un morceau d'aromate dans la bouteille.

QUEL TYPE D'HUILE UTILISER ?

Incontestablement la meilleure huile à utiliser dans la cuisine méditerranéenne, l'huile d'olive s'adapte à la plupart des modes de cuisson et s'accorde avec de nombreux plats, et convient à l'assaisonnement des salades et à la fabrication des pâtes et à la cuisson au four. Contrairement aux idées reçues, elle convient aussi à la friture : elle supporte des températures très élevées sans se décomposer et forme une enveloppe étanche autour des aliments, réduisant l'absorption de graisses et conférant à la nourriture un éclat doré et uniforme.

S'il existe certaines règles, comme l'utilisation de l'huile d'olive dans la cuisine et de l'huile d'olive extra vierge pour les assaisonnements ou pour en verser un filet juste avant de servir (sur les pâtes notamment), le choix du type d'huile reste une question de goût personnel.

Il y a tant d'huiles d'olive disponibles aujourd'hui sur le marché qu'il est souvent difficile de faire le bon choix. Il vous faudra donc tester des huiles issues de diverses régions et de divers pays avant de trouver celle qui vous convient le mieux.

Comme toutes les huiles, l'huile d'olive doit être stockée dans un endroit frais et à l'abri de la lumière. Sa durée de conservation est de deux ans, mais se réduit à six mois une fois la bouteille ouverte. Certaines huiles, cependant, ne se conservent pas plus de trois mois. Contrairement aux vins, les huiles d'olive ne se bonifient pas avec le temps. Il ne faut pas stocker l'huile d'olive au réfrigérateur – elle risque de se solidifier –, ni près d'une source de chaleur. Si la bouteille d'huile reste ouverte, l'exposition à l'air fera s'oxyder l'huile, qui deviendra rance.

DE GAUCHE À DROITE : huile d'olive extra vierge ; huile d'olive vierge ; huile d'olive ; huile d'olive légère

PAIN AUX OLIVES

Préparation : 30 min + 2 h 30 de levage
Cuisson : 35 min
Pour 1 pain

370 g de farine
1 sachet de levure de boulanger
2 cuil. à café de sucre
2 cuil. à soupe d'huile d'olive
110 g d'olives Kalamata dénoyautées, coupées en deux
2 cuil. à café de farine supplémentaire
1 petit brin d'origan frais, effeuillé et émietté (facultatif)
huile d'olive, pour le glaçage

CI-DESSUS : *Pain aux olives*

1 Dans un grand saladier, verser un tiers de la farine et 1 cuil. à café de sel. Verser la levure, le sucre et 250 ml d'eau dans un petit saladier et bien mélanger. Réserver dans un endroit chaud et calfeutré pendant 10 min, jusqu'à ce que des bulles se forment à la surface. La mixture doit être mousseuse et avoir légèrement augmenté de volume. Si la levure ne mousse pas, c'est que le mélange n'a pas pris et qu'il faut recommencer.

2 Verser la mixture à base de levure dans la farine salée et remuer jusqu'à obtention d'une pâte fine et grumeleuse. Couvrir d'un linge et réserver dans un endroit chaud et calfeutré pendant 45 min, jusqu'à ce que la pâte ait doublé de volume.

3 Incorporer le reste de la farine, l'huile et 120 ml d'eau chaude. Remuer avec une cuillère en bois jusqu'à obtention d'une pâte grossière. Transférer la pâte sur un plan de travail légèrement fariné et la pétrir pendant 10 à 12 min, en ajoutant un minimum de farine supplémentaire, afin qu'elle reste malléable et humide, mais pas collante. Former une boule. Huiler un grand saladier propre et rouler la pâte le long de la paroi pour l'imprégner légèrement d'huile. Marquer une croix sur le dessus, couvrir le saladier avec un linge et réserver dans un endroit chaud pendant 1 h, jusqu'à ce que la pâte ait doublé de volume.

4 Beurrer légèrement une plaque de four et la saupoudrer de farine. Poser la pâte sur un plan de travail légèrement fariné et la dégonfler avec le poing. L'abaisser en un pavé de 30 x 25 cm et de 1 cm d'épaisseur. Exprimer l'excédent de liquide des olives et les rouler dans la farine. Les répartir sur la pâte et garnir d'origan. Rouler la pâte dans le sens de la longueur, en serrant bien et en appuyant fortement pour éliminer les poches d'air. Replier les extrémités pour former un pain ovale de 25 cm de long. Le déposer sur la plaque, côté jointure vers le bas. Marquer 3 entailles en diagonale sur le dessus. Glisser la plaque dans un grand sac en plastique et laisser reposer dans un endroit chaud pendant 45 min, jusqu'à ce que le pain ait doublé de volume.

5 Préchauffer le four à 220 °C. Frotter le dessus du pain avec de l'huile d'olive et cuire au four pendant 30 min. Abaisser la température à 180 °C et laisser cuire pendant encore 5 min. Laisser refroidir sur une grille. Servir chaud ou froid.

NOTE : l'origan peut être remplacé par 2 cuil. à café de romarin finement haché. L'incorporer à la pâte et parsemer de feuilles entières le dessus du pain après l'avoir enduit d'huile d'olive.

FOCACCIA
(Pain plat italien)

Préparation : 30 min
  + 3 h 30 de levage
Cuisson : 20 min par pain
Pour 2 pains

1/2 cuil. à café de sucre
1 sachet de levure de boulanger
1 kg de farine à pain
60 ml d'huile d'olive

1 Dans un petit saladier, verser le sucre, la levure et 2 cuil. à soupe d'eau chaude, bien mélanger et laisser reposer dans un endroit chaud et calfeutré pendant 10 min, jusqu'à ce que des bulles se forment à la surface. La mixture doit être mousseuse et avoir légèrement augmenté de volume. Si la levure ne mousse pas, c'est que le mélange n'a pas pris et qu'il faut recommencer.
2 Dans un grand saladier, verser la farine et 2 cuil. à café de sel, et bien mélanger. Ajouter 2 cuil. à soupe d'huile d'olive, la mixture à base de levure et 750 ml d'eau chaude. Remuer à l'aide d'une cuillère en bois jusqu'à obtention d'une pâte fluide. La déposer sur un plan de travail légèrement fariné. Pétrir jusqu'à obtention d'une pâte malléable, humide mais pas collante, en ajoutant un peu de farine ou d'eau chaude si nécessaire. Pétrir pendant 8 min, jusqu'à ce que la pâte soit lisse et élastique au toucher.
3 Huiler légèrement un grand saladier. Y mettre la pâte et la rouler pour l'imprégner d'huile. Marquer une croix sur le dessus à l'aide d'un couteau bien aiguisé. Couvrir le saladier avec un linge et laisser reposer dans un endroit chaud pendant 1 h 30, jusqu'à ce que la pâte ait doublé de volume.
4 Dégonfler la pâte avec le poing sur un plan de travail légèrement fariné, et la diviser en deux. À ce stade, un morceau (ou les deux) peut être congelé. Abaisser un morceau en un rectangle de 28 x 20 cm. Avec la paume de la main, étaler la pâte encore davantage afin d'obtenir un rectangle de 38 x 28 cm.
5 Huiler légèrement une plaque de four et la saupoudrer de farine. Déposer la pâte au milieu et glisser la plaque dans un grand sac en plastique. Laisser reposer dans un endroit chaud et sec pendant 2 h, jusqu'à ce que la pâte ait doublé de volume.
6 Préchauffer le four à 220 °C. Frotter la surface de la pâte avec le reste de l'huile d'olive et cuire au four pendant 20 min, jusqu'à ce que le pain soit doré. Laisser refroidir sur une grille. Laisser circuler l'air sous le pain afin que la croûte reste croustillante. Recommencer depuis le début avec le reste de pâte. À déguster dans les 6 h qui suivent la cuisson.

NOTES : si vous devez remplacer la farine à pain par de la farine ordinaire, commencez par verser 250 ml d'eau à l'étape 2, puis ajoutez-en davantage au fur et à mesure afin d'obtenir une pâte malléable, mais pas collante. La farine ordinaire nécessite moins d'eau et donne au pain une texture plus dense.

Pour varier les plaisirs, essayez les garnitures ci-dessous. Ajoutez-les lorsque la pâte a levé pour la deuxième fois.

Frotter le dessus de la pâte avec de l'huile d'olive, répartir 200 g d'olives vertes et les enfoncer vigoureusement. Saupoudrer de sel de mer, parsemer de brins de romarin et enfourner.

Frotter le dessus de la pâte avec de l'huile d'olive, répartir 100 g de pancetta coupée en dés et les enfoncer vigoureusement. Répandre 2 cuil. à soupe de parmesan râpé et enfourner.

CI-DESSOUS : Focaccia

LE GRAND LIVRE DE LA CUISINE MÉDITERRANÉENNE

FRAISES AU VINAIGRE BALSAMIQUE

Préparation : 10 min
   + 1 h de macération
Pas de cuisson
Pour 4 personnes

☆

750 g de petites fraises bien mûres
60 g de sucre
2 cuil. à soupe de vinaigre balsamique
120 g de mascarpone, pour décorer

1 Laver les fraises dans un linge propre et humide, et les équeuter. Couper en deux les fraises les plus grosses.
2 Mettre les fraises dans un saladier en verre, répartir le sucre uniformément sur le dessus et mélanger délicatement. Laisser macérer pendant 30 min. Verser le vinaigre sur les fraises, mélanger et mettre au réfrigérateur pendant 30 min.
3 Répartir les fraises dans quatre verres à l'aide d'une cuillère, les arroser de sirop et garnir d'une noisette de mascarpone.

SABAYON

Préparation : 5 min
Cuisson : 10 min
Pour 4 personnes

☆☆

4 jaunes d'œufs
90 g de sucre
80 ml de marsala

1 Mélanger tous les ingrédients dans un saladier résistant à la chaleur, placé au-dessus d'une casserole d'eau frémissante (le saladier ne doit pas toucher l'eau). Fouetter le mélange avec un fouet ou un batteur électrique pendant 5 min, jusqu'à ce qu'il soit homogène et mousseux, et qu'il ait triplé de volume. Ne pas cesser de fouetter et ne pas laisser le saladier se réchauffer : les œufs risqueraient de se brouiller. La mixture finale doit être claire et crémeuse.
2 Répartir le sabayon dans les quatre verres et servir immédiatement.
NOTE : le sabayon peut se servir froid. Si tel est votre choix, couvrez les verres d'un film alimentaire et mettez-les au réfrigérateur pendant au moins 1 h. Il faut vous assurer que le sabayon est correctement préparé ; sinon, il risque de se séparer pendant la période de repos.

SABAYON
Le sabayon est une crème que l'on prépare traditionnellement dans un récipient en cuivre. Il se déguste généralement immédiatement après avoir été confectionné, bien qu'on le laisse parfois refroidir pendant plusieurs heures avant de le servir. On peut également le verser sur des fruits dans un plat à gratin et faire dorer le tout au grill. Le sabayon peut être à base de madère doux ou de tout autre vin de dessert.

CI-CONTRE : Fraises au vinaigre balsamique

L'ITALIE

CASSATA ALLA SICILIANA

Préparation : 25 min
 + 1 nuit de réfrigération
Cuisson : 2 min
Pour 6 personnes

60 g d'amandes mondées, coupées en deux
650 g de ricotta fraîche (voir Note)
80 g de sucre glace
1 cuil. à café 1/2 d'essence de vanille
2 cuil. à café de zeste de citron finement râpé
60 g de cédrat, coupé en morceaux (voir Note)
60 g d'oranges confites, coupées en morceaux
60 g de cerises confites, coupées en morceaux
30 g de pistaches, décortiquées
370 g de biscuit de Savoie tout préparé, non fourré
120 ml de madère
6 amandes mondées supplémentaires
cerises confites supplémentaires, coupées en deux
sucre glace, pour saupoudrer
crème fouettée sucrée, en accompagnement

1 Verser les amandes dans une poêle et les faire rissoler à feu moyen pendant 2 min, en remuant, jusqu'à ce qu'elles commencent à changer de couleur. Les retirer de la poêle et les laisser refroidir.
2 Presser la ricotta dans une passoire au-dessus d'un saladier. Incorporer le sucre glace, la vanille, le zeste de citron, le cédrat, les oranges et les cerises confites, les amandes et les pistaches. Bien mélanger le tout.
3 Beurrer une jatte de 1,5 l. Couper le biscuit de Savoie horizontalement, en tranches de 1 cm d'épaisseur. Réserver 1 tranche et couper les autres en triangles. Arroser les triangles de madère sur leur face intérieure et les disposer dans la jatte, face intérieure contre la paroi, afin qu'ils la tapissent entièrement. Les recouper au besoin. À l'aide d'une cuillère, verser la mixture à base de ricotta dans le milieu. Couvrir avec la tranche de biscuit de Savoie réservée. Appuyer fortement et rectifier les bords si nécessaire. Mettre au réfrigérateur pendant une nuit.
4 Démouler le gâteau sur un plat. Disposer les amandes et les cerises sur le dessus et saupoudrer de sucre glace juste avant de servir. Servir avec la crème fouettée qui peut, à la mode sicilienne, être répartie sur le gâteau à l'aide d'une douille cannelée.
NOTES : la ricotta fraîche convient mieux car elle se modèle plus facilement.

 Il est possible de remplacer le cédrat par des citrons confits.

CASSATA ALLA SICILIANA

Disposer les morceaux de biscuit de Savoie dans le saladier.

Verser la mixture à base de ricotta dans le saladier.

Couvrir avec une couche de biscuit de Savoie, appuyer fortement et rectifier les bords.

CI-DESSUS : Cassata alla Siciliana

SEMIFREDDO AUX AMANDES

Écraser les amaretti dans un sachet en plastique avec un rouleau à pâtisserie.

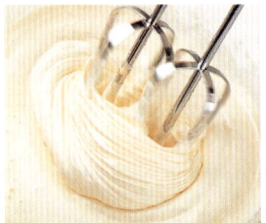

Battre les jaunes d'œufs et le sucre avec un batteur électrique.

Avec une cuillère, verser délicatement la mixture dans le moule à cake tapissé de film alimentaire.

CI-DESSUS : Semifreddo aux amandes

SEMIFREDDO AUX AMANDES

Préparation : 30 min + 4 h de congélation
Cuisson : 10 min
Pour 8 à 10 personnes

☆

310 ml de crème fleurette
4 œufs (séparer les blancs des jaunes)
80 g de sucre glace
60 ml d'amaretto
80 g d'amandes grillées, concassées
8 amaretti, écrasés
fruits frais ou amaretto, pour décorer

1 Fouetter la crème jusqu'à ce qu'elle soit ferme. Couvrir et mettre au réfrigérateur. Tapisser un moule à cake de film alimentaire en le laissant déborder.
2 Battre les jaunes d'œufs et le sucre glace dans un saladier, jusqu'à ce que le mélange s'éclaircisse et devienne crémeux. Battre les blancs en neige ferme dans un autre saladier. Verser l'amaretto, les amandes et les amaretti dans la mixture à base de jaunes d'œufs. Incorporer délicatement la crème réfrigérée et les blancs en neige. Verser doucement la mixture dans le moule (à l'aide d'une cuillère ou non) et couvrir avec les bords du film alimentaire. Congeler pendant 4 h (le gâteau ne doit pas être trop dur). Le servir coupé en tranches, agrémenté de fruits frais ou arrosé d'un filet d'amaretto. Le semifreddo peut également être congelé dans des moules individuels ou des plats.
NOTE : semifreddo signifie « à demi congelé ». Si vous le laissez au congélateur toute une nuit, mettez-le au réfrigérateur 30 min avant de servir.

ZUPPA INGLESE

Préparation : 25 min + 3 h de réfrigération
Cuisson : 5 min
Pour 6 personnes

☆

500 ml de lait
1 gousse de vanille, fendue en deux dans le sens de la longueur
4 jaunes d'œufs
120 g de sucre
2 cuil. à soupe de farine
300 g de quatre-quarts, coupé en tranches de 1 cm d'épaisseur
80 ml de rhum
30 g de chocolat, râpé ou en copeaux
50 g d'amandes effilées, grillées

1 Dans une casserole, faire chauffer à feu doux le lait et la gousse de vanille, jusqu'à ce que des bulles se forment sur les bords.
2 Battre les jaunes d'œufs, le sucre et la farine, jusqu'à obtention d'un mélange clair et épais.
3 Jeter la gousse de vanille, incorporer le lait chaud à la mixture et bien mélanger. Verser le tout dans une casserole propre et faire chauffer à feu moyen en remuant, jusqu'à ce que la crème épaississe et entre en ébullition. Laisser légèrement refroidir.
4 Garnir le fond d'un plat de service avec un tiers des tranches de quatre-quarts, imprégnées de rhum mélangé à 1 cuil. à soupe d'eau. Répartir un tiers de la crème sur le gâteau, recouvrir de tranches de quatre-quarts et les imbiber de rhum. Recommencer l'opération, en terminant par une couche de crème. Couvrir et mettre au réfrigérateur pendant 3 h. Parsemer de chocolat et d'amandes avant de servir.

ORANGES MACÉRÉES

Pour 4 personnes. Prendre 4 oranges et couper le haut et le bas de chacune. Avec un petit couteau aiguisé, enlever le zeste et toute la peau blanche. Prendre un quartier et inciser d'un côté entre la chair et la membrane. Inciser de l'autre côté et extraire la chair. Effectuer cette opération au-dessus d'un saladier pour récupérer le jus. Procéder ainsi pour tous les quartiers. Récupérer le jus resté dans les membranes. Mettre les quartiers dans un plat peu profond et répandre 1 cuil. à café de zeste de citron râpé, 3 cuil. à soupe de sucre en poudre et 1 cuil. à soupe de jus de citron. Remuer. Couvrir et mettre au réfrigérateur pendant au moins 4 h. Remuer à nouveau. Servir frais. Variante : verser 2 cuil. à soupe de Cointreau ou de marasquin avant de servir.

PESCHE RIPIENE
(Pêches farcies)

Préparation : 15 min
Cuisson : 25 min
Pour 6 personnes

6 pêches bien mûres
60 g d'amaretti, écrasés
1 jaune d'œuf
2 cuil. à soupe de sucre
20 g d'amandes en poudre
1 cuil. à soupe d'amaretto
60 ml de vin blanc
1 cuil. à café de sucre supplémentaire
20 g de beurre

1 Préchauffer le four à 180 °C et beurrer légèrement un plat à four rectangulaire.
2 Couper les pêches en deux et retirer délicatement les noyaux. Retirer un peu de chair de chaque pêche et la mélanger aux amaretti écrasés, au jaune d'œuf, au sucre, aux amandes en poudre et à l'amaretto dans un petit saladier.
3 À l'aide d'une cuillère, verser un peu de cette mixture dans les demi-pêches et disposer ces dernières dans le plat. Arroser de vin blanc et saupoudrer de sucre. Déposer une noisette de beurre au-dessus de chaque pêche et les cuire au four pendant 20 à 25 min, jusqu'à ce qu'elles soient dorées.
NOTE : il est possible de remplacer les pêches par des abricots ou des nectarines, selon la saison.

CI-DESSOUS : *Pesche ripiene*

CANNOLI À LA SICILIENNE

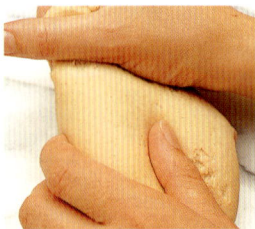

Pétrir la pâte jusqu'à ce qu'elle soit homogène.

Rouler les carrés de pâte sur les tubes, humidifier les jointures et appuyer.

PAGE CI-CONTRE :
Cannoli à la sicilienne (en haut) ; Beignets de riz à la sicilienne

CANNOLI À LA SICILIENNE

Préparation : 30 min + 30 min de réfrigération
Cuisson : 5 min
Pour 12 cannoli

☆☆☆

GARNITURE
500 g de ricotta
1 cuil. à café d'eau de fleur d'oranger
100 g de cédrat, coupé en dés
60 g de chocolat amer, râpé ou concassé
1 cuil. à soupe de zeste d'orange râpé
60 g de sucre glace

300 g de farine
1 cuil. à soupe de sucre
1 cuil. à café de cannelle moulue
40 g de beurre
3 cuil. à soupe de marsala
huile végétale, pour frire
sucre glace, pour saupoudrer

1 Pour la garniture, verser tous les ingrédients dans un saladier et mélanger. Ajouter 2 ou 3 cuil. à soupe d'eau et remuer pour former une pâte. Couvrir d'un film alimentaire et mettre au réfrigérateur.
2 Mélanger la farine, le sucre et la cannelle dans un saladier, incorporer le beurre et verser le marsala. Mélanger jusqu'à ce que la pâte forme une boule grossière, puis la pétrir sur un plan de travail légèrement fariné pendant 4 à 5 min, jusqu'à ce qu'elle soit homogène. L'envelopper dans un film alimentaire et la mettre au réfrigérateur pendant au moins 30 min.
3 Couper la pâte en deux. Sur un plan de travail légèrement fariné, abaisser chaque morceau en une feuille de 5 mm d'épaisseur. Dans chaque feuille de pâte, découper six carrés de 9 cm de côté. Placer un tube métallique (voir Note) en diagonale sur chaque carré. Enrouler la pâte sur le tube, humidifier la jointure et appuyer.
4 Dans une grande poêle, faire chauffer l'huile à 180 °C (à cette température, un morceau de pain jeté dans l'huile est doré en 15 s). Mettre un ou deux tubes à la fois dans l'huile chaude. Les frire jusqu'à ce qu'ils soient bien dorés et croustillants. Les sortir de l'huile, retirer délicatement les tubes et égoutter les cannoli sur du papier absorbant. Lorsqu'ils sont froids, remplir une douille de la mixture à base de ricotta et garnir les cannoli. Saupoudrer de sucre glace et servir.
NOTE : les tubes à cannoli sont vendus dans les magasins d'ustensiles de cuisine. Ils peuvent être remplacés par des chevilles en bois d'environ 2 cm de diamètre et 12 cm de long.

BEIGNETS DE RIZ À LA SICILIENNE

Préparation : 20 min + 1 h de repos
Cuisson : 25 min
Pour 8 beignets

☆☆

110 g de riz arborio
330 ml de lait
2 cuil. à café de beurre
1 cuil. à soupe de sucre
1 gousse de vanille, grattée
1 cuil. à café de levure de boulanger
2 cuil. à soupe de cédrat finement haché
2 cuil. à café de zeste de citron râpé
huile végétale, pour frire
farine
2 cuil. à soupe de miel parfumé

1 Dans une casserole à fond épais, mélanger le riz, le lait, le beurre, le sucre, la gousse de vanille et les graines grattées, ainsi qu'une pincée de sel. Porter à ébullition à feu moyen, puis réduire à feu doux, couvrir et laisser cuire pendant 15 à 18 min, jusqu'à ce que la plupart du jus de cuisson ait été absorbé. Retirer du feu, couvrir et réserver.
2 Dissoudre la levure dans 2 cuil. à soupe d'eau tiède et laisser reposer pendant 5 min, jusqu'à ce que le mélange soit mousseux. Si la levure ne mousse pas, c'est que le mélange n'a pas pris et qu'il faut recommencer.
3 Jeter la gousse de vanille. Incorporer la levure, le cédrat et le zeste de citron au riz, bien mélanger, couvrir et laisser reposer pendant 1 h.
4 Remplir d'huile une friteuse ou une casserole à fond épais sur un tiers de la hauteur et la faire chauffer à 180 °C (à cette température, une cuillerée de pâte jetée dans l'huile est doré en 15 s).
5 Avec le riz, former des beignets d'environ 8 cm de long et 2,5 cm de diamètre, et les rouler dans la farine. Les faire frire pendant 5 à 6 min, jusqu'à ce qu'ils soient bien dorés. Les retirer à l'aide d'une écumoire et les égoutter sur du papier absorbant. Les arroser de miel et servir immédiatement.

L'ITALIE

145

PANETTONE

Après 15 min de repos, des bulles apparaissent à la surface de la mixture à base de levure.

Pétrir la pâte jusqu'à ce qu'elle soit élastique.

Répartir la moitié des fruits sur le rectangle de pâte et replier la pâte sur les côtés.

À l'aide d'un couteau bien aiguisé, marquer une grosse croix profonde sur le dessus de la pâte.

CI-CONTRE : Panettone

PANETTONE

Préparation : 40 min + 3 h 45 de levage
Cuisson : 50 min
Pour 1 panettone

☆☆☆

- 100 g de fruits confits mélangés
- 80 g de raisins de Smyrne
- 1 cuil. à café de zeste de citron râpé
- 1 cuil. à café de zeste d'orange râpé
- 1 cuil. à soupe de cognac ou de rhum
- 1 sachet de levure de boulanger
- 220 ml de lait chaud
- 60 g de sucre
- 400 g de farine blanche à pain
- 2 œufs
- 1 cuil. à café d'essence de vanille
- 150 g de beurre, ramolli
- 20 g de beurre, fondu, pour le glaçage

1 Verser l'assortiment de fruits confits, les raisins de Smyrne et les zestes râpés dans un petit saladier. Ajouter le cognac, bien mélanger et réserver.

2 Mettre la levure, le lait chaud et 1 cuil. à café de sucre dans un saladier et laisser reposer dans un endroit chaud pendant 10 à 15 min, jusqu'à ce que le mélange soit mousseux. Si la levure ne mousse pas, c'est que le mélange n'a pas pris et qu'il faut recommencer. Tamiser 200 g de farine et 1/2 cuil. à café de sel dans un grand saladier, faire un puits au centre et y verser la mixture à base de levure. Mélanger le tout à l'aide d'une grande cuillère métallique jusqu'à obtention d'une pâte lisse. Couvrir le saladier et laisser lever la pâte dans un endroit chaud pendant 45 min.

3 Ajouter les œufs, la vanille et le reste de sucre, et mélanger. Ajouter le beurre et remuer. Incorporer la farine restante et bien mélanger. Pétrir la pâte sur un plan de travail fariné, jusqu'à ce qu'elle soit homogène et élastique. Ajouter au besoin 60 g de farine pendant le pétrissage. Mettre la pâte dans un saladier légèrement graissé, couvrir d'un film alimentaire et laisser reposer dans un endroit chaud pendant 1 h 30, jusqu'à ce qu'elle ait doublé de volume.

4 Beurrer légèrement un moule circulaire de 15 cm de diamètre et le tapisser d'une double couche de papier sulfurisé, en laissant dépasser 10 cm au bord.

5 Dégonfler la pâte avec le poing, puis la déposer sur un plan de travail fariné. L'abaisser en un rectangle de 30 x 20 cm. Égoutter le mélange de fruits et en répartir la moitié sur la surface de la pâte. Replier la pâte de chaque côté afin de recouvrir les fruits. L'abaisser à nouveau et recommencer jusqu'à ce que tous les fruits soient incorporés à la pâte. La pétrir doucement pendant 2 à 3 min et former une belle boule. La déposer dans le moule, la frotter avec le beurre fondu, puis marquer une croix sur le dessus

L'ITALIE

de la pâte à l'aide d'un couteau bien aiguisé. La laisser à nouveau lever dans un endroit chaud pendant 45 min, jusqu'à ce qu'elle ait doublé de volume.

6 Préchauffer le four à 190 °C. Laisser cuire pendant 50 min, jusqu'à ce que le panettone soit bien doré (enfoncer la pointe d'un couteau en plein cœur pour vérifier la cuisson). Laisser dans le moule pendant 5 min, puis démouler et laisser refroidir sur une grille.

GRANITÉ AU CAFÉ

Pour 6 personnes. Dissoudre 2 cuil. à soupe de sucre en poudre dans 500 ml de café express chaud. Verser sur une plaque ou dans un récipient métallique peu profond et laisser refroidir complètement. Congeler 30 min, puis gratter avec une fourchette afin de répartir les cristaux de glace. Congeler encore 30 min. Avec une fourchette, gratter le granité pour le réduire en fins cristaux et remettre au congélateur 1 h avant de servir. Le verser dans des verres et garnir d'une noisette de crème légèrement fouettée. Ce granité devient très dur en congelant : il est donc préférable d'utiliser un récipient peu profond et de briser le granité lorsqu'il est partiellement congelé.

GRANITÉ AU CITRON

Préparation : 15 min + 2 h de congélation
Cuisson : 5 min
Pour 4 à 6 personnes

270 ml de jus de citron
1 cuil. à soupe de zeste de citron râpé
200 g de sucre

1 Verser le jus de citron, le zeste et le sucre dans une petite casserole, et faire chauffer à feu doux pendant 5 min, en remuant, jusqu'à ce que le sucre soit dissous. Laisser refroidir.
2 Ajouter 500 ml d'eau et bien mélanger. Verser la mixture sur une plaque ou dans un récipient métallique peu profond de 30 x 20 cm et laisser refroidir complètement. Congeler pendant 30 min, puis gratter avec une fourchette afin de répartir les cristaux de glace. Remettre au congélateur pendant 30 min.
3 À l'aide d'une fourchette, gratter à nouveau le granité pour le réduire en fins cristaux et remettre au congélateur 1 h avant de servir. À l'aide d'une cuillère, verser dans des verres sortis du réfrigérateur et servir immédiatement.

CI-DESSUS : *Granité au citron*

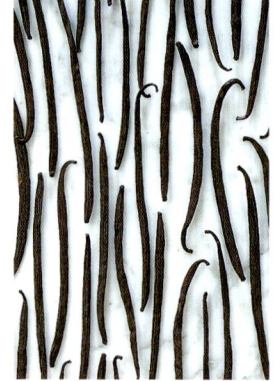

BISCOTTI

Signifiant « cuit deux fois », les biscotti désignaient à l'origine les biscuits de mer, petites galettes de farine très sèches et très dures que les marins emportaient pendant leurs longs voyages à bord des grands voiliers. Ces biscuits étaient si durs qu'il fallait les faire tremper avant de les manger, et seuls les charançons et l'eau de mer étaient capables de les détruire ! De nos jours, les biscotti renvoient généralement aux biscuits sucrés italiens que l'on cuit d'abord sous forme de pain, puis que l'on coupe en tranches et que l'on cuit à nouveau. On obtient ainsi un biscuit très croquant, idéal pour tremper dans le café ou dans un vin de dessert.

CI-DESSUS : Biscotti

BISCOTTI

Préparation : 25 min
Cuisson : 50 min
Pour 45 biscotti

☆☆

250 g de farine
1 cuil. à café de levure chimique
250 g de sucre
3 œufs
1 jaune d'œuf
1 cuil. à café d'essence de vanille
1 cuil. à café de zeste d'orange râpé
110 g de pistaches

1 Préchauffer le four à 180 °C. Garnir deux plaques de four de papier sulfurisé et les saupoudrer légèrement de farine.
2 Tamiser la farine et la levure chimique dans un grand saladier. Ajouter le sucre et bien mélanger. Faire un puits au centre et ajouter 2 œufs entiers, le jaune d'œuf, l'essence de vanille et le zeste d'orange. À l'aide d'une grande cuillère métallique, remuer jusqu'à ce que tous les ingrédients soient bien mélangés. Incorporer les pistaches. Pétrir la pâte pendant 2 à 3 min sur un plan de travail légèrement fariné. Celle-ci sera ferme au début. Verser un peu d'eau sur la pâte. Couper la pâte en deux morceaux et former un cylindre de 25 cm de long et de 8 cm de diamètre avec chacun d'eux. Aplatir légèrement le dessus.
3 Disposer les cylindres de pâte au centre des plaques de four. Battre l'œuf restant et en enduire les cylindres. Cuire au four pendant 35 min.
4 Réduire la température du four à 150 °C. Laisser légèrement refroidir les cylindres et les couper en tranches de 5 mm d'épaisseur. Les disposer sur les plaques, face plate vers le bas, et les laisser cuire pendant 8 min. Retourner les biscuits et laisser cuire pendant encore 8 min, jusqu'à ce qu'ils soient légèrement colorés, croustillants et bien secs. Les laisser refroidir complètement sur une grille. Les stocker dans un récipient hermétiquement fermé.

COUPE RAMONEUR

Ce succulent dessert d'une extraordinaire simplicité peut se préparer avec de la glace à la vanille fabriquée maison ou achetée en bac. Sur chaque portion de glace à la vanille, saupoudrer 1 cuil. à café de café express finement moulu. Verser 1 cuil. à soupe de whisky et servir immédiatement.

TARTE AU MIEL ET AUX PIGNONS

Préparation : 25 min
  + 15 min de réfrigération
Cuisson : 1 h
Pour 6 personnes

PÂTE
250 g de farine
1 cuil. à soupe 1/2 de sucre glace
110 g de beurre réfrigéré, coupé en dés
1 œuf, légèrement battu

230 g de pignons
170 g de miel
110 g de beurre, ramolli
120 g de sucre
3 œufs, légèrement battus
1/4 cuil. à café d'essence de vanille
1 cuil. à soupe de liqueur d'amande
1 cuil. à café de zeste de citron finement râpé
1 cuil. à soupe de jus de citron
sucre glace, pour saupoudrer
crème fraîche ou mascarpone,
  en accompagnement

1 Préchauffer le four à 190 °C et mettre une plaque de four sur la grille du milieu. Beurrer légèrement un moule à tarte à fond amovible de 24 cm de diamètre et de 3,5 cm de haut. Pour la pâte, tamiser la farine et le sucre glace dans un grand saladier et ajouter le beurre. Faire pénétrer le beurre avec les doigts, jusqu'à ce que la mixture ressemble à de la chapelure fine. Faire un puits au centre et y verser l'œuf et 2 cuil. à soupe d'eau froide. Mélanger à l'aide d'un couteau plat, en coupant, jusqu'à ce que la mixture s'agglutine en grumeaux.

2 Rassembler la pâte et la déposer sur un plan de travail légèrement fariné. Former une boule, l'abaisser en un rond de 3 mm d'épaisseur et garnir le moule à tarte. Bien faire adhérer la pâte au fond et à la paroi du moule et la laisser déborder. Passer le rouleau à pâtisserie sur le moule pour éliminer l'excédent de pâte au bord. Piquer le fond de pâte avec une fourchette et mettre au frais pendant 15 min. Abaisser les morceaux de pâte en trop et découper trois feuilles pour la décoration. Couvrir et mettre au réfrigérateur pendant 15 min.

3 Tapisser la pâte de papier sulfurisé et remplir de lentilles ou de riz non cuits. Cuire au four sur la plaque chaude pendant 10 min, puis retirer le moule à tarte en laissant la plaque dans le four. Réduire la température du four à 180 °C.

4 Pour la garniture, répartir les pignons sur une plaque et les faire dorer au four pendant 3 min. Faire chauffer le miel dans une petite casserole, jusqu'à ce qu'il soit fluide, puis laisser refroidir. Battre le beurre et le sucre dans un saladier, jusqu'à ce que le mélange soit clair et homogène. Incorporer les œufs un par un, en fouettant bien à chaque fois. Incorporer le miel, la vanille, la liqueur, le zeste et le jus de citron, et ajouter une pincée de sel. Ajouter les pignons. Verser toute la mixture sur la pâte et lisser la surface. Décorer en disposant les feuilles de pâte au centre de la tarte.

5 Mettre le moule sur la plaque chaude et laisser cuire pendant 40 min, jusqu'à ce que la tarte soit dorée et que la mixture ait pris. Couvrir la tarte d'un papier sulfurisé au bout de 25 min de cuisson. La servir chaude ou à température ambiante, saupoudrée de sucre glace. L'accompagner de crème fraîche ou de mascarpone.

CI-DESSOUS : Tarte au miel et aux pignons

LA FRANCE

Il suffit d'évoquer la France pour aussitôt songer à sa gastronomie et à ses bons vins. La cuisine française, et plus particulièrement la cuisine provençale, est réputée pour sa simplicité – quelques herbes, un trait de vin et un peu d'ail sont subtilement mélangés pour parfumer plats de viandes, de volailles ou de fruits de mer. Les sauces qui accompagnent ces plats, comme le célèbre aïoli, sont souvent très relevées. La cuisson, souvent longue et lente, permet de composer des mets qui fondent dans la bouche, comme le poulet aux quarante gousses d'ail. Olives, huile d'olive, aubergines, courgettes et tomates du potager sont également très appréciés des Provençaux. Enfin, la réputation des desserts français, dont beaucoup sont à base de poires, de cerises, de figues et d'abricots, n'est plus à faire.

TAPENADE
Ce terme vient de *tapeno*, signifiant « câpres », qui sont les ingrédients de base de cette préparation provençale. Bien que la tapenade n'ait été inventée à Marseille qu'au XIXe siècle, ce subtil mélange d'anchois, d'olives et de câpres s'est rapidement imposé comme un grand classique de l'apéritif. Il peut se déguster avec du pain frais ou grillé, et constitue une excellente garniture pour les œufs durs.

CI-CONTRE : Tapenade

TAPENADE

Préparation : 10 min
Pas de cuisson
Pour 400 ml environ

400 g d'olives Kalamata dénoyautées
2 gousses d'ail, écrasées
100 g filets d'anchois, conservés dans l'huile et égouttés
100 g de câpres, conservées dans la saumure, rincées et séchées
2 cuil. à café de thym frais haché
1 cuil. à soupe de jus de citron
60 ml d'huile d'olive
1 cuil. à soupe de cognac (facultatif)

1 Mixer tous les ingrédients jusqu'à obtention d'un mélange homogène. Assaisonner de poivre noir du moulin. À l'aide d'une cuillère, verser le mélange dans un bocal stérilisé et chaud (voir Note), sceller et conserver au réfrigérateur pendant deux semaines.
NOTES : pour stériliser un bocal, préchauffer le four à 120 °C. Nettoyer le bocal et le couvercle à l'eau chaude savonneuse et rincer à l'eau chaude. Mettre le bocal au four pendant 20 min, jusqu'à ce qu'il soit complètement sec. Ne pas le sécher avec un torchon.
   Conservée au réfrigérateur, l'huile d'olive risque de se solidifier et de prendre une couleur blanche. Cela n'affecte en rien la saveur de la tapenade : il suffit de la laisser reposer à température ambiante avant de servir pour que l'huile revienne à l'état liquide.

BAGNA CAUDA
(Sauce aux anchois)

Préparation : 5 min
Cuisson : 8 min
Pour 250 ml environ

300 ml de crème fleurette
45 g de filets d'anchois en conserve, égouttés
10 g de beurre
2 gousses d'ail, écrasées

1 Porter la crème lentement à ébullition dans une petite casserole à fond épais. Laisser bouillir pendant 8 min, en remuant fréquemment et en veillant à ce que la crème ne déborde pas. Ce temps de cuisson permet de réduire et d'épaissir la crème.
2 Pendant ce temps, hacher finement les anchois. Faire fondre le beurre dans une petite casserole, ajouter les anchois et l'ail, et laisser cuire à feu doux pendant 1 min, en remuant, sans les laisser dorer.
3 Verser la crème et remuer, puis saler et poivrer à volonté, si nécessaire. Verser le tout dans une jatte. Servir chaud en tant que sauce pour y tremper des crudités. Elle aura tendance à épaissir en reposant.

LA FRANCE

CRUDITÉS À L'AÏOLI
(Mayonnaise à l'ail et à l'huile d'olive)

Préparation : 15 min
Cuisson : 1 min
Pour 4 personnes

AÏOLI

10 gousses d'ail, écrasées
2 jaunes d'œufs
300 ml d'huile d'olive légère ou d'huile végétale
1 cuil. à soupe de jus de citron
1 pincée de poivre blanc moulu

12 pointes d'asperges (sans les bouts ligneux)
12 radis (sans les feuilles)
1/2 concombre, épépiné, coupé en deux dans le sens de la longueur et taillé en bâtonnets
1 endive, effeuillée

1 Pour l'aïoli, mixer l'ail, les jaunes d'œufs et une pincée de sel pendant 10 s. Sans cesser de mixer, verser l'huile en un fin filet continu. La mixture va commencer à épaissir. Une fois épaissie, verser l'huile un peu plus vite. Mixer jusqu'à ce que l'huile soit complètement incorporée et que la mayonnaise soit épaisse et crémeuse. Ajouter le jus de citron et le poivre.
2 Porter une casserole remplie d'eau à ébullition, ajouter les asperges et laisser cuire pendant 1 min. Retirer les asperges et les plonger dans un saladier rempli d'eau glacée.
3 Disposer harmonieusement les asperges, les radis, le concombre et l'endive sur un plat. Verser l'aïoli dans un petit récipient et l'ajouter au plat. L'aïoli peut également servir de garniture pour les sandwichs ou de sauce pour les plats de volailles ou de poissons.
NOTE : il est important que tous les ingrédients soient à température ambiante au moment de préparer cette recette. Si la mayonnaise a tendance à retomber, ajouter 1 à 2 cuil. à café d'eau bouillante et fouetter énergiquement. Si cela ne change rien, verser un jaune d'œuf dans un saladier propre et l'incorporer à la mayonnaise, goutte à goutte, en fouettant, puis poursuivre comme indiqué ci-dessus.

De nombreux autres légumes peuvent composer le plat de crudités : haricots verts, mini-carottes, têtes de brocoli et de chou-fleur, poivrons en rondelles et tomates cerises. Dans tous les cas, il est préférable d'utiliser des produits de saison.

AÏOLI
Également appelé « beurre de Provence », l'aïoli occupe une place tellement importante dans la cuisine provençale que les habitants de la région le célèbrent au cours de festivals annuels, comme la Fête de l'aïoli. C'est à la fois le nom de la mayonnaise à l'ail et du grand repas organisé pour l'occasion, au cours duquel l'aïoli accompagne aussi bien les légumes crus et cuits que la morue salée, les fruits de mer et les escargots. L'aïoli est l'accompagnement traditionnel et indispensable de la bourride, soupe de poissons voisine de la bouillabaisse.

CI-DESSUS : Crudités à l'aïoli

LE GRAND LIVRE DE LA CUISINE MÉDITERRANÉENNE

SALADE NIÇOISE
Ce plat a donné naissance à tant de variantes que sa forme traditionnelle est souvent méconnue. Celle-ci ne contient théoriquement pas d'ajouts comme des ingrédients cuits, à l'exception des œufs durs. Si les ingrédients dépendent de la saison, la salade niçoise doit néanmoins comprendre des olives noires (niçoises), des filets d'anchois, des tomates et de l'ail. Il est également fréquent d'y ajouter du thon.

CI-DESSUS : Salade niçoise

SALADE NIÇOISE

Préparation : 30 min
Cuisson : 15 min
Pour 4 personnes

3 œufs
2 tomates du potager
170 g de petits haricots verts, équeutés
120 ml d'huile d'olive
2 cuil. à soupe de vinaigre de vin blanc
1 grosse gousse d'ail, coupée en deux
320 g de cœurs de laitue iceberg,
   coupés en 8 morceaux
1 petit poivron rouge, épépiné
   et coupé en fines lamelles
1 concombre, coupé en bâtonnets
   de 5 cm de long
1 céleri en branches, coupé en bâtonnets
   de 5 cm de long
1/4 gros oignon rouge, finement émincé
2 x 180 g de thon en conserve, égoutté
   et émietté en gros morceaux
12 olives Kalamata
45 g de filets d'anchois en conserve, égouttés
2 cuil. à café de petites câpres
12 petites feuilles de basilic fraîches

1 Mettre les œufs dans une casserole remplie d'eau froide. Porter à ébullition, puis réduire le feu et laisser mijoter pendant 10 min. Remuer pendant les premières minutes afin que les jaunes d'œufs restent au centre. Passer les œufs à l'eau froide, puis les écaler et les couper en quartiers. Pendant ce temps, marquer une croix à la base de chaque tomate et les plonger dans un saladier rempli d'eau bouillante pendant 10 s. Les plonger ensuite dans l'eau froide et les peler en partant des croix. Couper chaque tomate en huit.
2 Faire cuire les haricots à l'eau bouillante pendant 2 min, les rincer à l'eau froide et les égoutter.
3 Pour la vinaigrette, verser l'huile et le vinaigre dans un bocal et secouer pour mélanger.
4 Frotter d'ail le fond et les parois d'un plat. Garnir le fond du plat avec la laitue. Disposer les œufs, les tomates, les haricots, le poivron rouge, le concombre et le céleri par-dessus. Parsemer d'oignon et de thon, puis répartir les olives, les anchois, les câpres et le basilic. Verser la vinaigrette et servir.

BEURRE D'ANCHOIS

Pour 4 à 6 personnes. Écraser 50 g d'anchois égouttés avec un mortier et un pilon. Battre 120 g de beurre ramolli jusqu'à obtention d'un mélange homogène. Ajouter les anchois en fouettant, puis verser 1 cuil. à café (ou plus) de jus de citron, goutte à goutte. Assaisonner de poivre noir moulu. Il est possible d'incorporer 1 cuil. à soupe de persil et de thym frais hachés. Servir avec du bœuf ou du poisson grillé.

SALADE DE POMMES DE TERRE AUX ANCHOIS

Préparation : 20 min
Cuisson : 25 min
Pour 6 personnes

1 kg de pommes de terre à chair ferme, non épluchées
60 ml de vin blanc sec
1 cuil. à soupe de vinaigre de cidre
60 ml d'huile d'olive
4 oignons nouveaux, finement émincés
12 filets d'anchois, égouttés
1 cuil. à soupe de persil haché
1 cuil. à soupe de ciboulette fraîche hachée

1 Faire cuire les pommes de terre à l'eau bouillante salée pendant 20 min, jusqu'à ce qu'elles soient tendres. Les égoutter et les éplucher tant qu'elles sont chaudes. Les couper en rondelles de 1 cm d'épaisseur.
2 Verser le vin, le vinaigre, l'huile d'olive et les oignons nouveaux dans une grande poêle à fond épais et chauffer à feu doux. Ajouter les pommes de terre. Secouer la poêle pour bien imprégner les pommes de terre du jus, puis remettre sur le feu.
3 Quand les pommes de terre sont chaudes, retirer la poêle du feu et assaisonner à volonté. Hacher grossièrement la moitié des anchois et les mélanger aux pommes de terre avec le persil et la ciboulette. Transférer le tout dans un plat et garnir avec le reste d'anchois. Servir chaud ou à température ambiante.

SALADE DE BETTERAVES AU CHÈVRE

Préparation : 20 min
Cuisson : 30 min
Pour 4 personnes

1 kg de betteraves (4 racines avec les feuilles)
200 g de haricots verts
1 cuil. à soupe de vinaigre de vin rouge
2 cuil. à soupe d'huile d'olive extra vierge
1 gousse d'ail, écrasée
1 cuil. à soupe de câpres, égouttées et hachées
100 g de fromage de chèvre

1 Couper les feuilles des racines de betteraves. Gratter la terre des racines et nettoyer soigneusement les feuilles. Mettre les racines dans une grande casserole d'eau salée et porter à ébullition. Réduire le feu et laisser mijoter, à couvert, pendant 30 min, jusqu'à ce que les betteraves soient tendres.
2 Pendant ce temps, porter une casserole d'eau à ébullition, verser les haricots et laisser cuire pendant 3 min, jusqu'à ce qu'ils soient tendres. Les retirer avec une écumoire et les plonger dans un saladier rempli d'eau froide. Bien les égoutter. Verser les feuilles de betteraves dans la même casserole d'eau et laisser cuire pendant 3 à 5 min, jusqu'à ce qu'elles soient tendres. Les égoutter, les plonger dans un saladier rempli d'eau froide et les égoutter à nouveau.
3 Égoutter et laisser refroidir les betteraves, puis les peler et les couper en morceaux.
4 Pour la vinaigrette, verser le vinaigre, l'huile, l'ail, les câpres, 1/2 cuil. à café de sel et de poivre dans un bocal, fermer le couvercle et secouer.
5 Pour servir, répartir les haricots, les feuilles et les racines de betteraves dans quatre assiettes. Émietter le fromage de chèvre par-dessus et assaisonner avec la vinaigrette. Servir avec du pain frais.

CI-DESSOUS : Salade de betteraves au chèvre

PAN-BAGNAT

Préparation : 15 min
+ 1 h de repos
Pas de cuisson
Pour 4 personnes

☆

4 pains ronds ou 4 morceaux de baguette
1 gousse d'ail
60 ml d'huile d'olive
1 cuil. à soupe de vinaigre de vin rouge
3 cuil. à soupe de feuilles de basilic fraîches, déchirées
2 tomates, coupées en rondelles
2 œufs durs, coupés en rondelles
75 g de thon en conserve
8 filets d'anchois
1 petit concombre, coupé en rondelles
1/2 poivron vert, coupé en fines lamelles
1 échalote, finement émincée

1 Couper les pains en deux et enlever un peu de mie des moitiés supérieures. Couper la gousse d'ail en deux et en frotter l'intérieur des pains. Assaisonner les deux côtés des pains avec de l'huile d'olive, du vinaigre, du sel et du poivre.
2 Disposer tous les ingrédients de la salade sur les moitiés inférieures des pains et couvrir avec les moitiés supérieures. Presser fermement chaque pan-bagnat et les envelopper dans du papier aluminium en serrant bien. Laisser reposer dans un endroit frais 1 h avant de servir.

BRANDADE DE MORUE

Préparation : 25 min + 24 h de trempage
Cuisson : 45 min
Pour 6 personnes (en entrée)

☆ ☆

450 g de morue salée (poids à sec équivalent environ à la moitié d'une morue)
200 g de pommes de terre farineuses, coupées en morceaux de 3 cm de côté
150 ml d'huile d'olive
250 ml de lait
4 gousses d'ail, écrasées
2 cuil. à soupe de jus de citron
huile d'olive supplémentaire

1 Mettre la morue salée dans un grand saladier, couvrir d'eau froide et laisser tremper pendant 24 h, en changeant l'eau fréquemment. Égoutter la morue et la plonger dans une grande casserole d'eau propre. Porter à ébullition à feu moyen, réduire le feu et laisser mijoter pendant 30 min. Égoutter et laisser refroidir pendant 15 min.
2 Pendant ce temps, faire cuire les pommes de terre dans une casserole d'eau salée pendant 12 à 15 min. Les égoutter et les maintenir au chaud.
3 Enlever la peau de la morue et couper la chair en gros morceaux, en prenant soin de retirer toutes les arêtes. Mettre la chair dans un robot. Dans deux casseroles différentes, faire chauffer doucement l'huile d'une part, le lait et l'ail, d'autre part.
4 Mettre en marche le robot et ajouter tour à tour de petites quantités de lait et d'huile, jusqu'à obtention d'une pâte épaisse et humide. Ajouter les pommes de terre et mixer par à-coups. Ne pas trop travailler la mixture après avoir ajouté les pommes de terre. Transvaser le tout dans un saladier et ajouter le jus de citron à volonté. Assaisonner de poivre noir moulu. Aérer délicatement la mixture avec une fourchette. Verser un filet d'huile d'olive avant de servir. Servir chaud ou froid avec du pain frit.

CI-DESSOUS : Pans-bagnats

LA FRANCE

FRISÉE AUX CROÛTONS AILLÉS

Préparation : 20 min
Cuisson : 10 min
Pour 4 à 6 personnes

☆

Vinaigrette

1 échalote, finement émincée
1 cuil. à soupe de moutarde de Dijon
60 ml de vinaigre à l'estragon
170 ml d'huile d'olive extra vierge

1 cuil. à soupe d'huile d'olive
250 g de lard, découenné et coupé
    en morceaux de 0,5 x 2 cm
1/2 gressin moyen, coupé en tranches
4 gousses d'ail entières
1 petite frisée, lavée et essorée
100 g de noix, grillées

1 Pour la vinaigrette, battre la moutarde, le vinaigre et l'échalote dans un saladier. Ajouter lentement l'huile, en remuant constamment, jusqu'à ce que la mixture ait épaissi. Réserver.

2 Faire chauffer l'huile dans une grande poêle, ajouter les lardons, le gressin et les gousses d'ail, et laisser cuire à feu moyen-vif pendant 5 à 8 min, jusqu'à ce que les lardons et les croûtons soient croustillants. Retirer l'ail de la poêle.

3 Verser la frisée, les croûtons, les lardons, les noix et la vinaigrette dans un grand saladier. Bien mélanger le tout et servir.

ANCHOÏADE

Cette sauce typiquement provençale accompagne souvent crudités ou toasts.
Pour 250 ml environ. Verser 70 ml d'huile d'olive dans une petite casserole, ajouter 150 g de filets d'anchois et laisser cuire à feu très doux pendant 10 min, jusqu'à ce que les anchois aient « fondu ». Retirer du feu et laisser refroidir. Réduire les anchois en purée, ajouter 2 gousses d'ail écrasées et 2 cuil. à soupe de vinaigre de vin rouge, et bien mélanger le tout. Verser lentement 50 ml d'huile d'olive en un filet continu, en remuant la mixture constamment. Vérifier l'assaisonnement et servir.

CI-DESSUS : Frisée aux croûtons aillés

ASSAISONNEMENTS ET SAUCES

Les sauces et les assaisonnements originaires de Provence diffèrent des autres régions de France en ceci qu'ils ne sont pas préparés à base de beurre, de crème et de farine, mais à base de légumes, d'herbes et d'huile. C'est là un des traits les plus importants de la cuisine provençale : les arômes naturels des aliments doivent s'affirmer pleinement et ne doivent donc pas être masqués par des sauces riches et lourdes.

VINAIGRETTE

Dissoudre une pincée de sel dans 2 cuil. à soupe de vinaigre de vin rouge et l'incorporer très lentement à 6 cuil. à soupe d'huile d'olive extra vierge. Poivrer et mélanger. Pour varier les plaisirs, il est possible d'ajouter, au choix, les ingrédients suivants : 1 gousse d'ail écrasée, 1 cuil. à café de moutarde de Dijon, 2 cuil. à soupe de ciboulette, de menthe ou de persil frais hachés. Le vinaigre de vin rouge peut être remplacé par du jus de citron ou un autre type de vinaigre de vin.

MAYONNAISE

La mayonnaise faite maison est excellente et facile à préparer. Qu'elle soit faite à la main ou à l'aide d'un robot de cuisine, tous les ingrédients doivent être à température ambiante et l'huile doit être incorporée très lentement. Pour 450 ml. Avec un fouet, battre 2 jaunes d'œufs et 1 cuil. à soupe de moutarde de Dijon pendant 1 min. Incorporer lentement 450 ml d'huile d'olive en un fin filet continu tout en continuant à fouetter. Quand la mayonnaise commence à prendre, ajouter l'huile plus rapidement, en remuant bien à chaque ajout. Une fois l'huile entièrement versée, incorporer 2 cuil. à soupe de jus de citron, saler et poivrer. Si la mayonnaise a tendance à retomber, verser un jaune d'œuf dans un saladier propre et y verser très lentement la mayonnaise, en remuant constamment, jusqu'à ce que la mixture soit lisse et ferme. Voici quelques variantes de la recette : Pour une mayonnaise aux herbes, incorporer 3 cuil. à soupe d'herbes fraîches hachées (ciboulette, persil, cerfeuil ou estragon). Pour une rémoulade, incorporer 2 cuil.

à soupe de câpres et de cornichons hachés, 2 cuil. à café de moutarde de Dijon, 2 échalotes finement émincées, 3 filets d'anchois, 1 cuil. à soupe d'estragon frais haché et 2 cuil. à soupe persil plat frais haché.

SAUCE AUX TOMATES FRAÎCHES

Pour 620 ml. Peler, épépiner et couper en petits dés 900 g de tomates bien mûres. Les verser dans un saladier et ajouter 1 cuil. à soupe de basilic et de persil plat frais hachés, 2 échalotes finement émincées et 3 cuil. à soupe d'huile d'olive extra vierge. Mélanger. Assaisonner et bien remuer. Servir à température ambiante.

SAUCE VIERGE

Cette sauce à base de tomates crues accompagne à merveille le thon et l'espadon grillés. Pour 450 ml. Dans un saladier, mélanger 700 g de tomates pelées, épépinées et coupées en morceaux, 170 ml d'huile d'olive extra vierge, 3 cuil. à soupe de jus de citron et 2 gousses d'ail écrasées. Saler et poivrer. Réserver pendant 2 h. Juste avant de servir, incorporer 6 olives noires dénoyautées et finement hachées, ainsi que 1 cuil. à soupe de ciboulette, de persil et d'estragon frais finement hachés.

SAUCE VERTE

Cette sauce s'accorde parfaitement avec les viandes froides et les poissons grillés ou pochés. Couverte, elle peut se conserver au réfrigérateur jusqu'à 3 jours. Pour 220 ml. Blanchir et égoutter 280 g d'épinards frais. Une fois suffisamment refroidis, les essorer avec les mains. Les épinards frais peuvent être remplacés par 140 g d'épinards surgelés, décongelés et bien égouttés. Les mettre dans un robot ou un mixeur. Ajouter 1 tranche de pain préalablement trempée dans un peu d'eau, 1 œuf dur coupé en rondelles, 6 filets d'anchois, 2 cuil. à soupe de vinaigre de vin rouge et 120 ml d'huile d'olive. Mixer jusqu'à obtention d'un mélange homogène. Incorporer 1 cuil. à soupe de cornichons finement hachés et 1 cuil. à café de câpres finement hachées. Assaisonner à volonté.

SAUCE RAVIGOTE

Cette sauce accompagne à merveille poulet froid, dinde, crevettes ou légumes. Pour 180 ml. Dissoudre une pincée de sel dans 2 cuil. à soupe de vinaigre de vin rouge. Incorporer 6 cuil. à soupe d'huile d'olive, 3 cuil. à soupe de persil, de ciboulette ou d'estragon frais haché, 1 petit oignon finement émincé, 2 cuil. à soupe de cornichons finement hachés et 2 cuil. à soupe de câpres. Assaisonner à volonté.

DE GAUCHE À DROITE : Sauce ravigote ; Vinaigrette ; Mayonnaise ; Sauce aux tomates fraîches ; Sauce verte ; Sauce vierge

CI-DESSUS : Salade de fenouils grillés aux oranges

1 Préchauffer le four à 200 °C. Couper les feuilles du fenouil et les réserver. Retirer les tiges et une tranche de 5 mm à la base de chaque fenouil. Couper chaque fenouil en 6 gros morceaux, les disposer dans un plat à four et les arroser de 3 cuil. à soupe d'huile d'olive. Assaisonner. Cuire au four pendant 40 à 45 min, jusqu'à ce que les fenouils soient tendres et légèrement caramélisés. Les retourner une ou deux fois pendant la cuisson. Laisser refroidir.
2 Couper le haut et le bas de chaque orange. Avec un petit couteau bien aiguisé, retirer le zeste et le plus possible de peau blanche. Prendre un quartier et inciser d'un côté entre la chair et la membrane. Recommencer de l'autre côté et extraire la chair. Effectuer cette opération au-dessus d'un saladier afin de récupérer le jus. Procéder ainsi pour tous les quartiers. Récupérer le jus resté dans les membranes.
3 Battre le reste de l'huile avec le jus d'orange et le jus de citron jusqu'à obtention d'une sauce émulsionnée. Assaisonner généreusement. Dans un saladier, mélanger les quartiers d'orange, l'oignon et les olives, verser la moitié de l'assaisonnement par-dessus et ajouter la moitié de la menthe. Bien mélanger le tout. Transvaser dans un plat. Garnir avec les fenouils grillés, arroser avec le reste de l'assaisonnement et parsemer avec du persil et le reste de menthe. Hacher les feuilles de fenouil réservées et les répandre sur la salade.

SALADE DE FENOUILS GRILLÉS AUX ORANGES

Préparation : 30 min
Cuisson : 45 min
Pour 4 personnes

8 petits bulbes de fenouil
5 cuil. à soupe d'huile d'olive
2 oranges
1 cuil. à soupe de jus de citron
1 oignon rouge, coupé en deux et finement émincé
100 g d'olives Kalamata
2 cuil. à soupe de menthe fraîche hachée
1 cuil. à soupe de persil plat frais haché

ESCARGOTS AU BEURRE D'AIL ET DE PERSIL

Préparation : 15 min
Cuisson : 5 min
Pour 6 personnes

400 g d'escargots en conserve
120 g de beurre, ramolli
4 gousses d'ail, écrasées
2 cuil. à soupe de persil plat frais haché
2 cuil. à café de ciboulette fraîche hachée
3 douzaines de coquilles d'escargots (voir Note)
20 g de chapelure fraîche
pain, en accompagnement

1 Préchauffer le four à 200 °C. Rincer les escargots à l'eau froide. Bien les égoutter et réserver.
2 Dans un petit saladier, mélanger le beurre, l'ail, le persil et la ciboulette jusqu'à obtention d'une mixture homogène. Assaisonner de sel et de poivre noir.
3 Verser un peu de beurre d'escargot et insérer un escargot dans chaque coquille. Fermer les coquilles avec le reste de beurre et parsemer de chapelure.

4 Disposer les escargots sur une plaque de four, orifice vers le haut afin que le beurre d'escargot ne s'échappe pas. Laisser cuire pendant 5 à 6 min, jusqu'à ce que le beurre d'escargot bouillonne et que la chapelure soit légèrement dorée. Servir avec du pain.

NOTE : les coquilles d'escargots sont en vente dans des magasins d'alimentation spécialisés. À défaut, utiliser de tout petits ramequins allant au four.

TARTE AU FROMAGE DE CHÈVRE

Préparation : 20 min + réfrigération
Cuisson : 1 h 15
Pour 6 personnes

Pâte
120 g de farine
60 ml d'huile d'olive
3 à 4 cuil. à soupe d'eau glacée

Garniture
1 cuil. à soupe d'huile d'olive
2 oignons, finement émincés
1 cuil. à café de feuilles de thym fraîches
120 g de ricotta
100 g de fromage de chèvre
2 cuil. à soupe d'olives niçoises dénoyautées
1 œuf, légèrement battu
60 ml de crème fleurette

1 Pour la pâte, tamiser la farine et une pincée de sel dans un grand saladier. Faire un puits au centre. Ajouter l'huile d'olive et mélanger à l'aide d'un couteau à lame plate jusqu'à obtention d'une mixture friable. Ajouter peu à peu l'eau jusqu'à ce que la mixture s'amalgame. Retirer la pâte du saladier et la tapoter pour former un disque. La mettre au réfrigérateur pendant 30 min.

2 Pour la garniture, faire chauffer l'huile d'olive dans une poêle. Ajouter l'oignon, couvrir et laisser cuire à feu doux pendant 30 min. Assaisonner et incorporer la moitié du thym. Laisser refroidir légèrement.

3 Préchauffer le four à 180 °C. Fariner légèrement le plan de travail et abaisser la pâte en un disque de 30 cm de diamètre. Répartir l'oignon uniformément sur la pâte, en laissant une marge de 2 cm au bord. Répandre la ricotta et le fromage de chèvre sur l'oignon. Disposer les olives par-dessus, puis parsemer avec le reste de thym. Replier les bords de la pâte vers l'intérieur, en les cannelant au fur et à mesure.

4 Mélanger l'œuf et la crème fleurette dans une petite jatte, puis la verser délicatement sur la garniture. Faire cuire sur une plaque chaude située dans la moitié inférieure du four pendant 45 min, jusqu'à ce que la pâte soit dorée. Servir chaud ou à température ambiante.

FROMAGE DE CHÈVRE
Le fromage de chèvre est apprécié pour son arôme caractéristique, acidulé et rappelant le goût de la noix. Il est plus ou moins fort selon le lieu de provenance du lait et l'affinage du fromage.

CI-DESSOUS : Tarte au fromage de chèvre

PISSALADIÈRE

Préparation : 30 min
 + 15 min de repos
 + 1 h 30 de levage
Cuisson : 1 h 25
Pour 4 à 6 personnes

1 sachet de levure de boulanger
180 g de farine
1 œuf, battu
1 cuil. à soupe d'huile d'olive

GARNITURE

60 ml d'huile d'olive
2 gousses d'ail
1 brin de thym frais
4 gros oignons, finement émincés
1 pincée de muscade moulue
30 g de filets d'anchois, égouttés et coupés en deux dans le sens de la longueur
16 olives noires dénoyautées

CI-DESSOUS : Pissaladière

1 Verser la levure dans un petit saladier avec 2 cuil. à soupe d'eau tiède. Laisser reposer dans un endroit chaud et calfeutré pendant 15 min, jusqu'à ce que le mélange soit mousseux. Si la levure ne mousse pas, c'est que le mélange n'a pas pris et qu'il faut recommencer.
2 Tamiser la farine et 1/4 cuil. à café de sel dans un grand saladier, faire un puits au centre et y verser la mixture à base de levure, l'œuf, l'huile et 2 cuil. à soupe d'eau chaude. Amalgamer les ingrédients avec une cuillère en bois et transférer la pâte ainsi obtenue sur un plan de travail fariné. Pétrir la pâte jusqu'à ce qu'elle soit malléable et lisse, en ajoutant davantage d'eau ou de farine si nécessaire. Continuer à pétrir pendant 6 à 8 min, jusqu'à ce qu'elle soit lisse et élastique. Huiler un grand saladier propre et y déposer la pâte. Imprégner la pâte d'huile en la roulant dans le saladier, couvrir celui-ci avec un linge sec et laisser reposer dans un endroit chaud pendant 1 h, jusqu'à ce que la pâte ait doublé de volume.
3 Pour la garniture, faire chauffer l'huile dans une grande poêle à fond épais, ajouter l'ail, le thym et l'oignon, et faire revenir le tout à feu très doux pendant 1 h, en remuant de temps en temps, jusqu'à ce que l'oignon ait ramolli, sans être doré. Jeter l'ail et le thym, ajouter la muscade et assaisonner.
4 Badigeonner d'huile un plat à pizza de 30 cm de diamètre. Dégonfler la pâte avec le poing et la pétrir légèrement pour former une boule. L'abaisser en un disque de 30 cm de diamètre et la déposer sur le plat huilé. Répartir les oignons sur la surface en laissant une marge de 1 cm au bord. Former un quadrillage sur le dessus avec les anchois. Disposer les olives dans les intervalles. Glisser le plat à pizza dans un grand sac en plastique et laisser lever à nouveau pendant 30 min. Préchauffer le four à 200 °C.
5 Faire cuire pendant 20 à 25 min, jusqu'à ce que la pâte soit cuite et dorée. Réduire la température du four à 190 °C si la croûte noircit en fin de la cuisson. Couper la pissaladière en parts avant de servir.

PANISSES
(Beignets de pois chiches)

Préparation : 20 min + refroidissement
Cuisson : 30 min
Pour 6 personnes

170 g de farine de pois chiches
1 cuil. à soupe 1/2 d'huile d'olive
huile végétale, pour frire

1 Vaporiser six soucoupes d'huile de cuisine. Verser la farine dans un saladier et incorporer 680 g d'eau

LA FRANCE

PANISSES

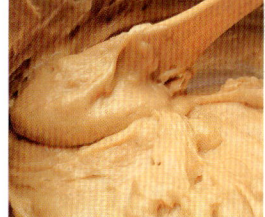

Remuer jusqu'à ce que la mixture se grumelle et commence à se détacher des parois de la casserole.

Répartir la mixture dans les soucoupes.

froide. Battre à l'aide d'un fouet pendant 2 min, jusqu'à ce que la mixture soit homogène. Incorporer l'huile d'olive et assaisonner à volonté de sel et de poivre noir finement moulu.
2 Verser le tout dans une casserole à fond épais et laisser cuire à feu doux pendant 8 min, en remuant constamment, jusqu'à ce que le mélange ait épaissi. Continuer à cuire et à remuer : au bout de 10 à 12 min, la mixture doit former des grumeaux et commencer à se détacher des parois de la casserole. Retirer du feu et battre jusqu'à obtention d'une mixture homogène. Répartir le mélange uniformément et rapidement dans les soucoupes avant qu'il n'ait pris. Laisser refroidir et prendre.
3 Préchauffer le four à 120 °C. Retirer la mixture des soucoupes et la couper en bâtonnets de 5 cm de long et 2 cm de large. Verser l'huile végétale dans une grande casserole à fond épais sur une hauteur d'environ 2,5 cm. Faire chauffer à feu vif et frire les bâtonnets en plusieurs fois, pendant environ 2 min de chaque côté, jusqu'à ce qu'ils soient dorés et croustillants. Les retirer à l'aide d'une écumoire et les égoutter sur du papier absorbant. Transvaser au fur et à mesure les panisses frites dans des plats et les conserver au chaud dans le four. Servir chaud, en assaisonnant de sel et de poivre noir du moulin et, éventuellement, de parmesan râpé.
NOTE : pour en faire un plat sucré, saupoudrer les panisses de sucre tant qu'elles sont encore chaudes.

GALETTES DE FARINE DE POIS CHICHES

Préparation : 5 min
Cuisson : 25 min
Pour 4 à 6 personnes

120 g de farine de pois chiches
1 cuil. à soupe d'huile d'olive

1 Préchauffer le four à 230 °C et huiler un plat à pizza de 30 cm de diamètre. Verser la farine de pois chiches et 1/2 cuil. à café de sel dans un saladier et incorporer 250 ml d'eau. Battre jusqu'à obtention d'une mixture homogène, puis ajouter l'huile. Transvaser dans une casserole et laisser cuire à feu doux pendant 4 min, en remuant, jusqu'à ce que la mixture épaississe et soit crémeuse. Si la mixture forme des grumeaux, retirer du feu et battre.
2 Verser la moitié de la pâte au centre du plat. Incliner le plat afin de répartir la pâte en une fine couche sans qu'elle touche les bords du plat. Si des grumeaux se sont formés, répartir la pâte en la filtrant. Cuire au four pendant 8 à 10 min, jusqu'à ce que la galette soit dorée. Elle doit être croustillante sur les bords et moelleuse au centre. Préparer une seconde galette avec le reste de pâte. Assaisonner de poivre noir. Couper en parts et servir chaud.

CI-DESSUS : Panisses

BOURRIDE

S'il existe de nombreuses variantes de ce grand classique de la cuisine méditerranéenne, la Provence et le Languedoc en revendiquant tous deux la paternité, la bourride se caractérise dans tous les cas par l'ajout d'aïoli, qui donne à ce plat sa texture lisse traditionnelle, sa couleur jaune pâle et sa saveur généreusement aillée.

CI-DESSUS : Bourride

BOURRIDE
(Soupe de poissons à l'aïoli)

Préparation : 25 min
Cuisson : 1 h 10
Pour 8 personnes

1 cuil. à soupe de beurre
1 cuil. à soupe d'huile d'olive
4 tranches de pain blanc, écroûtées et coupées en cubes de 1,5 cm de côté
2 kg de poissons entiers à chair blanche (de préférence, de trois variétés différentes selon l'arrivage : loup, merlan, rascasse, flétan)
aïoli (voir page 153)
3 jaunes d'œufs

BOUILLON
80 ml d'huile d'olive
1 gros oignon haché
1 carotte, coupée en rondelles
1 poireau (uniquement le pied), haché
410 ml de vin blanc sec
1 cuil. à café de graines de fenouil séchées
2 gousses d'ail, écrasées
2 feuilles de laurier
1 grosse lamelle de zeste d'orange
2 brins de thym frais

1 Faire chauffer le beurre et l'huile dans une poêle. Quand le beurre commence à mousser, ajouter les dés de pain et les faire dorer pendant 5 min. Égoutter sur du papier absorbant.
2 Couper les poissons en filets (ou demander à votre poissonnier de le faire), en réservant les têtes et les arêtes pour le bouillon.
3 Pour le bouillon, faire chauffer l'huile d'olive dans une grande casserole ou dans une marmite. Ajouter l'oignon, la carotte et le poireau. Laisser cuire à feu doux pendant 12 à 15 min, jusqu'à ce que les légumes aient ramolli. Ajouter les têtes et les arêtes de poissons, verser le vin, les graines de fenouil, l'ail, les feuilles de laurier, le zeste d'orange et le thym, et assaisonner avec 1/2 cuil. à café de sel et du poivre noir. Couvrir avec 2 l d'eau. Porter à ébullition

et écumer la surface. Réduire le feu et laisser mijoter pendant 30 min. Filtrer le bouillon dans une marmite, en écrasant les arêtes pour en exprimer l'arôme. Remettre sur le feu.

4 Couper les filets de poissons en gros morceaux de 9 cm de long. Les verser dans le bouillon, en commençant par les plus gros morceaux et en finissant par les morceaux les plus délicats, et porter à faible ébullition. Les pocher pendant 6 à 8 min, jusqu'à ce que la chair devienne transparente et se désagrège. Transférer le poisson dans un plat et l'humidifier avec un peu de bouillon. Couvrir de papier aluminium et maintenir au chaud dans un four à faible température.

5 Mettre 8 cuil. à soupe d'aïoli dans un saladier et ajouter les jaunes d'œufs, en remuant constamment. Verser à la louche un peu de bouillon dans le mélange à base d'aïoli, remuer et reverser le tout dans le reste de bouillon. Laisser cuire à feu très doux. Remuer constamment avec une cuillère en bois pendant 8 à 10 min, jusqu'à ce que la soupe épaississe et attache au dos de la cuillère. Ne pas porter à ébullition : la soupe risquerait de prendre.

6 Verser séparément dans la soupe les croûtons, les morceaux de poissons et le reste de l'aïoli.

SOUPE AU PISTOU
(Soupe de légumes au basilic)

Préparation : 45 min
Cuisson : 35 min
Pour 8 personnes

3 tiges de persil plat frais
1 gros brin de romarin frais
1 gros brin de thym frais
1 gros brin de marjolaine fraîche
60 ml d'huile d'olive
2 oignons, finement émincés
1 poireau, coupé en fines rondelles
1 feuille de laurier
370 g de potiron, coupé en petits morceaux
250 g de pommes de terre, coupées en dés
1 carotte, coupée en deux dans le sens de la longueur, puis coupée en fines rondelles
2 l de bouillon de légumes chaud ou d'eau
90 g de fèves fraîches ou surgelées
80 g de petits pois frais ou surgelés
2 petites courgettes, finement hachées
2 tomates bien mûres, pelées et hachées
60 g de macaroni courts ou de pâtes coquillages

PISTOU
25 g de feuilles de basilic fraîches
2 grosses gousses d'ail, écrasées
35 g de parmesan, râpé
80 ml d'huile d'olive

1 Ficeler le persil, le romarin, le thym et la marjolaine. Faire chauffer l'huile dans une casserole et ajouter les oignons et le poireau. Les faire revenir à feu doux pendant 10 min.

2 Ajouter la botte d'herbes, le laurier, le potiron, les pommes de terre, la carotte, 1 cuil. à café de sel et le bouillon. Couvrir et laisser mijoter pendant 10 min, jusqu'à ce que les légumes soient à peine tendres.

3 Ajouter les fèves, les petits pois, les courgettes, les tomates et les pâtes. Couvrir et laisser cuire 15 min, jusqu'à ce que les légumes soient tendres et les pâtes cuites. Retirer les herbes et le laurier.

4 Pour le pistou, hacher le basilic et l'ail dans un robot. Verser l'huile, en mixant jusqu'à obtention d'un mélange homogène. Incorporer le parmesan et 1/2 cuil. à café de poivre noir du moulin. Déposer une cuillerée sur la soupe au moment de servir.

NOTE : cette soupe aura encore meilleur goût si elle est conservée au réfrigérateur pendant une nuit, puis réchauffée doucement.

CI-DESSOUS : Soupe au pistou

BOUILLABAISSE SAUCE ROUILLE

Cuire les morceaux de poissons les plus fermes plus longtemps.

Frotter le pain grillé avec les gousses d'ail coupées en deux.

BOUILLABAISSE SAUCE ROUILLE

Préparation : 35 min de trempage
Cuisson : 1 h 10
Pour 6 personnes

500 g de tomates bien mûres
3 cuil. à soupe d'huile d'olive
1 gros oignon, haché
2 poireaux, coupés en rondelles
4 gousses d'ail, écrasées
1 à 2 cuil. à soupe de concentré de tomate
6 brins de persil plat frais
2 feuilles de laurier fraîches
2 brins de thym frais
1 brin de fenouil frais
2 pincées de filaments de safran
2 kg de déchets de poissons (têtes, arêtes, etc.)
1 cuil. à soupe de Pernod ou de Ricard
4 pommes de terre, coupées en rondelles de 1,5 cm d'épaisseur
1,5 kg de filets et de steaks de poissons mélangés (rascasse, lotte, rouget, congre, saint-pierre), coupés en morceaux (voir Note)
2 cuil. à soupe de persil plat frais haché

TOASTS
12 tranches de pain
2 grosses gousses d'ail, coupées en deux

SAUCE ROUILLE
3 tranches de pain blanc, écroûtées
1 poivron rouge, épépiné et coupé en quartiers
1 petit piment rouge, épépiné et haché
3 gousses d'ail, écrasées
1 cuil. à soupe de basilic frais, déchiré
80 ml d'huile d'olive

1 Marquer une croix à la base de chaque tomate. Plonger les tomates dans l'eau bouillante pendant 10 s, puis les plonger dans l'eau froide et les peler en partant de la croix. Hacher grossièrement la chair.
2 Dans une casserole, faire chauffer l'huile d'olive à feu moyen, ajouter l'oignon et le poireau, et les faire revenir pendant 5 min sans les laisser dorer. Ajouter l'ail, les tomates et 1 cuil. à soupe de concentré de tomate, réduire le feu et laisser mijoter 5 min. Verser 2 l d'eau froide, puis ajouter le persil, le laurier, le thym, le fenouil, le safran et les déchets de poissons. Porter à ébullition, puis réduire le feu et laisser mijoter 30 min. Filtrer le tout dans une grande casserole, en exprimant bien le jus des ingrédients.
3 Réserver 60 ml de bouillon. Verser le Pernod dans la casserole et incorporer du concentré de tomate pour accentuer la couleur si nécessaire. Assaisonner,

CI-CONTRE : Bouillabaisse sauce rouille

puis porter à ébullition et ajouter les pommes de terre. Réduire le feu et laisser mijoter pendant 5 min.
4 Ajouter les morceaux de poissons les plus fermes et laisser cuire pendant 2 à 3 min, puis ajouter les morceaux plus délicats et laisser cuire pendant 5 min.
5 Faire griller le pain des deux côtés. Tant qu'il est encore chaud, le frotter entièrement d'ail.
6 Pour la sauce rouille, tremper le pain dans de l'eau froide pendant 5 min. Faire cuire les morceaux de poivrons, côté peau vers le haut, sous un grill bien chaud, jusqu'à ce que les peaux noircissent et forment des cloques. Les laisser refroidir dans un sac en plastique, puis les peler. Hacher grossièrement la chair. Essorer le pain et le mettre dans un robot avec le poivron, le piment, l'ail et le basilic. Mixer jusqu'à obtention d'un mélange homogène. Sans cesser de mixer, ajouter l'huile jusqu'à ce que le mélange ait la consistance de la mayonnaise. Allonger la sauce avec 1 à 2 cuil. à soupe de bouillon. Assaisonner. Pour servir, mettre 2 tranches de pain dans chaque assiette creuse. Verser la soupe et le poisson à la louche. Parsemer de persil. Servir avec la sauce rouille à côté.
NOTE : utiliser au moins quatre espèces de poissons différentes afin de varier les saveurs et les textures. Il est par ailleurs possible d'ajouter du homard, du crabe, des coquilles Saint-Jacques ou des moules.

LAPIN À LA MOUTARDE

Préparation : 30 min
Cuisson : 2 h
Pour 4 à 6 personnes

2 lapins (environ 800 g chacun)
2 cuil. à soupe d'huile d'olive
2 oignons, coupés en rondelles
4 tranches de poitrine fumée, coupées en morceaux de 3 cm de long
2 cuil. à soupe de farine
370 ml de bouillon de poule
120 ml de vin blanc
1 cuil. à café de feuilles de thym fraîches
120 ml de crème fleurette
2 cuil. à soupe de moutarde de Dijon
brins de thym frais, pour décorer

1 Préchauffer le four à 180 °C. Dégraisser les lapins et les nettoyer à l'eau froide. Les sécher en les tapotant avec du papier absorbant. Avec des ciseaux de cuisine, couper de chaque côté de la colonne vertébrale et jeter celle-ci. Couper chaque lapin en huit morceaux de taille égale et les sécher à nouveau.
2 Faire chauffer la moitié de l'huile dans une cocotte de 2,5 l. Rôtir les lapins en plusieurs fois, en ajoutant de l'huile si nécessaire, puis retirer de la cocotte.
3 Verser l'oignon et le bacon dans la cocotte et laisser cuire pendant 5 min, en remuant, jusqu'à ce qu'ils soient légèrement dorés. Répandre la farine et mélanger. Remuer à l'aide d'une cuillère en bois afin d'éviter que le mélange n'attache au fond. Verser le bouillon et le vin, et remuer jusqu'à ce que la sauce entre en ébullition. Reverser les morceaux de lapin dans la cocotte et ajouter le thym.
4 Couvrir et laisser cuire pendant 1 h 15 à 1 h 30, jusqu'à ce que le lapin soit tendre et que la sauce ait épaissi. Mélanger la crème et la moutarde, et incorporer la mixture dans la cocotte. Garnir de brins de thym. Servir avec des légumes cuits à la vapeur.

CI-DESSUS : Lapin à la moutarde

PRODUITS RÉGIONAUX
La cuisine provençale met en valeur les fruits, les légumes et les produits de la mer dont regorge la région, sans oublier les viandes et les saucisses fumées artisanales, les vins et les fromages. Tomates, ail, olives noires, herbes, anchois, artichauts et aubergines font également partie des ingrédients indispensables. L'ajout d'orange et de citron dans des mets aussi bien sucrés que salés est caractéristique de la gastronomie provençale.

*PAGE CI-CONTRE, DANS LE SENS DES AIGUILLES D'UNE MONTRE :
Tomates à la provençale ; Carrés d'agneau en croûte d'herbes ; Gratin de pommes de terre à la provençale ; Jus (dans le bol)*

TOMATES À LA PROVENÇALE

Préparation : 10 min
Cuisson : 40 min
Pour 4 personnes

60 g de chapelure fraîche
2 cuil. à soupe de persil plat frais haché
2 cuil. à soupe de basilic frais haché
1 cuil. à soupe d'origan frais haché
4 grosses tomates du potager
4 à 6 gousses d'ail, finement hachées
2 cuil. à soupe d'huile d'olive

1 Préchauffer le four à 180 °C. Mélanger la chapelure et les herbes dans un bol, saler et poivrer.
2 Couper les tomates en deux horizontalement, les épépiner et enlever le cœur à l'aide d'une petite cuillère.
3 Parsemer d'ail chaque moitié de tomate, puis les recouvrir du mélange à base de chapelure. Arroser d'huile d'olive et cuire au four pendant 40 min, jusqu'à ce que les tomates soient tendres.

GRATIN DE POMMES DE TERRE À LA PROVENÇALE

Préparation : 10 min
Cuisson : 1 h 10
Pour 4 à 6 personnes

1 cuil. à soupe d'huile d'olive
220 g de poitrine fumée, finement hachée
2 oignons, finement émincés
2 cuil. à café de thym frais haché
500 g de pommes de terre, coupées en fines rondelles
30 g de beurre

1 Préchauffer le four à 180 °C. Faire chauffer l'huile dans une poêle et faire frire la poitrine fumée à feu moyen jusqu'à ce qu'elle commence à dorer. Ajouter l'oignon et le thym, et laisser cuire pendant 3 à 4 min, jusqu'à ce que l'oignon ait ramolli. Transvaser le tout dans un grand saladier. Ajouter les pommes de terre, saler et poivrer. Bien mélanger.
2 Verser la mixture dans un moule circulaire de 22 cm de diamètre en tassant bien. Répartir le beurre en petites noisettes à la surface. Mettre un morceau de papier sulfurisé doublé par-dessus et poser un poids (ramequin ou moule de plus petite taille) sur le papier. Cuire au four pendant 40 min. Retirer le poids et le papier, et laisser cuire pendant encore 20 à 25 min, jusqu'à ce que les pommes de terre soient tendres et légèrement dorées. Laisser reposer pendant 10 min. Passer un couteau le long de la paroi du moule et démouler le gratin.

CARRÉS D'AGNEAU EN CROÛTE D'HERBES

Préparation : 25 min
Cuisson : 25 min
Pour 4 personnes

2 carrés d'agneau de 6 côtes chacun, détalonnés, manches nettoyés (demander au boucher de les préparer)
1 cuil. à soupe d'huile
80 g de chapelure fraîche
3 gousses d'ail
3 cuil. à soupe de persil plat frais finement haché
1/2 cuil. à soupe de feuilles de thym fraîches
1/2 cuil. à café de zeste de citron finement râpé
60 g de beurre ramolli
250 ml de bouillon de bœuf
1 gousse d'ail supplémentaire, finement hachée
1 brin de thym frais

1 Préchauffer le four à 250 °C. Quadriller la graisse des carrés d'agneau. Frotter la viande avec un peu d'huile, saler et poivrer.
2 Dans une poêle, faire chauffer l'huile à feu vif, ajouter l'agneau et le laisser dorer pendant 4 à 5 min. Retirer la viande et réserver. Ne pas nettoyer la poêle : elle resservira ultérieurement.
3 Dans un grand saladier, mélanger la chapelure, l'ail, le persil, le thym et le zeste de citron. Assaisonner, incorporer le beurre pour former une pâte.
4 Appliquer une couche du mélange à base de chapelure sur la graisse des carrés, en appuyant fermement et en épargnant les os et la base. Faire cuire dans un plat à four pendant 12 min, jusqu'à ce que la viande soit cuite à point. Laisser reposer l'agneau pendant la préparation du jus.
5 Pour le jus, ajouter le bouillon de bœuf, l'ail supplémentaire et le brin de thym au jus de cuisson resté dans la poêle. Reverser le jus dans la poêle et laisser mijoter à feu vif pendant 5 à 8 min, jusqu'à ce que la sauce ait réduit. Filtrer et servir à côté.

POISSON EN PAPILLOTE

Déposer le beurre et le citron sur le poireau et les oignons nouveaux.

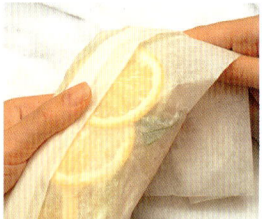

Envelopper le poisson dans le papier, en repliant les extrémités par dessous.

CI-DESSUS : Poisson en papillote

POISSON EN PAPILLOTE

Préparation : 20 min
Cuisson : 20 min
Pour 4 personnes

☆

4 filets de poissons, d'environ 200 g chacun (saint-pierre, colin, dorade), sans la peau
1 poireau (uniquement le pied), coupé en julienne
4 oignons nouveaux, coupés en julienne
30 g de beurre, ramolli
1 citron, coupé en 12 fines rondelles
2 à 3 cuil. à soupe de jus de citron

1 Préchauffer le four à 180 °C. Déposer chaque filet de poisson au centre d'un morceau de papier sulfurisé suffisamment grand pour l'envelopper. Assaisonner.
2 Répandre le poireau et les oignons nouveaux par-dessus. Déposer 1 cuil. à café de beurre et 3 rondelles de citron. Arroser de jus de citron. Replier le papier et bien envelopper le poisson. Rabattre les extrémités par dessous. Faire cuire sur une plaque de four pendant 20 min (la vapeur fera gonfler le papier). Vérifier que le poisson est cuit (la chair doit être blanche et s'émietter facilement avec une fourchette). Servir sans ouvrir les papillotes ou sortir le poisson et répandre le jus par-dessus.

SAUMON POCHÉ

Préparation : 40 min
Cuisson : 1 h
Pour 8 à 10 personnes

☆☆

2 l de vin blanc de qualité
60 ml de vinaigre de vin blanc
2 oignons
10 clous de girofle entiers
4 carottes, coupées en morceaux
1 citron, coupé en quartiers
2 feuilles de laurier
1 cuil. à café de grains de poivre noir entiers
4 brins de persil frais
2,5 kg de saumon de l'Atlantique, nettoyé et écaillé
cresson et rondelles de citron, pour garnir

MAYONNAISE À L'ANETH

1 œuf, à température ambiante
1 jaune d'œuf, à température ambiante
1 cuil. à soupe de jus de citron
1 cuil. à café de vinaigre de vin blanc
370 ml d'huile d'olive légère
1 cuil. à soupe d'aneth frais haché

1 Verser le vin, le vinaigre et 2,5 l d'eau dans une grande casserole à fond épais. Piquer les oignons de clous de girofle. Les ajouter dans la casserole avec les carottes, le citron, le laurier, les grains de poivre et le persil. Porter à ébullition, réduire le feu et laisser mijoter pendant 30 à 35 min. Laisser refroidir. Filtrer le jus dans la poissonnière qui contiendra le saumon.
2 Mettre le poisson entier dans la poissonnière et couvrir. Porter à ébullition, réduire le feu et pocher le poisson pendant 10 à 15 min, jusqu'à ce que la chair s'émiette dans sa partie la plus épaisse. Retirer du feu et laisser refroidir dans le jus de cuisson.
3 Mixer l'œuf, le jaune d'œuf, le jus de citron et le vinaigre pendant 10 s, jusqu'à obtention d'un mélange homogène. Sans cesser de mixer, verser toute l'huile en un fin filet continu. La mayonnaise doit être épaisse et crémeuse. Transvaser dans un saladier, incorporer l'aneth, saler et poivrer à volonté.
4 Retirer le poisson du bouillon, le déposer sur un plan de travail ou dans un plat et enlever la peau. Garnir de cresson et de rondelles de citron, et servir avec la mayonnaise à l'aneth.

COQUILLES SAINT-JACQUES À LA PROVENÇALE

Préparation : 20 min
Cuisson : 30 min
Pour 4 personnes (en entrée)

600 g de tomates bien mûres
3 cuil. à soupe d'huile d'olive
1 oignon, finement émincé
4 échalotes, finement émincées
60 ml de vin blanc sec
60 g de beurre
20 noix de Saint-Jacques fraîches avec le corail, nettoyées et séchées (garder les coquilles)
4 gousses d'ail, écrasées
2 cuil. à soupe de persil frais finement haché
1/2 cuil. à café de feuilles de thym fraîches
2 cuil. à soupe de chapelure fraîche

1 Marquer une croix à la base de chaque tomate. Plonger les tomates dans l'eau bouillante pendant 10 s, puis les plonger dans l'eau froide et les peler. Couper les tomates en deux et les épépiner avec une petite cuillère. Couper la chair en très petits dés.
2 Faire chauffer à feu moyen 2 cuil. à soupe d'huile dans une poêle, ajouter l'oignon et les échalotes, puis réduire à feu doux et les faire revenir lentement pendant 5 min, jusqu'à ce qu'ils aient ramolli. Verser le vin et laisser mijoter quelques minutes, jusqu'à ce que le mélange ait légèrement réduit, puis ajouter les tomates. Saler, poivrer et laisser cuire pendant 20 min, en remuant de temps en temps, jusqu'à ce que le mélange soit épais et pâteux. Préchauffer le four à 180 °C.
3 Dans une poêle, faire chauffer le beurre et le reste de l'huile à feu vif, jusqu'à ce que le mélange soit mousseux. Faire cuire la moitié des noix pendant 1 à 2 min de chaque côté, jusqu'à ce qu'elles soient légèrement dorées et cuites à votre goût. Les retirer de la poêle et recommencer avec le reste des noix. Réserver.
4 Ajouter l'ail dans la poêle contenant les coquilles chaudes et remuer pendant 1 min. Retirer du feu et incorporer le persil, le thym et la chapelure.
5 Pour servir, réchauffer les noix au four sur une plaque. Verser une petite quantité de mixture à base de tomates dans chaque coquille, déposer une noix de Saint-Jacques par-dessus et parsemer du mélange de chapelure et de persil.
NOTE : à défaut de coquilles, servir les noix de Saint-Jacques dans de simples petites assiettes. Les déposer sur un lit de tomates et les parsemer de chapelure.

CI-DESSOUS : Coquilles Saint-Jacques à la provençale

CANARD

Le canard est vendu entier (avec ou sans la tête) ou en morceaux, frais ou congelé. Lorsque vous achetez un canard frais, assurez-vous que la couche de graisse sous la peau de la poitrine est suffisamment épaisse et que la chair est blanche et nacrée. Si vous n'avez pas l'intention de cuire le canard dans les deux ou trois jours qui suivent l'achat, il vaut mieux acheter un canard congelé plutôt que de conserver un canard frais dans un congélateur domestique, dans lequel il risque de mettre plusieurs jours pour se solidifier et de s'abîmer progressivement. Faites toujours dégeler un canard congelé ou toute autre volaille dans le réfrigérateur, sans le couvrir et en le déposant sur du papier absorbant. Il n'est pas recommandé de cuire partiellement de la volaille congelée car, si l'extérieur semble doré et croustillant, la température à l'intérieur risque de ne pas avoir atteint le degré nécessaire à la destruction des bactéries nocives pour la santé.

CI-CONTRE : Canard rôti aux olives

CANARD RÔTI AUX OLIVES

Préparation : 30 min
Cuisson : 1 h 30
Pour 4 personnes

SAUCE

1 cuil. à soupe d'huile d'olive
1 oignon, haché
1 gousse d'ail, écrasée
2 tomates Roma bien mûres, pelées et hachées
250 ml de riesling
2 cuil. à café de feuilles de thym fraîches
1 feuille de laurier
24 olives niçoises dénoyautées

FARCE

60 g de riz à grain moyen, cuit
1 gousse d'ail, écrasée
100 g d'épinards surgelés hachés, décongelés
2 foies de canard (environ 100 g), hachés
1 œuf, légèrement battu
1 cuil. à café de feuilles de thym fraîches
1,8 kg de canard
2 feuilles de laurier

1 Préchauffer le four à 200 °C. Pour la sauce, faire chauffer l'huile dans une poêle, ajouter l'oignon et le faire revenir pendant 5 min, jusqu'à ce qu'il soit transparent. Ajouter l'ail, les tomates, le vin et les herbes. Assaisonner. Laisser cuire pendant 5 min, puis ajouter les olives avant de retirer du feu.

2 Pour la farce, mélanger soigneusement tous les ingrédients dans un saladier et assaisonner généreusement. Avant de farcir le canard, rincer l'intérieur à l'eau froide et sécher l'intérieur et l'extérieur avec du papier absorbant. Introduire les feuilles de laurier, puis déposer la farce à l'aide d'une cuillère.

3 Rabattre les ailes sous le canard, puis obturer les poches de graisse du croupion et maintenir le tout avec une pique ou un cure-dent. Déposer le canard dans un plat à four profond et frotter la peau avec 1 cuil. à café de sel. Piquer toute la surface de la peau.

4 Faire rôtir le canard pendant 35 à 40 min sur la grille supérieure du four, puis enlever délicatement l'excédent de graisse. Continuer à rôtir pendant encore 35 à 40 min. Pour vérifier la cuisson, tirer doucement sur une cuisse : la chair doit être brune et claire, et le jus ne doit pas contenir de sang. Retirer le canard du four et le découper. Servir avec une cuillerée de farce à côté de chaque morceau et arroser de sauce.

LA FRANCE

FRICASSÉE D'AGNEAU AUX ARTICHAUTS

Préparation : 50 min
Cuisson : 1 h 50
Pour 8 personnes

☆☆

- 6 artichauts frais
- 60 ml de jus de citron
- 2 grosses tomates bien mûres
- 80 ml d'huile d'olive
- 2 kg de viande d'agneau, coupée en cubes
- 750 g d'oignons, finement émincés
- 1 cuil. à soupe de farine
- 2 gousses d'ail, écrasées
- 180 ml de vin blanc
- 350 ml de bouillon de poule
- 1 bouquet garni
- persil plat frais, haché, pour décorer
- rondelles de citron, pour décorer

1 Pour préparer les artichauts, porter une grande casserole d'eau à ébullition et ajouter le jus de citron. Tailler les tiges des artichauts et enlever les feuilles extérieures les plus rigides. Couper les extrémités dures des feuilles restantes avec des ciseaux. Blanchir les artichauts pendant 5 min. Les retirer et les retourner pour les égoutter. Lorsqu'ils ont suffisamment refroidi, retirer le foin à l'aide d'une petite cuillère. Gratter soigneusement les fonds. Couper les artichauts en quartiers et réserver.

2 Marquer une croix à la base de chaque tomate et les plonger dans un saladier rempli d'eau bouillante pendant 10 s. Les plonger ensuite dans l'eau froide et les peler en partant des croix. Couper les tomates en deux et les épépiner à l'aide d'une petite cuillère. Hacher les tomates.

3 Dans une cocotte profonde, faire chauffer la moitié de l'huile et faire frire l'agneau en plusieurs fois, jusqu'à ce qu'il soit doré. Verser le reste de l'huile et faire revenir les oignons pendant 8 min, jusqu'à ce qu'ils aient ramolli et caramélisé. Ajouter la farine et laisser cuire pendant 1 min. Ajouter l'ail, les tomates, le vin et le bouillon de poule. Reverser l'agneau dans la cocotte, puis ajouter le bouquet garni et laisser mijoter, à couvert, pendant 1 h.

4 Mettre les artichauts dans la cocotte et laisser mijoter, à découvert, pendant encore 15 min. Retirer la viande et les artichauts à l'aide d'une écumoire et les déposer dans un plat. Les maintenir au chaud. Jeter le bouquet garni. Cuire la sauce à feu vif jusqu'à ce qu'elle ait épaissi. Verser la sauce sur l'agneau et décorer de persil. Servir avec des rondelles de citron.
NOTE : à défaut d'artichauts frais, utiliser 270 g d'artichauts marinés. Bien les égoutter et les sécher en les tapotant avec du papier absorbant.

BOUQUET GARNI

Il s'agit d'un mélange d'herbes destinées à parfumer ragoûts, soupes et fricassées. Il comprend généralement quelques brins de persil, un brin de thym et une feuille de laurier. Les herbes peuvent être ficelées ensemble ou enveloppées dans de la gaze. Vous pouvez ajouter d'autres herbes si vous estimez qu'elles se prêtent au plat que vous préparez. Il existe également du bouquet garni prêt à l'emploi.

CI-DESSUS : Fricassée d'agneau aux artichauts

CI-DESSUS : Ratatouille

2 cuil. à café de thym frais haché
2 feuilles de laurier
1 cuil. à soupe de vinaigre de vin rouge
1 cuil. à café de sucre
3 cuil. à soupe de basilic frais, déchiré

1   Marquer une croix à la base de chaque tomate. Plonger les tomates dans l'eau bouillante pendant 10 s, puis les plonger dans l'eau froide et les peler en partant de la croix. Hacher grossièrement la chair.
2   Dans une casserole, faire chauffer 2 cuil. à soupe d'huile, ajouter les aubergines et laisser cuire à feu moyen pendant 4 à 5 min, jusqu'à ce qu'elles aient ramolli, sans dorer. Les retirer de la casserole. Verser 2 autres cuil. à soupe d'huile, ajouter les courgettes et laisser cuire pendant 3 à 4 min, jusqu'à ce qu'elles aient ramolli. Les retirer. Ajouter le poivron vert, le laisser cuire pendant 2 min et le retirer.
3   Faire chauffer le reste de l'huile, ajouter l'oignon et le faire revenir pendant 2 à 3 min, jusqu'à ce qu'il ait ramolli. Ajouter l'ail, le poivre de Cayenne, le thym et les feuilles de laurier, et laisser cuire pendant 1 min, en remuant. Reverser les aubergines, les courgettes et le poivron dans la casserole, puis ajouter les tomates, le vinaigre et le sucre. Laisser mijoter pendant 20 min, en remuant de temps à autre. Incorporer le basilic et assaisonner de sel et de poivre noir. Servir chaud ou à température ambiante.
NOTE : la ratatouille peut constituer un plat d'accompagnement ou être servie en entrée avec du pain.

RATATOUILLE

Préparation : 25 min
Cuisson : 40 min
Pour 4 à 6 personnes

6 tomates du potager
5 cuil. à soupe d'huile d'olive
500 g d'aubergines, coupées en cubes de 2 cm de côté
370 g de courgettes, coupées en rondelles de 2 cm de large
1 poivron vert, épépiné et coupé en carrés de 2 cm de côté
1 oignon rouge, coupé en morceaux de 2 cm
3 gousses d'ail, finement hachées
1/4 cuil. à café de poivre de Cayenne

ASPERGES VINAIGRETTE

Pour 4 personnes. Pour faire la vinaigrette, mélanger dans un bol 1/2 cuil. à soupe de moutarde de Dijon, 2 cuil. à soupe de vinaigre de xérès, 80 ml d'huile d'olive et 1/2 cuil. à café de ciboulette finement hachée. Dans une grande casserole d'eau bouillante salée, faire cuire 24 pointes d'asperges à feu moyen pendant 8 à 10 min, jusqu'à ce qu'elles soient tendres. Pendant que les asperges cuisent, faire chauffer 3 cuil. à soupe d'huile d'olive dans une poêle de taille moyenne, ajouter 2 gousses d'ail entières pelées et laisser cuire à feu doux jusqu'à ce que les gousses soient dorées. Jeter l'ail. Verser 80 g de chapelure fraîche et chauffer à feu moyen. Laisser cuire jusqu'à ce que la chapelure soit dorée et croustillante. Assaisonner et égoutter sur du papier absorbant. Égoutter les asperges et les disposer dans un plat. Arroser de vinaigrette et parsemer de chapelure.

BŒUF À LA PROVENÇALE

Préparation : 20 min
  + 1 nuit de réfrigération
Cuisson : 2 h 25
Pour 6 personnes

1,5 kg de bœuf dans le paleron,
  coupé en cubes de 3 cm de côté
2 cuil. à soupe d'huile d'olive
1 petit oignon, coupé en rondelles
370 ml de vin rouge
2 cuil. à soupe de persil plat frais haché
1 cuil. à soupe de romarin frais haché
1 cuil. à soupe de thym frais haché
2 feuilles de laurier fraîches
250 g de lard, découenné et coupé
  en morceaux de 1 x 2 cm
400 g de tomates concassées en conserve
250 ml de bouillon de bœuf
500 g de mini-carottes
45 g d'olives niçoises dénoyautées

1 Dans un saladier, mélange les cubes de bœuf, 1 cuil. à soupe d'huile, l'oignon, 250 ml de vin et la moitié des herbes. Couvrir d'un film alimentaire et laisser mariner au réfrigérateur pendant une nuit.
2 Égoutter le bœuf, en réservant la marinade. Faire chauffer le reste de l'huile dans une grande casserole à fond épais et faire rôtir le bœuf et l'oignon en plusieurs fois. Retirer de la casserole.
3 Verser le lard dans la casserole et laisser cuire pendant 3 à 5 min, jusqu'à ce qu'il soit croustillant. Reverser le bœuf dans la casserole avec le reste du vin et la marinade, et laisser cuire pendant 2 min, en grattant le fond de la casserole, jusqu'à ce que le vin ait légèrement réduit. Ajouter les tomates et le bouillon, et porter à ébullition. Réduire le feu et ajouter le reste des herbes. Assaisonner généreusement, couvrir et laisser mijoter pendant 1 h 30.
4 Verser les carottes et les olives dans la casserole et laisser cuire, à découvert, pendant encore 30 min, jusqu'à ce que la viande et les carottes soient tendres. Avant de servir, vérifier l'assaisonnement et le rectifier au besoin.

OLIVES NIÇOISES
Les olives niçoises sont petites et mûres ; leur couleur varie du violet au brun et au noir. Salées et généralement conservées dans de l'huile d'olive, elles constituent un ingrédient indispensable de la cuisine provençale. Elles se dégustent nature ou entrent dans la composition de ragoûts de bœuf, de farce de volaille, de tartes salées ou de la salade niçoise.

CI-CONTRE : Bœuf à la provençale

PURÉE DE POMMES DE TERRE À L'HUILE D'OLIVE

Préparation : 5 min
Cuisson : 20 min
Pour 4 personnes

- 1 kg de pommes de terre farineuses, coupées en gros morceaux
- 200 ml de bouillon (choisir le type en fonction du plat principal)
- 2 gousses d'ail, pelées et pressées
- 2 brins de thym frais
- 150 ml d'huile d'olive extra vierge

1 Faire cuire les pommes de terre à l'eau bouillante salée, jusqu'à ce qu'elles soient tendres, mais fermes. Pendant qu'elles cuisent, faire chauffer le bouillon dans une petite casserole avec l'ail et le thym. Porter à faible ébullition, puis retirer du feu et laisser infuser.
2 Bien égoutter les pommes de terre et les réduire en purée. Filtrer le bouillon, le reverser dans la casserole, ajouter l'huile d'olive et réchauffer à feu doux. Mettre la purée de pommes de terre dans un saladier et verser le bouillon en un fin filet continu, en remuant constamment à l'aide d'une spatule. Saler et poivrer, puis bien mélanger jusqu'à ce que la purée soit lisse.

POULET AUX QUARANTE GOUSSES D'AIL

Préparation : 20 min
Cuisson : 1 h 45
Pour 4 personnes

- 10 g de beurre
- 1 cuil. à soupe d'huile d'olive
- 1 gros poulet fermier
- 40 gousses d'ail, non pelées (voir Note)
- 2 cuil. à soupe de romarin frais haché
- 2 brins de thym frais
- 270 ml de vin blanc sec
- 150 ml de bouillon de poule
- 220 g de farine

1 Préchauffer le four à 180 °C. Prévoir une cocotte à couvercle de 4,5 l.
2 Faire fondre le beurre et l'huile dans la cocotte et rôtir le poulet à feu moyen, jusqu'à ce qu'il soit doré. Retirer le poulet et ajouter les gousses d'ail, le romarin et le thym. Laisser cuire le tout pendant 1 min. Remettre le poulet dans la cocotte et verser le vin et le bouillon de poule. Porter à faible ébullition, en arrosant le poulet de sauce.
3 Verser la farine dans un saladier et ajouter 150 ml d'eau pour obtenir une pâte ferme et malléable. La diviser en quatre et rouler chaque morceau en cylindre. Disposer les rouleaux sur le bord de la cocotte. Mettre en place le couvercle, en appuyant bien pour garantir une fermeture étanche. Laisser cuire 1 h 15. Retirer le couvercle en brisant la pâte. Mettre le poulet à dorer au four pendant 15 min, puis le transférer dans un plat. Faire réduire la sauce à feu moyen jusqu'à obtention de 250 ml de jus. Découper le poulet, percer les peaux d'ail et presser la chair d'ail sur le poulet. Servir avec le jus.
NOTE : ne soyez pas effrayé par la quantité d'ail utilisée dans cette recette ! Cuisiné de la sorte, l'ail devient en effet tendre et crémeux.

LENTILLES AU VIN ROUGE

Préparation : 20 min
Cuisson : 1 h 15
Pour 4 à 6 personnes

- 2 cuil. à soupe d'huile d'olive
- 1 céleri en branches, coupé en petits dés
- 1 grosse carotte, coupée en petits dés
- 1 gros oignon, coupé en petits dés
- 2 gousses d'ail, écrasées
- 2 cuil. à soupe de concentré de tomate
- 280 g de lentilles du Puy
- 250 ml de vin rouge
- 250 ml de bouillon de bœuf
- 1 feuille de laurier fraîche, écrasée
- 5 brins de thym frais
- 3 cuil. à soupe de persil plat frais haché

1 Faire chauffer l'huile d'olive dans une grande casserole à fond épais. Ajouter le céleri, la carotte et l'oignon, et laisser cuire à feu moyen-doux pendant 10 min. Ajouter l'ail et laisser cuire pendant 2 min.
2 Verser le concentré de tomate et laisser cuire à feu doux pendant 5 min. Incorporer les lentilles, verser le vin et laisser cuire à feu moyen pendant 3 à 5 min, jusqu'à ce que le jus de cuisson ait réduit. Verser le bouillon et 370 ml d'eau, porter à ébullition, réduire le feu et ajouter les herbes. Assaisonner et laisser mijoter pendant 45 à 50 min, jusqu'à ce que le jus de cuisson soit absorbé et que les lentilles soient cuites.

LENTILLES DU PUY
Les lentilles les plus appréciées proviennent du Puy-en-Velay, dans la Haute-Loire. Ces petites lentilles vert foncé ont une excellente tenue, gardent une texture ferme même après cuisson et leur saveur est plus intense et plus riche que celle des autres variétés de lentilles. Contrairement à d'autres légumes secs, il n'est pas nécessaire de faire tremper les lentilles du Puy avant de les cuire.

PAGE CI-CONTRE, DE HAUT EN BAS : Purée de pommes de terre à l'huile d'olive ; Lentilles au vin rouge ; Poulet aux quarante gousses d'ail

SAUGE

Autrefois censée prolonger l'espérance de vie et rendre sage, cette herbe parfumée, à la saveur fortement prononcée, est souvent associée au porc, au poulet et au veau dans la cuisine française méridionale, où elle servait traditionnellement à contrebalancer les viandes riches et grasses. Il convient d'utiliser la sauge avec parcimonie, surtout si elle est séchée : une trop grande quantité de sauge risquerait en effet d'effacer la saveur du plat qu'elle accompagne au lieu de la rehausser.

PORC À LA SAUGE ET AUX CÂPRES

Préparation : 25 min
Cuisson : 1 h 15
Pour 4 personnes

☆☆

- 60 ml d'huile d'olive extra vierge
- 25 g de beurre
- 1 oignon, finement émincé
- 100 g de chapelure fraîche
- 2 cuil. à café de sauge fraîche hachée
- 1 cuil. à soupe de persil plat frais haché
- 2 cuil. à café de zeste de citron râpé
- 2 cuil. à soupe 1/2 de petites câpres salées, rincées et égouttées
- 1 œuf
- 2 gros filets de porc (environ 500 g chacun)
- 8 grandes tranches fines de poitrine fumée ou de prosciutto
- 2 cuil. à café de farine
- 100 ml de vermouth sec
- 310 ml de bouillon de poule ou de légumes
- 8 feuilles de sauge entières supplémentaires, pour décorer

1 Préchauffer le four à 170 °C. Faire chauffer le beurre et 1 cuil. à soupe d'huile dans une poêle, ajouter l'oignon et le faire dorer pendant 5 min.
2 Dans un saladier, verser la chapelure, la sauge hachée, le persil, le zeste de citron, 1/2 cuil. à soupe de câpres et l'oignon cuit. Ajouter l'œuf et assaisonner.
3 Fendre les filets de porc en deux dans le sens de la longueur et les ouvrir. Répartir la farce sur toute la longueur d'un filet et recouvrir avec l'autre filet.
4 Aplatir la poitrine fumée ou le prosciutto avec le plat d'un couteau et envelopper le porc en faisant se chevaucher les tranches de viande salée. Maintenir le tout avec de la ficelle.
5 Mettre le porc dans un plat à four et l'arroser avec 1 cuil. à soupe d'huile. Cuire au four pendant 1 h. Enfoncer une pique dans la partie la plus épaisse pour vérifier la cuisson. Le jus qui en jaillit doit être clair. Retirer la viande du plat, la couvrir de papier aluminium et laisser reposer. Mettre le plat à four sur le feu, verser la farine et bien remuer. Ajouter le vermouth et laisser bouillonner pendant 1 min. Verser le bouillon et remuer pour éviter la formation de grumeaux. Laisser mijoter pendant 5 min. Verser le reste des câpres dans la sauce.
6 Dans une petite casserole, faire chauffer le reste de l'huile et, quand celle-ci est bien chaude, faire frire les feuilles de sauge entières jusqu'à ce qu'elles soient croustillantes. Les égoutter sur du papier absorbant.
7 Couper le porc en tranches de 1 cm de large. Verser un peu de sauce sur le porc et servir chaque morceau avec des feuilles de sauge frites par-dessus.

CI-CONTRE : *Porc à la sauge et aux câpres*

LA FRANCE

TIAN DE LÉGUMES

Préparation : 40 min
Cuisson : 1 h 20
Pour 6 à 8 personnes

☆

1 kg de poivrons rouges
120 ml d'huile d'olive
800 g de bettes, sans les côtes, grossièrement déchirées
2 cuil. à soupe de pignons
muscade moulue, à volonté
1 oignon, haché
2 gousses d'ail
2 cuil. à café de thym haché
750 g de tomates, pelées, épépinées et coupées en dés
1 grosse aubergine, coupée en rondelles de 1 cm de large
5 petites courgettes (environ 500 g), finement tranchées en diagonale
3 tomates bien mûres, coupées en rondelles de 1 cm de large
1 cuil. à soupe de chapelure fraîche
30 g de parmesan, râpé
30 g de beurre

1 Préchauffer le four à 200 °C. Préchauffer le grill au maximum.

2 Retirer les graines et les côtes des poivrons et les faire griller jusqu'à ce que les peaux noircissent et forment des cloques. Les laisser refroidir dans un sac en plastique, puis les peler et les couper en lanières de 8 x 3 cm. Les disposer dans un plat à four rectangulaire légèrement beurré et les assaisonner.

3 Faire chauffer 2 cuil. à soupe d'huile d'olive dans une poêle et faire cuire les bettes à feu moyen pendant 8 à 10 min, jusqu'à ce qu'elles aient ramolli. Ajouter les pignons et assaisoner de sel, de poivre et de muscade. Disposer les bettes par-dessus le poivron.

4 Faire chauffer une autre cuillerée à soupe d'huile d'olive dans une poêle à fond épais. Ajouter l'oignon et le faire revenir pendant 7 à 8 min, jusqu'à ce qu'il ait ramolli et doré. Ajouter l'ail et le thym, laisser cuire pendant 1 min, puis ajouter les tomates coupées en dés et porter à ébullition. Réduire le feu et laisser mijoter pendant 10 min. Répartir la sauce sur les bettes.

5 Faire chauffer l'huile d'olive restante dans une poêle et faire frire les rondelles d'aubergine à feu vif pendant 8 à 10 min, jusqu'à ce qu'elles soient dorées. Les égoutter sur du papier absorbant et les disposer en une seule couche sur la sauce tomate. Assaisonner.

6 Par-dessus l'aubergine, alterner une couche de courgettes et une couche de tomates. Parsemer de chapelure et de parmesan. Répartir le beurre en petites noisettes à la surface. Cuire au four pendant 25 à 30 min, jusqu'à ce que le tian soit doré. Servir chaud ou à température ambiante.

TIAN
Le tian est le nom donné au récipient en terre cuite vernie utilisé pour la cuisson au four. Il désigne également le plat provençal cuit dans ce récipient.

CI-DESSUS : Tian de légumes

POULPES À LA PROVENÇALE

Avec un petit couteau, couper entre la tête et les tentacules du poulpe, juste sous les yeux.

Saisir le corps du poulpe et faire sortir le bec par le centre des tentacules, en le poussant vers l'extérieur avec les doigts.

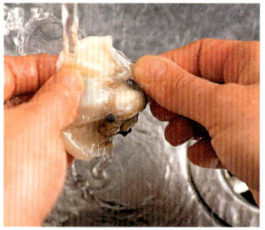

Pour nettoyer la tête du poulpe, inciser d'un côté, en évitant la poche d'encre, et gratter pour extraire toutes les entrailles.

Une fois la tête fendue et ouverte, la rincer à l'eau froide pour la débarrasser des éventuelles entrailles restantes.

CI-DESSUS : *Poulpes à la provençale*

POULPES À LA PROVENÇALE
(Poulpes braisés à la tomate et au vin)

Préparation : 25 min
Cuisson : 1 h 30
Pour 6 personnes

☆☆

- 500 g de tomates bien mûres
- 1 kg de petits poulpes
- 60 ml d'huile d'olive
- 1 gros oignon, haché
- 2 gousses d'ail
- 350 ml de vin blanc sec
- 1/4 cuil. à café de filaments de safran
- 2 brins de thym frais
- 2 cuil. à soupe de persil plat frais grossièrement haché

1 Marquer une croix à la base de chaque tomate. Plonger les tomates dans l'eau bouillante pendant 10 s, puis les plonger dans l'eau froide et les peler en partant de la croix. Couper les tomates en deux et les épépiner à l'aide d'une petite cuillère. Hacher la chair.

2 Pour nettoyer les poulpes, couper entre la tête et les tentacules à l'aide d'un petit couteau bien aiguisé. Retirer les yeux en coupant une rondelle de chair à la base de la tête. Pour nettoyer les têtes, les fendre délicatement pour les ouvrir et retirer les entrailles. Rincer soigneusement. Couper les têtes en deux. Extraire les becs par le centre des tentacules à partir de l'incision. Couper les tentacules par groupes de deux ou quatre en fonction de la taille du poulpe.

3 Blanchir tous les poulpes dans de l'eau bouillante pendant 2 min. Les égoutter et les laisser refroidir légèrement. Les sécher en les tapotant avec du papier absorbant.

4 Faire chauffer l'huile d'olive dans une poêle à fond épais et faire revenir l'oignon à feu moyen pendant 7 à 8 min, jusqu'à ce qu'il soit légèrement doré. Verser les poulpes et l'ail dans la poêle, et laisser cuire pendant encore 2 à 3 min. Ajouter les tomates, le vin, le safran et le thym. Verser suffisamment d'eau pour couvrir les poulpes.

5 Laisser mijoter, à couvert, pendant 1 h. Découvrir et laisser cuire pendant encore 15 min, jusqu'à ce que les poulpes soient tendres et que la sauce ait légèrement épaissi. Le temps de cuisson peut varier sensiblement en fonction de la taille des poulpes. Assaisonner à volonté. Servir chaud ou à température ambiante, en parsemant le plat de persil haché.

OMELETTE AUX COURGETTES

Préparation : 5 min
Cuisson : 15 min
Pour 4 personnes

80 g de beurre
400 g de courgettes, coupées en rondelles
1 cuil. à soupe de basilic frais finement haché
1 pincée de muscade moulue
8 œufs, légèrement battus

1 Faire fondre la moitié du beurre dans une poêle antiadhésive de 24 cm de diamètre. Ajouter les courgettes et laisser cuire à feu moyen pendant environ 8 min, jusqu'à ce qu'elles soient légèrement dorées. Incorporer le basilic et la muscade, saler, poivrer et laisser cuire pendant 30 s. Transvaser le tout dans un saladier et maintenir au chaud.
2 Nettoyer la poêle, la remettre sur le feu et faire fondre le reste de beurre. Assaisonner les œufs et les verser dans la poêle. Faire cuire à feu vif en remuant. Arrêter de remuer quand l'omelette commence à former des grumeaux uniformes et floconneux. Réduire le feu et soulever les bords de l'omelette avec une fourchette afin d'éviter qu'ils n'attachent. Secouer la poêle pour empêcher ce phénomène. Quand l'omelette est presque prise, mais encore baveuse, verser les courgettes au centre. Avec une spatule, replier l'omelette et transvaser dans un plat.

POISSONS GRILLÉS AU FENOUIL ET AU CITRON

Préparation : 10 min
Cuisson : 10 min
Pour 4 personnes

4 rougets barbets entiers ou 4 petits loups entiers, écaillés et vidés
1 citron, coupé en fines rondelles
1 petit bulbe de fenouil, coupé en rondelles
1 cuil. à soupe 1/2 de graines de fenouil
60 ml de jus de citron
80 ml d'huile d'olive

1 Marquer 3 entailles en diagonale sur les flans des poissons. Mettre 2 ou 3 rondelles de citron et quelques rondelles de bulbe de fenouil à l'intérieur. Verser les graines de fenouil dans un mortier et les écraser avec un pilon. En parsemer les deux flans des poissons et saler en s'assurant de bien faire pénétrer dans la chair.
2 Mélanger le jus de citron et l'huile d'olive dans un bol. Faire chauffer un grill ou une plaque chauffante et y déposer les poissons. Les arroser du mélange précédent. Au bout de 5 min, retourner les poissons, en veillant à ce que la garniture ne s'échappe pas, et les arroser à nouveau avec le mélange de citron et d'huile. Vérifier la cuisson en effritant un morceau de chair avec une fourchette, puis servir avec de la salade.

OMELETTES

Les omelettes font partie des bonnes recettes faciles à préparer de la cuisine française. En mélangeant simplement des œufs frais, du beurre de qualité et des aromates, vous pourrez obtenir un repas appétissant en seulement quelques minutes, à condition de tenir compte des conseils suivants. Ne battez jamais les œufs à outrance : arrêtez de fouetter lorsqu'ils se sont mélangés. Utilisez des garnitures simples, en petites quantités et dont les arômes ne risquent pas d'effacer la délicate saveur de l'œuf. Ne cuisez pas trop l'omelette afin d'éviter que sa consistance devienne caoutchouteuse.

CI-CONTRE : Omelette aux courgettes

CHAMPIGNONS FARCIS

Préparation : 10 min
Cuisson : 25 min
Pour 4 personnes

8 gros champignons à chapeau
4 cuil. à soupe d'huile d'olive
30 g de prosciutto, finement haché
1 gousse d'ail, écrasée
2 cuil. à soupe de chapelure fraîche
30 g de parmesan, râpé
2 cuil. à soupe de persil plat frais haché

1 Préchauffer le four à 190 °C. Huiler un plat à four. Couper les pieds des champignons et les hacher finement.
2 Dans une poêle, faire chauffer 1 cuil. à soupe d'huile, ajouter le prosciutto, l'ail et les pieds de champignons, et laisser cuire pendant 5 min. Transvaser dans un saladier, ajouter la chapelure, le parmesan et le persil, et mélanger le tout.
3 Frotter les chapeaux avec 1 cuil. à soupe d'huile d'olive et les disposer dans le plat à four, lamelles vers le haut. Répartir la farce sur les chapeaux et cuire au four pendant 20 min. Arroser avec le reste d'huile et servir chaud ou tiède.

OIGNONS FARCIS

Préparation : 30 min
Cuisson : 1 h 05
Pour 4 personnes

8 oignons (d'environ 120 g chacun)
6 tranches de poitrine fumée, coupées en dés
4 gousses d'ail, finement hachées
1 cuil. à soupe de crème fleurette
1 œuf, légèrement battu
1/4 cuil. à café de muscade moulue
3 cuil. à soupe de persil plat frais haché
60 g de chapelure fraîche
2 cuil. à soupe de parmesan, râpé
40 g de beurre, ramolli
250 ml de bouillon de poule

1 Préchauffer le four à 200 °C. Beurrer légèrement un plat en terre cuite peu profond.
2 Peler les oignons, les verser dans une grande casserole ou marmite d'eau bouillante et laisser mijoter pendant 5 à 6 min. Retirer les oignons et bien les égoutter. Les laisser refroidir légèrement et, à l'aide d'un petit couteau bien aiguisé, évider les oignons en laissant une enveloppe de 1 cm d'épaisseur. Réserver la moitié des cœurs d'oignon. Assaisonner les oignons.
3 Pendant ce temps, faire cuire la poitrine fumée à feu moyen dans une petite poêle jusqu'à ce que la graisse ait fondu. Hacher les oignons réservés et les verser dans la poêle avec l'ail. Laisser cuire pendant 5 min, jusqu'à ce qu'ils soient légèrement dorés. Retirer du feu, ajouter la crème, l'œuf, la muscade, le persil et 40 g de chapelure. Assaisonner généreusement et mélanger.
4 Avec une cuillère, verser 1 à 1 cuil. à soupe 1/2 de farce dans les oignons évidés, en tassant bien sur le dessus. Mélanger le reste de chapelure avec le parmesan, en parsemer les oignons et répartir le beurre en petites noisettes. Disposer les oignons dans le plat à four et verser le bouillon autour des oignons. Cuire au four pendant 1 h, en arrosant les oignons de temps en temps, jusqu'à ce qu'ils soient tendres.

CI-DESSOUS : Champignons farcis

GIGOT D'AGNEAU EN GASCONNADE

Préparation : 25 min
Cuisson : 1 h 30
Pour 6 personnes

☆☆

- 1 gros gigot d'agneau (environ 2,5 kg), partiellement désossé (voir Note)
- 1 carotte, grossièrement hachée
- 1 céleri en branches, grossièrement haché
- 1 gros oignon, grossièrement haché
- 1 feuille de laurier
- 1 bouquet garni (voir page 173)
- 2 gousses d'ail, écrasées
- 6 filets d'anchois, réduits en purée
- 1/2 cuil. à soupe de persil frais haché
- 1/2 cuil. à soupe de thym frais haché
- 1/2 cuil. à soupe de romarin frais haché
- 3 cuil. à soupe d'huile d'olive
- 25 gousses d'ail, non pelées

1 Préchauffer le four à 220 °C. Mettre l'os dans une marmite avec la carotte, le céleri, l'oignon, la feuille de laurier et le bouquet garni, et verser suffisamment d'eau froide pour couvrir le tout. Porter à ébullition et laisser mijoter à découvert pendant 1 h. Filtrer et, si nécessaire, laisser mijoter à nouveau jusqu'à obtention de 500 ml de liquide.

2 Pendant ce temps, mélanger l'ail écrasé, les anchois, les herbes hachées et l'huile d'olive dans un petit saladier avec un peu de poivre noir du moulin. Frotter l'intérieur de l'agneau avec la quasi-totalité de la mixture à base d'herbes. Rouler la viande et la maintenir fermement avec de la ficelle. Frotter l'agneau avec le reste de la mixture à base d'herbes et le déposer dans un plat à four. Faire cuire pendant 15 min, puis réduire la température du four à 180 °C. Poursuivre la cuisson pendant environ 45 min (pour une cuisson à point), en arrosant la viande de temps en temps avec le jus de cuisson.

3 Porter une casserole d'eau à ébullition et incorporer les gousses d'ail. Laisser bouillir 5 min. Égoutter et rincer à l'eau froide. Peler les gousses d'ail et réduire la pulpe en purée. Verser cette purée dans une casserole avec 500 ml de bouillon et porter à ébullition. Laisser mijoter 10 min. Transférer l'agneau sur une planche à découper et le maintenir au chaud. Dégraisser le jus de cuisson avec une cuillère. Verser le bouillon d'ail et chauffer le plat à feu vif. Porter à ébullition et laisser cuire jusqu'à ce que le liquide ait réduit de moitié. Vérifier l'assaisonnement. Servir l'agneau coupé en tranches avec la sauce.

NOTE : demandez à votre boucher de désosser partiellement le gigot, en laissant l'os du jarret en place. Conserver l'os enlevé pour la préparation du bouillon.

GIGOT D'AGNEAU
Grand classique des restaurants français, le gigot d'agneau était à l'origine un plat préparé dans un seul et unique pot que l'on portait chez le boulanger du village pour le faire cuire dans son four. Il est important de laisser reposer le gigot d'agneau après l'avoir cuit et avant de le découper : le jus pourra ainsi pénétrer uniformément dans la viande. Si le gigot est coupé trop tôt, l'intérieur sera humide, mais l'extérieur sera sec car le jus coule vers le centre pendant la cuisson de la viande rouge.

CI-DESSUS : *Gigot d'agneau en gasconnade*

2 Tamiser la farine et le sel dans un saladier et faire un puits au centre. Ajouter la mixture à base de levure, l'huile d'olive et 180 ml d'eau chaude. Mélanger jusqu'à obtention d'une pâte lisse. Avec les mains enduites de farine, former une boule avec la pâte. La déposer sur un plan de travail fariné et la pétrir pendant 10 min, jusqu'à ce qu'elle soit lisse.

3 Mettre la pâte dans un grand saladier huilé, couvrir d'un film alimentaire ou d'un linge humide, et laisser reposer dans un endroit chaud pendant 1 h, jusqu'à ce que la pâte ait doublé de volume.

4 Dégonfler la pâte avec le poing et la pétrir pendant 1 min. La diviser en quatre morceaux de taille égale. Abaisser chaque morceau en un grand ovale de 1 cm d'épaisseur et faire plusieurs entailles en chevrons de chaque côté. Disposer les morceaux de pâte sur des plaques de four farinées, couvrir d'un film alimentaire et laisser lever pendant 20 min.

5 Préchauffer le four à 210 °C. Faire cuire les fougasses pendant 35 min, jusqu'à ce qu'elles soient croustillantes. Pour aider la croûte à dorer, vaporiser de l'eau dans le four au bout de 15 min de cuisson.
NOTE : même si la fougasse est traditionnellement fabriquée comme un pain à part entière, tel que décrit dans la recette ci-dessus, les boulangers incorporent souvent d'autres ingrédients à la pâte (herbes fraîches, olives, jambon, anchois). Vous pouvez également ajouter vos aromates préférés après avoir pétri la pâte pour la dernière fois dans l'étape 4.

FOUGASSE

Préparation : 30 min
 + 1 h 20 de levage
Cuisson : 35 min
Pour 4 personnes

☆☆

1 sachet de levure de boulanger
1 cuil. à café de sucre
500 g de farine blanche à pain
2 cuil. à café de sel
60 ml d'huile d'olive

1 Mélanger la levure, le sucre et 120 ml d'eau chaude dans un petit saladier et remuer jusqu'à ce que le sucre soit dissous. Laisser reposer dans un endroit chaud et calfeutré pendant 10 min, jusqu'à ce que des bulles se forment à la surface. La mixture doit être mousseuse et avoir légèrement augmenté de volume. Si la levure ne mousse pas, c'est que le mélange n'a pas pris et qu'il faut recommencer.

CI-DESSUS : Fougasse

SOUPE À L'AIL

Pour 4 personnes. Dans cette recette, la saveur piquante de l'ail est largement atténuée car l'ail est bouilli. Dans le bassin méditerranéen, cette soupe est réputée bénéfique pour la santé. Écraser environ 20 gousses d'une tête d'ail entière avec le plat d'un couteau. Jeter les peaux et mettre l'ail dans une grande casserole avec 2 gros brins de thym, 1 l de bouillon de poule et 250 ml d'eau. Porter à ébullition, puis réduire le feu et laisser mijoter, à découvert, pendant 20 min. Filtrer le liquide dans une casserole propre à l'aide d'une fine passoire. Verser 80 ml de crème fleurette et réchauffer doucement sans porter à ébullition. Assaisonner à volonté. Préchauffer le four à 180 °C. Écroûter 4 tranches épaisses de pain blanc et couper le pain en petits cubes. Les disposer sur une plaque de four et les faire légèrement dorer pendant 5 à 10 min. Les répartir dans des bols, puis verser la soupe par-dessus. Décorer de thym et servir immédiatement.

PAIN AUX NOIX

Préparation : 45 min
 + 2 h 30 de levage
Cuisson : 50 min
Pour 1 pain

2 cuil. à café 1/2 de levure de boulanger
90 g de malt liquide
2 cuil. à soupe d'huile d'olive
300 g de cerneaux de noix, légèrement grillés
530 g de farine blanche à pain
1 cuil. à café 1/2 de sel
1 œuf, légèrement battu

1 Beurrer une plaque de four. Verser la levure, le malt liquide et 350 ml d'eau chaude dans un petit saladier et bien mélanger. Laisser reposer dans un endroit chaud et calfeutré pendant 10 min, jusqu'à ce que des bulles se forment à la surface. La mixture doit être mousseuse et avoir légèrement augmenté de volume. Si la levure ne mousse pas, c'est que le mélange n'a pas pris et qu'il faut recommencer. Incorporer l'huile.

2 Mixer 200 g de noix jusqu'à obtention d'un mélange grossier. Mélanger 500 g de farine et le sel dans un grand saladier et incorporer le mélange de noix. Faire un puits et ajouter la mixture à base de levure. À l'aide d'une grande cuillère en métal, remuer jusqu'à ce que tous les ingrédients soient mélangés. Déposer la pâte sur un plan de travail légèrement fariné et la pétrir pendant 10 min, jusqu'à ce qu'elle soit lisse, en incorporant suffisamment de la farine restante pour empêcher la pâte de coller. Celle-ci doit être douce et humide, mais elle ne deviendra pas très élastique. Former une boule. La mettre dans un saladier légèrement huilé, couvrir d'un film alimentaire ou d'un linge humide, et laisser reposer dans un endroit chaud pendant 1 h 30, jusqu'à ce que la pâte ait doublé de volume.

3 Dégonfler la pâte avec le poing et la déposer sur un plan de travail fariné. Sans la pétrir beaucoup, abaisser la pâte en un rectangle de 25 x 20 cm. La parsemer avec les noix restantes et la rouler, en serrant bien, en partant du plus petit côté. Poser le pain sur la plaque de four, couvrir d'un film alimentaire ou d'un linge humide et laisser lever pendant 1 h, jusqu'à ce que le pain ait doublé de volume.

4 Préchauffer le four à 190 °C. Glacer le pain avec l'œuf et le cuire au four pendant 45 à 50 min, jusqu'à ce qu'il soit doré et qu'il sonne creux. Laisser refroidir sur une grille.

NOTE : il vaut mieux choisir des noix de bonne qualité, charnues et claires, plutôt que des noix bon marché dont le goût est souvent plus amer.

NOIX
Les noix seraient originaires de Chine ou de Perse. Les noix fraîches dans leur coque ont une saveur nettement supérieure à celles des noix écalées et vendues en sachets. Si vous achetez des noix fraîches, veillez à ce que leurs coques ne soient ni perforées, ni fissurées. Stockées dans un endroit frais et sec, elles peuvent se conserver pendant trois mois. Les noix écalées, quant à elles, doivent être charnues et croquantes. Stockées au réfrigérateur dans un récipient hermétiquement fermé, elles peuvent se conserver pendant six mois.

CI-CONTRE : Pain aux noix

BEIGNETS DE FRUITS

Incorporer délicatement le blanc d'œuf battu à la pâte.

Quand les beignets sont bien dorés, les retirer de l'huile à l'aide d'une écumoire.

PAGE CI-CONTRE, DE HAUT EN BAS :
*Compote d'abricots ;
Glace à la lavande ;
Beignets de fruits*

GLACE À LA LAVANDE

Préparation : 15 min + congélation
Cuisson : 15 min
Pour 6 à 8 personnes

☆☆

8 brins de lavande (ou 4 à 6 brins si la lavande est en fleur : le goût est alors plus prononcé)
600 ml de crème fraîche épaisse
1 petit morceau de zeste de citron
160 g de sucre
4 jaunes d'œufs, légèrement battus

1 Laver et sécher la lavande, puis la verser dans une casserole avec la crème et le zeste de citron. Faire chauffer sans faire bouillir, puis ajouter le sucre et remuer jusqu'à ce qu'il soit dissous. Filtrer le liquide avec une fine passoire, puis le verser dans un saladier contenant les jaunes d'œufs. Reverser le tout dans la casserole et faire cuire à feu doux en remuant, jusqu'à ce que le mélange épaississe. Ne pas faire bouillir. Verser la mixture dans un récipient métallique glacé, ou la congeler dans une sorbetière en suivant les instructions du fabricant. Congeler (les bords doivent être pris, mais pas le centre).
2 Dans un robot ou dans un saladier, battre la glace jusqu'à obtention d'un mélange homogène. Congeler à nouveau et répéter l'opération encore deux fois. Couvrir avec une feuille de papier sulfurisé et congeler.

COMPOTE D'ABRICOTS

Préparation : 15 min + refroidissement
Cuisson : 30 min
Pour 4 à 6 personnes

☆

1 orange
1 citron
1 petite gousse de vanille, fendue en deux
120 g de sucre
1 kg d'abricots fermes et mûrs, coupés en deux et dénoyautés
1 à 2 cuil. à soupe de sucre en poudre

1 Peler deux lamelles de zeste de citron et deux lamelles de zeste d'orange d'environ 5 cm de long. Exprimer tout le jus de l'orange (environ 4 cuil. à soupe) et 1 cuil. à soupe de jus de citron.
2 Verser 750 ml d'eau dans une casserole, ajouter les zestes, la gousse de vanille et le sucre, et porter à ébullition. Laisser bouillir pendant 5 min.

3 Mettre les abricots dans une casserole et verser le sirop chaud. Porter à ébullition et laisser mijoter jusqu'à ce que les abricots soient tendres. Cela peut prendre de 2 à 10 min. Ne pas trop les cuire : ils risqueraient de s'abîmer. Les transférer dans un saladier et porter le sirop à ébullition pendant 10 min, jusqu'à ce qu'il ait épaissi. Retirer du feu et laisser refroidir 15 min. Incorporer les jus d'orange et de citron. Ajouter du sucre si nécessaire. Filtrer le sirop au-dessus des abricots. Servir chaud ou à température ambiante.

BEIGNETS DE FRUITS

Préparation : 25 min + 3 h de repos
Cuisson : 10 min
Pour 4 personnes

☆

3 pommes Granny Smith ou Golden
70 g de raisins secs
3 cuil. à soupe de calvados ou de rhum
1 cuil. à soupe 1/2 de sucre
huile végétale, pour frire
2 cuil. à soupe de farine
sucre glace, pour saupoudrer

PÂTE

1 œuf (séparer le blanc du jaune)
3 cuil. à soupe 1/2 de bière chaude
60 g de farine
1 cuil. à café d'huile végétale

1 Éplucher les pommes, enlever les cœurs et couper les pommes en petits cubes de 1 cm de côté. Les verser dans un saladier avec les raisins secs, le calvados et le sucre, et laisser mariner pendant 3 h.
2 Pour la pâte, battre le jaune d'œuf et la bière dans un grand saladier. Incorporer la farine et l'huile. Ajouter une pincée de sel. Remuer. La pâte doit être très épaisse. Couvrir et laisser reposer pendant 1 h.
3 Dans une casserole, verser l'huile sur 10 cm et la faire chauffer à 170 °C (à cette température, un morceau de pain jeté dans l'huile est doré en 20 s). Verser 1 cuil. à soupe 1/2 de marinade au calvados dans la pâte et remuer. Battre le blanc en neige ferme et l'incorporer à la pâte. Égoutter les pommes et les raisins secs, les rouler dans la farine, puis les incorporer à la pâte. Plonger de grosses cuillerées à soupe de pâte dans l'huile et les faire frire en plusieurs fois pendant 1 à 2 min, jusqu'à ce que les beignets soient dorés des deux côtés. Les retirer avec une écumoire et les égoutter sur du papier absorbant. Les maintenir au chaud. Saupoudrer de sucre glace et servir.

LA FRANCE

187

TARTE AU CITRON

Les tartes sucrées, comme la tarte au citron, sont caractéristiques de la cuisine provençale. La garniture de cette tarte possède une saveur typique qui est due à l'ajout de crème fleurette et à l'incorporation d'œufs entiers, et non simplement de jaunes d'œufs.

TARTE AU CITRON

Préparation : 1 h + réfrigération
Cuisson : 1 h 40
Pour 6 à 8 personnes

☆☆

PÂTE
120 g de farine
75 g de beurre, ramolli
1 jaune d'œuf
2 cuil. à soupe de sucre glace, tamisé

3 œufs
2 jaunes d'œufs
180 g de sucre en poudre
120 ml de crème fleurette
180 ml de jus de citron
1 cuil. à soupe 1/2 de zeste de citron finement râpé
3 petits citrons, lavés et brossés
160 g de sucre

1 Pour la pâte, tamiser la farine et une pincée de sel dans un saladier. Faire un puits au centre et ajouter le beurre, le jaune d'œuf et le sucre glace. Travailler ces ingrédients avec les doigts, puis incorporer la farine. Former une boule, en ajoutant un peu d'eau froide si nécessaire. Aplatir la boule, couvrir d'un film alimentaire et mettre au réfrigérateur pendant 20 min.

2 Préchauffer le four à 200 °C. Beurrer un moule à tarte à fond amovible de 22 cm de diamètre.

3 Abaisser la pâte entre deux feuilles de papier sulfurisé jusqu'à une épaisseur de 3 mm, pour garnir le fond et les parois du moule. Couper la pâte dépassant des bords. Réfrigérer pendant 10 min. Recouvrir la pâte de papier sulfurisé, verser du riz par-dessus et cuire au four pendant 10 min. Retirer le papier et le riz et laisser cuire pendant 6 à 8 min, jusqu'à ce que la pâte soit bien sèche. Laisser refroidir la pâte et réduire la température du four à 150 °C.

4 Battre les œufs, les jaunes d'œufs et le sucre, verser la crème et le jus de citron, et mélanger. Filtrer le tout dans une jatte et ajouter le zeste de citron. Enfourner la tarte sur la plaque du milieu et verser la garniture à ras bord. Laisser cuire pendant 40 min, jusqu'à ce que la garniture ait pris (elle doit trembler au centre lorsque l'on secoue le moule). Laisser refroidir avant de démouler.

5 Couper les citrons en très fines rondelles (environ 2 mm d'épaisseur). Les blanchir dans de l'eau portée à faible ébullition pendant 5 min. Mélanger le sucre et 200 ml d'eau dans une petite poêle et faire chauffer à feu doux, en remuant, jusqu'à ce que le sucre soit dissous. Ajouter les rondelles de citron et laisser mijoter à feu doux pendant 40 min, jusqu'à ce que le zeste soit très tendre et la peau blanche quasiment transparente. Les retirer du sirop à l'aide d'une écumoire et les égoutter sur du papier sulfurisé. Pour servir immédiatement, recouvrir le dessus de la tarte avec les rondelles de citron. Sinon, conserver les rondelles de citron à couvert et ne les disposer sur la tarte qu'au dernier moment. Servir chaud ou glacé.

CI-CONTRE : Tarte au citron

LA FRANCE

TOURTE AUX BETTES
C'est l'un des desserts niçois les plus traditionnels et les plus appréciés. L'alliance des bettes, des pignons et des raisins de Smyrne remonte à l'arrivée des marchands d'épices arabes dans le bassin méditerranéen aux environs de 827 apr. J.-C. Bien que ce mélange puisse vous sembler étrange au premier abord, vous serez agréablement surpris par la complémentarité de ces saveurs. La tourte aux bettes se prête parfaitement aux pique-niques. Elle peut se déguster chaude ou froide.

TOURTE AUX BETTES
(Tourte aux pommes, aux bettes et aux pignons)

Préparation : 30 min + 30 min de réfrigération
Cuisson : 50 min
Pour 6 à 8 personnes

☆☆

60 g de raisins de Smyrne

2 cuil. à soupe de cognac

400 g de farine

100 g de sucre glace

250 g de beurre, ramolli et coupé en dés

3 œufs

800 g de bettes, sans les côtes

100 g de pignons, grillés

3 pommes vertes à cuire

1 cuil. à café de zeste de citron râpé

110 g de fromage de chèvre doux

1 jaune d'œuf supplémentaire, pour le glaçage

sucre glace supplémentaire, pour saupoudrer

1 Faire tremper les raisins de Smyrne dans le cognac. Tamiser la farine et 1 cuil. à soupe de sucre glace dans un grand saladier et incorporer le beurre en malaxant le tout avec les doigts jusqu'à obtention d'une sorte de chapelure fine. Faire un puits, ajouter 1 œuf et mélanger avec un couteau à lame lisse, en taillant la mixture jusqu'à obtention d'une pâte grumeleuse. Verser 1 cuil. à soupe d'eau si le mélange est trop sec. Rassembler la pâte et la déposer sur un plan de travail fariné. Former une boule et l'aplatir en un disque. L'envelopper dans du papier alimentaire et le mettre au réfrigérateur pendant 30 min.

2 Préchauffer le four à 180 °C et faire chauffer une plaque.

3 Nettoyer les bettes et les sécher. Les verser dans un robot avec 2 œufs et le reste de sucre glace. Mixer pour hacher les bettes et mélanger tous les ingrédients, mais ne pas mixer à outrance. Transvaser dans un saladier. Égoutter les raisins de Smyrne et les verser dans le saladier avec les pignons. Saler et poivrer.

4 Remettre la pâte à température ambiante, puis la briser en deux morceaux. Abaisser un morceau et l'utiliser pour garnir un moule à tarte à fond amovible de 26 cm de diamètre.

5 Éplucher les pommes, les couper en fines tranches et les mélanger au zeste de citron. Déposer les bettes sur la pâte et les recouvrir de fromage de chèvre émietté. Disposer les pommes par-dessus, en une ou deux couches.

6 Abaisser le morceau de pâte restant et couvrir la tourte. Couper la pâte qui déborde et sceller les bords avec un peu d'eau. Pincer les bords.

7 Glacer la tourte avec le jaune d'œuf et cuire au four pendant 45 à 50 min, jusqu'à ce qu'elle soit dorée. Laisser refroidir légèrement. Saupoudrer de sucre glace. Servir chaud.

CI-DESSUS : *Tourte aux bettes*

POIRES POCHÉES AU VIN ROUGE

Déposer les poires dans la casserole et remuer pour les imprégner du mélange à base de vin.

Une fois que les poires sont cuites, les laisser refroidir avant de les retirer de la casserole et de les égoutter sur du papier absorbant.

CI-DESSUS : *Poires pochées au vin rouge*

POIRES POCHÉES AU VIN ROUGE

Préparation : 20 min
Cuisson : 45 min
Pour 4 personnes

☆

4 poires bien fermes
750 ml de vin rouge de qualité
180 g de sucre
1 bâton de cannelle
60 ml de jus d'orange
1 lamelle de zeste d'orange de 5 cm de long
200 g de mascarpone, en accompagnement

1 Éplucher les poires, en prenant soin de les conserver entières avec la queue.
2 Verser le vin, le sucre, la cannelle, le jus et le zeste d'orange dans une casserole suffisamment grande pour contenir les poires debout. Chauffer à feu moyen et remuer jusqu'à ce que le sucre soit dissous. Ajouter les poires et remuer doucement pour les imprégner du liquide. Les poires doivent être presque entièrement recouvertes du mélange à base de vin. Couvrir la casserole et laisser mijoter pendant 20 à 25 min, jusqu'à ce que les poires soient cuites. Laisser refroidir les poires dans le sirop.
3 Retirer les poires à l'aide d'une écumoire. Porter le sirop à ébullition et le faire bouillir jusqu'à ce qu'il ne reste plus que 180 ml de liquide. Servir les poires avec un peu de sirop et un morceau de mascarpone.

AMANDINE

Préparation : 25 min
Cuisson : 30 min
Pour 4 à 6 personnes

☆ ☆

100 g de noisettes, écalées
120 g d'amandes, non mondées (avec la peau)
180 g de cassonade
410 g de sucre
170 g de miel
1 citron, coupé en deux
110 g de beurre, ramolli

1 Préchauffer le four à 170 °C. Répandre les noisettes sur une plaque de four et les faire griller pendant environ 5 min, jusqu'à ce que les peaux se craquèlent. Les retirer du four et réduire la température de ce dernier à 150 °C. Les envelopper dans un linge, les frotter ensemble pour détacher les peaux et laisser refroidir. Verser les noisettes pelées dans un robot. Répandre les amandes sur la plaque de four et laisser cuire 6 min, jusqu'à ce qu'elles soient dorées. Les laisser refroidir, puis les verser dans le robot avec les noisettes. Hacher le tout jusqu'à ce que le mélange forme des « cailloux ».
2 Beurrer un grand plan de travail résistant à la chaleur (marbre, acier inoxydable ou une grande plaque de four). Verser 120 ml d'eau dans une casserole avec le sucre, la cassonade et le miel.

Porter à ébullition, en remuant jusqu'à ce que le sucre et la cassonade soient dissous. Retirer les pépins du citron et presser quelques gouttes de jus dans le sirop en ébullition. Réserver les citrons.
3 Laisser mijoter le sirop pendant 8 à 10 min, jusqu'à ce qu'il atteigne une température de 150 °C. Incorporer le beurre et, une fois fondu, ajouter les noisettes et les amandes. Verser le tout sur le plan de travail et, avec les moitiés de citron, étaler et lisser le caramel jusqu'à obtention d'une feuille de 5 mm d'épaisseur. Laisser refroidir et prendre. Briser l'amandine au moment de servir.
NOTE : l'amandine peut être répandue sur de la crème glacée, parfumer les garnitures de gâteau et les glaçages, être incorporée dans des desserts ou des sauces, ou se déguster avec le café.

CLAFOUTIS AUX CERISES

Préparation : 15 min
Cuisson : 40 min
Pour 6 à 8 personnes

500 g de cerises fraîches (voir Note)
90 g de farine
2 œufs, légèrement battus
90 g de sucre
250 ml de lait
60 ml de crème fraîche épaisse
60 g de beurre, fondu
sucre glace, pour saupoudrer

1 Préchauffer le four à 180 °C. Graisser légèrement un plat à four de 1,5 l avec le beurre fondu.
2 Dénoyauter les cerises et les répartir dans le plat en une seule couche.
3 Tamiser la farine dans un saladier, ajouter les œufs et battre le tout jusqu'à obtention d'une mixture homogène. Verser le sucre, le lait, la crème et le beurre, et battre délicatement jusqu'à ce que les ingrédients soient amalgamés. Ne pas fouetter à outrance.
4 Verser la pâte sur les cerises et cuire au four pendant 30 à 40 min (vérifier la cuisson en enfonçant la pointe d'un couteau au cœur du clafoutis). Saupoudrer généreusement de sucre glace avant de servir. Servir chaud, juste après avoir sorti le plat du four.
NOTE : les cerises fraîches peuvent être remplacées par 720 g de cerises en bocaux. Les égoutter soigneusement avant de les utiliser.

CLAFOUTIS
Le clafoutis fait partie des grands classiques des desserts français à base de cerises. Il est cependant possible d'utiliser d'autres fruits rouges comme les myrtilles, les mûres, les framboises ou les fraises des bois. Une autre délicieuse variante de clafoutis peut être réalisée à base de pêches ou de poires.

CI-CONTRE : *Clafoutis aux cerises*

SOUFFLÉ CHAUD AUX FRUITS

Préparation : 15 min
Cuisson : 30 min
Pour 4 personnes

☆☆

beurre fondu, pour graisser
sucre, pour saupoudrer
60 g de beurre supplémentaire
60 g de farine
370 ml de fruits réduits en purée (voir Note)
60 g de sucre supplémentaire
4 blancs d'œufs
sucre glace, pour saupoudrer

1 Avec le beurre fondu, graisser généreusement un moule à soufflé de 1,25 l, en insistant bien sur le bord. Saupoudrer de sucre, secouer le moule pour le répartir et éliminer l'excédent en basculant le moule. Préchauffer le four à 200 °C et mettre une plaque de four à chauffer sur la grille supérieure.

2 Faire fondre le beurre supplémentaire dans une casserole, verser la farine et bien mélanger. Retirer du feu, remuer jusqu'à obtention d'une pâte homogène, puis incorporer les fruits réduits en purée. Remettre la casserole sur le feu, porter le mélange à ébullition et laisser cuire pendant 2 min. Verser le sucre supplémentaire par petites quantités, en goûtant au fur et à mesure. Ajouter encore davantage de sucre si nécessaire. Laisser refroidir.

3 Dans un saladier propre, battre les blancs d'œufs en neige ferme, en verser 1 cuil. à soupe dans la mixture de fruits et mélanger. Incorporer le reste des blancs, en veillant à ne pas les faire retomber. Remplir le moule à soufflé aux trois quarts.

4 Mettre le moule sur la plaque de four chaude et laisser cuire 20 à 25 min, jusqu'à ce que le soufflé ait bien levé et soit bien doré. Servir immédiatement, en saupoudrant le soufflé de sucre glace.

NOTE : pour réussir vos soufflés, incorporez les blancs d'œufs à la mixture aussi délicatement que possible. Il vaut mieux laisser quelques morceaux de blanc d'œuf non mélangés plutôt que d'obtenir un soufflé plat.

Framboises, fraises, mangues, pêches, abricots et fruits de la passion se prêtent parfaitement à la confection de délicieux soufflés car ces fruits se réduisent facilement en purée. Les bananes sont un peu trop lourdes. Vous pouvez également utiliser des pommes, des prunes ou des fruits secs, mais il faut alors que vous les réduisiez d'abord en purée avant de commencer la recette.

CI-DESSOUS : Soufflé chaud aux fruits

FIGUES POCHÉES AU VIN ROUGE ET AU THYM

Pour 4 personnes. Faire tremper 370 g de figues séchées entières dans l'eau bouillante pendant 10 min, puis les égoutter. Dans une casserole, verser 250 ml de vin rouge de qualité et 230 g de miel. Faire chauffer à feu doux, puis ajouter les figues séchées et 4 brins de thym frais ficelés ensemble. Couvrir et laisser mijoter pendant 10 min. Découvrir et laisser cuire pendant encore 10 min. Transférer les figues dans un saladier et jeter le thym. Porter le sirop à ébullition et le laisser bouillir pendant 5 à 8 min, jusqu'à ce qu'il ait réduit et qu'il attache à peine au dos d'une cuillère. Reverser les figues dans la casserole, remuer pour les réchauffer, puis les laisser refroidir légèrement. Servir chaud ou à température ambiante, avec de la crème fleurette. Décorer avec du thym.

LA FRANCE

NOUGAT

Dérivé, semble-t-il, du latin *nux gatum*, qui signifie « gâteau aux noix », le nougat trahit ses origines méditerranéennes par les ingrédients qui le composent depuis des siècles. À l'origine, miel, amandes et autres fruits, comme les noisettes et les noix, étaient battus avec les blancs d'œufs, puis le tout était mis à sécher au soleil. Aujourd'hui, le procédé de fabrication est beaucoup plus rapide, mais la saveur du nougat reste la même.

NOUGAT

Préparation : 30 min + 4 h de réfrigération
Cuisson : 15 min
Pour 1 kg de nougat

☆ ☆

500 g de sucre
250 ml de glucose liquide
170 g de miel (miel de fleurs, de préférence)
2 blancs d'œufs
1 cuil. à café d'essence de vanille
120 g de beurre, ramolli
60 g d'amandes, non mondées et grillées
100 g de cerises confites

1 Beurrer un plat à four rectangulaire et le garnir de papier sulfurisé. Dans une casserole à fond épais, verser le sucre, le glucose, le miel, 60 ml d'eau et 1/4 cuil. à café de sel. Faire chauffer à feu doux et remuer jusqu'à ce que le sucre soit dissous. Porter à ébullition et laisser cuire à gros bouillons pendant 8 min, jusqu'à ce que la mixture atteigne une température de 122 °C sur un thermomètre à sucre (à cette température, un peu de mixture plongée dans un petit récipient d'eau froide, doit former une boule compacte). La température de cuisson doit être très précise ; sinon, la mixture risque de ne pas prendre correctement.

2 À l'aide d'un fouet électrique, battre les blancs d'œufs en neige ferme dans un saladier. Verser en un fin filet continu un quart de la mixture dans les blancs en neige, et battre pendant 5 min, jusqu'à ce que le mélange soit ferme. Mettre le reste du sirop sur le feu et laisser cuire pendant 2 min (ne pas le laisser brûler), jusqu'à ce qu'il atteigne une température de 157 °C sur un thermomètre à sucre (à cette température, un peu de sirop plongé dans l'eau froide doit former des fils cassants). Verser le sirop sur la meringue en laissant le fouet électrique en marche et battre jusqu'à ce que la mixture soit très épaisse.

3 Ajouter la vanille et le beurre, et battre pendant encore 5 min. Incorporer les amandes et les cerises à l'aide d'une cuillère en métal. Verser le mélange dans le plat à four et lisser la surface avec une spatule. Mettre au réfrigérateur pendant au moins 4 h, jusqu'à ce que le nougat soit ferme. Démouler le nougat sur une planche à découper et le couper en cubes de 4 x 2 cm avec un couteau bien aiguisé. Envelopper chaque morceau dans de la cellophane et les conserver au réfrigérateur.

CI-DESSUS : Nougat

ESPAGNE

Rien n'évoque mieux l'Espagne que la terrasse ensoleillée d'un bar à tapas où l'on peut déguster ces délicieux petits hors-d'œuvre en sirotant un verre de vin ou de xérès glacé pour étancher sa soif. Dans ces bars, les Espagnols cèdent à leur envie de fruits de mer et de poissons en se délectant de plats comme les moules farcies, les beignets de morue ou les crevettes grillées. La cuisine espagnole est un véritable festival de couleurs vives et intenses, caractéristiques de tous les aspects du mode de vie de la péninsule. Elle est surtout simple et sait tirer parti de la fraîcheur des ingrédients. Piments, pois chiches, riz, œufs et ail sont tous présents en abondance. De nombreuses saveurs sont originaires d'Amérique latine, mais la cuisine espagnole reste cependant moins épicée.

LE GRAND LIVRE DE LA CUISINE MÉDITERRANÉENNE

CI-DESSUS : Empanadas

EMPANADAS

Les empanadas sont de petits chaussons typiques d'Espagne et d'Amérique centrale. Ils sont généralement farcis de viande et de légumes, mais peuvent également être fourrés aux fruits et servis en dessert. Les empanadas peuvent avoir la taille de petits canapés ou être suffisamment grosses pour nourrir toute une famille !

EMPANADAS
(Chaussons farcis)

Préparation : 45 min
Cuisson : 25 min
Pour environ 15 chaussons

2 œufs
40 g d'olives vertes farcies, hachées
90 g de jambon, finement haché
30 g de gruyère, râpé
3 feuilles de pâte feuilletée prêtes à l'emploi
1 jaune d'œuf, légèrement battu

1 Verser les œufs dans une petite casserole, couvrir d'eau et porter à ébullition. Laisser bouillir pendant 10 min, puis égoutter et laisser refroidir dans de l'eau froide pendant 5 min. Écaler les œufs et les hacher.
2 Préchauffer le four à 220 °C. Beurrer légèrement deux plaques de four. Mélanger les œufs, les olives, le jambon et le gruyère dans un grand saladier.
3 Découper environ cinq disques de 10 cm de diamètre dans chaque feuille de pâte. Déposer une cuillerée de farce au centre de chaque disque, replier la pâte et pincer les bords pour sceller les chaussons.
4 Disposer les chaussons sur les plaques de four en laissant 2 cm entre chacun d'eux. Les badigeonner avec le jaune d'œuf et les cuire au four pendant 15 min, sur la grille supérieure et du milieu, jusqu'à ce qu'ils soient bien gonflés et dorés. Intervertir les plaques au bout de 10 min de cuisson et les couvrir de papier aluminium si les empanadas ont tendance à brunir. Servir chaud.

GAMBAS AL PIL PIL
(Grosses crevettes à l'ail et au piment)

Préparation : 30 min + 30 min de réfrigération
Cuisson : 10 min
Pour 4 à 6 personnes

1 kg de gambas crues
60 g de beurre
80 ml d'huile d'olive
3 gousses d'ail, grossièrement hachées
1/4 cuil. à café de flocons de piment
1/2 cuil. à café de paprika

1 Décortiquer les gambas entièrement, à l'exception des queues. Retirer délicatement la veine noire le long du dos en partant de la tête. Mélanger les gambas avec 1/2 cuil. à café de sel dans un saladier, couvrir et mettre au réfrigérateur pendant 30 min.

2 Faire chauffer le beurre et l'huile à feu moyen dans un plat allant au feu. Quand ils moussent, ajouter l'ail et le piment et remuer pendant 1 min, jusqu'à ce qu'ils soient dorés. Verser les gambas, les faire cuire 3 à 6 min, jusqu'à ce qu'elles changent de couleur, et les parsemer de paprika. Servir chaud avec du pain pour tremper dans la sauce.
NOTE : les gambas al pil pil sont traditionnellement confectionnées et servies dans de petits plats en terre cuite, un ramequin servant pour deux personnes. Vous pouvez préparer cette recette dans deux petits plats, mais sachez que la cuisson des gambas sera alors plus rapide.

CALAMARES A LA PLANCHA
(Calmars grillés)

Préparation : 40 min + 30 min de réfrigération
Cuisson : 15 min
Pour 6 personnes

☆☆

500 g de petits calmars (voir Note)

SAUCE PICADA
2 cuil. à soupe d'huile d'olive extra vierge
2 cuil. à soupe de persil plat frais, haché
1 gousse d'ail, écrasée

1 Pour nettoyer les calmars, tirer délicatement sur les tentacules pour les séparer du corps (les intestins devraient venir en même temps). Faire une incision sous les yeux pour extraire les viscères des tentacules, puis retirer le bec, s'il est resté au centre des tentacules, en poussant avec les doigts. Retirer la plume du corps.
2 Rincer les corps sous l'eau froide. La peau devrait se détacher facilement. Nettoyer les corps et les tentacules, puis bien les égoutter. Les verser dans un saladier, ajouter 1/4 cuil. à café de sel et bien mélanger. Couvrir et mettre au réfrigérateur pendant 30 min.
3 Faire chauffer une plaque de barbecue légèrement huilée ou préchauffer le grill du four au maximum.
4 Peu de temps avant de servir, battre les ingrédients de la sauce picada dans une jatte ou un saladier, en ajoutant 1/4 cuil. à café de poivre noir moulu et un peu de sel.
5 Faire cuire les calmars en plusieurs fois par petites poignées pendant 2 à 3 min, jusqu'à ce que la chair soit blanche et tendre. Faire cuire les tentacules, en les retournant, pendant 1 min, jusqu'à ce qu'ils se recroquevillent. Servir chaud en arrosant de sauce picada.
NOTES : cette recette vaut également pour les seiches, les poulpes, les crevettes et même de gros morceaux de poissons à chair ferme et blanche.
   Préparez la sauce au tout dernier moment afin que le persil ne se défraîchisse pas.

CALAMARES A LA PLANCHA

Tirer sur les tentacules pour les détacher du corps.

Faire une incision sous les yeux et extraire les viscères.

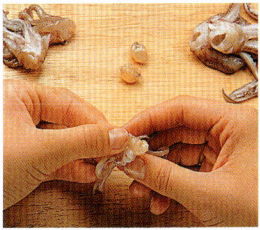

Retirer le bec s'il est resté au centre des tentacules.

Extraire la plume, rincer le corps et retirer la peau.

CI-CONTRE : Calamares a la plancha

LE GRAND LIVRE DE LA CUISINE MÉDITERRANÉENNE

ESPAGNE

POIVRONS MARINÉS

Préparation : 20 min + 1 nuit de macération
Cuisson : 5 min
Pour 6 personnes

3 poivrons rouges
3 brins de thym frais
1 gousse d'ail, finement émincée
2 cuil. à café de persil plat frais, grossièrement haché
1 feuille de laurier
1 oignon nouveau, coupé en rondelles
1 cuil. à café de paprika
60 ml d'huile d'olive extra vierge
2 cuil. à soupe de vinaigre de vin rouge

1 Préchauffer le grill. Couper les poivrons rouges en quartiers et les faire griller, peaux vers le haut, jusqu'à ce que celles-ci noircissent et forment des cloques. Les laisser refroidir dans un sac en plastique, puis les peler. Les émincer finement, puis les mettre dans un saladier avec le thym, l'ail, le persil, la feuille de laurier et l'oignon nouveau. Bien mélanger le tout.
2 Battre ensemble le paprika, l'huile, le vinaigre et un peu de sel et de poivre. Verser cette mixture sur les poivrons et mélanger. Couvrir et mettre au réfrigérateur pendant au moins 3 h ou, de préférence, pendant toute une nuit. Sortir du réfrigérateur environ 30 min avant de servir.
NOTE : les poivrons peuvent être conservés au réfrigérateur jusqu'à 3 jours.

BROCHETTES DE THON AUX CÂPRES

Pour 8 brochettes. Faire tremper 8 piques en bois dans l'eau froide pendant 1 h pour les empêcher de brûler pendant la cuisson. Couper 250 g de thon cru en 24 cubes de taille égale. Retirer le zeste d'un citron, en évitant la peau blanche amère, et couper le zeste en fines lanières. Dans un saladier, mélanger le thon, le zeste et 1 cuil. à soupe de jus de citron et d'huile d'olive. Sur chaque pique en bois, enfiler successivement 3 morceaux de thon, 2 câpres et une olive verte farcie à l'anchois. Mettre les brochettes dans un plat non métallique et verser la marinade par-dessus. Les cuire sous un grill très chaud pendant 4 min, en les retournant, jusqu'au degré de cuisson voulu.

POIS CHICHES AU CHORIZO

Préparation : 15 min + 1 nuit de trempage
Cuisson : 1 h 10
Pour 6 personnes

160 g de pois chiches secs
1 feuille de laurier
4 clous de girofle
1 bâton de cannelle
1 l de bouillon de poule
2 cuil. à soupe d'huile d'olive
1 oignon, finement émincé
1 gousse d'ail, écrasée
1 pincée de thym séché
370 g de chorizo, grossièrement haché
1 cuil. à soupe de persil plat frais, haché

1 Verser les pois chiches dans un grand saladier, couvrir d'eau et laisser tremper toute une nuit. Bien les égoutter, puis les mélanger à la feuille de laurier, aux clous de girofle, au bâton de cannelle et au bouillon de poule dans une grande casserole. Couvrir d'eau, porter à ébullition, puis réduire le feu et laisser mijoter pendant 1 h, jusqu'à ce que les pois chiches soient tendres. S'ils nécessitent un temps de cuisson plus long, ajouter un peu d'eau supplémentaire. Une fois les pois chiches cuits, il ne doit rester que très peu de liquide au fond de la casserole. Égoutter les pois chiches. Retirer la feuille de laurier, les clous de girofle et le bâton de cannelle.
2 Faire chauffer l'huile dans une grande poêle, ajouter l'oignon et le faire revenir à feu moyen pendant 3 min, jusqu'à ce qu'il soit transparent. Ajouter l'ail et le thym, et laisser cuire pendant 1 min, en remuant. Augmenter le feu, ajouter le chorizo et laisser cuire pendant 3 min.
3 Verser les pois chiches dans la poêle, bien mélanger et laisser cuire à feu moyen en remuant, jusqu'à ce qu'ils soient bien chauds. Retirer du feu et incorporer le persil. Goûter avant d'assaisonner à volonté avec du sel et du poivre noir du moulin. Servir chaud ou à température ambiante.

BÂTONS DE CANNELLE
Les bâtons de cannelle sont de fins morceaux d'écorce d'un arbre tropical appelé cannelier. L'écorce est récoltée pendant la saison des pluies, lorsqu'elle est souple et facile à travailler. Lorsqu'elle sèche, elle se recroqueville sur elle-même pour former de petits tuyaux qui sont ensuite coupés en bâtons ou réduits en poudre. Épice très appréciée en Espagne, la cannelle est largement utilisée dans des plats sucrés et salés. Elle conserve pleinement sa saveur lorsqu'elle est utilisée entière. Si une recette recommande d'utiliser de la cannelle moulue, achetez-en une petite quantité.

PAGE CI-CONTRE :
Poivrons marinés (en haut) ;
Pois chiches au chorizo

CREVETTES GRILLÉES SAUCE ROMESCO

Presser l'ail, gratter la chair de tomate et la verser dans un mixeur ou un robot.

Mixer jusqu'à obtention d'un mélange homogène.

CREVETTES GRILLÉES SAUCE ROMESCO

Préparation : 30 min
 + 30 min de réfrigération
 + 15 min de refroidissement
Cuisson : 25 min
Pour 6 à 8 personnes

30 grosses crevettes crues

SAUCE ROMESCO

4 gousses d'ail, non pelées
1 tomate Roma, coupée en deux et épépinée
2 longs piments rouges frais
30 g d'amandes mondées
60 g de poivrons séchés, conservés dans l'huile
1 cuil. à soupe d'huile d'olive
1 cuil. à soupe de vinaigre de vin rouge

1 Décortiquer les crevettes entièrement, à l'exception des queues. Retirer délicatement la veine noire le long du dos en partant de la tête. Les mélanger à 1/4 cuil. à café de sel et les mettre au réfrigérateur pendant 30 min.

2 Pour la sauce romesco, préchauffer le four à 200 °C. Envelopper l'ail dans du papier aluminium, le mettre sur une plaque de four avec la tomate et les piments et faire cuire pendant 12 min. Répandre les amandes sur la plaque et laisser cuire pendant encore 3 à 5 min. Laisser refroidir pendant 15 min.

3 Transférer les amandes dans un petit mixeur ou un robot et mixer jusqu'à obtention d'une poudre fine. Presser l'ail et gratter la chair de tomate (sans la peau) au-dessus de la poudre d'amandes. Fendre les piments et les épépiner. Gratter la chair au-dessus du mixeur ou du robot, en jetant les peaux. Sécher les piments avec du papier absorbant, puis les hacher et les ajouter au mélange avec l'huile, le vinaigre, un peu de sel et 2 cuil. à soupe d'eau. Mixer jusqu'à obtention d'un mélange homogène, lisse et fluide (ajouter de l'eau si nécessaire). Préchauffer un grill ou une plaque de barbecue légèrement huilée.

4 Badigeonner les crevettes avec un peu d'huile et les faire cuire pendant 3 min, jusqu'à ce qu'elles se recroquevillent sur elles-mêmes et changent de couleur. Servir avec la sauce romesco.

NOTE : la sauce romesco accompagne traditionnellement les fruits de mer. Elle peut être préparée 5 jours à l'avance et conservée au réfrigérateur.

CI-CONTRE : Crevettes grillées sauce romesco

MOULES FARCIES

Préparation : 40 min + refroidissement
Cuisson : 20 min
Pour 18 moules

18 moules d'Espagne
2 cuil. à café d'huile d'olive
2 oignons nouveaux, finement émincés
1 gousse d'ail, écrasée
1 cuil. à soupe de concentré de tomate
2 cuil. à café de jus de citron
3 cuil. à soupe de persil plat frais, haché
30 g de chapelure sèche
2 œufs, battus
huile, pour frire

SAUCE BLANCHE
40 g de beurre
30 g de farine
80 ml de lait

1 Nettoyer les moules et retirer les byssus. Jeter toutes celles dont les coquilles sont cassées ou déjà ouvertes. Verser 250 ml d'eau dans une casserole et porter à ébullition. Ajouter les moules, couvrir et laisser cuire pendant 3 à 4 min, en secouant la casserole de temps en temps, jusqu'à ce que les moules s'ouvrent. Les retirer immédiatement après afin qu'elles ne soient pas dures. Filtrer le jus de cuisson dans une jatte jusqu'à obtention de 80 ml de liquide. Jeter les moules qui ne se sont pas ouvertes. Retirer les moules de leur coquille et jeter les demi-coquilles supérieures. Hacher les moules.
2 Faire chauffer l'huile dans une casserole, ajouter les oignons nouveaux et les faire revenir pendant 1 min. Ajouter l'ail et laisser cuire pendant 1 min. Incorporer les moules, le concentré de tomate, le jus de citron, 2 cuil. à soupe de persil, un peu de sel et de poivre. Réserver et laisser refroidir.
3 Pour la sauce blanche, faire fondre le beurre à feu doux dans une casserole. Incorporer la farine et laisser cuire pendant 1 min, jusqu'à ce que le mélange soit clair et mousseux. Retirer du feu et incorporer peu à peu le jus de cuisson des moules réservé, le lait et un peu de poivre. Remettre sur le feu et porter à ébullition. Remuer pendant 1 min, jusqu'à ce que la sauce entre en ébullition et épaississe. Réduire le feu et laisser mijoter pendant 2 min. Réserver et laisser refroidir.
4 À l'aide d'une cuillère, verser les moules dans les moitiés de coquilles. Verser généreusement de la sauce par-dessus et lisser la surface.
5 Mélanger la chapelure et le reste de persil. Plonger les moules dans les œufs battus, puis tasser la chapelure sur les coquilles. Remplir d'huile une casserole sur un tiers de sa hauteur et la faire chauffer à 180 °C (à cette température, un morceau de pain jeté dans l'huile est doré en 15 s). Faire cuire les moules en plusieurs fois pendant 2 min. Les retirer avec une écumoire et bien les égoutter. Servir chaud.

PAN CON TOMATE

Couper des tranches de baguette en diagonale et les faire griller très légèrement. Les frotter avec une gousse d'ail sur un côté, puis avec une moitié de tomate, en imbibant bien le pain de jus. Assaisonner avec un peu de sel et arroser d'huile d'olive extra vierge. Servir comme tapa ou comme simple en-cas.

CI-DESSUS : Moules farcies

CHORIZO

Très répandu dans la cuisine espagnole, le chorizo a donné naissance à de nombreuses variantes régionales. C'est une saucisse à base de porc, de paprika et d'ail, à la texture grossière et au goût très relevé. On distingue le chorizo doux et le chorizo fort, lequel est additionné de piment pour être encore plus épicé. En Espagne, le chorizo est généralement vendu salé ou fumé. Il entre dans la composition de nombreuses recettes traditionnelles. Il peut également se déguster grillé, coupé en morceaux et servi comme garniture de tapas.

PAGE CI-CONTRE :
Albondigas en salsa
de tomate picante (en haut) ;
Chorizo en sidra

ALBONDIGAS EN SALSA DE TOMATE PICANTE
(Boulettes de viande à la sauce tomate piquante)

Préparation : 40 min + 30 min de réfrigération
Cuisson : 30 min
Pour 6 personnes

170 g de viande de porc hachée
170 g de viande de veau hachée
3 gousses d'ail, écrasées
30 g de chapelure sèche
1 cuil. à café de coriandre moulue
1 cuil. à café de muscade moulue
1 cuil. à café de cumin moulu
1 pincée de cannelle moulue
1 œuf
2 cuil. à soupe d'huile d'olive

Sauce tomate piquante

1 cuil. à soupe d'huile d'olive
1 oignon, émincé
2 gousses d'ail, écrasées
120 ml de vin blanc sec
400 g de tomates concassées en conserve
1 cuil. à soupe de concentré de tomate
120 ml de bouillon de poule
1/2 cuil. à café de poivre de Cayenne
80 g de petits pois surgelés

1 Dans un saladier, mélanger les viandes hachées, l'ail, la chapelure, les épices, l'œuf et un peu de sel et de poivre. Malaxer à la main jusqu'à obtention d'un mélange homogène qui n'adhère pas à la paroi du saladier. Couvrir et réfrigérer pendant 30 min.
2 Former des boulettes avec des cuillerées de mixture. Faire chauffer 1 cuil. à soupe d'huile dans une poêle et faire sauter la moitié des boulettes à feu moyen-vif pendant 2 à 3 min, jusqu'à ce qu'elles soient dorées. Les égoutter sur du papier absorbant. Ajouter le reste de l'huile si nécessaire, et faire sauter le reste des boulettes. Les égoutter de même.
3 Pour la sauce, faire chauffer l'huile à feu moyen dans une poêle et faire revenir l'oignon pendant 3 min, en remuant, jusqu'à ce qu'il soit transparent. Ajouter l'ail et laisser cuire pendant 1 min. Augmenter le feu, verser le vin et laisser bouillir pendant 1 min. Ajouter les tomates, le concentré de tomate et le bouillon, et laisser mijoter 10 min. Ajouter le poivre de Cayenne, les petits pois et les boulettes de viande. Laisser mijoter 5 à 10 min, jusqu'à ce que la sauce ait épaissi. Servir chaud.

CHORIZO EN SIDRA
(Chorizo au cidre)

Préparation : 5 min
Cuisson : 15 min
Pour 4 personnes

3 cuil. à café d'huile d'olive
1 petit oignon, finement émincé
1 cuil. à café 1/2 de paprika
120 ml de cidre sec
60 ml de bouillon de poule
1 feuille de laurier
280 g de rondelles de chorizo, coupées en diagonale
2 cuil. à café (ou plus) de vinaigre de xérès
2 cuil. à café de persil plat frais, haché

1 Faire chauffer l'huile à feu doux dans une casserole et faire revenir l'oignon pendant 3 min, en remuant, jusqu'à ce qu'il ait ramolli. Ajouter le paprika et laisser cuire pendant 1 min.
2 Augmenter le feu, verser le cidre, le bouillon et la feuille de laurier, et porter à ébullition. Réduire le feu et laisser mijoter pendant 5 min. Ajouter les rondelles de chorizo et laisser cuire pendant 5 min, jusqu'à ce que la sauce ait légèrement réduit. Incorporer le vinaigre de xérès et le persil. Servir chaud.

AMANDES SALÉES

Pour 6 à 8 personnes. Préchauffer le four à 120 °C. Dans un saladier, battre légèrement un blanc d'œuf et 1/4 cuil. à café de paprika doux avec une fourchette jusqu'à ce que la mixture commence à mousser. Ajouter 500 g d'amandes mondées et mélanger pour bien les imprégner de la mixture. Répartir les amandes sur deux plaques de four antiadhésives. Répandre 1 cuil. à soupe 1/2 de gros sel de mer sur les amandes. Les rouler dans le sel. Répandre encore du sel sur les plaques. Cuire au four 30 min, en retournant les amandes de temps à autre pour éviter qu'elles n'attachent. Éteindre le four et laisser reposer les amandes dans le four pendant 30 min. Quand elles ont refroidi, les transvaser dans des bocaux hermétiques.

ESPAGNE

203

BUÑUELOS DE BACALAO

Retirer la peau et les arêtes de la morue salée cuite.

Incorporer les blancs dans le mélange de pommes de terre et de morue.

Faire frire les beignets dans de l'huile chaude jusqu'à ce qu'ils soient bien gonflés et dorés.

CI-DESSUS : *Buñuelos de bacalao*

BUÑUELOS DE BACALAO
(Beignets de morue)

Préparation : 15 min + 24 h de trempage
Cuisson : 1 h
Pour 35 beignets

☆☆

500 g de morue salée
1 grosse pomme de terre (200 g), non pelée
2 cuil. à soupe de lait
3 cuil. à soupe d'huile d'olive
1 petit oignon, finement émincé
2 gousses d'ail, écrasées
30 g de farine avec levure incorporée
2 œufs (séparer les blancs des jaunes)
1 cuil. à soupe de persil plat frais, haché
huile d'olive supplémentaire, pour frire

1 Faire tremper la morue salée dans de l'eau froide pendant 24 h, en changeant l'eau régulièrement pour éliminer le plus de sel possible. Faire cuire la pomme de terre dans une casserole d'eau bouillante pendant 20 min, jusqu'à ce qu'elle soit tendre. Une fois refroidie, la peler et la réduire en purée avec le lait et 2 cuil. à soupe d'huile d'olive.
2 Égoutter la morue, la couper en gros morceaux et la verser dans une casserole. Couvrir d'eau et porter à ébullition à feu vif, puis réduire le feu et laisser cuire pendant 10 min, jusqu'à ce que la morue soit tendre et que de l'écume se forme à la surface.
3 Faire chauffer le reste de l'huile dans une poêle et faire revenir l'oignon à feu moyen pendant 5 min, jusqu'à ce qu'il ait ramolli et commencé à dorer. Ajouter l'ail et laisser cuire 1 min. Retirer du feu.
4 Mélanger la pomme de terre, la morue, l'oignon, la farine, les jaunes d'œufs et le persil dans un saladier, puis assaisonner. Battre les blancs en neige ferme et les incorporer à la mixture. Remplir d'huile d'olive une grande casserole à fond épais sur un tiers de sa hauteur et faire chauffer à 190 °C (à cette température, un morceau de pain jeté dans l'huile est doré en 10 s). Plonger de grosses cuillerées de mixture dans l'huile et les faire cuire pendant 2 min, jusqu'à ce que les beignets soient gonflés et bien dorés. Les égoutter et servir.

RIÑONES AL JEREZ
(Rognons au xérès)

Préparation : 15 min
Cuisson : 20 min
Pour 4 personnes

☆

2 cuil. à soupe d'huile d'olive
1 gros oignon, finement émincé
2 gousses d'ail, écrasées
1 cuil. à soupe de farine
310 ml de bouillon de poule
1 cuil. à soupe de concentré de tomate

1 feuille de laurier
1 kg de rognons d'agneau, coupés en deux
40 g de beurre
150 ml de xérès sec
1 cuil. à soupe de persil plat frais, haché

1   Faire chauffer l'huile dans une poêle et faire revenir l'oignon et l'ail à feu moyen pendant 5 min, jusqu'à ce que l'oignon ait ramolli. Ajouter la farine et laisser cuire, en remuant, pendant 1 min. Verser le bouillon, le concentré de tomate et la feuille de laurier. Porter à ébullition et laisser cuire, en remuant, jusqu'à ce que le mélange ait épaissi. Saler, poivrer et laisser mijoter pendant 3 à 4 min. Maintenir au chaud.
2   Couper les parties blanches des rognons. Couper chaque moitié de rognon en trois. Faire fondre le beurre dans une poêle et y verser la moitié des rognons. Les faire cuire à feu vif, en remuant, jusqu'à ce qu'ils soient bien dorés. Les retirer de la poêle et faire cuire le reste des rognons. Les retirer de la poêle, verser le xérès et laisser cuire à feu vif jusqu'à ce qu'il ait réduit de moitié. Reverser les rognons dans la poêle, ajouter la sauce et incorporer le persil. Vérifier l'assaisonnement et laisser mijoter pendant encore 2 min avant de servir. Servir avec du riz.

l'huile est doré en 15 s). Faire cuire les pommes de terre en plusieurs fois pendant 10 min, jusqu'à ce qu'elles soient dorées. Bien les égoutter sur du papier absorbant. Ne pas jeter l'huile.
2   Marquer une croix à la base de chaque tomate. Plonger les tomates dans l'eau bouillante pendant 10 s, puis les plonger dans l'eau froide et les peler en partant de la croix. Hacher la chair.
3   Dans une casserole, faire chauffer l'huile d'olive à feu moyen et faire revenir l'oignon pendant 3 min. Ajouter l'ail, le paprika et le poivre de Cayenne, et laisser cuire pendant 1 à 2 min.
4   Ajouter les tomates, le laurier, le sucre et 90 ml d'eau, et laisser cuire 20 min, jusqu'à ce que la mixture soit épaisse. Laisser refroidir un peu et retirer la feuille de laurier. Mixer le tout dans un robot jusqu'à obtention d'un mélange homogène (ajouter un peu d'eau au besoin). Avant de servir, réchauffer la sauce à feu doux pendant 2 min. Assaisonner généreusement.
5   Réchauffer l'huile à 180 °C et faire cuire les pommes de terre en plusieurs fois pendant 2 min, jusqu'à ce qu'elles soient croustillantes et dorées. Les égoutter sur du papier absorbant. Cette seconde friture les rend encore plus croustillantes et les empêche d'absorber la sauce. Les verser dans un plat et les recouvrir de sauce. Décorer de persil et servir.

PATATAS BRAVAS
(Pommes de terre rissolées à la sauce tomate piquante)

Préparation : 15 min
Cuisson : 1 h
Pour 6 personnes

1 kg de pommes de terre
huile, pour frire
500 g de tomates Roma bien mûres
2 cuil. à soupe d'huile d'olive
1/4 oignon rouge, finement émincé
2 gousses d'ail, écrasées
3 cuil. à café de paprika
1/4 cuil. à café de poivre de Cayenne
1 feuille de laurier
1 cuil. à café de sucre
1 cuil. à soupe de persil plat frais haché, pour décorer

1   Couper les pommes de terre en cubes de 2 cm de côté. Les rincer, bien les égoutter et les sécher. Remplir d'huile une friteuse ou une grande casserole sur un tiers de sa hauteur et faire chauffer à 180 °C (à cette température, un morceau de pain jeté dans

CI-DESSOUS : *Patatas bravas*

CROQUETAS DE JAMÓN Y DE SETA

Former des croquettes avec la mixture.

Utiliser deux fourchettes pour plonger chaque croquette farinée dans les œufs battus.

CROQUETAS DE JAMÓN Y DE SETA
(Croquettes au jambon et aux champignons)

Préparation : 35 min + 2 h de refroidissement
+ 30 min de réfrigération
Cuisson : 20 min
Pour 18 croquettes

90 g de beurre
1 petit oignon, finement émincé
110 g de champignons à chapeau, hachés
90 g de farine
250 ml de lait
180 ml de bouillon de poule
110 g de jambon, finement haché
60 g de farine supplémentaire
2 œufs, légèrement battus
50 g de chapelure sèche
huile, pour frire

1 Faire fondre le beurre à feu doux dans une casserole, ajouter l'oignon et le faire revenir pendant 5 min, jusqu'à ce qu'il soit translucide. Ajouter les champignons et les faire cuire à feu doux pendant 5 min, en remuant de temps à autre. Verser la farine et remuer pendant 1 min, jusqu'à ce que le mélange soit sec et friable et commence à changer de couleur. Retirer du feu et verser le lait, en remuant jusqu'à obtention d'une mixture homogène. Incorporer le bouillon et remettre sur le feu, jusqu'à ce que la mixture entre en ébullition et épaississe. Incorporer le jambon et un peu de poivre noir, puis transvaser le tout dans un saladier et laisser refroidir pendant 2 h.
2 Prendre 2 cuil. à soupe de mixture à chaque fois et former des croquettes d'environ 6 cm de long. Dans trois saladiers différents, verser la farine, les œufs battus et la chapelure. Rouler les croquettes dans la farine, les plonger dans les œufs battus, en les laissant égoutter, puis les rouler dans la chapelure. Les disposer sur une plaque de four et les mettre au réfrigérateur pendant 30 min.
3 Remplir d'huile une casserole à fond épais sur un tiers de sa hauteur et la faire chauffer à 180 °C (à cette température, un morceau de pain jeté dans l'huile est doré en 15 s). Faire frire les croquettes en plusieurs fois pendant 3 min, en les retournant, jusqu'à ce qu'elles soient bien dorées. Bien les égoutter.
NOTE : cette recette peut donner lieu à de nombreuses variantes. Par exemple, le jambon peut être remplacé par du poulet finement émincé ou du poisson cuit émietté. Il est également possible d'ajouter des herbes fraîches finement hachées.

CI-CONTRE : *Croquetas de jamón y de seta*

ESPAGNE

GAMBAS AL AJILLO
(Gambas à l'ail)

Préparation : 20 min
Cuisson : 15 min
Pour 4 personnes

☆

1,25 kg de gambas crues
80 g de beurre fondu
180 ml d'huile d'olive
8 gousses d'ail, écrasées
2 oignons nouveaux, finement émincés

1 Préchauffer le four à 250 °C. Décortiquer les gambas entièrement, à l'exception des queues. Retirer la veine noire le long du dos en partant de la tête. Faire une incision le long du dos.
2 Mélanger le beurre et l'huile, et répartir ce mélange dans quatre caquelons en fonte de 500 ml. Répartir la moitié de l'ail dans les caquelons.
3 Mettre les caquelons sur une plaque et faire cuire au four pendant 10 min, jusqu'à ce que la mixture bouillonne. Sortir les caquelons et y répartir les gambas et le reste de l'ail. Remettre au four pendant 5 min, jusqu'à ce que les gambas soient cuites. Incorporer les oignons nouveaux. Assaisonner. Servir avec du pain pour le tremper dans la sauce.
NOTE : cette recette peut également être préparée dans une poêle en fonte, au four ou sur la cuisinière.

CHAMPIÑONES AL AJILLO
(Champignons à l'ail)

Préparation : 10 min
Cuisson : 15 min
Pour 4 personnes

☆

6 gousses d'ail
1 cuil. à soupe 1/2 de jus de citron
650 g de champignons de Paris, coupés en lamelles
60 ml d'huile d'olive
1/4 petit piment rouge frais, finement haché
2 cuil. à café de persil plat frais, haché

1 Écraser quatre gousses d'ail et émincer finement les quatre autres. Verser le jus de citron sur les champignons hachés.
2 Faire chauffer l'huile dans une grande poêle et ajouter l'ail écrasé et le piment haché. Faire cuire à feu moyen-vif pendant 10 s, en remuant, puis ajouter les champignons. Assaisonner et laisser cuire pendant 8 à 10 min, en remuant fréquemment. Incorporer l'ail émincé et le persil, et laisser cuire pendant encore 1 min. Servir chaud.
NOTE : les champignons de Paris peuvent être remplacés par des champignons sauvages, mais il convient d'ajuster le temps de cuisson en fonction du type de champignon choisi.

GAMBAS AL AJILLO
En Espagne, il s'agit d'une des tapas les plus populaires servies dans les bars et les restaurants sur l'ensemble du littoral. Les gambas al ajillo sont traditionnellement servies dans le plat dans lequel elles ont été cuites, généralement un petit caquelon en fonte ou en terre cuite vernie. Elles sont accompagnées de pain afin que tout le jus et toutes les saveurs puissent être absorbés et dégustés.

CI-DESSUS : Gambas al ajillo

ESCABÈCHE
La présence d'épices aromatiques et l'utilisation du vinaigre comme conservateur dans des préparations comme l'escabèche, sont la marque de l'influence des Arabes sur la cuisine espagnole. Si l'escabèche est le plus souvent à base de poissons, elle désigne également toute préparation dans laquelle les aliments sont cuits dans le vin et le vinaigre, puis marinés dans le jus de cuisson.

PAGE CI-CONTRE :
Sardinas murciana
(en haut) ; Escabèche

SARDINAS MURCIANA
(Sardines à la murcienne)

Préparation : 20 min
Cuisson : 30 min
Pour 6 personnes

1 kg de tomates bien mûres
24 belles sardines fraîches, nettoyées (retirer les têtes, les queues et les arêtes centrales)
2 poivrons verts, équeutés, épépinés et coupés en fines rondelles
2 oignons, coupés en fines rondelles
2 pommes de terre, coupées en rondelles de 5 mm d'épaisseur
2 cuil. à soupe de persil plat frais, haché
3 gousses d'ail, écrasées
1/4 cuil. à café de filaments de safran, légèrement grillés
2 cuil. à soupe d'huile d'olive
persil plat frais haché supplémentaire, pour décorer (facultatif)

1 Marquer une croix à la base de chaque tomate et les plonger dans l'eau bouillante pendant 10 s. Les plonger ensuite dans l'eau froide et les peler en partant des croix. Couper chaque tomate en fines rondelles.
2 Préchauffer le four à 180 °C. Huiler un grand plat à four peu profond en terre cuite ou en céramique, suffisamment large pour contenir les sardines. Ouvrir les sardines et les saupoudrer légèrement de sel. Les refermer.
3 Recouvrir le fond du plat à four avec un tiers des tomates. Disposer la moitié des sardines par-dessus. Disposer ensuite en couches successives la moitié des poivrons, la moitié des oignons et la moitié des pommes de terre. Parsemer avec la moitié du persil et de l'ail et assaisonner de poivre noir du moulin. Émietter la moitié du safran par-dessus.
4 Déposer les sardines restantes, un tiers des tomates, puis les autres ingrédients comme précédemment. Finir avec une couche de tomates. Assaisonner généreusement de sel et de poivre noir du moulin. Arroser d'huile et couvrir d'une feuille de papier aluminium. Cuire au four pendant 30 min, jusqu'à ce que les pommes de terre soient cuites. Parsemer de persil. Enlever l'excédent de jus de cuisson avec une cuillère. Servir directement dans le plat.
NOTE : les corps des sardines doivent mesurer environ 15 cm.

ESCABÈCHE
(Marinade de poissons frits)

Préparation : 20 min
 + 1 nuit de réfrigération
Cuisson : 15 min
Pour 4 personnes

farine
500 g de filets de poissons (rouget, merlan, loup), sans la peau
5 cuil. à soupe d'huile d'olive extra vierge
1 oignon rouge, finement émincé
2 gousses d'ail, finement émincées
2 brins de thym frais
1 cuil. à café de cumin moulu
2 oignons nouveaux, finement émincés
1/2 cuil. à café de zeste d'orange, finement râpé
60 ml de jus d'orange
180 ml de vin blanc
180 ml de vinaigre de vin blanc
60 g d'olives vertes dénoyautées, grossièrement hachées
1/2 cuil. à café de sucre

1 Verser un peu de sel et de poivre dans la farine et fariner légèrement les filets de poissons. Faire chauffer 2 cuil. à soupe d'huile à feu moyen dans une poêle et verser une partie des filets de poissons. Faire cuire les filets en plusieurs fois jusqu'à ce qu'ils soient bien dorés des deux côtés et cuits à cœur (la chair doit s'émietter avec une fourchette). Les retirer de la poêle et les disposer en une seule couche dans un grand plat non métallique peu profond.
2 Faire chauffer le reste de l'huile dans la même poêle et faire revenir l'oignon et l'ail à feu moyen pendant environ 5 min, en remuant, jusqu'à ce qu'ils aient ramolli.
3 Ajouter le thym, le cumin et les oignons nouveaux, et remuer jusqu'à ce que le mélange soit odorant. Ajouter le zeste et le jus d'orange, le vin, le vinaigre, les olives et le sucre, et poivrer à volonté. Porter à ébullition et verser le mélange sur les filets de poissons. Laisser refroidir dans le jus ou mettre au réfrigérateur pendant toute une nuit. Servir à température ambiante.
NOTE : l'escabèche se prépare traditionnellement à partir de poissons entiers étêtés. Nous avons ici utilisé des filets, qui n'empêchent en rien la réussite de la recette.

PALOURDES

Lorsque vous achetez des palourdes, veillez à ce que les coquilles soient bien fermées. Avant de les cuire, il faut les faire tremper dans l'eau salée pendant au moins une heure : cela permet d'éliminer toutes les impuretés. Les palourdes nécessitent une cuisson douce : trop les cuire risquerait de les rendre dures et caoutchouteuses. Comme pour d'autres mollusques (moules), il faut jeter celles qui ne se sont pas ouvertes pendant la cuisson car cela signifie qu'elles étaient mortes avant d'être cuites.

CI-DESSUS : *Almejas a la marinera*

ALMEJAS A LA MARINERA
(Palourdes au vin blanc)

Préparation : 10 min
   + 1 h de trempage
Cuisson : 20 min
Pour 4 personnes

- 1 kg de palourdes
- 2 grosses tomates bien mûres
- 2 cuil. à soupe d'huile d'olive
- 1 petit oignon, finement émincé
- 2 gousses d'ail, écrasées
- 1 cuil. à soupe de persil plat frais, haché
- 1 pincée de muscade
- 80 ml de vin blanc sec

1 Faire tremper les palourdes dans l'eau salée pendant 1 h pour éliminer toutes les impuretés. Les rincer à l'eau froide et jeter les palourdes ouvertes.

2 Marquer une croix à la base de chaque tomate. Plonger les tomates dans l'eau bouillante pendant 10 s, puis les plonger dans l'eau froide et les peler en partant des croix. Couper les tomates en deux et les épépiner à l'aide d'une petite cuillère. Hacher finement les tomates.

3 Dans une grande cocotte allant au feu, faire chauffer l'huile et faire revenir l'oignon à feu doux pendant 5 min, jusqu'à ce qu'il ait ramolli. Ajouter l'ail et les tomates, et laisser cuire pendant 5 min. Incorporer le persil et la muscade, saler et poivrer. Verser 80 ml d'eau.

4 Ajouter les palourdes et laisser cuire à feu doux jusqu'à ce qu'elles s'ouvrent. Jeter toutes celles qui ne se sont pas ouvertes. Verser le vin et laisser cuire à feu doux pendant 3 à 4 min, jusqu'à ce que la sauce ait épaissi, en faisant basculer doucement la cocotte à plusieurs reprises, sans remuer les palourdes afin qu'elles ne sortent pas de leur coquille. Servir immédiatement avec du pain.

NOTE : dans cette recette, les palourdes peuvent être remplacées par des moules.

ALCACHOFAS EN VINAGRETA
(Artichauts vinaigrette)

Préparation : 20 min + refroidissement
Cuisson : 20 min
Pour 4 personnes

- 2 cuil. à soupe de jus de citron
- 4 gros artichauts
- 2 gousses d'ail, écrasées
- 1 cuil. à café d'origan frais, finement haché
- 1/2 cuil. à café de cumin moulu
- 1/2 cuil. à café de coriandre moulue
- 1 pincée de flocons de piment séché
- 3 cuil. à café de vinaigre de xérès
- 60 ml d'huile d'olive

1 Verser le jus de citron dans un grand saladier rempli d'eau froide. Couper les tiges des artichauts sur 5 cm et retirer les feuilles extérieures les plus dures. Couper le quart supérieur des feuilles. Couper chaque artichaut en deux ou en quatre si les artichauts sont vraiment gros. Retirer le foin avec une petite cuillère, puis plonger les artichauts dans le saladier d'eau acidulée afin de les empêcher de se décolorer pendant la préparation du reste de la recette.

2 Porter à ébullition une grande casserole d'eau (la casserole ne doit pas être en aluminium), ajouter les artichauts et 1 cuil. à café de sel et laisser mijoter pendant 20 min, jusqu'à ce que les artichauts soient tendres. Le temps de cuisson dépend de la taille des artichauts. Vérifier la cuisson en piquant la base des artichauts. S'ils sont cuits, la chair doit être tendre et n'offrir aucune résistance. Filtrer le jus de cuisson, puis mettre les artichauts à égoutter, côté intérieur vers le bas. Les laisser refroidir.

3 Dans un petit saladier, mélanger l'ail, l'origan, le cumin, la coriandre et les flocons de piment. Saler, poivrer et incorporer le vinaigre. En remuant constamment, verser lentement l'huile d'olive pour former une émulsion. Il est possible d'utiliser pour cela un petit robot de cuisine.

4 Disposer les artichauts en rangées sur un plat de service. Verser la vinaigrette par-dessus et laisser refroidir complètement.

CI-DESSOUS : Alcachofas en vinagreta

CEVICHE DE SAINT-JACQUES

Retirer la veine noire et le muscle blanc de chaque noix de Saint-Jacques.

Remuer les noix de Saint-Jacques pour qu'elles s'imprègnent de la marinade.

TORTILLA

Préparation : 25 min
Cuisson : 20 min
Pour 6 à 8 personnes

500 g de pommes de terre, coupées en rondelles de 1 cm d'épaisseur
60 ml d'huile d'olive
1 oignon, finement émincé
4 gousses d'ail, finement émincées
2 cuil. à soupe de persil plat frais haché
6 œufs

1 Verser les pommes de terre dans une casserole, couvrir d'eau froide et porter à ébullition à feu vif. Laisser bouillir pendant 5 min, égoutter et réserver.
2 Faire chauffer l'huile à feu moyen dans une poêle antiadhésive à haut bord. Ajouter l'oignon et l'ail, et les faire revenir pendant 5 min, jusqu'à ce que l'oignon ait ramolli.
3 Verser les pommes de terre et le persil dans la poêle et bien mélanger. Laisser cuire à feu moyen pendant 5 min.
4 Battre les œufs avec 1 cuil. à café de sel et de poivre noir du moulin, et répartir ce mélange sur les pommes de terre. Couvrir et laisser cuire à feu doux-moyen pendant environ 20 min, jusqu'à ce que les œufs aient pris. Transférer dans un plat de service ou servir directement dans la poêle.

CEVICHE DE COQUILLES SAINT-JACQUES

Préparation : 20 min + 2 h de macération
Pas de cuisson
Pour 15 coquilles

15 noix de Saint-Jacques dans leur demi-coquille
1 cuil. à café de zeste de citron vert râpé
60 ml de jus de citron vert
2 gousses d'ail, hachées
2 piments rouges, épépinés et hachés
1 cuil. à soupe de persil frais haché
1 cuil. à soupe d'huile d'olive

1 Retirer les noix de Saint-Jacques de leur coquille (avec un couteau si nécessaire, en prenant soin de laisser le moins de chair possible dans la coquille). Retirer la veine noire et le muscle blanc de chaque noix et nettoyer les coquilles.
2 Dans un saladier non métallique, mélanger le zeste et le jus de citron, l'ail, le piment, le persil et l'huile. Saler et poivrer. Verser les noix et bien mélanger. Couvrir d'un film alimentaire et laisser macérer au réfrigérateur pendant 2 h.
3 Disposer les noix dans les coquilles et verser la sauce par-dessus avec une petite cuillère. Servir froid.
NOTE : ces coquilles Saint-Jacques peuvent se conserver jusqu'à 2 jours dans la sauce.

CI-CONTRE : Tortilla

ESPAGNE

AMANDES
Les amandes sont les drupes oblongues de l'amandier, dont les graines comestibles sont riches en huile. Il existe deux variétés d'amandes : les amandes douces, à utiliser dans les recettes sans spécification particulière, et les amandes amères, qui servent principalement à parfumer liqueurs et extraits.

POULPES À L'AIL ET AUX AMANDES

Préparation : 25 min + refroidissement
Cuisson : 50 min
Pour 4 personnes

☆

1 kg de petits poulpes
1/2 petit poivron rouge, épépiné
120 g d'amandes effilées
3 gousses d'ail, écrasées
80 ml de vinaigre de vin rouge
180 ml d'huile d'olive
2 cuil. à soupe de persil plat frais, haché

1 À l'aide d'un petit couteau, faire une incision entre la tête et les tentacules et faire sortir le bec par le centre des tentacules en le poussant vers l'extérieur avec le doigt. Découper un petit cercle autour des yeux pour les extraire et les jeter. Pour nettoyer la tête des poulpes, inciser un côté et extraire les viscères tout en rinçant. Verser les poulpes dans une grande casserole d'eau bouillante et laisser mijoter pendant 20 à 40 min en fonction de la taille des poulpes, jusqu'à ce qu'ils soient tendres. Au bout de 15 min de cuisson, piquer les poulpes pour vérifier leur tendreté. Une fois cuits, les retirer du feu et les laisser refroidir dans la casserole pendant 15 min.

2 Pour la sauce, faire chauffer le grill du four au maximum. Faire griller le poivron rouge, côté chair vers le bas, jusqu'à ce que la peau noircisse et forme des cloques. Le laisser refroidir dans un sac en plastique, puis le peler et le mettre dans un robot avec les amandes et l'ail. Mixer. Sans cesser de mixer, verser lentement le vinaigre, puis l'huile. Incorporer 120 ml d'eau bouillante et le persil. Assaisonner à volonté de sel et de poivre noir.

3 Pour servir, couper les tentacules en morceaux. Les verser dans un saladier avec la sauce et bien mélanger. Servir chaud ou mettre au réfrigérateur et servir comme salade.

CI-DESSUS : Poulpes à l'ail et aux amandes

CI-DESSUS : *Huevos a la flamenca*

PLATS EN TERRE CUITE
Le plat idéal pour la préparation de la recette ci-contre est un plat en terre cuite de 2 cm de profondeur, mais tout autre plat peu profond pourra convenir. Il est également possible d'utiliser quatre petits ramequins individuels. Les plats en terre cuite sont vendus dans les magasins d'alimentation spécialisés et d'ustensiles de cuisine.

HUEVOS A LA FLAMENCA
(Œufs à l'espagnole)

Préparation : 20 min
Cuisson : 50 min
Pour 4 personnes

500 g de tomates bien mûres
400 g de pommes de terre, coupées en cubes de 2 cm de côté
3 cuil. à soupe d'huile d'olive
1 poivron rouge, coupé en lanières
1 oignon, émincé
100 g de jambon serrano (ou de jambon de pays, coupé en tranches épaisses)
150 g d'asperges vertes, sans les bouts ligneux
100 g de petits pois frais ou surgelés
100 g de petits haricots verts, coupés en petits morceaux
2 cuil. à soupe de concentré de tomate
4 œufs
100 g de chorizo, coupé en fines rondelles
2 cuil. à soupe de persil plat frais haché

1 Marquer une croix à la base de chaque tomate. Plonger les tomates dans l'eau bouillante pendant 10 s, puis les plonger dans l'eau froide et les peler en partant des croix. Les hacher grossièrement.
2 Faire chauffer l'huile dans une poêle et faire sauter les pommes de terre à feu moyen pendant 8 min, jusqu'à ce qu'elles soient dorées. Les retirer avec une écumoire. Réduire le feu et verser le poivron rouge et l'oignon. Couper deux des tranches de jambon en morceaux de taille semblable à celle des lanières de poivron et les verser dans la poêle. Laisser frire pendant 6 min, jusqu'à ce que l'oignon ait ramolli.
3 Réserver quatre pointes d'asperges. Verser le reste dans la poêle avec les petits pois, les haricots, les tomates et le concentré de tomate. Incorporer 120 ml d'eau, saler et poivrer. Reverser les pommes de terre dans la poêle. Couvrir et laisser cuire à feu doux pendant 10 min, en remuant de temps à autre.
4 Préchauffer le four à 180 °C. Beurrer un grand plat à four ovale (voir note marginale). Y verser les légumes, sans trop de jus de cuisson. Avec le dos d'une cuillère, marquer 4 creux à intervalles réguliers et casser un œuf dans chaque. Garnir avec les asperges réservées et le chorizo. Couper le reste du jambon en gros morceaux et le répartir sur le dessus. Parsemer de persil. Cuire au four pendant 20 min, jusqu'à ce que les blancs d'œufs soient à peine pris. Servir chaud.

ESPAGNE

SALADE DE POMMES DE TERRE SAUCE PIQUANTE

Préparation : 10 min
Cuisson : 10 min
Pour 4 personnes

500 g de petites pommes de terre
2 cuil. à café d'aneth frais, haché
2 oignons nouveaux, émincés
1 cuil. à soupe de câpres grossièrement hachées
2 cuil. à soupe d'huile d'olive extra vierge
1 cuil. à soupe 1/2 de jus de citron
1 cuil. à café de zeste d'orange finement râpé

1 Verser les pommes de terre dans une casserole d'eau salée et porter à ébullition. Laisser cuire pendant 10 min, jusqu'à ce qu'elles soient tendres (vérifier avec la lame d'un couteau). Les égoutter.
2 Verser les pommes de terre dans un saladier avec l'aneth, les oignons, les câpres, un peu de sel et de poivre. Bien mélanger. Battre ensemble l'huile, le jus de citron et le zeste d'orange dans une petite jatte et verser le mélange sur les pommes de terre chaudes. Bien mélanger et servir chaud.
NOTE : tout type de petite pomme de terre à chair ferme (ratte) convient à la préparation de cette délicieuse salade.

FÈVES AU JAMBON

Préparation : 10 min
Cuisson : 30 min
Pour 4 personnes

20 g de beurre
1 oignon, émincé
180 g de jambon serrano, grossièrement haché (voir Note)
2 gousses d'ail, écrasées
500 g de fèves fraîches ou surgelées
120 ml de vin blanc sec
180 ml de bouillon de poule

1 Faire fondre le beurre dans une grande casserole et ajouter l'oignon, le jambon et l'ail. Laisser cuire à feu moyen pendant 5 min, en remuant fréquemment, jusqu'à ce que l'oignon ait ramolli.
2 Verser les fèves et le vin, et faire cuire à feu vif jusqu'à ce que le vin ait réduit de moitié. Verser le bouillon, réduire le feu, couvrir et laisser cuire pendant 10 min. Découvrir et laisser mijoter encore 10 min. Servir chaud pour accompagner un plat de viande, ou tiède en en-cas avec du pain.
NOTE : le jambon serrano peut être remplacé par du jambon de pays coupé en tranches épaisses : assurez-vous qu'il soit rose, tendre et doux, et non sec et salé.

JAMBON SERRANO
Le « jamón serrano » est le nom donné au jambon espagnol salé et séché à l'air. Son procédé de fabrication est très rigoureusement contrôlé afin de garantir un produit de qualité. Ce jambon espagnol entre dans la composition de nombreux plats dans toutes les régions d'Espagne, mais il se déguste également nature, tranché en copeaux, garni de piment et servi comme tapa. Le jambon serrano est mis à sécher pendant au moins douze mois, mais la fabrication des jambons les plus raffinés exige un temps de maturation de dix-huit mois minimum.

CI-CONTRE : *Salade de pommes de terre sauce piquante*

ESCALIVADA
(Salade de légumes grillés)

Préparation : 15 min + 30 min de refroidissement
Cuisson : 10 min
Pour 4 personnes

1 oignon rouge
6 petites aubergines d'environ 15 cm de long
4 poivrons rouges
4 poivrons jaunes
1 cuil. à soupe de petites câpres
80 ml d'huile d'olive
1 cuil. à soupe de persil plat frais, haché
2 gousses d'ail, finement hachées

1 Couper l'oignon en 6 morceaux sans les détacher de la base. Le mettre sur un barbecue, sur un grill ou sur un réchaud à gaz, avec les aubergines et les poivrons. Les laisser cuire à feu moyen pendant environ 10 min, en les retournant de temps en temps, jusqu'à ce que la peau des aubergines et des poivrons noircisse et forme des cloques. Laisser refroidir les poivrons dans un sac en plastique pendant 10 min et réserver l'oignon et les aubergines.
2 Faire frire les câpres avec une pincée de sel, jusqu'à ce qu'elles soient croquantes. Détacher les 6 morceaux d'oignon et jeter les pelures extérieures les plus noircies. Peler les aubergines et retirer les queues. Les couper en rondelles de haut en bas. Peler les poivrons et les épépiner. Les couper en larges rondelles. Disposer tous les légumes sur un grand plat. Les arroser d'huile d'olive, saler et poivrer. Répandre le persil, l'ail et les câpres par-dessus. Servir froid en salade ou chaud pour accompagner un plat de viande grillée.
NOTE : griller les légumes sous le grill du four ou les faire rôtir au four est également possible, même si ces modes de cuisson risquent d'atténuer la saveur fumée caractéristique de ce plat.

ESPÁRRAGOS DE ANDALUCÍA
(Asperges à l'andalouse)

Préparation : 10 min
Cuisson : 15 min
Pour 4 personnes

500 g d'asperges fraîches
60 ml d'huile d'olive extra vierge
1 tranche de pain de campagne épaisse, écroûtée et coupée en petits cubes
2 à 3 gousses d'ail
12 amandes mondées
1 cuil. à café de paprika
1 cuil. à café de cumin moulu
1 cuil. à soupe de vinaigre de vin rouge ou de vinaigre de xérès

1 Couper les bouts ligneux des asperges.
2 Faire chauffer l'huile dans une poêle et faire cuire le pain, l'ail et les amandes à feu moyen pendant 2 à 3 min, jusqu'à ce que tous les ingrédients soient dorés. Avec une écumoire, transférer le tout dans un robot et ajouter le paprika, le cumin, le vinaigre, du sel, du poivre et 1 cuil. à soupe d'eau. Mixer jusqu'à obtention d'un mélange grossier.
3 Remettre la poêle sur le feu et ajouter les asperges (verser un peu d'huile si nécessaire). Faire cuire à feu moyen pendant 3 à 5 min, puis verser le mélange à base de pain et d'amandes et 200 ml d'eau. Laisser mijoter 3 à 4 min, jusqu'à ce que les asperges soient tendres, mais encore fermes sous la dent, et que la plupart du jus se soit évaporé. Servir.

CI-DESSOUS : Escalivada

ENSALADA RUSA
(Salade russe)

Préparation : 40 min
Cuisson : 40 min
Pour 4 à 6 personnes

Mayonnaise

2 jaunes d'œufs
1 cuil. à café de moutarde de Dijon
120 ml d'huile d'olive extra vierge
2 cuil. à soupe de jus de citron
2 petites gousses d'ail, écrasées

3 cœurs d'artichauts en conserve (120 g)
3 pommes de terre à chair ferme, non pelées
100 g de petits haricots verts, équeutés et coupés en morceaux de 1 cm de long
1 grosse carotte, coupée en dés de 1 cm
120 g de petits pois frais
30 g de cornichons, hachés
2 cuil. à soupe de petites câpres, dessalées
10 olives noires, coupées en trois rondelles
4 filets d'anchois, finement hachés
5 olives noires entières, pour décorer

1 Pour la mayonnaise, battre les jaunes d'œufs, la moutarde et 1/4 cuil. à café de sel avec un fouet électrique, jusqu'à obtention d'un mélange crémeux. Sans cesser de battre, verser l'huile en un fin filet continu. Ajouter le jus de citron, l'ail et 1 cuil. à café d'eau bouillante. Mélanger. Assaisonner.

2 Couper chaque artichaut en quartiers. Rincer les pommes de terre, les couvrir d'eau froide salée et porter à faible ébullition. Les faire cuire pendant 15 à 20 min, jusqu'à ce qu'elles soient tendres (vérifier avec la lame d'un couteau). Les égoutter et les laisser refroidir légèrement. Les peler et les réserver. Quand les pommes de terre sont complètement froides, les couper en dés de 1 cm de côté.

3 Blanchir les haricots dans de l'eau bouillante salée, jusqu'à ce qu'ils soient tendres, mais encore fermes sous la dent. Les rafraîchir à l'eau froide et les égoutter soigneusement. Procéder de même avec la carotte et les petits pois.

4 Réserver une petite quantité de chaque légume (y compris les cornichons) pour la décoration et assaisonner. Verser le reste dans un saladier avec les câpres, les anchois et les olives coupées en rondelles. Ajouter la mayonnaise, bien mélanger et assaisonner à volonté. Verser le tout dans un plat et décorer avec les légumes réservés et les olives entières.

NOTE : la salade russe peut être préparée 2 jours à l'avance et conservée au réfrigérateur, mais elle doit être servie à température ambiante.

ENSALADA RUSA
La salade russe est servie dans tous les bars à tapas d'Espagne. Elle daterait de la période des guerres napoléoniennes au cours desquelles de nombreux Français occupèrent l'Espagne et apportèrent avec eux la « mode » russe qui était à l'époque très en vogue à Paris.

CI-DESSOUS : Ensalada rusa

TAPAS

La dégustation de tapas fait partie de la tradition espagnole, et les réunions entre amis autour d'un assortiment de petites entrées simples mais délicieuses, accompagnées d'un verre de vin ou de xérès, sont incontournables.

ORIGINES DES TAPAS

Le terme *tapa* signifie « couvercle » en espagnol. Cela vient de l'époque où les propriétaires de bars avaient pour habitude de servir à leurs clients des verres garnis d'un couvercle comestible dans le but d'éloigner les mouches. Fromages et saucisses sont ensuite venus s'ajouter aux boissons pour les rendre plus savoureuses et inciter à la consommation. De là est née l'extraordinaire diversité des tapas, que l'on sert aujourd'hui dans tous les bars d'Espagne, du simple bol d'olives marinées à l'assiette de jambon serrano tranché en copeaux, en passant par les beignets de morue et les gambas à l'ail.

Comme c'est le cas dans de nombreux pays européens, la cuisine espagnole diffère sensiblement d'une région à l'autre en raison d'influences climatiques, géographiques et historiques distinctes. Ces variantes régionales sont parfaitement résumées par une maxime espagnole se référant à la fois aux climats et aux modes de cuisson : « au nord, on cuit en ragoût ; au centre, on fait rôtir ; à l'est, on fait mijoter et au sud, on fait frire ».

Ainsi, quand les bars à tapas du sud de l'Espagne savent mettre en valeur l'abondance et la fraîcheur des fruits de mer, ainsi que la richesse historique des influences arabes, plus à l'intérieur des terres en allant vers le nord, des tapas plus copieuses à base de légumes secs et de viande apportent le réconfort nécessaire dans un climat souvent inhospitalier, tout en s'inspirant des mets des voisins septentrionaux.

Il existe cependant quelques tapas qui n'ont pas de frontières culinaires et que l'on

peut trouver dans tous les bars à tapas d'Espagne. Le plus simple de ces petits hors-d'œuvre « nationaux » est le jambon serrano, littéralement « jambon de montagne ». D'aspect semblable au prosciutto, bien que de goût très différent, le jambon serrano est très maigre et, selon son âge, peut même être légèrement dur : cela est dû au fait que les porcs à partir desquels il est élaboré sont élevés en liberté dans la forêt. Le jambon serrano a également la réputation d'être le jambon le plus doux du monde. En règle générale, on le sert tout simplement tranché en copeaux sur une assiette, accompagné d'un morceau de pain et d'un verre de vin.

Les tapas présentées sur cette double page sont les plus populaires, mais il en existe bien d'autres qui se dégustent dans la plupart des régions d'Espagne : escalivada (page 216), patatas bravas (page 205), tortilla (page 212) et le célèbre cocido madrileño (page 235), plat de viandes, de saucisses et de légumes, tous cuits dans un seul et même pot, dont il existe de nombreuses variantes (ajout d'aromates et de produits frais locaux) selon les régions.

Comme les antipasti italiens, les tapas sont idéales pour les réceptions car la plupart peuvent être préparées à l'avance. Les plats de friture font exception : ils doivent être servis aussitôt après avoir été cuits. Presque tous les plats mentionnés dans ce chapitre peuvent être servis en tapas car tout n'est qu'une question de taille des portions. Parce que les tapas sont destinées à aiguiser l'appétit, elles ont souvent tendance à être riches en épices, en ail, en citron ou en vinaigre. Toutes les recettes de la page 196 à la page 217 permettent de confectionner les tapas les plus classiques. Mais rien ne vous empêche de choisir des plats plus consistants, comme la morue salée aux poivrons rouges (page 227) ou le riz aux calmars farcis (page 224), et de les inclure dans un grand assortiment de tapas.

Les petits plats de forme ovale utilisés en Espagne se trouvent assez facilement dans des magasins d'ustensiles de cuisine. Mais de simples soucoupes feront l'affaire. Tout assortiment de tapas doit être accompagné d'olives espagnoles et de tranches de pain de campagne. Que vous receviez deux ou vingt personnes, n'oubliez pas que toutes les recettes peuvent s'adapter à vos besoins.

DANS LE SENS DES AIGUILLES D'UNE MONTRE : Jambon serrano ; Chorizo ; Pain ; Boulettes de viande à la sauce tomate piquante ; Olives ; Tortilla ; Gambas à l'ail

CI-DESSUS : Gaspacho

GASPACHO
(Soupe glacée à la tomate)

Préparation : 40 min + 5 min de trempage
    + 2 h de réfrigération
Pas de cuisson
Pour 4 personnes

1 kg de tomates du potager
2 tranches de pain blanc de la veille, écroûtées et coupées en morceaux
1 poivron rouge, épépiné et grossièrement haché
2 gousses d'ail, hachées
1 petit piment vert frais, haché (facultatif)
1 cuil. à café de sucre
2 cuil. à soupe de vinaigre de vin rouge
2 cuil. à soupe d'huile d'olive extra vierge
8 glaçons

GARNITURE
1/2 concombre, épépiné et coupé en dés
1/2 poivron rouge, épépiné et coupé en dés
1/2 poivron vert, épépiné et coupé en dés
1/2 oignon rouge, coupé en dés
1/2 tomate bien mûre, coupée en dés

1 Marquer une croix à la base de chaque tomate. Plonger les tomates dans l'eau bouillante pendant 10 s, puis les plonger dans l'eau froide et les peler en partant des croix. Couper les tomates en deux et les épépiner avec une petite cuillère. Hacher la chair.
2 Faire tremper le pain dans de l'eau froide pendant 5 min, puis l'essorer complètement. Mettre le pain dans un robot avec les tomates, les poivrons, l'ail, le piment, le sucre et le vinaigre. Mixer jusqu'à obtention d'un mélange homogène.
3 Sans cesser de mixer, verser l'huile pour rendre le mélange encore plus crémeux. Assaisonner à volonté. Mettre au réfrigérateur pendant au moins 2 h. Ajouter éventuellement un peu de vinaigre.
4 Pour la garniture, mélanger tous les ingrédients dans un saladier. Mettre 2 glaçons dans chaque bol de soupe et servir la garniture séparément.

AJO BLANCO
(Soupe froide à l'ail et aux amandes)

Préparation : 20 min + 5 min de trempage
    + 2 h de réfrigération
Cuisson : 3 min
Pour 4 à 6 personnes

200 g de pain blanc de la veille, écroûté
150 g d'amandes entières, mondées
3 à 4 gousses d'ail, hachées
120 ml d'huile d'olive extra vierge
80 ml de xérès ou de vinaigre de vin blanc
310 à 370 ml de bouillon de légumes
2 cuil. à soupe d'huile d'olive supplémentaire
70 g de pain blanc de la veille supplémentaire, écroûté et coupé en cubes de 1 cm de côté
200 g de raisin vert à petits grains, épépinés

1 Faire tremper le pain dans de l'eau froide pendant 5 min. L'essorer. Dans un mixeur, hacher finement l'ail et les amandes. Ajouter le pain et mixer jusqu'à obtention d'un mélange homogène.
2 Sans cesser de mixer, verser l'huile en un fin filet continu jusqu'à ce que le mélange ait la consistance d'une mayonnaise épaisse. Verser lentement le xérès

et 310 ml de bouillon. Mixer pendant 1 min. Saler. Réfrigérer pendant 2 h. La soupe va épaissir : ajouter du bouillon ou de l'eau pour l'allonger.
3 Au moment de servir, faire chauffer l'huile supplémentaire dans une poêle, verser les cubes de pain et les faire cuire à feu moyen pendant 2 à 3 min, en remuant, jusqu'à ce qu'ils soient dorés. Les égoutter sur du papier absorbant. Servir la soupe très froide. Garnir avec les grains de raisin et le pain.

ZARZUELA DE PESCADO
(Râgout de poissons et de fruits de mer)

Préparation : 30 min
Cuisson : 35 min
Pour 6 à 8 personnes

300 g de filets de rouget
400 g de filets de poissons à chair blanche et ferme (lotte, par exemple)
300 g de calmars, nettoyés
1,5 l de bouillon de poisson
80 ml d'huile d'olive
1 oignon, émincé
6 gousses d'ail, hachées
1 petit piment rouge frais, haché
1 cuil. à café de paprika
1 pincée de filaments de safran
150 ml de vin blanc
400 g de tomates concassées en conserve
16 crevettes crues moyennes, partiellement décortiquées (conserver les queues)
2 cuil. à soupe de cognac
24 moules, nettoyées
1 cuil. à soupe de persil frais haché

SAUCE PICADA
2 cuil. à soupe d'huile d'olive
2 tranches de pain de la veille, coupées en cubes
2 gousses d'ail
5 amandes mondées, grillées
2 cuil. à soupe de persil plat frais haché, pour décorer

1 Couper les poissons et les calmars en morceaux de 4 cm. Verser le bouillon dans une casserole, porter à ébullition et laisser bouillir 15 à 20 min, jusqu'à ce que le liquide ait réduit de moitié.
2 Pour la sauce picada, faire chauffer l'huile dans une poêle, ajouter le pain et le faire cuire pendant 2 à 3 min, en remuant et en ajoutant l'ail à la dernière minute. Mixer le pain, l'ail, les amandes et le persil dans un robot et verser suffisamment de bouillon pour obtenir un mélange homogène.
3 Faire chauffer 2 cuil. à soupe d'huile dans une casserole, ajouter l'oignon, l'ail, le piment et le paprika, et laisser cuire 1 min, en remuant. Ajouter le safran, le vin, les tomates et le bouillon. Porter à ébullition, puis réduire le feu et laisser mijoter.
4 Faire chauffer le reste de l'huile à feu moyen dans une poêle et faire frire les poissons et les calmars pendant 3 à 5 min. Retirer de la poêle. Ajouter les crevettes, laisser cuire pendant 1 min, puis verser le cognac. Faire flamber le cognac et le laisser brûler complètement. Retirer de la poêle.
5 Verser les moules dans le bouillon et laisser mijoter à couvert pendant 2 à 3 min, jusqu'à ce que les moules s'ouvrent. Jeter toutes celles qui ne se sont pas ouvertes. Ajouter tous les fruits de mer et la sauce picada, en remuant jusqu'à ce que la sauce épaississe et que les fruits de mer soient cuits. Assaisonner à volonté. Décorer de persil et servir.

CI-DESSOUS : *Zarzuela de pescado*

CUIRE LE POISSON DANS LE SEL

Allant naturellement de pair avec le poisson, le sel est utilisé depuis des siècles pour le conserver et le parfumer. En Espagne et en Italie, sel et poisson sont à ce point inséparables qu'il existe une recette consistant à cuire au four un poisson entier dans une énorme quantité de sel. Cette méthode de cuisson permet d'éliminer toute l'humidité et de cuire le poisson à la vapeur sans le saler. Il est cependant impératif que la croûte de sel et la peau du poisson ne soient pas perforées pendant la cuisson : cela risquerait de rendre le poisson beaucoup trop salé.

CI-CONTRE : Poisson cuit dans le sel

POISSON CUIT DANS LE SEL

Préparation : 20 min
Cuisson : 30–40 min
Pour 4 à 6 personnes

- 1 poisson entier (loup, dorade) d'environ 1,8 kg, écaillé et nettoyé
- 2 citrons, coupés en rondelles
- 4 brins de thym frais
- 1 bulbe de fenouil, coupé en fines rondelles
- 3 kg de sel gemme

1 Préchauffer le four à 200 °C. Rincer le poisson et le sécher à l'intérieur et à l'extérieur, en le tapotant avec du papier absorbant. Mettre les rondelles de citron, le thym et les rondelles de fenouil à l'intérieur.
2 Déposer la moitié du sel dans un grand plat à four et déposer le poisson par-dessus. Le recouvrir avec le sel restant, en tassant bien pour former une enveloppe hermétique autour du poisson.
3 Cuire le poisson au four pendant 30 à 40 min : une pique enfoncée au cœur du poisson doit en ressortir très chaude. Repousser la couche de sel supérieure sur les côtés pour laisser apparaître le poisson. Retirer la peau et veiller à ce qu'il n'y ait pas du tout de sel sur la chair du poisson. Servir chaud ou froid avec de l'aïoli (voir page 153) ou tout autre accompagnement.

CHANGURRO
(Araignées de mer farcies)

Préparation : 30 min + 30 min de refroidissement
Cuisson : 50 min
Pour 4 personnes

☆☆

- 4 araignées de mer vivantes, d'environ 750 g chacune (voir Note)
- 80 ml d'huile d'olive
- 1 oignon, finement émincé
- 1 gousse d'ail entière
- 120 ml de vin blanc sec
- 250 ml de concentré de tomate
- 1/4 cuil. à café d'estragon finement haché
- 2 cuil. à soupe de chapelure sèche
- 2 cuil. à soupe de persil plat frais haché
- 40 g de beurre, coupé en petits dés

1 Porter une grande casserole d'eau à ébullition. Ajouter 3 cuil. à soupe de sel et les araignées de mer. Reporter à ébullition et laisser mijoter à découvert pendant 15 min. Retirer les araignées et les laisser refroidir pendant 30 min. Extraire la chair des pattes. Ouvrir le corps sans détruire la carapace supérieure qui sera utilisée pour le service et réserver le liquide éventuel dans un saladier. Retirer la chair du corps et la hacher finement avec la chair des pattes. Enlever

la pellicule marron des deux moitiés de carapace et l'incorporer à la chair d'araignée hachée.

2 Faire chauffer l'huile dans une poêle et faire revenir l'oignon et l'ail pendant 5 à 6 min, jusqu'à ce qu'ils aient ramolli. Incorporer le vin et le concentré de tomate. Laisser mijoter pendant 3 à 4 min, puis ajouter le liquide des araignées de mer réservé. Laisser cuire pendant 3 à 4 min. Ajouter la chair d'araignée et l'estragon, saler et poivrer. Laisser mijoter pendant environ 5 min, jusqu'à ce que le mélange ait épaissi. Jeter l'ail.

3 Préchauffer le four à 210 °C. Rincer et sécher les carapaces des araignées. Répartir la chair dans les carapaces, en lissant à chaque fois la surface. Mélanger la chapelure et le persil et répandre ce mélange par-dessus. Répartir le beurre en petites noisettes à la surface. Cuire au four pendant 6 à 8 min, jusqu'à ce que le beurre ait fondu et que la chapelure soit dorée. Servir chaud.

NOTE : il est possible de remplacer les araignées de mer par de gros crabes, comme les tourteaux (éviter les étrilles, trop petites, qui ne contiennent pas suffisamment de chair).

POLLO AL CHILINDRÓN
(Poulet basquaise)

Préparation : 30 min
Cuisson : 1 h 10
Pour 4 personnes

6 tomates bien mûres
1 poulet de 1,5 kg, coupé en 8 morceaux
3 cuil. à soupe d'huile d'olive
2 gros oignons rouges, coupés en rondelles de 5 mm d'épaisseur
2 gousses d'ail, écrasées
3 poivrons rouges, épépinés, sans les côtes et coupés en lanières de 1 cm de large
60 g de prosciutto, coupé en tranches épaisses, puis finement haché
1 cuil. à soupe de thym frais haché
2 cuil. à café de paprika doux
8 olives noires dénoyautées
8 olives vertes dénoyautées

1 Marquer une croix à la base de chaque tomate. Plonger les tomates dans l'eau bouillante pendant 10 s, puis les plonger dans l'eau froide et les peler en partant des croix. Couper les tomates en deux et les épépiner à l'aide d'une petite cuillère. Hacher finement la chair.

2 Sécher le poulet en le tapotant avec du papier absorbant, saler et poivrer généreusement. Faire chauffer l'huile dans une poêle à fond épais et faire cuire à feu moyen les morceaux de poulet en plusieurs fois, côté peau vers le bas, pendant 4 à 5 min, jusqu'à ce qu'ils soient dorés. Retourner les morceaux de poulet et les laisser cuire pendant encore 2 à 3 min. Les transférer dans une assiette.

3 Verser l'oignon, l'ail, les poivrons, le prosciutto et le thym dans la poêle. Laisser cuire à feu moyen pendant 8 à 10 min, en remuant fréquemment, jusqu'à ce que les légumes aient ramolli sans dorer.

4 Ajouter les tomates et le paprika, augmenter le feu et laisser cuire pendant 10 à 12 min, jusqu'à ce que la sauce ait épaissi et réduit. Reverser le poulet dans la poêle et bien mélanger pour l'imprégner de la sauce. Couvrir la poêle et réduire à feu doux. Laisser mijoter le poulet pendant 25 à 30 min, jusqu'à ce qu'il soit tendre. Ajouter les olives et rectifier l'assaisonnement, si nécessaire, avant de servir.

CI-DESSUS : Pollo al chilindrón

RIZ
Le riz fut introduit en Espagne par les Maures au XIIIe siècle et il est devenu, au fil du temps, un produit de base essentiel. Loin d'être considéré comme un accompagnement, le riz constitue l'ingrédient principal de nombreux plats traditionnels, de la célèbre paella au délicieux riz aux calmars farcis. La variété de riz cultivée en Espagne est spécialement conçue pour absorber les saveurs des aliments avec lesquels le riz est cuit.

CI-DESSUS : Poulet à l'ail

POULET À L'AIL

Préparation : 20 min
Cuisson : 35 min
Pour 6 personnes

1 kg de cuisses de poulet
1 cuil. à soupe de paprika
2 cuil. à soupe d'huile d'olive
8 gousses d'ail, non pelées
60 ml de cognac
120 ml de bouillon de poule
1 feuille de laurier
2 cuil. à soupe de persil plat frais haché

1 Dégraisser le poulet et couper les cuisses en trois. Dans un saladier, mélanger le paprika avec du sel et du poivre, ajouter le poulet et remuer pour l'imprégner.
2 Faire chauffer l'huile à feu vif dans une poêle et faire revenir l'ail pendant 1 à 2 min, jusqu'à ce qu'il soit doré. Retirer de la poêle. Faire cuire les morceaux de poulet en plusieurs fois pendant 5 min, jusqu'à ce qu'ils soient dorés. Remettre tous les morceaux dans la poêle, verser le cognac, laisser bouillir 30 s, puis ajouter le bouillon et la feuille de laurier. Réduire le feu, couvrir et laisser mijoter à feu doux pendant 10 min.

3 Pendant ce temps, mettre la pulpe d'ail dans un mortier ou dans un bol. Ajouter le persil et écraser le tout à l'aide d'un pilon ou d'une fourchette jusqu'à obtention d'une pâte. Incorporer ce mélange au poulet, couvrir et laisser cuire pendant 10 min, jusqu'à ce qu'il soit tendre. Servir chaud.

RIZ AUX CALMARS FARCIS

Préparation : 40 min
Cuisson : 1 h 15
Pour 4 personnes

8 petits calmars
environ 2 cuil. à café de farine

Farce
1 petit oignon
2 cuil. à soupe d'huile d'olive
2 cuil. à soupe de raisins de Corinthe
2 cuil. à soupe de pignons
4 cuil. à soupe de chapelure fraîche
1 cuil. à soupe de menthe fraîche hachée
1 cuil. à soupe de persil plat frais haché
1 œuf, légèrement battu

ESPAGNE

Sauce

1 cuil. à soupe d'huile d'olive
1 petit oignon, finement émincé
1 gousse d'ail, écrasée
60 ml de vin blanc sec
400 g de tomates en morceaux en conserve
1/2 cuil. à café de sucre
1 feuille de laurier

Riz

1,25 l de bouillon de poisson
60 ml d'huile d'olive
1 oignon, finement émincé
3 gousses d'ail, écrasées
270 g de riz calasparra ou de riz rond
1/4 cuil. à café de poivre de Cayenne
3 cuil. à café d'encre de calmar
60 ml de vin blanc sec
3 cuil. à soupe de concentré de tomate
2 cuil. à soupe de persil plat frais haché

1 Pour nettoyer les calmars, tirer sur le corps pour le séparer des tentacules. Couper et conserver les tentacules, ainsi que les nageoires de chaque côté du corps. Extraire les poches à encre et récupérer l'encre dans un bol. Enlever la peau des calmars, retirer et jeter les plumes. Rincer les corps à l'eau froide.

2 Pour la farce, hacher les tentacules, les nageoires et l'oignon dans un robot jusqu'à obtention d'une fine mixture. Faire chauffer l'huile dans une poêle et faire cuire les raisins de Corinthe et les pignons à feu doux, en remuant jusqu'à ce que les pignons soient légèrement dorés. Transvaser le tout dans un saladier à l'aide d'une écumoire. Verser la mixture à base d'oignon dans la poêle et laisser cuire à feu doux pendant 5 min. La transvaser dans le saladier et ajouter la chapelure, la menthe, le persil et l'œuf. Assaisonner et bien mélanger. Introduire la farce dans les corps des calmars. Refermer les corps et les sceller avec de petites piques en bois. Rouler les calmars dans la farine.

3 Pour la sauce, nettoyer la poêle avec du papier absorbant. Faire chauffer l'huile, ajouter l'oignon et le faire revenir à feu doux pendant 5 min, jusqu'à ce qu'il ait ramolli. Incorporer l'ail, laisser cuire pendant 30 s, puis verser le vin. Laisser cuire à feu vif pendant 1 min, puis ajouter les tomates, le sucre et la feuille de laurier. Assaisonner, réduire le feu et laisser mijoter pendant 5 min. Incorporer 120 ml d'eau. Verser les calmars dans la poêle sans les faire se chevaucher. Laisser mijoter à couvert pendant environ 20 min, jusqu'à ce que les calmars soient tendres.

4 Pour le riz, porter le bouillon à faible ébullition dans une casserole. Faire chauffer l'huile dans une grande casserole, ajouter l'oignon et le faire revenir à feu doux pendant 5 min, jusqu'à ce qu'il ait ramolli. Ajouter l'ail, laisser cuire pendant 15 s, puis incorporer le riz et le poivre de Cayenne. Mélanger l'encre avec 4 cuil. à soupe de bouillon chaud. Verser ce mélange dans le riz, puis verser le vin et le concentré de tomate. Remuer jusqu'à ce que le liquide se soit presque évaporé, puis verser 250 ml de bouillon chaud. Laisser mijoter jusqu'à ce que le bouillon se soit évaporé, puis verser le reste du bouillon, 250 ml par 250 ml, et remuer pendant environ 15 min, jusqu'à ce que le riz soit tendre et crémeux. Couvrir la poêle et la laisser hors du feu pendant 5 min. Assaisonner à volonté.

5 Pour servir, répartir le riz sur un plat chaud et incorporer le persil. Disposer les calmars par-dessus et verser la sauce à l'aide d'une cuillère.

RIZ AUX CALMARS FARCIS

Après avoir coupé les tentacules, retirer la peau des corps des calmars.

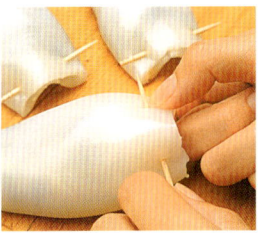

Refermer les corps et les sceller avec de petites piques en bois.

CI-DESSOUS : *Riz aux calmars farcis*

LE GRAND LIVRE DE LA CUISINE MÉDITERRANÉENNE

MORUE SALÉE AUX POIVRONS ROUGES

Préparation : 35 min
  + 10 min de refroidissement
  + 12 h de trempage
Cuisson : 25 min
Pour 6 personnes

400 g de morue salée séchée
1 poivron rouge
1 cuil. à soupe d'huile d'olive
1 petit oignon, émincé
1 gousse d'ail, écrasée
1/4 cuil. à café de flocons de piment séchés
1 cuil. à café de paprika
60 ml de vin blanc sec
2 tomates bien mûres, finement hachées
1 cuil. à soupe de concentré de tomate
1 cuil. à soupe de persil plat frais haché

1 Faire tremper la morue salée séchée dans une grande quantité d'eau pendant 8 à 12 h, en changeant l'eau 5 ou 6 fois. Cela permet d'éliminer l'excédent de sel. Mettre la morue dans une casserole d'eau bouillante et laisser bouillir pendant 5 min. L'égoutter et la laisser reposer pendant 10 min, jusqu'à ce qu'elle soit suffisamment froide pour être manipulée. Retirer la peau et couper la chair en gros morceaux, en prenant soin d'enlever toutes les arêtes. Verser les morceaux dans un saladier.
2 Préchauffer le grill. Couper le poivron rouge en quartiers et le faire griller, côté chair vers le bas, jusqu'à ce que la peau noircisse et forme des cloques. Le glisser dans un sac en plastique et le laisser refroidir, puis le peler. Le couper en fines tranches.
3 Faire chauffer l'huile à feu moyen dans une casserole, ajouter l'oignon et le faire revenir pendant 3 min, en remuant de temps à autre, jusqu'à ce qu'il soit translucide. Ajouter l'ail, les flocons de piment et le paprika, et laisser cuire pendant 1 min. Augmenter le feu, verser le vin blanc et laisser mijoter pendant 30 s. Réduire le feu, ajouter les tomates et le concentré de tomate, et laisser cuire pendant 5 min, en remuant de temps en temps, jusqu'à ce que le mélange ait épaissi.
4 Ajouter la morue, couvrir et laisser mijoter pendant environ 5 min. Incorporer délicatement les tranches de poivron et le persil. Goûter avant de saler. Servir chaud.

ÉPINARDS AUX RAISINS SECS ET AUX PIGNONS

Préparation : 15 min
Cuisson : 15 min
Pour 6 personnes

500 g d'épinards
2 cuil. à soupe de pignons
1 cuil. à soupe d'huile d'olive
1 petit oignon rouge, coupé en deux, puis en rondelles
1 gousse d'ail, finement émincée
2 cuil. à soupe de raisins secs
1 pincée de cannelle moulue

1 Couper les tiges des épinards et les jeter. Laver les feuilles sous l'eau du robinet et les déchirer.
2 Verser les pignons dans une poêle et les faire cuire à feu moyen pendant 3 min, en remuant, jusqu'à ce qu'ils soient légèrement dorés. Les retirer de la poêle.
3 Faire chauffer l'huile dans la poêle, ajouter l'oignon et le faire revenir à feu doux pendant 10 min, en remuant de temps à autre, jusqu'à ce qu'il soit translucide. Augmenter le feu, ajouter l'ail et laisser cuire pendant 1 min. Ajouter les épinards (sans les avoir préalablement égouttés), les raisins secs et la cannelle. Couvrir et laisser cuire pendant 2 min, jusqu'à ce que les épinards se flétrissent. Incorporer les pignons et assaisonner à volonté.
NOTE : les épinards peuvent parfaitement être remplacés par des bettes, même si ces dernières risquent de mettre plus de temps à cuire.

SANGRIA

C'est une boisson très rafraîchissante à servir pendant les chaudes journées d'été.
Pour 10 personnes. Dans un grand saladier, verser 1 cuil. à soupe 1/2 de sucre et 1 cuil. à soupe de jus de citron et de jus d'orange, et remuer jusqu'à ce que le sucre soit dissous. Verser une bouteille de vin rouge, 500 ml de limonade et 2 cuil. à soupe de gin et de vodka. Couper un citron, une orange et un citron vert en deux, les épépiner et les couper en fines rondelles. Verser les rondelles dans le saladier et garnir de glaçons. Bien mélanger.

MORUE SALÉE
La morue salée est couramment utilisée en Espagne, tout comme dans le reste du bassin méditerranéen. La salaison est une opération simple par laquelle le poisson est évidé et conservé dans du sel, puis nettoyé et, enfin, séché. Après avoir été réhydraté dans plusieurs bains d'eau successifs, le poisson peut être utilisé en cuisine. La salaison fut l'une des premières techniques de conservation des aliments et permit à la morue, denrée abondante dans l'Atlantique Nord, d'être transportée aisément et à un coût très raisonnable. La morue salée fait désormais partie des principaux ingrédients de la cuisine traditionnelle.

PAGE CI-CONTRE : Épinards aux raisins secs et aux pignons ; Morue salée aux poivrons rouges

POISSON GRILLÉ AUX POIVRONS, AU PIMENT ET AUX POMMES DE TERRE

Répandre l'ail, le persil, l'oignon, le piment et les poivrons sur les patates.

Faire 3 ou 4 entailles en diagonale sur chaque flanc du poisson.

CI-CONTRE : *Poisson grillé aux poivrons, au piment et aux pommes de terre*

POISSON GRILLÉ AUX POIVRONS, AU PIMENT ET AUX POMMES DE TERRE

Préparation : 30 min + 2 h de macération
Cuisson : 1 h 35
Pour 4 à 6 personnes

- 1 poisson entier d'environ 1,25 kg (cabillaud, mérou), nettoyé
- 1 citron
- 3 cuil. à soupe d'huile d'olive
- 800 g de pommes de terre, coupées en fines rondelles
- 3 gousses d'ail, finement émincées
- 3 cuil. à soupe de persil finement haché
- 1 petit oignon rouge, finement émincé
- 1 petit piment rouge séché (guindilla), épépiné et finement haché
- 1 poivron rouge, équeuté, épépiné et coupé en fines rondelles
- 1 poivron jaune, équeuté, épépiné et coupé en fines rondelles
- 2 feuilles de laurier
- 3 à 4 brins de thym frais
- 3 cuil. à soupe de xérès sec

1 Couper et jeter les nageoires du poisson et le déposer dans un grand plat non métallique. Couper 2 fines rondelles de citron et les réserver. Exprimer le jus du reste du citron à l'intérieur du poisson. Ajouter 2 cuil. à soupe d'huile. Couvrir et mettre au réfrigérateur pendant 2 h.

2 Préchauffer le four à 190 °C et beurrer légèrement un plat à four en terre cuite peu profond et suffisamment grand pour contenir le poisson entier. Répartir la moitié des rondelles de pommes de terre dans le fond et répandre l'ail, le persil, l'oignon, le piment et les poivrons par-dessus. Saler et poivrer. Recouvrir avec le reste des pommes de terre. Verser 80 ml d'eau et arroser avec le reste de l'huile d'olive. Couvrir de papier aluminium et cuire au four pendant 1 h.

3 Augmenter la température du four à 220 °C. Saler et poivrer le poisson à l'intérieur et à l'extérieur, et mettre les feuilles de laurier et le thym à l'intérieur. Faire 3 à 4 entailles en diagonale sur chaque flanc du poisson. Couper les rondelles de citron réservées en deux et les insérer dans les fentes sur un flanc du poisson. Déposer le poisson au creux des pommes de terre, rondelles de citron vers le haut. Cuire au four à découvert pendant 30 min, jusqu'à ce que le poisson soit cuit et que les pommes de terre soient dorées et croustillantes.

4 Verser le xérès sec sur le poisson et remettre le plat au four pendant 3 min. Servir directement dans le plat.

ESPAGNE

TUMBET
(Ragoût de légumes)

Préparation : 30 min
Cuisson : 1 h 30
Pour 6 à 8 personnes

☆

Sauce tomate

1 kg de tomates bien mûres

2 cuil. à soupe d'huile d'olive

3 gousses d'ail, écrasées

1 oignon rouge, finement émincé

2 cuil. à café de thym frais haché

250 ml d'huile d'olive

500 g de pommes de terre à chair ferme, coupées en rondelles de 5 mm d'épaisseur

500 g d'aubergines, coupées en rondelles de 5 mm d'épaisseur

500 g de poivrons verts, épépinés et coupés en morceaux de 3 cm de long

10 g de persil plat frais, grossièrement haché

1 Pour la sauce tomate, marquer une croix à la base de chaque tomate et les plonger dans un saladier rempli d'eau bouillante pendant 10 s. Les plonger ensuite dans l'eau froide et les peler en partant des croix. Couper les tomates en deux et les épépiner à l'aide d'une petite cuillère. Hacher finement les tomates. Faire chauffer l'huile dans une poêle à fond épais et faire revenir l'oignon et l'ail à feu doux pendant 5 à 6 min, jusqu'à ce qu'ils aient ramolli. Ajouter les tomates et le thym, et laisser cuire à feu moyen pendant 20 min, jusqu'à ce que la sauce ait épaissi. Assaisonner à volonté.

2 Pendant que la sauce cuit, faire chauffer l'huile à feu doux dans une poêle à fond épais et faire cuire les pommes de terre en plusieurs fois jusqu'à ce qu'elles soient tendres, sans être dorées. Les retirer à l'aide d'une écumoire ou de pinces, et les mettre dans une cocotte allant au feu. Saler et poivrer.

3 Augmenter le feu et faire frire les aubergines pendant 15 min, jusqu'à ce qu'elles soient dorées, en les retournant à peu près à mi-cuisson. Égoutter les rondelles sur du papier absorbant, puis les disposer au-dessus des pommes de terre. Assaisonner. Préchauffer le four à 180 °C.

4 Faire cuire les poivrons dans la même poêle jusqu'à ce qu'ils soient tendres, sans être dorés, en ajoutant un peu d'huile d'olive au besoin. Les retirer à l'aide d'une écumoire, les égoutter sur du papier absorbant et les répartir sur les aubergines. Saler et poivrer. Verser la sauce par-dessus et cuire au four pendant 20 min. Parsemer de persil et servir chaud avec du poisson ou de la viande, ou à température ambiante avec de l'aïoli (voir page 153).

AUBERGINES

Les aubergines sont réputées pour leur facilité de préparation et pour leur affinité naturelle avec les saveurs robustes de la cuisine méditerranéenne. Choisissez des aubergines de taille moyenne, à la peau ferme et brillante. Les meilleures aubergines ont la chair dense, ferme et douce, parsemée de petits pépins. Les aubergines déjà avancées, ou simplement très mûres, sont généralement pleines de pépins amers et doivent être salées pendant une heure avant d'être utilisées afin d'éliminer leur saveur relativement désagréable.

CI-DESSUS : Tumbet

SAUCISSES AUX HARICOTS BLANCS

Tordre chaque saucisse afin d'obtenir deux petites saucisses reliées l'une à l'autre par le milieu.

Les cuire jusqu'à ce que toute l'eau de la poêle se soit évaporée et que les saucisses soient légèrement dorées.

CI-DESSUS : Saucisses aux haricots blancs

SAUCISSES AUX HARICOTS BLANCS

Préparation : 25 min + 1 nuit de trempage
Cuisson : 1 h 40
Pour 4 personnes

350 g de haricots blancs secs
150 g de lard ou de pancetta, non tranché
1/2 poireau, coupé en fines rondelles
2 gousses d'ail entières
1 feuille de laurier
1 petit piment rouge, fendu en deux et épépiné
1 petit oignon
2 clous de girofle
1 brin de romarin frais
3 brins de thym frais
1 brin de persil frais
3 cuil. à soupe d'huile d'olive
8 saucisses de porc
1/2 oignon, finement émincé
1 poivron vert, finement haché
1/2 cuil. à café de paprika
120 ml de concentré de tomate
1 cuil. à café de vinaigre de cidre

1 Faire tremper les haricots dans de l'eau froide pendant toute une nuit. Les égoutter et les rincer à l'eau froide. Les verser dans une casserole avec le lard, le poireau, l'ail, la feuille de laurier et le piment. Piquer l'oignon avec les clous de girofle et l'ajouter dans la casserole. Ficeler le romarin, le thym et le persil et les verser dans la casserole. Verser 750 ml d'eau froide et porter à ébullition. Ajouter 1 cuil. à soupe d'huile, réduire le feu et laisser mijoter à couvert pendant 1 h, jusqu'à ce que les haricots soient tendres. Si nécessaire, verser un peu d'eau bouillante pour que les haricots soient toujours recouverts d'eau.

2 Piquer les saucisses 5 ou 6 fois et tordre chacune pour obtenir deux petites saucisses reliées l'une à l'autre par le milieu. Les déposer dans une poêle sans les superposer et verser de l'eau froide jusqu'à ce qu'elles soient à moitié immergées. Porter à ébullition et laisser cuire les saucisses, en les retournant deux ou trois fois, jusqu'à ce que toute l'eau se soit évaporée et que les saucisses dorent légèrement dans la graisse restée dans la poêle. Les retirer de la poêle et les détacher les unes des autres. Verser le reste de l'huile, l'oignon haché et le poivron vert dans la poêle et laisser frire à feu moyen pendant 5 à 6 min. Ajouter le paprika, laisser cuire 30 s, puis verser le concentré de tomate. Assaisonner. Laisser cuire pendant 1 min.

3 Retirer le lard, les brins d'herbes et tout gros morceau d'oignon du mélange à base de haricots. Laisser les feuilles qui se sont détachées des brins d'herbes et les petits morceaux d'oignon. Verser les saucisses et la sauce dans la poêle, puis incorporer le vinaigre. Porter à ébullition. Vérifier l'assaisonnement.

NOTE : ce plat est encore meilleur s'il est préparé à l'avance et mis à reposer deux jours avant d'être servi.

ESPAGNE

PATO CON PERAS
(Canard aux poires)

Préparation : 20 min
Cuisson : 1 h 40
Pour 4 personnes

★★☆

- 2 cuil. à soupe d'huile d'olive
- 4 magrets de canard
- 2 oignons rouges, coupés en tout petits dés
- 1 carotte, coupée en tout petits dés
- 2 cuil. à café de thym frais
- 250 ml de bouillon de poule
- 2 tomates bien mûres, pelées, épépinées et coupées en dés
- 4 poires bien fermes, pelées et coupées en deux (enlever les trognons et conserver les queues)
- 1 bâton de cannelle
- 60 g d'amandes mondées, grillées et hachées
- 1 gousse d'ail
- 100 ml de cognac

1 Faire chauffer l'huile dans une poêle à fond épais et faire cuire le canard à feu moyen, côté peau vers le bas pour commencer, jusqu'à ce qu'il soit bien doré. Le retirer de la poêle et le mettre de côté, en réservant 4 cuil. à soupe de la graisse de cuisson.
2 Reverser 2 cuil. à soupe de graisse dans la poêle. Ajouter l'oignon, la carotte et le thym, et laisser cuire à feu moyen pendant 5 min, jusqu'à ce que l'oignon ait ramolli. Verser le bouillon et le concentré de tomate, et porter à ébullition. Réduire le feu et laisser mijoter 30 min à demi couvert, jusqu'à ce que la sauce ait épaissi et réduit. Laisser refroidir légèrement, puis mixer le tout dans un robot jusqu'à obtention d'un mélange homogène. Reverser dans la poêle avec le canard. Laisser mijoter à feu doux pendant 30 à 40 min, jusqu'à ce que le canard soit tendre.
3 Pendant que le canard cuit, mettre les poires dans une casserole avec la cannelle et couvrir d'eau froide. Porter à ébullition, réduire le feu et laisser mijoter 5 min à feu doux, jusqu'à ce que les poires soient tendres, mais encore fermes. Retirer les poires, les couvrir pour les maintenir au chaud et verser 120 ml de jus de cuisson des poires dans la sauce tomate.
4 Retirer le canard de la sauce et le maintenir au chaud. À l'aide d'un mortier et d'un pilon ou dans un mixeur, hacher les amandes et l'ail, mélangés au cognac. Verser ce mélange dans la sauce tomate, assaisonner à volonté et laisser cuire pendant 10 min.
5 Disposer les poires chaudes et les magrets dans un plat, verser la sauce par-dessus et servir.
NOTE : la sauce ajoute une touche subtile à ce plat catalan, qui est traditionnellement préparé à base d'oie.

PATO CON PERAS

Remettre le canard dans la poêle avec la sauce.

À l'aide d'un mortier et d'un pilon, ou dans un mixeur, hacher les amandes et l'ail, mélangés au cognac.

CI-CONTRE : Pato con peras

PRÉPARATION DES OLIVES

Les olives changent de couleur au cours de leur maturation. Aucune n'est comestible directement sur l'arbre : les olives doivent être conservées dans l'huile ou la saumure. Les olives vertes, les plus jeunes, sont dures et très amères, tandis que les olives noires, arrivées à maturation, sont charnues. À chaque variété sa méthode de conservation : les textures et les saveurs sont donc très différentes. La conservation des olives est une opération simple, mais qui requiert temps et patience.

OLIVES VERTES
Première étape de la conservation des olives vertes : la désamérisation. Fendre les olives avec un couteau aiguisé ou en les tapant avec un maillet de bois. Les verser dans un saladier et les couvrir d'eau froide. Les égoutter et les couvrir d'eau fraîche tous les jours. Goûter les olives au bout de 2 semaines : si elles sont toujours amères, continuer à les tremper et à changer l'eau régulièrement. Cela peut prendre 4 semaines. Les olives peuvent ensuite être conservées dans de l'huile d'olive ou de la saumure. Des herbes et des aromates sont parfois ajoutés pour parfumer les olives.

CONSERVATION DANS L'HUILE
Répartir les olives sur du papier absorbant et les laisser sécher pendant toute une nuit. Mettre les olives à macérer dans un mélange de deux mesures d'huile pour une mesure de vinaigre, en assaisonnant à volonté avec de l'ail, de la menthe, des grains de poivre et du sel. Couvrir et laisser reposer pendant 3 jours, en remuant de temps en temps. Transvaser le tout dans des bocaux stérilisés et verser de l'huile d'olive pour remplir les bocaux à ras bord. Mettre au réfrigérateur pendant 6 semaines. Servir à température ambiante.

CONSERVATION DANS LA SAUMURE
Égoutter et sécher les olives après les avoir fait tremper. Préparer une saumure en mélangeant dix mesures d'eau pour une mesure de sel gemme. Porter à ébullition et laisser cuire 5 min avec des feuilles de laurier, du zeste d'agrumes, des grains de poivre et des herbes. Tasser les olives dans des bocaux stérilisés, les recouvrir de saumure, sceller les bocaux et laisser refroidir complètement. Conserver les bocaux pendant 1 semaine avant de les ouvrir. Consommer dans le mois et mettre les bocaux au réfrigérateur une fois ouverts.

OLIVES NOIRES

La méthode traditionnelle de conservation des olives noires est simple, mais plus longue que celle utilisée pour les olives vertes. Couvrir les olives noires d'eau froide, les couvrir et les laisser tremper pendant 6 semaines. Changer l'eau tous les 2 jours. Égoutter les olives, les recouvrir de sel gemme et les réserver pendant 2 jours. Les rincer pour éliminer tout le sel et les laisser sécher. Les conserver dans l'huile ou la saumure, comme pour les olives vertes.

OLIVES GRILLÉES AU FENOUIL ET À L'ORANGE

Pour 350 g d'olives, faire sauter 1 bulbe de fenouil râpé et 1 cuil. à café de graines de fenouil dans de l'huile d'olive. Verser dans un plat à four avec les olives, 2 gousses d'ail tranchées, 1 cuil. à soupe de zeste d'orange râpé et 60 ml de jus d'orange et de vinaigre de vin rouge. Cuire au four à 180 °C pendant 20 min. Assaisonner, arroser d'huile d'olive et servir chaud ou à température ambiante. Se conserve au réfrigérateur pendant 2 semaines.

OLIVES AUX HERBES

Dans un saladier, verser 250 g d'olives vertes fendues et 250 g d'olives Kalamata fendues, 3 brins de thym frais, 1 cuil. à soupe de feuilles d'origan fraîches, 2 feuilles de laurier, 1 cuil. à café de paprika et 2 cuil. à café de zeste de citron. Bien mélanger. À l'aide d'une cuillère, verser le mélange dans un bocal stérilisé de 1 l et ajouter 500 ml d'huile d'olive. Laisser mariner pendant 1 à 2 semaines dans le réfrigérateur. Se conserve jusqu'à un mois.
NOTE : fendre les olives avec un maillet ou avec un couteau bien aiguisé permet aux saveurs de la marinade de pénétrer dans les olives.

MACÉRATION DES OLIVES
OLIVES AU CITRON CONFIT ET AU PIMENT

Égoutter 500 g d'olives conservées dans la saumure, les couvrir d'eau froide et les laisser reposer pendant 1 h. Les égoutter, puis ajouter le zeste de 1/4 de citron confit, coupé en fines lamelles, 2 piments rouges frais coupés en deux, 2 gousses d'ail pressées et 2 cuil. à café d'origan séché. Tasser le tout dans des bocaux stérilisés, couvrir d'huile d'olive, sceller les bocaux et laisser reposer pendant 1 semaine. Se conservent jusqu'à quatre mois dans le réfrigérateur.
NOTE : au réfrigérateur, l'huile risque de se solidifier. Il suffit de laisser reposer les bocaux à température ambiante avant de les utiliser. Une fois que les olives sont prêtes, l'huile peut être utilisée pour des assaisonnements, pour tremper du pain ou pour arroser du poisson ou du poulet grillé.

STÉRILISATION DES BOCAUX

Pour stériliser des bocaux, rincer les bocaux et les couvercles dans de l'eau bouillante savonneuse, puis les mettre à sécher complètement dans un four chaud.

CI-DESSUS, DE GAUCHE À DROITE : Olives grillées au fenouil et à l'orange ; Olives aux herbes ; Olives au citron confit et au piment

HABAS VERDES EN SALSA DE TOMATE
(Haricots verts à la sauce tomate)

Préparation : 10 min
Cuisson : 30 min
Pour 4 personnes

300 g de haricots verts, équeutés
1 cuil. à soupe d'huile d'olive
1 oignon, finement émincé
2 gousses d'ail, finement hachées
1 cuil. à soupe de paprika
1/4 cuil. à café de flocons de piment
1 feuille de laurier, écrasée
400 g de tomates concassées en conserve
2 cuil. à soupe de persil plat frais haché

1 Faire cuire les haricots dans de l'eau bouillante pendant 3 à 5 min. Égoutter et réserver.
2 Faire chauffer l'huile dans une poêle. Faire revenir l'oignon à feu moyen pendant 5 min. Ajouter l'ail et laisser cuire 1 min. Ajouter le paprika, le piment et le laurier, laisser cuire 1 min, puis ajouter les tomates. Laisser mijoter 15 min à feu moyen, jusqu'à obtention d'un mélange lisse et homogène. Ajouter les haricots et le persil, et laisser cuire pendant 1 min, jusqu'à ce que les haricots soient bien chauds. Assaisonner à volonté. Servir chaud ou à température ambiante.

CI-DESSOUS : *Habas verdes en salsa de tomate*

COCHIFRITO
(Ragoût d'agneau)

Préparation : 15 min
Cuisson : 2 h 15
Pour 4 personnes

80 ml d'huile d'olive
1 kg d'épaule d'agneau, coupée en cubes
1 gros oignon, finement émincé
4 gousses d'ail, écrasées
2 cuil. à café de paprika
5 cuil. à soupe de jus de citron
2 cuil. à soupe de persil plat frais haché

1 Faire chauffer l'huile à feu vif dans une poêle profonde. Faire sauter les morceaux d'agneau en deux fois pendant 5 min, jusqu'à ce qu'ils soient dorés. Retirer tous les morceaux de la poêle et réserver.
2 Ajouter l'oignon et le faire revenir pendant 4 à 5 min, jusqu'à ce qu'il ait ramolli et soit doré. Ajouter l'ail et le paprika, et laisser cuire pendant 1 min, en remuant. Reverser la viande dans la poêle avec 4 cuil. à soupe de jus de citron et 1,75 l d'eau. Laisser mijoter à feu doux pendant 2 h, en remuant de temps à autre, jusqu'à ce que le liquide se soit presque évaporé et que l'huile commence à refaire surface. Incorporer le reste de jus de citron et le persil, assaisonner à volonté et servir.

ESPAGNE

COCIDO MADRILEÑO

Couper les haricots verts dans le sens de la longueur.

Ajouter les pois chiches, le pied de porc et le chorizo dans la casserole.

COCIDO MADRILEÑO
(Potée madrilène)

Préparation : 25 min + 1 nuit de trempage
Cuisson : 2 h 45
Pour 6 à 8 personnes

220 g de pois chiches secs
1 kg de poulet, troussé
500 g de poitrine de bœuf, en un morceau
250 g de lard fumé
120 g de lard ou de bacon maigre
1 pied de porc
200 g de chorizo
1 oignon, piqué de 2 clous de girofle
1 feuille de laurier
1 boudin noir (facultatif)
250 g de haricots verts, coupés dans le sens de la longueur
250 g de chou vert, coupé en morceaux en partant du cœur
300 g de feuilles de bettes (sans les côtes), rincées
4 petites pommes de terre
2 poireaux, coupés en bâtons de 10 cm de long
1 pincée de filaments de safran
70 g de vermicelle

1 Faire tremper les pois chiches dans de l'eau froide pendant toute une nuit. Les égoutter et les rincer. Les envelopper dans un sachet de gaze.
2 Verser 3 l d'eau froide dans une très grande casserole profonde. Ajouter le poulet, le bœuf, le bacon et le lard, et porter à ébullition. Verser les pois chiches, le pied de porc et le chorizo, porter à nouveau à ébullition, puis ajouter l'oignon, la feuille de laurier et 1/2 cuil. à café de sel. Laisser mijoter pendant 2 h 30, en couvrant partiellement la casserole.
3 Au bout de 2 h, porter une casserole d'eau à ébullition, ajouter le boudin noir et laisser bouillir doucement pendant 5 min. Égoutter et réserver. Envelopper les haricots verts dans un sachet de gaze. Verser 1 l d'eau dans une grande casserole et porter à ébullition. Ajouter les haricots, le chou, les bettes, les pommes de terre, les poireaux et le safran, et assaisonner avec 1 cuil. à café de sel. Porter à nouveau à ébullition et laisser mijoter pendant 30 min.
4 Filtrer le bouillon de la viande et des légumes, et mélanger les deux dans une cassserole. Porter à ébullition, vérifier l'assaisonnement et ajouter le vermicelle. Laisser cuire 6 à 7 min. Libérer les pois chiches et les empiler au centre d'un grand plat chaud. Jeter le lard, puis couper les viandes et les saucisses en tranches. Les disposer autour des pois chiches à une extrémité du plat. Libérer les haricots. Disposer tous les légumes à l'autre extrémité. Verser un peu de bouillon frémissant (sans vermicelle) sur la viande et verser le reste dans une soupière. Servir aussitôt. La tradition veut que le plat et le bouillon soient servis en même temps, même si l'on commence toujours par la soupe.

CI-DESSUS : Cocido madrileño

GIGOT D'AGNEAU FARCI

Aplatir l'agneau et verser la farce par cuillerées au centre.

Répartir la farine assaisonnée sur l'ensemble du gigot.

CI-DESSUS : *Gigot d'agneau farci*

GIGOT D'AGNEAU FARCI

Préparation : 25 min
Cuisson : 2 h 15
Pour 6 à 8 personnes

Farce

1 tranche de pain de campagne épaisse, écroûtée
70 g de foies de volaille, hachés
60 g de lard ou de bacon maigre
1 cuil. à soupe de xérès sec
1 gousse d'ail, écrasée
1 cuil. à soupe de persil plat frais haché
1/2 cuil. à soupe de ciboulette fraîche hachée
1 cuil. à café de romarin frais finement haché
1 cuil. à soupe de câpres finement hachées

1 gros gigot d'agneau d'environ 3 kg, désossé (voir Note)
1 cuil. à café de paprika doux
1 cuil. à soupe de farine
4 gousses d'ail entières, pelées
2 cuil. à soupe d'huile d'olive
370 ml de vin blanc sec
1 cuil. à soupe de saindoux
120 ml de bouillon de poule ou de légumes

1 Pour la farce, briser le pain en morceaux et le mixer avec les foies de volaille et le lard jusqu'à obtention d'une mixture fine à moyenne. Verser la mixture dans un saladier avec le xérès, l'ail, le persil, la ciboulette, le romarin et les câpres. Assaisonner généreusement de sel et de poivre noir du moulin. Bien mélanger le tout.

2 Préchauffer le four à 210 °C. Aplatir l'agneau et déposer la farce au milieu sur toute la longueur.

Enrouler la viande pour enfermer la farce. Maintenir le tout serré avec de la ficelle. Mélanger le paprika et la farine avec 1/4 cuil. à café de sel et frotter toute la surface du gigot avec ce mélange. Disposer l'ail en une rangée au centre d'un plat à four et verser l'huile par-dessus. Déposer l'agneau sur le lit d'ail et verser le vin par-dessus. Répandre le saindoux à la surface.

3 Cuire au four pendant 20 min, puis réduire la température du four à 170 °C. Arroser le gigot avec le jus de cuisson, puis le laisser cuire pendant 1 h 45, en l'arrosant fréquemment, jusqu'à ce que la viande soit bien cuite. Transférer sur une planche à découper et maintenir au chaud. Enlever l'excédent d'huile du plat à four avec une cuillère, puis transvaser le contenu du plat dans une petite casserole (il doit y avoir environ 120 ml de jus). Verser le bouillon et laisser cuire à feu vif jusqu'à ce que le tout ait légèrement épaissi. Vérifier l'assaisonnement. Couper l'agneau en tranches et disposer celles-ci sur un plat chaud. Verser la sauce par-dessus et servir chaud.
NOTE : demandez à votre boucher de désosser le gigot et d'aplatir la viande pour former un rectangle grossier.

PAELLA AU POULET ET AU CHORIZO

Préparation : 30 min
Cuisson : 1 h
Pour 6 personnes

60 ml d'huile d'olive
1 gros poivron rouge, épépiné et coupé
   en lanières de 5 mm de large
600 g de cuisses de poulet, coupées
   en cubes de 3 cm de côté
200 g de chorizo, coupé en rondelles
   de 2 cm d'épaisseur
200 g de champignons, coupés en fines lamelles
3 gousses d'ail, écrasées
1 cuil. à soupe de zeste de citron râpé
700 g de tomates bien mûres,
   grossièrement hachées
200 g de haricots verts, coupés en bâtonnets
   de 3 cm de long
1 cuil. à soupe de romarin frais haché
2 cuil. à soupe de persil plat frais haché
1/4 cuil. à café de filaments de safran
   dissous dans 60 ml d'eau chaude
440 g de riz rond
750 ml de bouillon de poule chaud
6 quartiers de citron, pour décorer

1 Faire chauffer l'huile d'olive à feu moyen dans un plat à paella ou dans une grande poêle à fond épais. Ajouter le poivron et le laisser cuire pendant environ 6 min, en remuant, jusqu'à ce qu'il ait ramolli, puis le retirer du plat ou de la poêle.

2 Ajouter le poulet et laisser cuire 10 min, jusqu'à ce qu'il soit bien doré. Le retirer du plat ou de la poêle. Ajouter le chorizo et le laisser cuire pendant 5 min, jusqu'à ce qu'il soit entièrement doré. Le retirer du plat ou de la poêle. Ajouter les champignons, l'ail et le zeste de citron, et laisser cuire 5 min à feu moyen.

3 Incorporer les tomates, poivrer et laisser cuire 5 min, jusqu'à ce que les tomates aient ramolli.

4 Ajouter les haricots, le romarin, le persil, la mixture à base de safran, le riz, le poulet et le chorizo. Remuer légèrement et verser le bouillon. Ne pas remuer une fois le bouillon incorporé. Réduire le feu et laisser mijoter pendant 30 min. Retirer du feu, couvrir et laisser reposer pendant 10 min. Servir avec les quartiers de citron.

NOTE : les plats à paella sont disponibles dans les magasins d'ustensiles de cuisine.

CI-DESSOUS : Paella au poulet et au chorizo

HIGOS RELLENOS

Couper le chocolat noir en copeaux avec un couteau.

Enfoncer une amande et quelques copeaux de chocolat dans chaque fente.

PASTEL DE ALMENDRAS
(Gâteau aux amandes)

Préparation : 15 min
Cuisson : 1 h 20
Pour 8 personnes

☆

450 g d'amandes entières, mondées et grillées
150 g de beurre, ramolli
400 g de sucre
6 œufs
150 g de farine
2 cuil. à café de zeste de citron
2 cuil. à soupe de jus de citron
sucre glace, pour saupoudrer

1 Préchauffer le four à 170 °C. Beurrer un moule à gâteau circulaire de 24 cm de diamètre. Broyer finement les amandes dans un robot et les réserver.
2 À l'aide d'un batteur électrique, fouetter le beurre et le sucre dans un saladier jusqu'à ce que le mélange soit léger et mousseux. Ajouter les œufs un par un, en fouettant bien à chaque fois. Avec une grande cuillère en métal, incorporer la farine, la poudre d'amandes et le zeste de citron. Remuer jusqu'à ce que tous les ingrédients soient mélangés et forment une mixture relativement homogène.
3 Verser la pâte dans le moule et cuire au four pendant 1 h 20 (vérifier la cuisson en enfonçant la pointe d'un couteau dans le gâteau). Laisser refroidir 5 min, puis imprégner la surface du gâteau avec le jus de citron. Laisser refroidir le gâteau sur une grille. Saupoudrer le sucre glace de façon à former une croix (utiliser un pochoir éventuellement).

RICOTTA AU MIEL ET AUX PIGNONS

Préparation : 5 min
Cuisson : 2 min
Pour 2 personnes

☆

300 g de ricotta
2 cuil. à soupe de miel
pignons, grillés, pour décorer

1 Répartir la ricotta dans deux bols, l'arroser de miel et la parsemer de pignons.
NOTE : ce dessert extrêmement simple est traditionnellement préparé à base de fromage blanc.

PAGE CI-CONTRE, DE HAUT EN BAS : Pastel de almendras ; Orgeat ; Higos rellenos

HIGOS RELLENOS
(Figues farcies)

Préparation : 30 min + 3 h de trempage
Cuisson : 30 min
Pour 18 figues

☆☆

170 g de miel
120 ml de xérès doux
1/4 cuil. à café de cannelle moulue
18 grosses figues séchées
18 amandes entières, mondées
100 g de chocolat noir, en copeaux
beurre, pour graisser
crème fraîche épaisse, en accompagnement (facultatif)

1 Dans une grande casserole, mélanger le miel, le xérès, la cannelle, les figues et 370 ml d'eau. Faire chauffer à feu vif. Porter à ébullition, puis réduire le feu et laisser mijoter pendant 10 min. Retirer la casserole du feu et réserver pendant 3 h. Retirer les figues à l'aide d'une écumoire et réserver le sirop.
2 Préchauffer le four à 180 °C. Remettre la casserole contenant le sirop sur le feu, faire chauffer à feu vif et laisser bouillir 5 min, jusqu'à ce que le sirop soit visqueux. Réserver. Couper les queues des figues avec des ciseaux, puis faire une incision au sommet de chacune avec un petit couteau bien aiguisé. Enfoncer une amande et quelques copeaux de chocolat dans chaque fente. Mettre les figues dans un plat beurré et les cuire au four pendant 15 min, jusqu'à ce que le chocolat ait fondu.
3 Servir trois figues par personne avec un peu de sirop et une cuillerée de crème.

> ### ORGEAT
>
> Autrefois préparée à base d'orge, cette boisson est aujourd'hui préparée à base d'amandes.
> Pour 4 personnes. Dans un robot, mixer 500 g d'amandes mondées entières avec 1 l d'eau chaude et mixer jusqu'à obtention d'une pâte très épaisse. Verser le tout dans un grand saladier avec une cuillère. Couper un demi-citron en rondelles et les ajouter à la pâte avec 1 bâton de cannelle et 500 ml d'eau chaude. Bien mélanger, couvrir et laisser reposer à température ambiante pendant au moins 2 h. Filtrer le liquide à l'aide d'une étamine ou d'un morceau de gaze, ajouter 2 cuil. à soupe (ou plus) de sucre et servir glacé.

ESPAGNE

239

HELADO DE CANELA
(Glace à la cannelle)

Préparation : 15 min + congélation
Cuisson : 15 min
Pour 6 personnes

☆☆

1 l de lait
2 morceaux de zeste de citron
3 bâtons de cannelle
370 g de sucre
6 jaunes d'œufs
1 cuil. à café de cannelle moulue

1 Verser le lait, le zeste de citron, les bâtons de cannelle et la moitié du sucre dans une casserole et faire chauffer sans bouillir. Réserver pendant 10 min.
2 Avec un fouet, battre les jaunes d'œufs, le reste de sucre et la cannelle moulue dans un saladier jusqu'à obtention d'un mélange clair et épais. Verser le lait en un filet continu sans cesser de battre.
3 Nettoyer la casserole, verser la mixture et faire chauffer à feu doux pendant 5 à 10 min, en remuant avec une cuillère en bois, jusqu'à ce que le mélange ait épaissi. Passer un doigt sur le dos de la cuillère ; si une trace nette apparaît sur le bois, c'est que la crème est prête. La filtrer dans un saladier et la laisser refroidir à température ambiante. La verser dans un récipient métallique peu profond de 1,25 l. Mettre au congélateur pendant 2 h.
4 Lorsque les bords sont à moitié congelés, mélanger énergiquement, puis remettre le récipient au congélateur. Répéter cette opération encore deux fois.

CI-DESSOUS : *Helado de canela*

LECHE FRITA
(Crème pâtissière frite)

Préparation : 20 min + 1 h de refroidissement
Cuisson : 25 min
Pour 4 à 6 personnes

☆

500 ml de lait
1 bâton de cannelle
1 morceau de zeste de citron de 5 x 1 cm
1 gousse de vanille, fendue en deux
140 g de beurre
250 g de farine
160 g de sucre
4 œufs (séparer les blancs des jaunes)
120 g de chapelure sèche
huile végétale, pour frire
4 cuil. à soupe de sucre, pour saupoudrer
1 cuil. à café de cannelle moulue, pour saupoudrer

1 Beurrer un moule rectangulaire et garnir le fond et les deux plus longs côtés de papier sulfurisé. Dans une casserole, verser le lait, le bâton de cannelle, le zeste de citron et la gousse de vanille grattée, et porter à ébullition. Éteindre le feu.
2 Faire fondre le beurre dans une grande casserole. Incorporer 180 ml de farine. La mixture devrait former une masse compacte autour de la cuillère. Faire chauffer à feu doux et remuer pendant 30 s. Incorporer le sucre. Verser progressivement le lait

dans la casserole sans cesser de remuer. Fouetter jusqu'à obtention d'une mixture lisse et brillante. Retirer du feu et incorporer les jaunes d'œufs un par un, en fouettant bien à chaque fois. Verser le mélange dans le moule et lisser la surface avec la main. Réserver pendant 1 h pour laisser la crème refroidir et prendre.

3 Battre légèrement les blancs d'œufs avec une fourchette. Démouler la crème prise et la couper en carrés de 5 cm de côté. Rouler les carrés dans le reste de farine. Les plonger dans les blancs d'œufs, puis les rouler dans la chapelure. Réserver.

4 Verser 1 cm d'huile dans une grande poêle. La faire chauffer, puis faire frire les carrés en plusieurs fois pendant 1 min de chaque côté, jusqu'à ce qu'ils soient dorés. Les égoutter sur du papier absorbant et les saupoudrer de sucre et de cannelle mélangés tant qu'ils sont encore chauds. Servir chaud ou froid.

CREMA CATALANA
(Crème brûlée catalane)

Préparation : 15 min + 1 nuit de réfrigération
Cuisson : 20 min
Pour 6 personnes

1 l de lait
1 gousse de vanille
1 bâton de cannelle
zeste d'un petit citron, coupé en lanières
2 bandes de zeste d'orange de 4 × 2 cm
8 jaunes d'œufs
120 g de sucre
4 cuil. à soupe de Maïzena
3 cuil. à soupe de cassonade

1 Verser le lait, la gousse de vanille grattée, le bâton de cannelle et les zestes de citron et d'orange dans une casserole et porter à ébullition. Laisser bouillir pendant 5 min, puis filtrer et réserver.

2 Dans un saladier, battre les jaunes d'œufs et le sucre pendant environ 5 min, jusqu'à obtention d'un mélange clair et crémeux. Ajouter la Maïzena et bien mélanger. Verser lentement le lait chaud sans cesser de fouetter. Reverser le tout dans la casserole et laisser cuire à feu moyen pendant 5 à 10 min, en remuant, jusqu'à ce que le mélange soit épais et crémeux. Ne pas le faire bouillir car il risquerait de cailler. Verser la crème dans six ramequins de 250 ml et les mettre au réfrigérateur pendant 6 h ou pendant toute une nuit.

3 Au moment de servir, répartir la cassonade sur les ramequins et les passer au grill pendant 3 min, jusqu'à ce que le sucre se caramélise.

DULCE DE MEMBRILLO
(Pâte de coing)

Nettoyer 3 gros coings, les mettre dans une casserole, les couvrir d'eau et les laisser cuire 30 min, jusqu'à ce qu'ils soient tendres. Les égoutter. Peler les coings et retirer les cœurs. Les écraser dans une passoire ou un presse-purée. Peser la pulpe de fruit, la verser dans une casserole et verser le même poids de sucre. Laisser cuire à feu doux pendant 3 h 30 à 4 h 30, en remuant avec une cuillère en bois, jusqu'à ce que le mélange soit très épais. Verser la pâte dans un moule rectangulaire garni de film alimentaire. Laisser refroidir. Stockée dans un récipient hermétiquement fermé, la pâte de coing peut se conserver pendant plusieurs mois. Servir avec du fromage ou avec du gibier (faisan).

CI-DESSUS : Crema catalana

CHURROS

Remuer la pâte jusqu'à ce qu'elle forme une boule et laisse une fine couche dans le fond de la casserole.

Faire frire les churros jusqu'à ce qu'ils soient gonflés et dorés.

CI-DESSUS : Churros

CHURROS

Préparation : 10 min
Cuisson : 25 min
Pour 4 personnes

120 g de sucre
1 cuil. à café de muscade moulue
30 g de beurre
150 g de farine
1/2 cuil. à café de zeste d'orange finement râpé
1/4 cuil. à café de sucre en poudre
2 œufs
1 l d'huile végétale, pour frire

1 Mélanger le sucre et la muscade, et étaler ce mélange sur une assiette.
2 Dans une casserole à fond épais, verser le beurre, la farine, le zeste d'orange, le sucre en poudre, 170 ml d'eau et une pincée de sel. Faire chauffer à feu doux en remuant jusqu'à ce que le beurre ait ramolli et forme une pâte avec les autres ingrédients. Laisser cuire pendant encore 2 à 3 min, en remuant constamment, jusqu'à ce que la pâte forme une boule autour de la cuillère et laisse une fine couche au fond de la casserole.
3 Transférer la pâte dans un robot, mixer et ajouter les œufs tout en mixant. Ne pas mixer à outrance. Si la pâte est trop molle, la reverser dans la casserole et la laisser cuire à feu doux en remuant, jusqu'à ce qu'elle soit ferme. À l'aide d'une cuillère, verser la pâte dans une poche à douille cannelée.
4 Dans une grande casserole, faire chauffer l'huile à 180 °C (à cette température, un morceau de pain jeté dans l'huile est doré en 15 s). Plonger dans l'huile quelques bâtonnets de pâte de 6 à 8 cm de long. Tenir la poche à douille dans une main et des ciseaux de cuisine dans l'autre pour couper les churros. Les faire frire pendant environ 3 min, en les retournant une ou deux fois, jusqu'à ce qu'ils soient gonflés et dorés. Égoutter les churros sur du papier absorbant. Tant qu'ils sont encore chauds, les rouler dans le mélange de sucre et de muscade et servir immédiatement.
NOTE : en Espagne, les churros sont servis au petit déjeuner et se dégustent généralement avec du chocolat chaud (voir page 243).

ESPAGNE

BISCUITS À L'ANIS

Préparation : 15 min
Cuisson : 35 min
Pour 16 biscuits

370 g de farine
120 ml d'huile d'olive
120 ml de bière
3 cuil. à soupe d'anisette
120 g de sucre
40 g de graines de sésame
2 cuil. à soupe de graines d'anis

1 Préchauffer le four à 200 °C. Beurrer légèrement une plaque de four et la garnir de papier sulfurisé.
2 Tamiser la farine et 1 cuil. à café de sel dans un grand saladier et faire un puits au centre. Verser l'huile, la bière et l'anisette, et remuer avec une grande cuillère en métal jusqu'à obtention d'une pâte. La déposer sur un plan de travail fariné et la pétrir pendant 3 à 4 min, jusqu'à ce qu'elle soit lisse. Diviser la pâte en deux, puis découper chaque morceau en huit. Dans un petit saladier, mélanger le sucre, les graines de sésame et les graines d'anis.
3 Former un petit tas avec le mélange précédent sur le plan de travail et abaisser chaque morceau de pâte sur ce mélange en un disque de 15 cm de diamètre. Déposer les biscuits sur la plaque de four, côté graines vers le haut, et les laisser cuire pendant 5 à 6 min, jusqu'à ce que leur base soit cuite. Mettre la plaque de four 10 cm en dessous du grill pendant environ 40 s, jusqu'à ce que le sucre ait caramélisé et que la surface soit dorée. Laisser refroidir les biscuits sur une grille.
NOTE : à défaut de graines d'anis, utiliser 1 cuil. à soupe 1/2 de graines de fenouil.

CHOCOLAT CHAUD ESPAGNOL

Cette boisson se prépare avec du *chocolate a la taza*, contenant de l'amidon qui épaissit en cuisant. Ce chocolat typiquement espagnol peut être remplacé par du chocolat normal et la Maïzena peut jouer le rôle d'agent épaississant. Pour 4 à 6 personnes. Dans un petit saladier, mélanger 2 cuil. à soupe de Maïzena et 2 cuil. à soupe de lait pour former une pâte lisse. Verser 1 l de lait et 200 g de chocolat noir de qualité concassé dans une casserole et faire chauffer à feu doux en remuant jusqu'à ce que le mélange soit chaud. Ajouter 2 cuil. à soupe de lait dans la pâte à base de Maïzena, puis verser toute la pâte dans le lait. Sans cesser de remuer, faire cuire le mélange jusqu'à ce qu'il commence à peine à entrer en ébullition. Retirer du feu, sucrer à volonté et remuer pendant encore 1 min.

GRAINES D'ANIS
Originaires du Moyen-Orient, les graines d'anis sont issues d'un arbuste apparenté à la ciguë. Leur saveur est intense et rappelle celle de la réglisse. Les graines d'anis sont utilisées pour fabriquer le Pernod, l'ouzo et le pastis. Incorporées avec parcimonie dans les préparations, elles ajoutent une agréable et douce nuance aux farces de poisson et servent également à parfumer pains et gâteaux. Il est préférable d'acheter des graines d'anis en petites quantités car elles perdent rapidement leur arôme.

CI-CONTRE : Biscuits à l'anis

AFRIQUE DU NORD

L'Afrique du Nord, qui englobe le Maroc, l'Algérie et la Tunisie, constitue sans doute la région la plus exotique du bassin méditerranéen. La cuisine marocaine est l'une des plus réputées au monde, et les Marocains mettent un point d'honneur à confectionner de succulents repas. Cependant, leur préparation demeure assez simple, car ils se composent généralement d'un ou deux tajines, ragoûts de viande, de poulet ou de légumes longuement mijotés. Clous de girofle, muscade, paprika, safran, poivre de Cayenne, cumin, gingembre et cannelle occupent une place de choix dans la cuisine nord-africaine, tout comme la semoule de couscous, les agrumes, les grenades, les dattes, les amandes, les abricots et les pois chiches.

HARISSA
Cette purée de piments accompagne très souvent de nombreuses spécialités nord-africaines. Elle est traditionnellement servie avec le couscous, mais elle parfume également soupes, ragoûts, tajines et salades de haricots. Mélangée à un peu d'huile d'olive, elle peut se déguster avec du pain plat.

CI-CONTRE : Harissa

HARISSA

Préparation : 30 min + 1 h de trempage
Pas de cuisson
Pour un bocal de 600 ml

120 g de piments rouges séchés, équeutés
1 cuil. à soupe de menthe séchée
1 cuil. à soupe de coriandre moulue
1 cuil. à soupe de cumin moulu
1 cuil. à café de carvi moulu
10 gousses d'ail, hachées
120 ml d'huile d'olive

1 Hacher grossièrement les piments, les couvrir d'eau bouillante et les laisser tremper pendant 1 h. Les égoutter et les mettre dans un mixeur avec la menthe, les épices, l'ail, 1 cuil. à soupe d'huile et 1/2 cuil. à café de sel. Mixer pendant 20 s, racler les parois du récipient et mixer pendant encore 30 s. Verser 2 cuil. à soupe d'huile et mixer de nouveau. Recommencer jusqu'à obtention d'une purée épaisse.

2 Transvaser la purée dans un bocal propre (voir Note) et couvrir avec une fine couche d'huile d'olive. Sceller le bocal et le dater.

NOTES : pour nettoyer un bocal, préchauffer le four à 120 °C, laver le bocal et son couvercle à l'eau chaude savonneuse et rincer le tout à l'eau chaude. Mettre le bocal au four pendant 20 min, jusqu'à ce qu'il soit totalement sec. Ne pas l'essuyer avec un torchon.

Cette sauce pimentée peut se conserver 6 mois au réfrigérateur. Elle accompagne à merveille tajines et couscous, mais sert également à relever assaisonnements de salades, marinades et sauces.

FILETS DE POISSONS À LA HARISSA ET AUX OLIVES

Préparation : 15 min
Cuisson : 25 min
Pour 4 personnes

80 ml d'huile d'olive
4 filets de poissons blancs (cabillaud, perche)
farine, assaisonnée
1 oignon, émincé
2 gousses d'ail, écrasées
400 g de tomates en morceaux en conserve
2 cuil. à café de harissa
2 feuilles de laurier
1 bâton de cannelle
180 g d'olives Kalamata
1 cuil. à soupe de jus de citron
2 cuil. à soupe de persil plat frais haché

AFRIQUE DU NORD

1 Faire chauffer la moitié de l'huile d'olive dans une poêle. Fariner les filets de poissons et les faire cuire à feu moyen pendant 2 min de chaque côté, jusqu'à ce qu'ils soient dorés. Les transférer dans une assiette.
2 Verser le reste de l'huile d'olive dans la poêle et faire revenir l'oignon et l'ail pendant 3 à 4 min, jusqu'à ce qu'ils aient ramolli. Ajouter les tomates, la harissa, le laurier et la cannelle. Laisser cuire pendant 10 min, jusqu'à ce que la sauce ait épaissi. Assaisonner à volonté de sel et de poivre noir du moulin.
3 Reverser les filets dans la poêle, ajouter les olives et recouvrir le poisson de sauce. Retirer les feuilles de laurier et le bâton de cannelle et laisser cuire pendant 2 min, jusqu'à ce que le poisson soit tendre. Ajouter le jus de citron et le persil, et servir.

HAMAD M'RAKAD
(Citrons confits)

Préparation : 1 h + 6 semaines de repos
Pas de cuisson
Pour un bocal de 2 l

8 à 12 petits citrons à peau fine
310 g de sel gemme
500 ml de jus de citron (8 à 10 citrons)
1/2 cuil. à café de grains de poivre noir
1 feuille de laurier
huile d'olive

1 Frotter les citrons sous l'eau tiède avec une brosse souple en soie de sanglier pour enlever la couche de cire. Les couper en quartiers en les laissant attachés au sommet (côté queue). Ouvrir délicatement chaque citron, retirer les pépins visibles et garnir l'intérieur avec 1 cuil. à soupe de sel gemme. Refermer les citrons et les tasser dans un bocal de 2 l doté d'un couvercle étanche : le bocal doit être plein à ras bord. Selon la taille des citrons, il n'en tiendra peut-être pas douze.
2 Verser dans le bocal 250 ml de jus de citron, les grains de poivre, la feuille de laurier et le reste de sel gemme. Remplir le bocal à ras bord avec le reste de jus de citron. Sceller le bocal et le secouer pour mélanger tous les ingrédients. Conserver le bocal pendant 6 semaines dans un endroit frais et sombre, en le retournant toutes les semaines (par temps chaud, le conserver au réfrigérateur). D'abord trouble, la saumure deviendra limpide au bout de 4 semaines.
3 Afin de vérifier que les citrons sont bien confits, couper un des quartiers en plein milieu. Si la peau blanche du citron n'a pas changé de couleur, cela signifie que les citrons ne sont pas prêts. Dans ce cas, sceller le bocal et le laisser reposer pendant encore 1 semaine avant de vérifier à nouveau. L'écorce des citrons doit être molle et la peau blanche avoir adopté la même couleur que l'écorce.
4 Lorsque les citrons sont prêts, couvrir la saumure d'une couche d'huile d'olive. Remplacer l'huile à chaque utilisation des morceaux de citron. Conserver au réfrigérateur après ouverture.
NOTE : les citrons confits peuvent se conserver jusqu'à 6 mois dans un endroit frais et sombre. Ils servent à parfumer couscous, farces, tajines et ragoûts. Seul le zeste est utilisé en cuisine : la pulpe et la peau blanche amère peuvent donc être jetées. Rincer et couper le zeste en fines lamelles ou en petits morceaux.

CI-DESSUS : Hamad m'rakad

1 Saupoudrer de sel les rondelles d'aubergine et les laisser dégorger pendant 30 min dans une passoire. Bien les rincer, les essorer doucement et les sécher en les tapotant. Dans une grande poêle, faire chauffer 5 mm d'huile et faire frire les aubergines à feu moyen en plusieurs fois, jusqu'à ce qu'elles soient grillées des deux côtés. Les égoutter sur du papier absorbant, puis les hacher finement. Les verser dans une passoire pour les débarrasser de l'huile, puis les transvaser dans un saladier et ajouter l'ail, le paprika, le cumin et le sucre.
2 Essuyer la poêle, y verser le mélange à base d'aubergine et le faire cuire à feu moyen pendant 2 min, en remuant constamment. Transvaser dans un saladier, incorporer le jus de citron et assaisonner. Servir à température ambiante.

POISSON FRIT MARINÉ

Préparation : 15 min + 24 h de macération
Cuisson : 15 min
Pour 4 à 6 personnes

60 g de farine
1 pincée de poivre de Cayenne
500 g de poisson à chair ferme et blanche (julienne, cabillaud), coupé en 24 lanières
120 ml d'huile d'olive
250 g d'oignons, finement émincés
250 g de carottes, coupées en fines rondelles
8 oignons nouveaux, coupés en diagonale
12 gousses d'ail, hachées
1 cuil. à soupe de thym frais haché
2 feuilles de laurier
2 clous de girofle
8 baies de genièvre
1 cuil. à café de grains de poivre noir
250 ml de vinaigre de vin blanc
250 ml de vin blanc
2 cuil. à soupe de persil plat frais haché

1 Assaisonner la farine avec le poivre de Cayenne et du sel. Essuyer le poisson avec du papier absorbant et le fariner en secouant l'excédent.
2 Dans une grande poêle, faire chauffer 2 cuil. à soupe d'huile et faire cuire le poisson en plusieurs fois, jusqu'à ce qu'il soit grillé. Ne pas trop le faire cuire afin d'éviter qu'il ne se désagrège dans la marinade. Mettre le poisson dans un plat non métallique.
3 Laver la poêle, faire chauffer 3 cuil. à soupe d'huile et faire sauter les oignons, les carottes et les oignons nouveaux pendant 5 min, jusqu'à ce qu'ils aient

RAGOÛT D'AUBERGINES ALGÉRIEN

Préparation : 10 min
   + 30 min de dégorgement
Cuisson : 20 min
Pour 6 à 8 personnes

2 aubergines (environ 400 g), coupées en rondelles de 1 cm de large
huile d'olive, pour frire
2 gousses d'ail, écrasées
1 cuil. à café de paprika doux
1 cuil. à café 1/2 de cumin moulu
1/2 cuil. à café de sucre
1 cuil. à soupe de jus de citron

CI-DESSUS : Ragoût d'aubergines algérien (en haut) ; Poisson frit mariné

AFRIQUE DU NORD

ramolli sans dorer. Ajouter l'ail, les herbes et les épices, le vinaigre, le vin et 250 ml d'eau. Laisser mijoter pendant 2 min et ajouter 1 cuil. à café de sel.
4 Verser le mélange chaud sur le poisson et laisser refroidir. Couvrir et mettre au réfrigérateur pendant au moins 24 h.
5 Remettre à température ambiante et retirer le poisson et les légumes de la marinade avec une écumoire. Les disposer sur un plat, mélanger le persil avec 2 cuil. à soupe de marinade et verser par-dessus.

PURÉE DE FÈVES

Préparation : 10 min + 1 nuit de trempage
Cuisson : 6 h
Pour 6 personnes

200 g de fèves séchées (voir Note)
2 gousses d'ail, écrasées
1/4 cuil. à café de cumin moulu
1 cuil. à soupe 1/2 de jus de citron
50 à 70 ml d'huile d'olive
2 cuil. à soupe de persil plat frais haché
pain plat, en accompagnement

1 Bien rincer les fèves, puis les verser dans un saladier, les couvrir avec 500 ml d'eau et les laisser tremper toute une nuit.
2 S'il s'agit de fèves épluchées (voir Note), les transvaser avec l'eau de trempage dans une grande casserole à fond épais. S'il s'agit de fèves brunes non épluchées, les égoutter et les verser dans la casserole avec 500 ml d'eau fraîche. Porter à ébullition, couvrir et laisser mijoter à feu doux pendant 5 à 6 h. Vérifier régulièrement le niveau de l'eau et ajouter un peu d'eau bouillante si nécessaire pour que les fèves soient toujours couvertes. Ne pas remuer, mais secouer la casserole de temps à autre pour empêcher les fèves d'attacher. Laisser refroidir légèrement.
3 Mixer le contenu de la casserole. Transvaser dans un saladier et incorporer l'ail, le cumin et le jus de citron. Verser peu à peu l'huile d'olive (50 ml ou plus) jusqu'à obtention d'une mixture à consistance onctueuse. En refroidissant, le mélange risque d'épaissir : incorporer un peu d'eau tiède pour le rendre à nouveau onctueux.
4 Étaler la purée dans un grand plat et la parsemer de persil. Servir avec le pain plat découpé en triangles.
NOTE : on entend par fèves séchées les fèves blanches épluchées ou les fèves petites et brunes.

PAIN PLAT
Le pain non levé est couramment employé pour les kebabs et autres sandwichs. Il peut également être grillé jusqu'à ce qu'il devienne croustillant, assaisonné de diverses manières et trempé dans des purées de légumes. Le plat se congèle très bien : il est donc possible d'en avoir toujours de côté en prévision d'une visite impromptue.

CI-CONTRE : Purée de fèves

LE GRAND LIVRE DE LA CUISINE MÉDITERRANÉENNE

AFRIQUE DU NORD

SALADE DE CAROTTES TUNISIENNE

Préparation : 10 min
Cuisson : 10 min
Pour 6 personnes

☆

500 g de carottes, coupées en fines rondelles
3 cuil. à soupe de persil plat frais finement haché
1 cuil. à café de cumin moulu
80 ml d'huile d'olive
60 ml de vinaigre de vin rouge
2 gousses d'ail, écrasées
1/4 à 1/2 cuil. à café de harissa (voir page 246)
12 olives noires
2 œufs durs, coupés en quartiers

1 Dans une casserole, porter 500 ml d'eau à ébullition. Ajouter les carottes et les faire cuire jusqu'à ce qu'elles soient tendres. Les égoutter et les transvaser dans un saladier. Ajouter le persil, le cumin, l'huile d'olive, le vinaigre et l'ail. Assaisonner de harissa, de sel et de poivre. Bien mélanger.
2 Pour servir, disposer les carottes dans un plat et garnir avec les olives et les œufs.
NOTE : si les carottes ne sont pas assez sucrées, il est possible d'ajouter un peu de miel dans la vinaigrette.

SALADE DE CONCOMBRE ET DE FETA À LA MENTHE ET À L'ANETH

Préparation : 15 min
Pas de cuisson
Pour 4 personnes

☆

120 g de feta
4 concombres
1 petit oignon rouge, finement émincé
1 cuil. à soupe 1/2 d'aneth frais finement haché
1 cuil. à soupe de menthe séchée
3 cuil. à soupe d'huile d'olive
1 cuil. à soupe 1/2 de jus de citron

1 Émietter la feta en morceaux de 1 cm de long et les verser dans un saladier. Peler et épépiner les concombres et les couper en dés de 1 cm de côté. Les ajouter au saladier avec l'oignon et l'aneth.
2 Écraser la menthe dans un mortier ou la presser dans une passoire pour la réduire en poudre. La mélanger à l'huile et au jus de citron, puis saler et poivrer. Verser la vinaigrette sur la salade et remuer.

BRIKS TUNISIENS

Préparation : 30 min
Cuisson : 20 min
Pour 2 personnes

☆☆

30 g de beurre
1 petit oignon, finement émincé
200 g de thon à l'huile en conserve, égoutté
1 cuil. à soupe de petites câpres, rincées et hachées
2 cuil. à soupe de persil plat frais finement haché
2 cuil. à soupe de parmesan râpé
6 feuilles de pâte fillo
30 g de beurre, fondu
2 petits œufs

1 Préchauffer le four à 200 °C. Faire fondre le beurre dans une petite poêle et faire revenir l'oignon à feu doux pendant 5 min, jusqu'à ce qu'il ait ramolli sans dorer. Dans un saladier, mélanger l'oignon, le thon, les câpres, le persil et le parmesan. Saler et poivrer.
2 Couper les feuilles de pâte fillo en deux dans le sens de la largeur. Superposer 4 demi-feuilles en badigeonnant chacune de beurre fondu. Couvrir les feuilles restantes d'un linge humide. Déposer la moitié de la farce au thon à une extrémité de la pâte beurrée en laissant une marge. Faire un puits au milieu de la farce et casser un œuf dedans en veillant à le laisser intact. Assaisonner de sel et de poivre noir du moulin.
3 Superposer 2 autres feuilles de pâte fillo en les badigeonnant de beurre fondu et les poser sur le thon et l'œuf. Replier les bords de la pâte et la rouler sans crever l'œuf pour obtenir un paquet serré. Poser le brick sur une plaque de four légèrement beurrée et le badigeonner de beurre fondu. Recommencer avec le reste des ingrédients. Faire cuire au four pendant 15 min, jusqu'à ce que la pâte soit bien dorée. Servir chaud ou à température ambiante.
NOTE : au bout de 15 min de cuisson, le jaune d'œuf sera encore mou. Pour qu'il soit plus ferme, laisser cuire un peu plus longtemps. En Tunisie, toutes les garnitures sont permises dans les bricks. Le thon et les anchois sont particulièrement appréciés. Vous pouvez remplacer la pâte fillo par de la pâte à rouleaux de printemps et faire frire les bricks dans l'huile bouillante.

BRIKS TUNISIENS

Casser un œuf au centre de la farce au thon.

Superposer deux autres feuilles de pâte sur le thon et l'œuf et replier les bords.

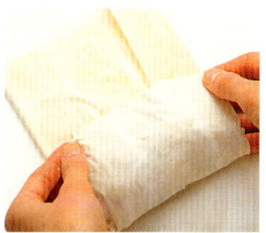

Rouler délicatement la pâte pour obtenir un paquet serré, en laissant l'œuf intact.

PAGE CI-CONTRE, DE HAUT EN BAS : Salade de carottes tunisienne ; Salade de concombre et de feta à la menthe et à l'aneth ; Bricks tunisiens

VINAIGRE DE VIN ROUGE
Comme son nom l'indique, le vinaigre est un « vin aigre ». Le vinaigre de vin rouge est obtenu par la fermentation lente du vin nouveau. Généralement vieilli en fût de chêne, il développe peu à peu une saveur robuste et délicieuse. Aujourd'hui, la plupart des vinaigres contiennent une bactérie destinée à les protéger des micro-organismes et des levures indésirables susceptibles de les altérer.

CI-CONTRE : Salatet ads

SALATET ADS
(Salade de lentilles)

Préparation : 15 min
 + 30 min de repos
Cuisson : 30 min
Pour 4 à 6 personnes

1 petit oignon
2 clous de girofle
300 g de lentilles du Puy (voir Note)
1 lanière de zeste de citron
2 gousses d'ail, pelées
1 feuille de laurier fraîche
2 cuil. à café de cumin moulu
2 cuil. à soupe de vinaigre de vin rouge
60 ml d'huile d'olive
1 cuil. à soupe de jus de citron
2 cuil. à soupe de feuilles de menthe fraîches finement hachées
3 oignons nouveaux, finement émincés

1 Piquer l'oignon de clous de girofle et le mettre dans une casserole avec les lentilles, le zeste de citron, l'ail, le laurier, 1 cuil. à café de cumin et 870 ml d'eau. Porter à ébullition et laisser mijoter à feu moyen pendant 25 à 30 min, jusqu'à ce que les lentilles soient tendres. Égoutter et jeter l'oignon, le zeste et le laurier. Réserver l'ail et le hacher finement.
2 Battre ensemble le vinaigre, l'huile, le jus de citron, l'ail et le reste de cumin. Verser la vinaigrette sur les lentilles, ainsi que la menthe et les oignons nouveaux, et remuer. Assaisonner généreusement et laisser reposer pendant 30 min afin de laisser les arômes s'affirmer. Servir à température ambiante.

CHORBA BIL HOUT
(Soupe au poisson)

Préparation : 30 min
Cuisson : 30 min
Pour 6 personnes

2 poivrons rouges
1 long piment rouge frais
2 cuil. à soupe d'huile d'olive extra vierge
1 oignon, finement émincé
1 cuil. à soupe de concentré de tomate
2 à 3 cuil. à café de harissa (voir page 246)
4 gousses d'ail, finement hachées
2 cuil. à café de cumin moulu
750 ml de bouillon de poisson
400 g de tomates concassées en conserve
750 g de poisson blanc à chair ferme (cabillaud, julienne), coupé en carrés de 2 cm de côté
2 feuilles de laurier
2 cuil. à soupe de coriandre fraîche hachée
6 tranches de pain épaisses (baguette)
1 gousse d'ail supplémentaire, coupée en 2

AFRIQUE DU NORD

SALADE D'ORANGES ET DE DATTES

Dénoyauter les dattes et les émincer finement.

Détacher les quartiers d'orange et retirer toutes les membranes.

1 Couper les poivrons en 4 et, les épépiner et retirer les côtes. Couper le piment en 2 et l'épépiner. Passer les poivrons et les piments au grill jusqu'à ce que leur peau noircisse et forme des cloques. Les laisser refroidir dans un sac en plastique, puis les peler et les couper en fines lanières.

2 Faire chauffer l'huile dans une grande casserole et faire revenir l'oignon pendant 5 min, jusqu'à ce qu'il ait ramolli. Verser le concentré de tomate, la harissa, l'ail, le cumin et 250 ml d'eau, et mélanger. Ajouter le bouillon de poisson, les tomates et 500 ml d'eau. Porter à ébullition, puis réduire le feu et verser le poisson et le laurier. Laisser mijoter pendant 7 à 8 min, jusqu'à ce que le poisson soit juste cuit. Retirer le poisson à l'aide d'une écumoire et le poser sur une assiette. Jeter le laurier. Quand la soupe a légèrement refroidi, ajouter la moitié de la coriandre et la mixer jusqu'à ce qu'elle soit lisse. Saler et poivrer.

3 Reverser la soupe dans la casserole, ajouter le poisson, les lanières de poivron et de piment, et laisser mijoter pendant la préparation des toasts.

4 Faire griller le pain et, tandis qu'il est encore chaud, le frotter d'ail. Mettre les tranches de pain dans des assiettes creuses et déposer sur chacune d'elles plusieurs couches de poisson. À l'aide d'une louche, verser la soupe par-dessus en répartissant le poivron autour. Garnir avec le reste de coriandre. Accompagner éventuellement de rondelles de citron.

SALADE D'ORANGES ET DE DATTES

Préparation : 30 min + réfrigération
Pas de cuisson
Pour 4 à 6 personnes

☆

6 oranges navels
2 cuil. à café d'eau de fleur d'oranger
8 dattes, dénoyautées et finement émincées dans le sens de la longueur
90 g d'amandes grossièrement hachées, grillées
1 cuil. à soupe de menthe fraîche déchirée
1/4 cuil. à café de ras-al-hanout ou de cannelle

1 Peler les oranges en ôtant toute la peau blanche. Détacher les quartiers et retirer toutes les membranes. Verser les quartiers dans un saladier et presser par-dessus le jus des déchets d'orange. Ajouter l'eau de fleur d'oranger et remuer délicatement. Couvrir d'un film alimentaire et mettre au réfrigérateur jusqu'à ce que les oranges soient glacées.

2 Verser les quartiers et le jus dans un grand plat et répandre les dattes et les amandes par-dessus. Saupoudrer de menthe et de ras-al-hanout. Servir glacé.

CI-DESSUS : *Salade d'oranges et de dattes*

CI-DESSUS : Harira

HARIRA
(Soupe aux pois chiches, à l'agneau et à la coriandre)

Préparation : 15 min
Cuisson : 2 h 30
Pour 4 personnes

2 cuil. à soupe d'huile d'olive
2 petits oignons, émincés
2 grosses gousses d'ail, écrasées
500 g de tranches d'épaule d'agneau, dégraissées et coupées en petits morceaux
1 cuil. à café 1/2 de cumin moulu
2 cuil. à café de paprika
1/2 cuil. à café de clous de girofle moulus
1 feuille de laurier
2 cuil. à soupe de concentré de tomate
1 l de bouillon de bœuf
900 g de pois chiches en conserve, rincés et égouttés
800 g de tomates en morceaux en conserve
30 g de coriandre fraîche, finement hachée
feuilles de coriandre fraîches, pour décorer
petites olives noires, pour décorer

1 Faire chauffer l'huile dans une grande casserole à fond épais ou dans une marmite, ajouter les oignons et l'ail, et les faire revenir pendant 5 min, jusqu'à ce qu'ils aient ramolli. Faire cuire la viande en plusieurs fois à feu vif jusqu'à ce qu'elle soit entièrement grillée. Reverser l'agneau dans la casserole.
2 Ajouter les épices et la feuille de laurier, et laisser cuire jusqu'à ce qu'ils soient odorants. Verser le concentré de tomate et laisser cuire pendant environ 2 min, en remuant constamment. Ajouter le bouillon, bien mélanger et porter à ébullition.
3 Verser les pois chiches, les tomates et la coriandre hachée. Mélanger et porter à ébullition. Réduire le feu et laisser mijoter pendant 2 h, en remuant de temps à autre, jusqu'à ce que la viande soit tendre. Assaisonner à volonté.
4 Décorer avec les feuilles de coriandre et les olives, et servir. Accompagner éventuellement de pita grillée, arrosée d'un filet d'huile d'olive extra vierge.

SOUPE À LA MELOKHIA

Préparation : 20 min
Cuisson : 35 min
Pour 4 personnes

2 feuilles de bettes, sans les côtes
1,25 l de bouillon de poule
1 oignon, coupé en deux
6 gousses de cardamome, concassées
400 g de feuilles de melokhia déchirées surgelées (voir Note) ou 30 g de feuilles séchées, émiettées
2 cuil. à soupe de beurre clarifié
4 gousses d'ail, écrasées
1 cuil. à café de coriandre moulue
1 pincée de poudre de piment

ASSAISONNEMENT

1 petit oignon, finement émincé
2 cuil. à soupe de jus de citron

AFRIQUE DU NORD

1 Hacher finement les feuilles de bettes. Verser le bouillon, l'oignon et les gousses de cardamome dans une grande casserole, porter à ébullition et laisser bouillir pendant 12 à 15 min, jusqu'à ce qu'il ne reste plus que 1 l de bouillon environ. Retirer l'oignon et la cardamome avec une écumoire. Ajouter les feuilles de bettes et de melokhia. Porter à ébullition, réduire le feu et laisser mijoter à découvert pendant 10 min.
2 Pendant ce temps, faire chauffer le beurre clarifié dans une petite casserole et ajouter l'ail et 1/4 de cuil. à café de sel. Laisser cuire à feu doux, en remuant constamment, jusqu'à ce que l'ail soit doré. Retirer du feu et incorporer la coriandre et le piment.
3 Pour l'assaisonnement, mélanger l'oignon et le jus de citron dans un petit bol.
4 Incorporer la mixture à base d'ail à la soupe et laisser cuire pendant 2 min. Servir avec l'assaisonnement.
NOTE : les feuilles de melokhia cuites achetées surgelées sont recouvertes d'une substance qui rappelle le blanc d'œuf ; n'essayez pas de les rincer. Les feuilles de melokhia cuites ont en effet une consistance visqueuse analogue à celle du gombo, qui confère à la soupe sa texture caractéristique.

BROCHETTES DE THON AUX ÉPICES MAROCAINES ET CHERMOULA

Préparation : 20 min + 10 min de macération
Cuisson : 5 min
Pour 4 personnes

800 g de steaks de thon, coupés en cubes de 3 cm de côté
2 cuil. à soupe d'huile d'olive
1/2 cuil. à café de cumin moulu
2 cuil. à café de zeste de citron finement râpé

CHERMOULA

1/2 cuil. à café de coriandre moulue
3 cuil. à café de cumin moulu
2 cuil. à café de paprika
1 pincée de poivre de Cayenne
4 gousses d'ail, écrasées
15 g de persil plat frais, haché
25 g de coriandre fraîche, hachée
80 ml de jus de citron
120 ml d'huile d'olive

1 Si vous utilisez des brochettes en bois, il convient de les laisser tremper pendant environ 30 min afin qu'elles ne brûlent pas pendant la cuisson.
2 Verser le thon dans un plat non métallique peu profond. Mélanger l'huile, le cumin et le zeste de citron, et verser ce mélange sur le thon. Remuer pour bien l'en imprégner, puis couvrir et laisser mariner pendant 10 min au réfrigérateur.
3 Pendant ce temps, préparer la chermoula en versant la coriandre, le cumin, le paprika et le poivre de Cayenne dans une petite poêle. Faire cuire à feu moyen pendant 30 s, jusqu'à ce que le mélange soit odorant. L'incorporer aux autres ingrédients de la chermoula et réserver.
4 Enfiler les cubes de thon sur les brochettes. Huiler légèrement un grill ou un barbecue et faire cuire les brochettes pendant 1 ou 2 min de chaque côté selon la cuisson désirée (saignant ou à point). Servir les brochettes arrosées de chermoula sur un lit de couscous.

CI-DESSOUS : Brochettes de thon aux épices marocaines et chermoula

KEFTA BEL GHANEM
(Kefta d'agneau)

Préparation : 30 min
Cuisson : 40 min
Pour 4 personnes

☆

- 1 kg de viande d'agneau, hachée
- 1 oignon, finement émincé
- 2 gousses d'ail, finement hachées
- 2 cuil. à soupe de persil plat frais haché
- 2 cuil. à soupe de feuilles de coriandre fraîches finement hachées
- 1/2 cuil. à café de poivre de Cayenne
- 1/2 cuil. à café de poivre de la Jamaïque moulu
- 1/2 cuil. à café de gingembre moulu
- 1/2 cuil. à café de cardamome moulue
- 1 cuil. à café de cumin moulu
- 1 cuil. à café de paprika

Sauce
- 2 cuil. à soupe d'huile d'olive
- 1 oignon, finement émincé
- 2 gousses d'ail, finement hachées
- 2 cuil. à café de cumin moulu
- 1/2 cuil. à café de cannelle moulue
- 1 cuil. à café de paprika
- 2 x 400 g de tomates en morceaux en conserve
- 2 cuil. à café de harissa (voir page 246)
- 4 cuil. à soupe de feuilles de coriandre fraîches hachées

1 Préchauffer le four à 180 °C. Beurrer deux plaques de four. Verser l'agneau, l'oignon, l'ail, les herbes et les épices dans un saladier et mélanger. Saler et poivrer. Former des boulettes avec une cuillère à soupe et les disposer sur les plaques. Les cuire au four pendant 20 min, jusqu'à ce qu'elles soient dorées.
2 Pendant ce temps, préparer la sauce en faisant chauffer l'huile dans une grande casserole, ajouter l'oignon et le faire revenir à feu moyen pendant 5 min, jusqu'à ce qu'il ait ramolli. Ajouter l'ail, le cumin, la cannelle et le paprika, et laisser cuire pendant 1 min, jusqu'à ce que le mélange soit odorant. Incorporer les tomates et la harissa, et porter à ébullition. Réduire le feu et laisser mijoter pendant 20 min. Verser les boulettes de viande et laisser mijoter pendant 10 min, jusqu'à ce qu'elles soient cuites. Incorporer la coriandre, assaisonner et servir.

RIZ AU SAFRAN

Préparation : 5 min + 30 min de repos
Cuisson : 15 min
Pour 6 personnes

☆

- 500 g de riz long
- 1/2 cuil. à café de filaments de safran écrasés
- 2 cuil. à soupe d'huile d'olive
- 20 g de beurre
- 60 g de pistaches, décortiquées et hachées, pour garnir (facultatif)

1 Laver le riz dans une passoire jusqu'à ce que l'eau soit claire, puis bien l'égoutter.
2 Porter 900 ml d'eau à ébullition et ajouter le safran. Laisser infuser pendant 20 min.
3 Faire chauffer l'huile dans une casserole, verser le riz et remuer pour bien l'imprégner d'huile. Verser l'eau safranée et 1/4 cuil. à café de sel et mélanger. Porter à ébullition et laisser bouillir pendant 1 min.

CI-DESSOUS : *Kefta bel ghanem*

Couvrir hermétiquement, réduire à feu très doux et laisser cuire pendant 10 à 12 min, jusqu'à ce que toute l'eau soit absorbée. Éteindre le feu et laisser le couvercle pendant au moins 10 min. Ajouter le beurre et l'aérer délicatement avec une fourchette. Garnir de pistaches et servir.

NOTE : le safran étant le principal assaisonnement de cette recette, il est important d'utiliser de véritables filaments de safran.

TRUITES FARCIES AUX DATTES

Préparation : 30 min
Cuisson : 20 min
Pour 4 personnes

4 truites de taille moyenne
140 g de dattes, hachées
40 g de riz cuit
1 oignon, finement émincé
4 cuil. à soupe de feuilles de coriandre hachées
1/4 cuil. à café de gingembre moulu
1/4 cuil. à café de cannelle moulue
50 g d'amandes mondées, grossièrement hachées
40 g de beurre, ramolli
cannelle, pour saupoudrer

1 Préchauffer le four à 180 °C. Rincer les truites à l'eau froide et les sécher en les tapotant avec du papier absorbant. Saler et poivrer légèrement.
2 Dans un saladier, mélanger les dattes, le riz, la moitié de l'oignon, la coriandre, le gingembre, la cannelle, les amandes et la moitié du beurre. Saler et poivrer généreusement.
3 Introduire la farce dans le ventre des truites et disposer chaque truite sur une double épaisseur de papier aluminium bien graissé. Badigeonner les truites avec le reste du beurre, saler, poivrer et répartir le reste de l'oignon entre les quatre papillotes. Envelopper complètement les truites dans le papier aluminium et bien fermer les papillotes. Les disposer sur une grande plaque de four et les faire cuire pendant 15 à 20 min, jusqu'à ce qu'elles soient cuites à point. Saupoudrer de cannelle et servir.

CI-DESSUS : Truites farcies aux dattes

COUSCOUS AUX LÉGUMES

Ajouter le potiron, le chou-fleur et les courgettes et laisser cuire pendant 10 min.

Ajouter le reste de l'huile et le beurre, et aérer le couscous avec une fourchette.

PAGE CI-CONTRE, DE HAUT EN BAS : Couscous aux légumes ; Tajine d'agneau aux coings

COUSCOUS AUX LÉGUMES

Préparation : 40 min
Cuisson : 30 min
Pour 4 à 6 personnes

☆

3 cuil. à soupe d'huile d'olive
2 petits oignons, finement émincés
1 cuil. à café de curcuma
1/2 cuil. à café de poudre de piment
2 cuil. à café de gingembre frais râpé
1 bâton de cannelle
2 carottes, coupées en rondelles épaisses
2 panais, coupés en rondelles épaisses
370 ml de bouillon de légumes
310 g de potiron, coupé en petits cubes
250 g de chou-fleur, coupé en petites têtes
2 courgettes, coupées en rondelles épaisses
420 g de pois chiches en conserve, égouttés
1 pincée de filaments de safran
2 cuil. à soupe de coriandre fraîche hachée
2 cuil. à soupe de persil plat frais haché
230 g de semoule à couscous instantanée
250 ml d'eau bouillante
30 g de beurre

1 Dans une grande casserole, faire chauffer 2 cuil. à soupe d'huile. Ajouter les oignons et les faire revenir à feu moyen pendant 5 min, en remuant de temps à autre, jusqu'à ce qu'ils aient ramolli. Ajouter le curcuma, le piment et le gingembre, et laisser cuire pendant 1 min en remuant.
2 Ajouter la cannelle, les carottes, les panais et le bouillon, et mélanger. Couvrir et porter à ébullition. Réduire le feu et laisser cuire pendant 5 min, jusqu'à ce que les légumes soient presque tendres.
3 Ajouter le potiron, le chou-fleur et les courgettes et laisser mijoter pendant encore 10 min. Incorporer les pois chiches, le safran, la coriandre et le persil, et laisser cuire à découvert pendant 5 min. Retirer le bâton de cannelle.
4 Verser la semoule à couscous dans un saladier et ajouter l'eau bouillante. Couvrir, laisser reposer pendant 5 min, puis ajouter le reste de l'huile et le beurre, et aérer avec une fourchette. Verser un lit de semoule dans chaque assiette et servir les légumes par-dessus.
NOTE : presque tous les légumes de saison peuvent être utilisés dans cette recette : pommes de terre, patates douces, haricots verts, petits oignons ou encore poivrons rouges ou verts.

TAJINE D'AGNEAU AUX COINGS

Préparation : 20 min
Cuisson : 1 h 40
Pour 4 à 6 personnes

☆

1,5 kg d'épaule d'agneau, coupée en morceaux de 3 cm de long
2 gros oignons, coupés en dés
1/2 cuil. à café de gingembre moulu
1/2 cuil. à café de poivre de Cayenne
1/4 de cuil. à café de filaments de safran pulvérisés
1 cuil. à café de coriandre moulue
1 bâton de cannelle
25 g de coriandre fraîche, grossièrement hachée
40 g de beurre
500 g de coings, sans les trognons, pelés et coupés en quatre
100 g d'abricots secs
brins de coriandre fraîche supplémentaires, pour décorer

1 Mettre l'agneau dans une cocotte à fond épais et ajouter la moitié de l'oignon, le gingembre, le poivre de Cayenne, le safran, la coriandre moulue, la cannelle, la coriandre fraîche et un peu de sel et de poivre. Couvrir d'eau froide et porter à ébullition à feu moyen. Réduire le feu, couvrir partiellement et laisser mijoter pendant 1 h 30, jusqu'à ce que la viande soit tendre.
2 Pendant que l'agneau cuit, faire fondre le beurre dans une poêle à fond épais et faire revenir le reste de l'oignon et les coings à feu moyen pendant 15 min, jusqu'à ce qu'ils soient légèrement dorés.
3 Au bout de 1 h de cuisson, ajouter les abricots et les coings au tajine.
4 Goûter la sauce et rectifier l'assaisonnement si nécessaire. Transvaser dans un plat chaud et parsemer de brins de coriandre. Servir avec de la semoule à couscous ou du riz.
NOTE : le terme « tajine » désigne non seulement le traditionnel ragoût marocain, mais également le plat en terre cuite, souvent magnifiquement décoré, au couvercle pointu caractéristique, dans lequel se préparent ces râgouts. Ces plats sont de plus en plus faciles à trouver dans les magasins d'ustensiles de cuisine ou dans les boutiques d'artisanat oriental, mais une simple cocotte à fond épais munie d'un couvercle étanche fera parfaitement l'affaire.

AFRIQUE DU NORD

CI-DESSUS : Afelia

1 Écraser les graines de coriandre dans un mortier. Les transvaser dans un saladier, ajouter le poivre et le porc, et remuer pour bien l'imprégner. Couvrir et mettre au réfrigérateur pendant une nuit.
2 Ajouter la farine et remuer. Faire chauffer 2 cuil. à soupe d'huile dans une poêle et faire cuire la viande à feu vif en plusieurs fois pendant 1 à 2 min, jusqu'à ce qu'elle soit dorée. Retirer la viande de la poêle.
3 Faire chauffer le reste de l'huile, ajouter l'oignon et le faire revenir à feu moyen pendant 2 à 3 min, jusqu'à ce qu'il soit à peine doré. Reverser la viande dans la poêle, ajouter le vin rouge, le bouillon et le sucre. Assaisonner, porter à ébullition, puis réduire le feu et laisser mijoter à couvert pendant 1 h.
4 Retirer la viande. Remettre la poêle sur le feu et laisser bouillir à feu vif pendant 3 à 5 min, jusqu'à ce que la sauce ait réduit et légèrement épaissi. Verser la sauce sur la viande et décorer de brins de coriandre.

AFELIA
(Ragoût de porc et de coriandre chypriote)

Préparation : 15 min
 + 1 nuit de réfrigération
Cuisson : 1 h 20
Pour 4 à 6 personnes

☆☆

1 cuil. à soupe 1/2 de graines de coriandre
1/2 cuil. à café de poivre noir concassé
800 g de filet de porc, coupé en dés de 2 cm de côté
1 cuil. à soupe de farine
60 ml d'huile d'olive
1 gros oignon, finement émincé
370 ml de vin rouge
250 ml de bouillon de poule
1 cuil. à café de sucre
brins de coriandre fraîche, pour décorer

PASTILLA
(Feuilleté au poulet marocain)

Préparation : 30 min
Cuisson : 1 h 20
Pour 6 à 8 personnes

☆☆☆

200 g de beurre
1 poulet de 1,5 kg, coupé en quatre morceaux
1 gros oignon, finement émincé
3 cuil. à café de cannelle moulue
1 cuil. à café de gingembre moulu
2 cuil. à café de cumin moulu
1/4 cuil. à café de poivre de Cayenne
1/2 cuil. à café de curcuma moulu
1/2 cuil. à café de filaments de safran, trempés dans 2 cuil. à soupe d'eau tiède
120 ml de bouillon de poule
4 œufs, légèrement battus
25 g de coriandre fraîche, hachée
3 cuil. à soupe de persil plat frais haché
50 g d'amandes, hachées
3 cuil. à soupe de sucre glace
sucre glace supplémentaire, pour saupoudrer
370 g de pâte fillo

1 Préchauffer le four à 180 °C. Beurrer un plat à pizza de 30 cm de diamètre.
2 Dans une grande poêle, faire fondre 40 g de beurre, ajouter le poulet, l'oignon, 2 cuil. à café de cannelle, toutes les autres épices et le bouillon.

Saler et poivrer, couvrir et laisser mijoter pendant 30 min, jusqu'à ce que le poulet soit cuit.

3 Retirer le poulet de la sauce. Lorsqu'il a suffisamment refroidi, le désosser, jeter la peau et les os et déchirer la chair en fines lanières.

4 Porter la sauce restée dans la poêle à faible ébullition et ajouter les œufs. Laisser cuire en remuant constamment, jusqu'à ce que les œufs soient cuits et que le mélange soit relativement sec. Ajouter le poulet, la coriandre et le persil, saler et poivrer généreusement et mélanger. Retirer du feu.

5 Faire griller les amandes sur une plaque de four. Les laisser refroidir légèrement, puis les moudre dans un robot ou un moulin à épices avec le sucre glace et le reste de cannelle jusqu'à ce que le mélange ressemble à une chapelure grossière.

6 Faire fondre le reste de beurre. Déposer une feuille de pâte fillo dans le plat à pizza et la badigeonner de beurre fondu. Poser par-dessus une autre feuille et la badigeonner de beurre. Répéter l'opération en superposant 8 feuilles au total. Déposer la farce au poulet par-dessus et répandre la mixture à base d'amandes.

7 Replier la pâte sur la farce. Déposer une feuille de pâte par-dessus et la badigeonner de beurre. Poser une feuille beurrée par-dessus et superposer ainsi 8 feuilles au total. Replier les bords sous le feuilleté pour obtenir une jolie tourte arrondie. Bien la badigeonner avec le reste de beurre. Faire cuire au four pendant 40 à 45 min, jusqu'à ce que le feuilleté soit cuit à cœur et doré. Saupoudrer de sucre glace avant de servir.

NOTE : la pastilla au pigeon est une autre variante tout aussi succulente.

> ### RAS-AL-HANOUT
>
> Couramment employé dans la cuisine marocaine, ce mélange d'épices peut compter jusqu'à 12 ingrédients différents, chaque fabricant préservant jalousement le secret de sa recette.
>
> Pour composer votre propre mélange, moudre 7 g de curcuma, 15 g de poivre de la Jamaïque en grains, 30 g de grains de poivre noir, 1 noix de muscade 1/2, 1 clou de girofle, 10 gousses de cardamome, 1 bâton de cannelle, 1 cuil. à café de poivre de Cayenne et 3 boutons de rose jusqu'à obtention d'une poudre fine. La tamiser et la conserver dans un bocal étanche.

PASTILLA

Répandre la mixture à base d'amandes sur le poulet.

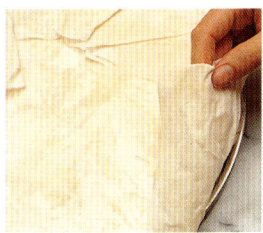

Replier les bords de la pâte sur la farce.

CI-CONTRE : Pastilla

LE GRAND LIVRE DE LA CUISINE MÉDITERRANÉENNE

MÉCHOUI
(Rôti d'agneau au cumin et au paprika)

Préparation : 15 min
Cuisson : 3 h 30
Pour 6 personnes

2,2 kg de gigot d'agneau
75 g de beurre, ramolli
    à température ambiante
3 gousses d'ail, écrasées
2 cuil. à café de cumin moulu
3 cuil. à café de coriandre moulue
1 cuil. à café de paprika
1 cuil. à soupe de cumin supplémentaire,
    en accompagnement

1 Préchauffer le four à 220 °C. À l'aide d'un petit couteau bien aiguisé, marquer des entailles profondes sur le dessus et les côtés du gigot.
2 Dans un bol, mélanger le beurre, l'ail, les épices et 1/4 cuil. à café de sel jusqu'à obtention d'une pâte lisse.
3 Appliquer le mélange d'épices sur le gigot avec le dos d'une cuillère et l'étaler avec les doigts en recouvrant toute la surface.
4 Déposer le gigot dans un plat à four, os vers le bas, et l'enfourner sur la grille supérieure. Laisser cuire le gigot pendant 10 min, puis l'arroser et le remettre au four. Réduire la température du four à 160 °C. Laisser cuire pendant 3 h 20, en arrosant le gigot toutes les 20 à 30 min pour attendrir la viande et la parfumer. Découper le gigot en gros morceaux. Mélanger le cumin restant avec 1 cuil. à café 1/2 de sel et servir à côté pour y tremper la viande.

MÉCHOUI
Traditionnellement, le méchoui est un agneau entier rôti dans un four d'argile creusé profondément dans le sol. Dans de nombreuses régions d'Afrique du Nord, il est toujours préparé de la sorte à l'occasion des grandes fêtes familiales et religieuses. Considéré comme un plat national, le méchoui est souvent au centre d'un repas en plein air, lui-même appelé méchoui. Il est également vendu dans la rue, accompagné d'un mélange de sel et de cumin moulu.

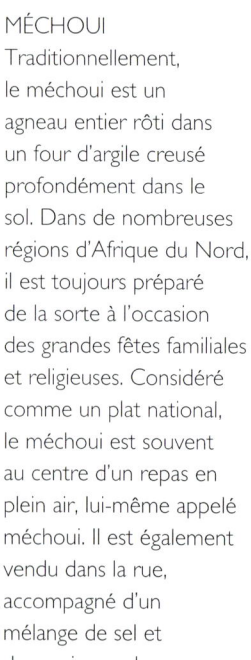

CI-CONTRE : Méchoui

AFRIQUE DU NORD

GOMBOS À LA CORIANDRE ET À LA TOMATE

Préparation : 5 min
Cuisson : 15 min
Pour 4 à 6 personnes

☆

60 ml d'huile d'olive
1 oignon, émincé
2 gousses d'ail, écrasées
500 g de gombos frais (voir Note)
400 g de tomates en morceaux en conserve
2 cuil. à café de sucre
60 ml de jus de citron
60 g de coriandre fraîche, finement hachée

1 Faire chauffer l'huile dans une grande poêle, ajouter l'oignon et le faire revenir à feu moyen pendant 5 min, jusqu'à ce qu'il soit transparent et doré. Ajouter l'ail et laisser cuire pendant encore 1 min.
2 Ajouter les gombos et laisser cuire pendant 4 à 5 min en remuant. Ajouter les tomates, le sucre et le jus de citron, et laisser mijoter pendant 3 à 4 min, jusqu'à ce qu'ils aient ramolli. Incorporer la coriandre, retirer du feu et servir.
NOTE : à défaut de gombos frais, utiliser 800 g de gombos en conserve. Les rincer et les égoutter avant de les verser dans la poêle avec la coriandre.

POULET AUX AMANDES

Préparation : 15 min
Cuisson : 1 h
Pour 6 personnes

☆

1 poulet de 1,5 kg, coupé en quatre morceaux
60 g de beurre
1 oignon, émincé
1/2 cuil. à café de gingembre moulu
1/2 cuil. à café de poudre de safran
  ou 2 pincées de filaments de safran
1/2 cuil. à café de cannelle moulue
1 cuil. à soupe de feuilles de coriandre fraîches finement hachées
2 cuil. à soupe d'huile
120 g d'amandes mondées
30 g de persil plat frais, finement haché

1 Mettre le poulet dans une grande casserole ou dans une marmite. Ajouter le beurre, l'oignon, les épices, la coriandre et 1 cuil. à café de sel et de poivre. Verser 310 ml d'eau, couvrir et laisser cuire pendant 1 h à feu doux. Retourner le poulet de temps en temps et ajouter de l'eau si nécessaire.
2 Dans une poêle, faire chauffer l'huile à feu doux, ajouter les amandes et les faire dorer. Les retirer.
3 Ajouter le persil au poulet et laisser cuire pendant 2 à 3 min. Parsemer d'amandes et servir.

GOMBO
Le gombo est un légume originaire d'Afrique qui a été introduit au Moyen-Orient et dans les pays arabes par les marchands d'esclaves. Lorsqu'il est coupé en rondelles et cuit à feu doux, il acquiert une texture visqueuse idéale pour épaissir et donner du corps aux ragoûts. Dans de nombreuses spécialités du Moyen-Orient, le gombo se mêle harmonieusement aux tomates, à l'ail, à l'oignon et aux épices. Pour éviter qu'il soit collant, le laisser entier et le faire cuire rapidement.

CI-DESSUS : Gombos à la coriandre et à la tomate

CI-DESSUS : Poulet au citron confit et aux olives

POULET AU CITRON CONFIT ET AUX OLIVES

Préparation : 10 min
Cuisson : 1 h
Pour 4 personnes

60 ml d'huile d'olive
1 poulet fermier de 1,6 kg
1 oignon, émincé
2 gousses d'ail, hachées
600 ml de bouillon de poule
1/2 cuil. à café de gingembre moulu
1 cuil. à café 1/2 de cannelle moulue
1 pincée de filaments de safran
100 g d'olives vertes
1/4 citron confit (voir page 247), sans la pulpe, zeste nettoyé et coupé en fines lanières
2 feuilles de laurier
2 foies de volaille
3 cuil. à soupe de feuilles de coriandre fraîches hachées

1 Préchauffer le four à 180 °C. Dans une grande poêle, faire chauffer 2 cuil. à soupe d'huile, ajouter le poulet et le faire dorer de tous les côtés. Le transvaser dans un plat à four profond.
2 Faire chauffer le reste de l'huile, ajouter l'oignon et l'ail et les faire revenir à feu moyen pendant 3 à 4 min, jusqu'à ce qu'ils aient ramolli. Verser le bouillon, le gingembre, la cannelle, le safran, les olives, le citron et le laurier. Verser ce mélange autour du poulet. Cuire au four pendant 45 min, en ajoutant un peu d'eau ou de bouillon si la sauce épaissit trop.
3 Retirer le poulet du plat, le recouvrir de papier aluminium et le réserver. Verser le contenu du plat dans une poêle, ajouter les foies de volaille, les écraser dans la sauce et les faire cuire pendant 5 à 6 min, jusqu'à ce que la sauce ait réduit et épaissi. Ajouter la coriandre. Couper le poulet en quatre morceaux et le servir avec la sauce.

SEMIT
(Rondelles de pain au sésame égyptiennes)

Préparation : 45 min + 2 h de levage
Cuisson : 15 min
Pour 20 rondelles

1 sachet de levure de boulanger
1 cuil. à café de sucre
370 g de farine, plus environ 120 g de farine supplémentaire
120 ml de lait
1 œuf, légèrement battu
80 g de graines de sésame

1 Dans un petit saladier, dissoudre la levure et le sucre dans 60 ml d'eau chaude. Laisser reposer pendant 10 min dans un endroit chaud, jusqu'à ce que des bulles se forment à la surface. Le mélange doit être mousseux et légèrement gonflé. Si la levure ne mousse pas, c'est que le mélange n'a pas pris et qu'il faut recommencer.
2 Dans un saladier, tamiser les 370 g de farine et ajouter 1 cuil. à café de sel. Faire tiédir le lait et 120 ml d'eau. Faire un puits dans la farine et y verser le liquide et le mélange à base de levure. Mélanger avec une cuillère en bois, en ajoutant peu à peu de

la farine jusqu'à obtention d'une pâte souple. Poser la pâte sur une planche farinée et la pétrir pendant 10 min, jusqu'à ce qu'elle soit lisse et élastique. La mettre dans un saladier huilé, couvrir et laisser lever dans un endroit chaud et calfeutré pendant 15 min, jusqu'à ce que la pâte ait doublé de volume.

3 Déposer la pâte sur une planche farinée et la dégonfler avec le poing. Détacher des morceaux de la taille d'un œuf et les rouler en boudins de 1 cm de diamètre et 20 cm de long. Coller les extrémités des boudins en les mouillant pour former des rondelles.

4 Préchauffer le four à 200 °C. Placer un plat rempli d'eau chaude en bas du four pour obtenir de la vapeur pendant la cuisson.

5 Beurrer deux plaques de four, les fariner et disposer les rondelles dessus. Les badigeonner avec l'œuf battu et les parsemer de graines de sésame. Couvrir d'un linge humide et laisser lever pendant 30 min dans un endroit chaud. Faire cuire les rondelles au four pendant 15 min, jusqu'à ce qu'ils soient dorés. Pendant qu'elles sont encore chaudes, les badigeonner d'eau chaude pour rendre la croûte croustillante lors du refroidissement.

3 Diviser la pâte en 16 portions, former 16 boules et les aplatir pour obtenir des galettes de 8 cm de diamètre. Les disposer sur la plaque de four, les badigeonner d'œuf et les parsemer de graines de sésame. Couvrir et laisser reposer pendant 10 min, jusqu'à ce que les galettes soient gonflées. Les faire cuire au four pendant 12 min, jusqu'à ce qu'elles soient dorées.

THÉ À LA MENTHE MAROCAIN

Ce thé léger sucré se déguste après tous les repas – et même souvent avant les repas. Les familles marocaines le servent à toute heure aux amis et aux visiteurs, et on le sirote également dans les cafés. Il est préparé dans une théière en argent et versé dans de petits verres joliment peints. Ébouillanter la théière et ajouter 1 cuil. à soupe de thé vert, 30 g de sucre et une grosse poignée de feuilles et de tiges de menthe fraîche. Remplir la théière d'eau bouillante et laisser infuser pendant au moins 5 min. Ajouter du sucre si nécessaire.

CI-DESSOUS : *Pain plat marocain*

PAIN PLAT MAROCAIN

Préparation : 1 h + 30 min de levage
Cuisson : 12 min
Pour 16 pains

☆☆

370 g de farine complète
1 cuil. à café de sucre
1 sachet de levure de boulanger
1/2 cuil. à café de paprika doux
50 g de semoule de maïs
1 cuil. à soupe d'huile
1 œuf, légèrement battu
2 cuil. à soupe de graines de sésame

1 Préchauffer le four à 180 °C. Beurrer une plaque de four. Dans un saladier, dissoudre 70 g de farine, le sucre, la levure et 1 cuil. à café de sel dans 310 ml d'eau chaude. Couvrir et laisser reposer 10 min dans un endroit chaud, jusqu'à ce que des bulles se forment à la surface. Le mélange doit être mousseux et légèrement gonflé. Si la levure ne mousse pas, c'est que le mélange n'a pas pris et qu'il faut recommencer.

2 Dans un saladier, tamiser le paprika, la semoule de maïs et le reste de farine. Verser l'huile, puis incorporer le mélange à base de levure. Remuer jusqu'à obtention d'une pâte ferme et la pétrir jusqu'à ce qu'elle soit lisse. Couvrir et laisser lever pendant 20 min dans un endroit chaud et calfeutré.

COUSCOUS SUCRÉ

Préparation : 10 min + 10 min de repos
Cuisson : 5 min de repos
Pour 4 à 6 personnes

☆

80 g de mélange de pistaches, de pignons et d'amandes mondées
40 g d'abricots secs
90 g de dattes séchées dénoyautées
250 g de semoule à couscous instantanée
60 g de sucre
250 ml d'eau bouillante
90 g de beurre, ramolli

ACCOMPAGNEMENT

2 cuil. à soupe de sucre
1/2 cuil. à café de cannelle moulue
370 ml de lait chaud

1 Préchauffer le four à 160 °C. Répandre les pistaches, les pignons et les amandes sur une plaque de four et les faire dorer pendant 5 min. Les laisser refroidir, puis les hacher grossièrement et les mettre dans un saladier. Couper les abricots en bâtonnets et couper les dattes en quatre dans le sens de la longueur. Les mélanger au contenu du bol.
2 Verser la semoule et le sucre dans un grand saladier et couvrir d'eau bouillante. Bien mélanger, puis ajouter le beurre et 1 pincée de sel. Remuer jusqu'à ce que le beurre ait fondu. Couvrir avec un linge et laisser reposer pendant 10 min. Aérer avec une fourchette et incorporer la moitié des fruits secs.
3 Pour servir, empiler le couscous tiède au centre d'un plat et disposer le reste des fruits secs autour. Dans un bol, mélanger le sucre et la cannelle et servir à part pour saupoudrer. Verser le lait chaud dans un pichet pour que les convives se servent.
NOTE : ce plat peut être préparé jusqu'à quatre jours à l'avance. Le mettre dans un plat à four en terre cuite, couvrir de papier aluminium et conserver au réfrigérateur. Pour le réchauffer, porter à température ambiante, puis mettre 20 min au four à 180 °C.

OM ALI
(Entremets aux fruits secs)

Préparation : 20 min
Cuisson : 35 min
Pour 6 personnes

☆☆

6 feuilles de pâte fillo
3 cuil. à soupe de beurre, fondu
60 g de raisins secs
140 g de mélange de fruits secs (pistaches, amandes effilées, noisettes hachées, etc.)
1 l de lait
310 ml de crème fraîche épaisse
90 g de sucre
1 cuil. à café de cannelle moulue

1 Préchauffer le four à 200 °C.
2 Prendre une feuille de pâte et couvrir les autres d'un linge humide. La badigeonner de beurre fondu et la déposer sur une plaque de four. La couvrir sans tasser avec 2 autres feuilles beurrées. Recommencer sur une autre plaque avec les 3 autres feuilles. Cuire au four pendant 5 min, jusqu'à ce que la pâte soit croustillante et dorée. Réduire la température du four à 180 °C. Dans un plat à four de 2 l, déposer les feuilles de pâte en les chiffonnant et les parsemant l'une après l'autre de fruits secs.

CI-DESSOUS : Couscous sucré

AFRIQUE DU NORD

ESCARGOT AUX AMANDES

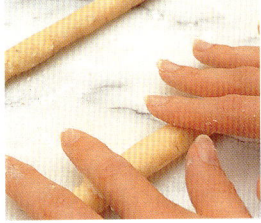

Rouler chaque morceau de pâte en un boudin.

Mélanger la cannelle au jaune d'œuf et en badigeonner l'escargot.

3 Dans une casserole à fond épais, faire chauffer à feu doux le lait, la crème et le sucre sans atteindre le point d'ébullition. Verser sur la pâte et faire cuire pendant 25 à 30 min, jusqu'à ce que le dessus soit bien doré. Saupoudrer de cannelle. Servir chaud ou froid.

ESCARGOT AUX AMANDES

Préparation : 30 min
Cuisson : 40 min
Pour 8 personnes

☆☆

70 g d'amandes en poudre
30 g d'amandes effilées
170 g de sucre glace
1 œuf (séparer le blanc du jaune)
1 cuil. à café de zeste de citron finement râpé
1/4 cuil. à café d'essence d'amande
1 cuil. à soupe d'eau de rose
2 cuil. à soupe d'huile d'olive
2 cuil. à soupe d'huile d'amande
9 feuilles de pâte fillo
1 pincée de cannelle moulue
sucre glace supplémentaire, pour saupoudrer

1 Préchauffer le four à 180 °C. Beurrer un moule circulaire à fond amovible de 20 cm de diamètre.
2 Verser toutes les amandes dans un saladier avec le sucre glace. Mettre le blanc d'œuf dans un bol et le battre légèrement avec une fourchette. L'ajouter aux amandes avec le zeste de citron, l'essence d'amande et l'eau de rose. Mélanger jusqu'à obtention d'une pâte.
3 Diviser la pâte en trois et rouler chaque morceau en un boudin de 45 cm de long et 1 cm de diamètre. Si la pâte est trop collante, saupoudrer le plan de travail de sucre glace.
4 Dans un bol, mélanger l'huile d'olive et l'huile d'amande. Prendre 1 feuille de pâte et couvrir les autres d'un linge humide. La badigeonner d'huile, puis la couvrir avec 2 autres feuilles huilées. Placer un boudin au bord de la pâte (dans la longueur) et la rouler pour l'envelopper. Former une spirale et la déposer au milieu du moule. Recommencer avec les autres boudins en les plaçant à la suite de la spirale et en collant les jointures avec de l'huile.
5 Mélanger la cannelle et le jaune d'œuf et en badigeonner l'escargot. Faire cuire au four pendant 30 min, puis retirer le bord du moule et retourner l'escargot. Le faire cuire pendant encore 10 min pour rendre le fond croustillant. Saupoudrer de sucre glace et servir chaud.

NOTE : ce gâteau se conserve 3 jours hors du réfrigérateur.

CI-DESSUS : Escargot aux amandes

BEIGNETS AU MIEL

Mélanger la pâte avec une cuillère en bois jusqu'à ce qu'elle soit lisse, mais encore légèrement collante.

À l'aide d'un emporte-pièce, découper des ronds dans la pâte.

BEIGNETS AU MIEL

Préparation : 20 min + 1 h de repos
Cuisson : 20 min
Pour 4 à 6 personnes

3 œufs
60 ml de jus d'orange
60 ml d'huile végétale
1 cuil. à soupe de zeste d'orange râpé
60 g de sucre
300 g de farine
1 cuil. à café de levure chimique
environ 4 cuil. à soupe de farine supplémentaire

SIROP

2 cuil. à soupe de jus de citron
270 g de sucre
110 g de miel
1 cuil. à soupe de zeste d'orange râpé
huile végétale, pour frire

1 Dans un saladier, battre ensemble les œufs, le jus d'orange et l'huile. Ajouter le zeste d'orange et le sucre, et battre jusqu'à ce que le mélange soit mousseux. Ajouter la farine et la levure en les tamisant et mélanger avec une cuillère en bois jusqu'à ce que la pâte soit lisse, mais encore légèrement collante. Couvrir et laisser reposer pendant 1 h.
2 Pour le sirop, faire chauffer dans une casserole 310 ml d'eau froide, le jus de citron et le sucre, en remuant jusqu'à ce que le sucre soit dissous. Porter à ébullition, réduire le feu et laisser mijoter pendant 5 min. Ajouter le miel et le zeste d'orange et laisser cuire pendant encore 5 min. Maintenir au chaud.
3 Saupoudrer un peu de farine supplémentaire sur la pâte et la déposer sur un plan de travail fariné. Ajouter juste assez de farine pour que la pâte ne colle plus. L'abaisser jusqu'à une épaisseur de 5 mm. La pâte étant très élastique, continuer à l'abaisser et la laisser reposer jusqu'à ce qu'elle ne se rétracte plus. À l'aide d'un emporte-pièce de 5 cm, découper des ronds dans la pâte.
4 Dans une grande poêle profonde, faire chauffer l'huile à 170 °C (à cette température, un morceau de pain jeté dans l'huile est doré en 20 s). Faire frire 3 ou 4 beignets à la fois pendant 1 min de chaque côté, jusqu'à ce qu'ils soient gonflés et dorés. Les retirer avec une pince et les égoutter sur du papier absorbant.
5 Avec la pince, tremper chaque beignet dans le sirop chaud assez longtemps pour qu'il s'en imprègne. Disposer sur un plat et servir chaud ou froid.

CI-DESSUS : Beignets au miel

AFRIQUE DU NORD

COINGS AUX ÉPICES

Préparation : 25 min
Cuisson : 1 h
Pour 4 à 6 personnes

☆

4 coings (voir Note)
40 g de beurre
1 cuil. à soupe d'eau de rose
310 g de sucre
1/2 cuil. à café de cannelle moulue
1/4 cuil. à café de clous de girofle
yaourt nature épais, en accompagnement
miel, en accompagnement
pistaches grillées, en accompagnement

1 Préchauffer le four à 150 °C. Beurrer légèrement un plat à four.
2 Peler les coings et les couper en quatre, en retirant le trognon.
3 Disposer les coings dans le plat, face coupée vers le haut, répartir le beurre entre les morceaux, puis verser l'eau de rose, le sucre et les épices par-dessus. Couvrir hermétiquement le plat avec du papier aluminium et laisser cuire pendant 1 h, jusqu'à ce que les coings soient tendres. Servir avec le yaourt arrosé de miel et parsemé de pistaches.
NOTE : le temps de cuisson varie en fonction de la taille des coings.

LOSANGES AUX DATTES

Préparation : 10 min
Cuisson : 15 min
Pour 6 à 8 personnes

☆

150 g de cerneaux de noix
2 cuil. à soupe de graines de sésame
100 g de beurre clarifié
600 g de dattes sèches dénoyautées, grossièrement hachées

1 Préchauffer le four à 180 °C et garnir le fond et deux côtés opposés d'un moule carré de 18 cm de côté avec du papier sulfurisé. Répandre les noix sur une plaque de four et les faire légèrement griller pendant 5 min. Les hacher grossièrement. Faire dorer les graines de sésame au four.
2 Dans une grande casserole à fond épais, faire fondre le beurre clarifié, ajouter les dattes, couvrir et laisser cuire à feux doux pendant 10 min, en remuant souvent, jusqu'à ce qu'elles aient ramolli. Avec le dos d'une cuillère trempée dans l'eau froide, étaler la moitié des dattes dans le moule. Répandre les noix par-dessus et les enfoncer dans les dattes. Étaler le reste des dattes sur les noix. Lisser la surface avec les doigts mouillés et bien tasser. Parsemer de graines de sésame et les enfoncer légèrement dans les dattes. Laisser refroidir, puis couper en petits losanges. Servir en fin de repas ou comme friandise.

COINGS

Lorsqu'ils cuisent à feu doux, les coings prennent une magnifique teinte d'un rose profond. Fondant dans la bouche, sucrés et parfumés, il n'est pas étonnant qu'ils aient jadis été le symbole de l'amour, du bonheur et de la fertilité. Les coings entrent dans la composition de desserts et de plats salés auxquels ils apportent une touche sucrée. La pâte de coing peut se déguster avec du fromage, tandis que la gelée accompagne à merveille la brioche du petit déjeuner.

CI-CONTRE : *Losanges aux dattes*

MOYEN-ORIENT

L'incroyable variété de la cuisine du Moyen-Orient s'explique par la diversité des peuples qui l'ont enrichie depuis des millénaires. Les ingrédients courants du bassin méditerranéen – persil, menthe, agrumes, huile d'olive et cannelle – sont employés ici avec beaucoup plus de subtilité. Poivre de la Jamaïque, yaourt, haricots secs, riz, boulghour, artichauts, poisson, agneau et poulet font également partie de la gastronomie du Moyen-Orient. Malgré leur apparente complexité, les spécialités locales sont étonnamment simples à préparer. Les plus célèbres (taboulé, caviar d'aubergine, kebbeh) sont appréciées dans le monde entier. Certaines nécessitent peu de travail mais une longue cuisson, et nombre d'entre elles peuvent être préparées à l'avance. Desserts et sucreries sont réservés aux invités et aux grandes occasions.

POIS CHICHES

Les légumineuses, dont font partie les pois chiches, occupent une place de choix dans la cuisine du Moyen-Orient en raison notamment des règles alimentaires de l'islam, qui autorise leur consommation pendant les périodes de jeûne. Consommés depuis des siècles et mentionnés dans la Bible, ils ont toujours été présentés dans la littérature et la culture populaire comme l'aliment du pauvre. Source de protéines appréciée et peu coûteuse, les pois chiches figurent dans de nombreuses spécialités locales. On les consomme chauds comme légumes ou froids en salade et en purée. Ils rendent également plus consistants les plats de légumes, de viande, de riz ou de pâtes. Comme pour tous les légumes secs, il faut les faire tremper avant de les cuire. Très absorbants, ils nécessitent beaucoup d'eau. Certains cuisiniers retirent la peau après cuisson. Les pois chiches doivent être cuits sans sel afin de ne pas durcir. Le temps de trempage et de cuisson varie en fonction de leur âge, les moins jeunes devant tremper et cuire plus longtemps.

CI-DESSUS : *Falafel*

FALAFEL
(Boulettes de pois chiches frites)

Préparation : 20 min + 48 h de trempage
  + 50 min de repos
Cuisson : 10 min
Pour 30 boulettes

150 g de fèves sèches décortiquées (voir Note)
220 g de pois chiches secs
1 oignon, grossièrement émincé
6 gousses d'ail, grossièrement hachées
2 cuil. à café de coriandre moulue
1 cuil. à soupe de cumin moulu
15 g de persil plat frais, haché
1/4 cuil. à café de poudre de piment
1/2 cuil. à café de bicarbonate de soude
3 cuil. à soupe de feuilles de coriandre fraîches hachées
huile légère, pour frire

1 Verser les fèves dans un grand saladier, couvrir largement d'eau et laisser tremper pendant 48 h. Égoutter et rincer plusieurs fois à l'eau claire.
2 Verser les pois chiches dans un saladier, couvrir largement d'eau et laisser tremper pendant 12 h.
3 Bien égoutter les fèves et les pois chiches, puis les mixer avec l'oignon et l'ail jusqu'à obtention d'un mélange homogène.
4 Ajouter la coriandre fraîche et moulue, le cumin, le persil, le piment et le bicarbonate de soude. Assaisonner et mixer jusqu'à ce que tous les ingrédients soient bien mélangés. Transvaser le tout dans un saladier et réserver pendant 30 min.
5 Former des boulettes de la taille d'une cuillerée à soupe, les aplatir en galettes de 4 cm, les poser sur une plaque et les mettre au réfrigérateur pendant 20 min.
6 Remplir d'huile une casserole profonde à fond épais sur un tiers de sa hauteur et la faire chauffer à 180 °C (à cette température, un morceau de pain jeté dans l'huile est doré en 15 s). Faire frire les falafel en plusieurs fois pendant 1 à 2 min, jusqu'à ce qu'ils soient dorés. Les égoutter sur du papier absorbant. Servir chaud ou froid avec du houmous, du caviar d'aubergine et de la pita.
NOTE : les fèves déjà décortiquées sont vendues dans les épiceries fines. Si vous utilisez des fèves entières, épluchez-les après le trempage. Pour cela, presser chaque fève pour faire éclater la peau ou fendre la peau avec l'ongle avant de l'éplucher.

PURÉE DE POIVRONS ROUGES AUX NOIX ET À LA GRENADE

Préparation : 10 min + 1 nuit de réfrigération
Cuisson : 15 min
Pour 4 à 6 personnes

450 g de poivrons rouges

50 g de noix

2 gousses d'ail, écrasées

40 g de chapelure fraîche

2 petits piments rouges frais, épépinés et émincés

2 cuil. à soupe d'huile d'olive

1 cuil. à café de sirop de grenade

2 cuil. à soupe de jus de citron

1 cuil. à café de graines de cumin moulues

1/2 cuil. à café de flocons de piment rouge écrasés

1 Couper les poivrons en gros morceaux plats et les faire griller, côté peau vers le haut, jusqu'à ce qu'elle noircisse. Les faire refroidir dans un sac en plastique, les peler et les hacher finement au mixeur.

2 Hacher les noix, l'ail et la chapelure au mixeur. Ajouter les poivrons, les piments frais, l'huile, le sirop de grenade et le jus de citron, et mixer par à-coups pour mélanger le tout. Transvaser dans un saladier et incorporer le cumin et les flocons de piment. Saler et mettre au réfrigérateur pendant 1 nuit pour laisser les arômes s'affirmer. Servir à température ambiante avec de la pita.

TABOULÉ

Préparation : 20 min + 1 h 30 de trempage
 + 30 min de séchage
Pas de cuisson
Pour 6 personnes

130 g de boulghour

3 tomates bien mûres

1 concombre

4 oignons nouveaux, émincés

120 g de persil plat frais, haché

25 g de menthe fraîche, hachée

SAUCE

80 ml de jus de citron

60 ml d'huile d'olive

1 cuil. à soupe d'huile d'olive extra vierge

1 Verser le boulghour dans un saladier, couvrir avec 500 ml d'eau et laisser reposer pendant 1 h 30.

2 Couper les tomates en deux, les presser doucement pour extraire une partie des graines et les couper en cubes de 1 cm de côté. Couper le concombre en deux dans le sens de la longueur, l'épépiner avec une petite cuillère et couper la chair en cubes de 1 cm de côté.

3 Pour la sauce, verser le jus de citron et 1 cuil. à café 1/2 de sel dans un bol et battre jusqu'à obtention d'un mélange homogène. Assaisonner généreusement de poivre noir du moulin et incorporer lentement l'huile d'olive et l'huile d'olive extra vierge.

4 Égoutter le boulghour et le presser pour l'essorer. L'étaler sur un linge propre ou du papier absorbant et le laisser sécher pendant environ 30 min. Le verser dans un grand saladier avec les tomates, le concombre, les oignons nouveaux, le persil et la menthe. Bien mélanger. Verser la sauce dans le saladier et remuer pour bien la répartir.

CI-DESSOUS : Taboulé

LAURIER

L'une des caractéristiques de la cuisine du Moyen-Orient est l'utilisation de plantes aromatiques comme le laurier. Les feuilles persistantes de cet arbuste méditerranéen se consomment fraîches ou séchées. Symbole de la gloire et des honneurs, les feuilles de laurier constituent aujourd'hui un ingrédient indispensable du bouquet garni et sont employées pour aromatiser les plats de légumes et de viande, les soupes et les ragoûts. Il est conseillé de les utiliser avec parcimonie afin de ne pas rendre les plats trop amers.

CI-CONTRE : *Labneh makbour*

LABNEH MAKBOUR
(Boulettes de yaourt marinées)

Préparation : 35 min + 3 jours d'égouttage + 3 h de réfrigération
Pas de cuisson
Pour 18 boulettes

☆☆☆

1,5 kg de yaourt nature épais
2 carrés de mousseline propres de 50 cm de côté
2 feuilles de laurier fraîches
3 brins de thym frais
2 brins d'origan frais
500 ml d'huile d'olive

1 Verser le yaourt dans un saladier avec 2 cuil. à café de sel et bien mélanger. Superposer les carrés de mousseline et placer le yaourt au milieu. Rassembler les coins de la mousseline, bien les attacher avec de la ficelle et suspendre le tout au-dessus d'un saladier. Laisser égoutter au réfrigérateur pendant 3 jours.
2 Une fois égoutté, le yaourt aura la consistance de la ricotta. Retirer la mousseline et verser le yaourt dans un saladier.
3 À l'aide d'une cuillère à soupe, former 18 boulettes de yaourt et les disposer sur une grande plaque. Couvrir et mettre au réfrigérateur pendant 3 h, jusqu'à ce que les boulettes soient fermes.
4 Verser les boulettes dans un bocal de 1 l propre et sec et ajouter le laurier, le thym et l'origan. Remplir le bocal d'huile d'olive. Le sceller et le conserver au réfrigérateur pendant une semaine. Servir à température ambiante.
NOTE : cette spécialité se déguste traditionnellement au petit déjeuner ou à l'apéritif.

FATAYER SABANIKH
(Beignets aux épinards)

Préparation : 25 min + 2 h de levage
Cuisson : 20 min
Pour environ 20 beignets

☆☆

1 sachet de levure de boulanger
1 cuil. à café de sucre
370 g de farine
120 ml d'huile d'olive
750 g d'épinards, équeutés
1 gros oignon, finement émincé
1 gousse d'ail, écrasée
80 g de pignons, grillés
2 cuil. à soupe de jus de citron
1 cuil. à café de zeste de citron finement râpé
1/4 cuil. à café de muscade moulue

1 Verser la levure et le sucre dans un saladier avec 60 ml d'eau chaude. Laisser reposer pendant 10 min jusqu'à ce que le mélange soit mousseux. Tamiser la farine dans un saladier, ajouter la mixture à base de levure, 2 cuil. à soupe d'huile d'olive et 180 ml d'eau chaude. Mélanger pour former une pâte. La déposer sur un plan de travail légèrement fariné et la pétrir pendant 10 min, jusqu'à ce qu'elle soit lisse et élastique. Mettre la pâte dans un saladier huilé et la laisser lever dans un endroit chaud et calfeutré pendant 2 h, jusqu'à ce qu'elle ait doublé de volume.

2 Préchauffer le four à 190 °C. Beurrer deux grandes plaques de four. Laver les épinards. Ne pas les essorer. Les mettre dans une casserole, couvrir et laisser cuire à feu vif jusqu'à ce qu'ils soient flétris. Les presser dans une passoire pour extraire l'eau, puis les hacher grossièrement.

3 Dans une poêle, faire chauffer 1 cuil. à soupe d'huile et faire revenir l'oignon et l'ail jusqu'à ce qu'ils aient ramolli. Les transvaser dans un saladier avec les épinards, les pignons, le jus et le zeste de citron. Assaisonner avec la muscade, un peu de sel et de poivre. Laisser refroidir.

4 Poser la pâte sur un plan de travail fariné et la dégonfler avec le poing. Détacher des boulettes de la taille d'un œuf et les abaisser en galettes de 10 cm de diamètre. Déposer 1 cuil. à soupe de farce au centre de chaque galette. Badigeonner les bords avec de l'eau, puis les relever à trois endroits pour former un triangle et les coller ensemble. Disposer les paniers sur les plaques en les espaçant pour qu'ils puissent lever. Les badigeonner d'œuf battu et les faire cuire pendant 15 min, jusqu'à ce qu'ils soient dorés. Servir chaud.

BABA GHANNOUJ
(Caviar d'aubergine)

Préparation : 20 min
  + 30 min de refroidissement
Cuisson : 50 min
Pour 450 ml

2 grosses aubergines
3 gousses d'ail, écrasées
1/2 cuil. à café de cumin moulu
80 ml de jus de citron
2 cuil. à soupe de tahini
1 pincée de poivre de Cayenne
1 cuil. à soupe 1/2 d'huile d'olive
1 cuil. à soupe de persil plat frais haché
olives noires, pour décorer

1 Préchauffer le four à 200 °C. Piquer plusieurs fois les aubergines avec une fourchette, puis les faire griller sur la flamme pendant environ 5 min, jusqu'à ce que la peau noircisse et forme des cloques. Les déposer dans un plat à four et les faire cuire pendant 40 à 45 min, jusqu'à ce qu'elles soient très tendres et ridées. Les laisser dégorger dans une passoire pendant 30 min, jusqu'à ce qu'elles aient refroidi.

2 Peler délicatement les aubergines, hacher la chair et la verser dans un robot avec l'ail, le cumin, le jus de citron, le tahini, le poivre de Cayenne et l'huile d'olive. Mixer jusqu'à ce que le mélange soit homogène et crémeux. Saler et incorporer le persil. Étaler le caviar dans une assiette et décorer avec les olives. Servir avec de la pita ou du pide pour tremper.

NOTE : vous pouvez également faire cuire les aubergines directement au four à 200 °C pendant 1 h, jusqu'à ce qu'elles soient très tendres.

CI-DESSUS : Baba ghannouj

MOYEN-ORIENT

SAMBOUSSEK BI LAHM
(Friands à l'agneau)

Préparation : 25 min
Cuisson : 25 min
Pour 12 friands

☆☆

1 cuil. à soupe d'huile d'olive
350 g de viande d'agneau maigre, hachée
1 petit oignon, finement émincé
2 gousses d'ail, écrasées
1 cuil. à soupe de cumin moulu
1 cuil. à café de gingembre moulu
1 cuil. à café de paprika
1 cuil. à café de cannelle moulue
1 pincée de filaments de safran, trempés dans un peu d'eau chaude
1 cuil. à café de harissa (voir page 15)
2 cuil. à soupe de coriandre fraîche hachée
2 cuil. à soupe de persil plat frais haché
3 cuil. à soupe de pignons, grillés
1 œuf
6 feuilles de pâte fillo
60 g de beurre, fondu
1 cuil. à soupe de graines de sésame

SAUCE AU YAOURT
250 g de yaourt nature
2 cuil. à soupe de menthe fraîche hachée
1 gousse d'ail, écrasée

1 Préchauffer le four à 180 °C. Beurrer légèrement une grande plaque de four.
2 Faire chauffer l'huile dans une grande poêle, ajouter l'agneau et le laisser cuire pendant 5 min, en brisant les éventuels grumeaux avec le dos d'une cuillère en bois. Ajouter l'oignon et l'ail, et laisser cuire pendant 1 min. Ajouter les épices, la harissa, la coriandre et le persil, et laisser cuire pendant encore 1 min, en remuant pour bien mélanger tous les ingrédients. Égoutter dans une passoire pour éliminer l'huile.
3 Verser le mélange dans un saladier et laisser refroidir légèrement. Incorporer les pignons et l'œuf.
4 Poser une feuille de pâte dans le sens de la hauteur sur le plan de travail. Couvrir les autres feuilles d'un linge humide afin qu'elles ne se dessèchent pas. Couper la feuille en quatre bandes de taille égale dans le sens de la longueur. Badigeonner une bande avec du beurre fondu et poser une autre bande par-dessus. Procéder de même avec les deux autres bandes. Déposer 1 cuil. à soupe de farce à l'agneau au bout de chaque bande et la rouler comme un cigare en rentrant les extrémités afin d'empêcher la farce de s'échapper. Recommencer avec le reste des feuilles et de la farce.
5 Déposer les friands sur la plaque. Les badigeonner avec le reste du beurre fondu et les parsemer de graines de sésame. Les faire cuire au four pendant 15 min, jusqu'à ce qu'ils soient légèrement dorés.
6 Pour la sauce au yaourt, mélanger tous les ingrédients dans un bol. Servir les friands chauds avec la sauce à côté.

SLAT AVOCADO VE PRI HADA
(Salade d'agrumes et d'avocats)

Préparation : 10 min
Pas de cuisson
Pour 4 personnes

☆

2 avocats bien mûrs, coupés en tranches de 1 cm d'épaisseur
2 oranges, en quartiers (réserver 1 cuil. à soupe de jus)
1 pamplemousse (rose, de préférence), en quartiers
90 g de petites feuilles de roquette
1 cuil. à café de zeste d'orange finement râpé
1 cuil. à soupe de jus d'orange
70 ml d'huile d'olive extra vierge
1 cuil. à soupe de vinaigre de vin rouge
1/2 cuil. à café de moutarde de Dijon
1 cuil. à café de sucre
1 cuil. à soupe de menthe fraîche hachée

1 Verser l'avocat, les agrumes et la roquette dans un saladier ou dans un plat et mélanger délicatement.
2 Dans un bol, verser le zeste et le jus d'orange, l'huile, le vinaigre, la moutarde et le sucre. Saler, poivrer et battre tous les ingrédients. Verser la vinaigrette sur la salade en nappant bien les feuilles et les fruits. Parsemer de menthe et servir immédiatement.

SAMBOUSSEK BI LAHM
Comme beaucoup de spécialités libanaises, les délicieux friands baptisés *samboussek bi lahm* sont confectionnés avec de la viande d'agneau hachée. Autre mélange d'agneau et de pâte, le *lahm bi ajine*, qui signifie littéralement « viande en pâte », est une sorte de pizza libanaise.

PAGE CI-CONTRE : *Slat avocado ve pri hada (en haut)* ; *Samboussek bi lahm*

LÉGUMES FARCIS

Les légumes farcis, dont la paternité est revendiquée par les Turcs et les Grecs, étaient déjà servis aux somptueux banquets des sultans de l'Empire ottoman et se sont depuis répandus dans tout le bassin méditerranéen. La longue et fastidieuse préparation qu'ils nécessitaient généralement permettait d'afficher avec ostentation sa richesse et sa puissance, et la subtile harmonie entre les légumes et la farce ravissait les palais délicats.

CI-DESSUS : *Ardhi-chouki mehchi*

ARDHI-CHOUKI MEHCHI
(Artichauts farcis)

Préparation : 1 h 30
Cuisson : 1 h 25
Pour 6 personnes

☆☆

120 ml de jus de citron
12 artichauts
500 g de viande d'agneau, hachée
40 g de chapelure fraîche
1 œuf, légèrement battu
1 cuil. à soupe de thym frais haché
huile d'olive, pour frire
120 ml d'huile d'olive extra vierge
370 ml de bouillon de poule
1/2 cuil. à café de curcuma moulu
1 feuille de laurier
40 g de beurre
2 cuil. à soupe de farine

1 Remplir un saladier d'eau et ajouter 60 ml de jus de citron. Enlever les feuilles extérieures des artichauts, couper les queues et dénuder les fonds. Couper le sommet des feuilles pour dégager le foin et le retirer. Plonger les artichauts dans l'eau acidulée.
2 Dans un saladier, verser la viande, la chapelure, l'œuf et le thym, assaisonner et bien mélanger. Sécher les artichauts en les tapotant avec du papier absorbant et les farcir avec 2 cuil. à soupe de mixture.
3 Remplir d'huile une grande casserole à fond épais sur un tiers de sa hauteur et la faire chauffer à 180 °C (à cette température, un morceau de pain jeté dans l'huile est doré en 15 s). Faire cuire les artichauts en plusieurs fois pendant 5 min, jusqu'à ce qu'ils soient bien dorés. Les égoutter.
4 Dans une cocotte de 1,25 l, verser l'huile d'olive, le curcuma, le laurier, le reste de jus de citron et 250 ml de bouillon. Assaisonner et porter à ébullition. Ajouter les artichauts, réduire le feu, couvrir et laisser mijoter pendant 1 h, jusqu'à ce qu'ils soient tendres en ajoutant du bouillon si nécessaire. Retourner les artichauts deux fois pendant la cuisson. Les retirer et les maintenir au chaud. Réserver le jus de cuisson.
5 Faire fondre le beurre dans une casserole, ajouter la farine et remuer pendant 1 min, jusqu'à ce que le mélange soit clair et mousseux. Retirer du feu et incorporer peu à peu le jus de cuisson. Remettre sur le feu et remuer jusqu'à ce que la sauce entre en ébullition et épaississe, puis réduire le feu et laisser mijoter pendant 2 min. Servir immédiatement avec les artichauts.

FATTOUCH
(Salade libanaise aux croûtons)

Préparation : 15 min
Cuisson : 10 min
Pour 6 personnes

2 pitas de 17 cm de diamètre
6 feuilles de laitue romaine, déchirées
1 gros concombre, coupé en cubes de 1 cm de côté
4 tomates bien mûres, coupées en cubes de 1 cm de côté
8 oignons nouveaux, hachés
4 cuil. à soupe de persil plat frais haché
1 cuil. à soupe de menthe fraîche hachée
2 cuil. à soupe de coriandre fraîche hachée

SAUCE
2 gousses d'ail, écrasées
100 ml d'huile d'olive extra vierge
100 ml de jus de citron

1 Préchauffer le four à 180 °C. Couper les pitas en deux dans l'épaisseur et les faire dorer au four pendant 8 min, jusqu'à ce qu'elles soient croustillantes (les retourner à mi-cuisson). Les briser en petits morceaux.
2 Pour la sauce, battre tous les ingrédients dans un bol jusqu'à ce qu'ils soient bien mélangés.
3 Verser les croûtons et les autres ingrédients dans un saladier et mélanger. Napper de sauce et remuer. Saler et poivrer à volonté. Servir immédiatement.

SALATA BALADI
(Salade fraîche arabe)

Préparation : 10 min
Pas de cuisson
Pour 4 à 6 personnes

2 cuil. à soupe d'huile d'olive extra vierge
2 cuil. à soupe de jus de citron
1 laitue romaine, déchirée en petits morceaux
3 tomates bien mûres, coupées en huit
1 poivron vert, coupé en petits morceaux
1 concombre, épépiné et coupé en petits morceaux
6 radis, coupés en rondelles
1 petit oignon blanc ou rouge, finement émincé
2 cuil. à soupe de persil plat frais haché
2 cuil. à soupe de menthe fraîche hachée

1 Dans un bol, battre ensemble l'huile d'olive et le jus de citron. Saler et poivrer généreusement.
2 Mélanger les autres ingrédients dans un grand saladier. Ajouter la sauce et remuer.
NOTE : les oignons blancs sont plus doux que les oignons ordinaires.

RADIS
Racine d'une plante de la famille de la moutarde, le radis aurait fait partie des rations alimentaires données aux ouvriers égyptiens qui construisirent les pyramides. Le rôle du radis était autrefois de « rincer » le palais entre deux plats. Qu'ils soient blancs et longs ou roses et arrondis, les radis sont très appréciés au Moyen-Orient, où les légumes sont aussi bien consommés crus que cuits. Ils ajoutent aux salades leur saveur piquante et leur croquant, souvent contrebalancé par la texture tendre et juteuse de l'orange. Pour les rendre encore plus croquants, les faire tremper quelques heures dans de l'eau glacée avant de les servir.

CI-CONTRE : Fattouch

KEBBEH BIL SANIEH
(Gratin de boulghour à l'agneau)

Préparation : 30 min + 30 min de trempage + 10 min de refroidissement
Cuisson : 50 min
Pour 4 à 6 personnes

☆☆

350 g de boulghour
400 g de viande d'agneau, hachée
1 gros oignon, finement émincé
1 cuil. à soupe de cumin moulu
1 cuil. à café de poivre de la Jamaïque moulu
huile d'olive, pour badigeonner

FARCE
1 cuil. à soupe d'huile d'olive
1 oignon, finement émincé
1 cuil. à café de cannelle moulue
1 cuil. à soupe de cumin moulu
500 g de viande d'agneau, hachée
80 g de raisins secs
100 g de pignons, grillés

1 Faire tremper le boulghour pendant 30 min dans de l'eau froide, l'égoutter et le presser pour exprimer l'eau. Mixer la viande, l'oignon, le cumin, le poivre de la Jamaïque, du sel et du poivre jusqu'à obtention d'un mélange homogène. Ajouter le boulghour et mixer jusqu'à obtention d'une pâte. Mettre au réfrigérateur. Préchauffer le four à 180 °C. Beurrer un plat à four rectangulaire.
2 Pour la farce, faire chauffer l'huile à feu moyen dans une grande poêle et faire revenir l'oignon pendant 5 min, jusqu'à ce qu'il ait ramolli. Ajouter la cannelle et le cumin et remuer pendant 1 min, jusqu'à ce que le mélange soit odorant. Incorporer la viande et laisser cuire pendant 5 min, jusqu'à ce qu'elle ait bruni. Incorporer les raisins secs et les pignons et assaisonner à volonté.
3 Tasser la moitié du mélange de boulghour dans le fond du plat, en lissant la surface avec les mains mouillées. Répandre la farce par-dessus et couvrir avec le reste de boulghour en le lissant de nouveau.
4 Avec un couteau, tracer des losanges à la surface et badigeonner d'huile d'olive. Faire cuire pendant 35 à 40 min, jusqu'à ce que le dessus soit croustillant. Laisser refroidir 10 min avant de découper les losanges. Servir avec du yaourt et de la salade.

CI-DESSOUS : Kebbeh bil sanieh

KEBABS DE POISSON AU CUMIN

Préparation : 10 min + macération
Cuisson : 6 min
Pour 4 personnes

☆☆

750 g de filets de poisson blanc à chair ferme
2 cuil. à soupe d'huile d'olive
1 gousse d'ail, écrasée
3 cuil. à soupe de coriandre fraîche hachée
2 cuil. à café de cumin moulu
1 cuil. à café de poivre moulu

1 Découper le poisson en cubes de 3 cm de côté. Les enfiler sur des brochettes huilées et réserver.
2 Pour la marinade, mélanger l'huile, l'ail, la coriandre, le cumin et le poivre dans un bol. En badigeonner le poisson, couvrir d'un film alimentaire et mettre au réfrigérateur pendant plusieurs heures ou pendant toute une nuit, en retournant les brochettes de temps à autre. Les égoutter et réserver la marinade. Assaisonner juste avant la cuisson.
3 Mettre les brochettes sur un grill chaud légèrement huilé. Les faire cuire pendant 5 à 6 min, jusqu'à ce qu'elles soient tendres, en les retournant une fois et en les badigeonnant plusieurs fois de marinade. Servir avec de la pita et de la salade.

MOYEN-ORIENT

SALADE CHAUDE DE POIS CHICHES ET DE BETTES AU SUMAC

Préparation : 30 min
    + 1 nuit de trempage
Cuisson : 2 h
Pour 4 personnes

250 g de pois chiches secs
120 ml l'huile d'olive
1 oignon, coupé en fines rondelles
2 tomates bien mûres
1 cuil. à café de sucre
1/4 cuil. à café de cannelle moulue
2 gousses d'ail, hachées
1,5 kg de bettes
3 cuil. à soupe de menthe fraîche hachée
2 à 3 cuil. à soupe de jus de citron
1 cuil. à soupe 1/2 de poudre de sumac
    (voir Note et page 15)

1 Verser les pois chiches dans un saladier, couvrir d'eau et laisser tremper pendant toute une nuit. Les égoutter et les verser dans une grande casserole. Couvrir d'eau et porter à ébullition, puis laisser mijoter pendant 1 h 45, jusqu'à ce qu'ils soient tendres. Bien les égoutter.
2 Faire chauffer l'huile dans une poêle à fond épais, ajouter l'oignon et le faire revenir à feu doux pendant 5 min, jusqu'à ce qu'il ait ramolli et commence à dorer.
3 Couper les tomates en deux, les épépiner avec une petite cuillère et couper la chair en dés. Verser la chair de tomate dans la poêle avec le sucre, la cannelle et l'ail et laisser cuire le tout pendant 2 à 3 min, jusqu'à ce que la chair ait ramolli.
4 Laver soigneusement les bettes et les sécher en les tapotant avec du papier absorbant. Enlever les côtes et déchirer les feuilles en petits morceaux. Verser les bettes dans la poêle avec les pois chiches et laisser cuire le tout pendant 3 ou 4 min, jusqu'à ce que les bettes soient flétries. Ajouter la menthe, le jus de citron et le sumac, assaisonner et laisser cuire pendant 1 min. Servir immédiatement.
NOTE : les baies de sumac en poudre sont une épice qui parfume et colore les plats. Le sumac est en vente dans les épiceries orientales.

BETTES
Également appelées blettes, les bettes appartiennent à la famille de la betterave. Souvent confondues avec les épinards, elles possèdent de grandes feuilles bosselées d'un vert foncé et des côtes blanches, également comestibles. Les feuilles flétries se consomment en salade ou comme légume. Mélangées à d'autres ingrédients comme le fromage, elles accommodent les pâtes et les feuilletés. Quant aux côtes, elles sont délicieuses braisées, bouillies ou cuites à la vapeur, préparées avec de l'huile d'olive et du jus de citron, à la béchamel ou au gratin. Les bettes jeunes se reconnaissent à leurs côtes fermes et rigides et à leurs petites feuilles. Les conserver au réfrigérateur dans un sac en plastique et les laver juste avant utilisation.

CI-DESSUS : Salade chaude de pois chiches et de bettes au sumac

CI-DESSUS : *Chorba adas bis silk*

CHORBA ADAS BIS SILK
(Soupe de lentilles et de bettes)

Préparation : 20 min
Cuisson : 3 h 30
Pour 6 personnes

BOUILLON DE VOLAILLE

1 kg de déchets de poulet (cou, côtes, ailes), dégraissés
1 petit oignon, grossièrement émincé
1 feuille de laurier
3 à 4 brins de persil plat frais
1 à 2 brins d'origan ou de thym frais

280 g de lentilles brunes, lavées
850 g de bettes
60 ml d'huile d'olive
1 gros oignon, finement émincé
4 gousses d'ail, écrasées
35 g de coriandre fraîche, finement hachée
80 ml de jus de citron
quartiers de citron, pour décorer

1 Pour le bouillon, verser tous les ingrédients dans une grande casserole, ajouter 3 l d'eau et porter à ébullition. Écumer la surface. Réduire le feu et laisser mijoter pendant 2 h. Passer le bouillon et jeter le poulet, l'oignon et les herbes.
2 Prendre 1 l de bouillon et le dégraisser. Verser les lentilles dans une grande casserole, ajouter le bouillon et 1 l d'eau. Porter à ébullition, puis réduire le feu et laisser mijoter à couvert pendant 1 h.
3 Pendant ce temps, retirer les côtes des bettes et déchirer les feuilles. Dans une casserole, faire chauffer l'huile à feu moyen et faire revenir l'oignon pendant 2 à 3 min, jusqu'à ce qu'il soit transparent. Ajouter l'ail et laisser cuire pendant 1 min. Ajouter les bettes et remuer pendant 2 à 3 min, jusqu'à ce qu'elles soient flétries. Incorporer ce mélange aux lentilles. Ajouter la coriandre et le jus de citron, assaisonner, couvrir et laisser mijoter pendant 15 à 20 min. Servir avec les quartiers de citron.
NOTE : le reste de bouillon éventuel peut être conservé pendant 3 mois au congélateur.

SOUPE DE CAROTTES À LA CORIANDRE

Préparation : 15 min
Cuisson : 1 h 10
Pour 4 personnes

2 cuil. à soupe d'huile d'olive
1 oignon, émincé
800 g de carottes, grossièrement hachées
1 feuille de laurier
1 cuil. à café de cumin moulu
1 cuil. à café de poivre de Cayenne
1 cuil. à café de coriandre moulue
2 cuil. à café de paprika
1,25 l de bouillon de poule ou de légumes
250 g de yaourt nature épais
2 cuil. à soupe de coriandre fraîche hachée
feuilles de coriandre supplémentaires, pour décorer

1 Faire chauffer l'huile dans une casserole, ajouter l'oignon et les carottes et laisser cuire pendant 30 min à feu doux.

MOYEN-ORIENT

2 Ajouter la feuille de laurier et les épices, et laisser cuire pendant encore 2 min. Ajouter le bouillon, porter à ébullition, puis réduire le feu et laisser mijoter à découvert pendant 40 min, jusqu'à ce que les carottes soient tendres. Laisser refroidir légèrement, puis mixer en plusieurs fois. Reverser le mélange dans la casserole et faire réchauffer doucement. Assaisonner à volonté.
3 Dans un bol, mélanger le yaourt et la coriandre. Verser la soupe dans des bols et déposer une bonne cuillerée de yaourt par-dessus. Décorer avec les feuilles de coriandre.

KOUSA MEHCHI BI LABAN
(Courgettes farcies à la sauce au yaourt)

Préparation : 20 min
Cuisson : 1 h 10
Pour 4 personnes

☆☆

4 courgettes
370 ml de bouillon de poule

Farce
1 cuil. à soupe d'huile d'olive
1 oignon, finement émincé
1 cuil. à soupe 1/2 de pignons
120 g de viande d'agneau, hachée
50 g de riz rond
1 tomate bien mûre, épépinée et hachée
2 cuil. à soupe de persil plat frais haché
1/2 cuil. à café de poivre de la Jamaïque moulu
1/2 cuil. à café de cannelle moulue

Sauce au yaourt
250 g de yaourt nature épais
1 cuil. à café de Maïzena
1 gousse d'ail, écrasée
1 cuil. à café de menthe séchée

1 Couper les courgettes en deux dans le sens de la longueur. Retirer la chair en laissant une bordure de 2 mm. Il est possible d'utiliser un vide-pomme, mais il faut veiller à ne pas transpercer la peau des courgettes. Les faire tremper pendant 10 min dans de l'eau salée, puis les égoutter et les sécher en les tapotant.
2 Pour la farce, faire chauffer l'huile dans une poêle, ajouter l'oignon et le faire revenir à feu moyen pendant 5 min, jusqu'à ce qu'il ait ramolli. Ajouter les pignons et les faire dorer pendant 3 à 4 min.

Laisser refroidir légèrement, puis transvaser le tout dans un saladier. Ajouter les autres ingrédients de la farce et bien mélanger.
3 Farcir les demi-courgettes et les disposer délicatement dans une grande cocotte à fond épais. Couvrir de bouillon, puis poser une assiette à l'envers par-dessus. Laisser mijoter pendant 1 h à feu doux.
4 Environ 15 min avant la fin de la cuisson, préparer la sauce en faisant tiédir à feu moyen le yaourt dans une casserole. Dans un bol, dissoudre la Maïzena dans 1 cuil. à soupe d'eau, puis la mélanger au yaourt. Porter à ébullition et ajouter l'ail et la menthe. Assaisonner généreusement, puis réduire le feu et laisser mijoter pendant 8 à 10 min, en remuant régulièrement.
5 Retirer les courgettes de la cocotte et les servir chaudes, nappées de sauce au yaourt et accompagnées de riz cuit à la vapeur.

CI-DESSOUS : Kousa mehchi bi laban

KEBBEH

Former des boudins avec deux cuillerées à soupe de mélange de boulghour.

Enfoncer l'index dans le milieu des boudins pour former une cavité destinée à recevoir la farce.

Introduire deux cuillerées à café de farce dans la cavité et refermer l'extrémité.

Donner aux boudins une forme ovale légèrement pointue aux extrémités.

KEBBEH

Préparation : 45 min + 2 h de réfrigération
Cuisson : 25 min
Pour 15 kebbeh

230 g de boulghour fin
150 g de viande d'agneau maigre, coupée en petits morceaux
1 oignon, râpé
2 cuil. à soupe de farine
1 cuil. à café de poivre de la Jamaïque moulu

Farce

2 cuil. à café d'huile d'olive
1 petit oignon, finement émincé
100 g de viande d'agneau maigre, hachée
1/2 cuil. à café de poivre de la Jamaïque moulu
1/2 cuil. à café de cannelle moulue
80 ml de bouillon de bœuf
2 cuil. à soupe de pignons
2 cuil. à soupe de menthe fraîche hachée
huile, pour frire

1 Couvrir le boulghour d'eau bouillante et laisser reposer pendant 5 min. L'égoutter dans une passoire en le pressant pour exprimer l'eau. L'étaler sur du papier absorbant pour enlever l'humidité.

2 Mixer le boulghour, l'agneau, l'oignon, la farine et le poivre de la Jamaïque jusqu'à obtention d'une pâte fine. Assaisonner à volonté et réfrigérer pendant 1 h.

3 Pour la farce, faire chauffer l'huile dans une poêle et faire revenir l'oignon à feu doux pendant 3 min. Ajouter la viande hachée, le poivre de la Jamaïque et la cannelle, et laisser cuire à feu vif pendant 3 min en remuant. Verser le bouillon, couvrir partiellement et laisser cuire à feu doux pendant 6 min, jusqu'à ce que la viande soit tendre. Hacher les pignons et les ajouter avec la menthe. Saler et poivrer, puis transvaser le tout dans un saladier et laisser refroidir.

4 Avec 2 cuil. à soupe de mélange de boulghour, former des boudins de 6 cm de long. Se tremper les mains dans l'eau froide, enfoncer l'index au milieu des boudins pour former une cavité allongée et l'élargir délicatement avec le doigt. Remplir la cavité avec 2 cuil. à café de farce, refermer l'extrémité et donner une forme ovale aux boudins. Lisser les éventuelles fissures avec les doigts. Placer les kebbeh sur une plaque recouverte de papier aluminium et réfrigérer pendant 1 h sans couvrir.

5 Remplir d'huile une grande casserole sur un tiers de sa hauteur et la faire chauffer à 180 °C (à cette température, un morceau de pain jeté dans l'huile est doré en 15 s). Faire frire les kebbeh en plusieurs fois pendant 2 à 3 min, jusqu'à ce qu'ils soient dorés. Les égoutter sur du papier absorbant. Servir chaud.

CI-CONTRE : Kebbeh

MOYEN-ORIENT

PIGNONS

Malgré leur petite taille, les pignons sont onéreux en raison du travail minutieux que nécessite leur récolte. Les pignons sont les amandes contenues dans les pommes de plusieurs variétés de pins, et celles-ci doivent être chauffées pour libérer les pignons. Riches en graisses, ils deviennent vite rances et ne se conservent pas longtemps. Au besoin, on peut les garder dans un récipient étanche pendant trois mois au réfrigérateur et neuf mois au congélateur. Les pignons sont bien plus savoureux une fois grillés à sec à la poêle ou au grill. Ils entrent dans la composition du pesto et de nombreuses spécialités sucrées et salées du Moyen-Orient. Pour deviner l'origine d'un plat, sachez que les pignons et les amandes sont surtout utilisés en Syrie et en Égypte, tandis que les Turcs leur préfèrent généralement les noix.

POULET RÔTI FARCI AUX PIGNONS ET AU RIZ

Préparation : 30 min
Cuisson : 2 h 30
Pour 4 à 6 personnes

☆

Farce

60 g de beurre clarifié (voir Note), fondu
1 oignon, émincé
1 cuil. à café de poivre de la Jamaïque moulu
60 g de riz basmati
30 g de noix, hachées
50 g de pignons
50 g de raisins de Smyrne
120 ml de bouillon de poule

1 poulet de 1,6 kg
170 ml de bouillon de poule

1 Préchauffer le four à 180 °C. Verser la moitié du beurre dans une grande poêle, ajouter l'oignon et le faire revenir a feu moyen pendant 5 min, jusqu'à ce qu'il soit transparent. Incorporer le poivre de la Jamaïque.
2 Ajouter le riz, les noix et les pignons, et laisser cuire pendant 3 à 4 min à feu moyen-vif. Ajouter les raisins de Smyrne, le bouillon et 60 ml d'eau. Porter à ébullition, puis réduire le feu et laisser mijoter pendnat 8 à 10 min, jusqu'à ce que l'eau soit absorbée. Laisser refroidir.
3 Rincer l'intérieur du poulet à l'eau froide et le sécher entièrement en le tapotant avec du papier absorbant.
4 Une fois que la farce est froide, l'introduire dans le poulet et trousser ce dernier avec de la ficelle. Mettre le poulet dans un plat à four, puis frotter la peau avec 1/2 cuil. à café de sel et 1/4 cuil. à café de poivre noir du moulin.
5 Verser le reste du beurre sur le poulet et ajouter le bouillon dans le plat. Faire rôtir le poulet pendant 2 h 10 en l'arrosant toutes les 20 à 25 min avec le jus. Le laisser reposer 15 min avant de le découper. Le servir avec la farce.
NOTE : pour clarifier le beurre, le faire fondre à feu doux dans une casserole, puis le retirer du feu et le laisser décanter. N'utiliser que la partie jaune et liquide et jeter le reste.

CI-DESSUS : *Poulet rôti farci aux pignons et au riz*

CORIANDRE
Considérée comme l'herbe la plus utilisée au monde, cette plante méditerranéenne est cultivée pour ses racines, ses tiges, ses feuilles et ses graines. La feuille fraîche et la graine séchée ont une saveur totalement différente et ne peuvent se substituer l'une à l'autre. Au Moyen-Orient, la coriandre fraîche est employée dans les ragoûts, les sauces, les soupes et les salades, et servie à table dans un bouquet d'herbes aromatiques. Les graines sont en réalité les fruits de la plante, mûris et séchés. On en a retrouvé dans des tombeaux égyptiens datant de 960 av. J.-C. et elles sont également mentionnées dans la Bible. Entières ou réduites en poudre, elles sont très présentes dans la cuisine chypriote. C'est aussi l'un des principaux ingrédients du dukkah, mélange d'épices et de fruits secs écrasés très apprécié en Égypte, où il est vendu dans la rue dans des cornets en papier et assaisonne le pain et les œufs durs.

CI-DESSUS : Rôti d'agneau au citron et à la coriandre

RÔTI D'AGNEAU AU CITRON ET À LA CORIANDRE

Préparation : 15 min
Cuisson : 1 h 20
Pour 4 à 6 personnes

1 gigot d'agneau de 1,8 kg
2 gousses d'ail, émincées
3 grandes lamelles de zeste de citron, coupées en morceaux de 1 cm de long
25 g de coriandre fraîche, hachée
3 cuil. à soupe de persil plat frais haché
2 cuil. à soupe d'huile d'olive

1 Préchauffer le four à 180 °C. Débarrasser le gigot de la graisse et des nerfs. À l'aide d'un couteau bien aiguisé, faire de profondes entailles dans la viande et introduire dans chacune un morceau d'ail et de zeste de citron.
2 Mélanger la coriandre, le persil, l'huile et 1 cuil. à café de poivre noir moulu. Badigeonner l'agneau avec ce mélange et le placer sur une grille dans un plat à four. Verser 250 ml d'eau dans le plat et laisser cuire au four pendant 1 h 20, jusqu'à ce que l'agneau soit cuit à point. Ajouter de l'eau pendant la cuisson si le gigot se dessèche. Le servir en tranches avec son jus et des légumes de saison.

CHICHE BARAK
(Pâtés à la viande et sauce au yaourt)

Préparation : 40 min + 30 min de repos
Cuisson : 35 min
Pour 4 à 6 personnes

250 g de farine
60 g de beurre clarifié, fondu, pour la cuisson
40 g de beurre clarifié supplémentaire, pour garnir
2 gousses d'ail, écrasées, pour garnir
1 cuil. à soupe de menthe séchée, pour garnir

FARCE

20 g de beurre clarifié
1 petit oignon, finement émincé
2 cuil. à soupe de pignons
250 g de viande d'agneau, hachée
1 pincée de poivre de la Jamaïque moulu

SAUCE AU YAOURT

750 g de yaourt nature
2 cuil. à café de Maïzena
1 blanc d'œuf, légèrement battu

1 Pour la pâte, tamiser dans un saladier la farine et 1 cuil. à café de sel, ajouter peu à peu 180 ml d'eau et mélanger jusqu'à obtention d'une boule. Couvrir et laisser reposer pendant 30 min.
2 Pour la farce, faire fondre le beurre clarifié dans une poêle à fond épais et faire revenir l'oignon à feu moyen pendant 5 min, jusqu'à ce qu'il ait ramolli. Ajouter les pignons et les laisser dorer en remuant constamment. Mettre à feu vif et ajouter la viande et le poivre de la Jamaïque, en remuant jusqu'à ce que la viande change de couleur. Assaisonner à volonté et laisser refroidir.
3 Préchauffer le four à 180 °C. Beurrer légèrement deux plaques de four.
4 Sur un plan de travail fariné, abaisser la pâte jusqu'à 5 mm d'épaisseur et découper des ronds de 5 cm de diamètre. Déposer 1 cuil. à café de farce au centre des ronds et replier la pâte par-dessus en forme de croissant. Bien appuyer sur les bords pour les coller, puis enrouler le croissant autour d'un doigt et joindre les deux extrémités en les pressant pour former un chapeau. Disposer les pâtés sur les plaques de four et les badigeonner légèrement de beurre clarifié. Les faire cuire au four pendant 10 min, jusqu'à ce qu'ils soient légèrement dorés : ils n'ont pas besoin d'être entièrement cuits.
5 Verser le yaourt dans une grande casserole à fond épais et le remuer jusqu'à ce qu'il soit fluide. Délayer la Maïzena dans 370 ml d'eau, puis la verser dans le yaourt avec le blanc d'œuf et 2 cuil. à café de sel. Faire cuire à feu moyen en remuant constamment jusqu'à ce que le mélange épaississe. Ajouter les pâtés à la viande, remuer délicatement et faire cuire à feu doux pendant 10 min sans couvrir (remuer de temps à autre et veiller à ne pas faire bouillir la sauce).
6 Juste avant de servir, faire fondre le reste de beurre clarifié dans une petite poêle et faire frire délicatement l'ail pendant quelques secondes. Incorporer la menthe et retirer du feu. Verser sur les pâtés et accompagner de riz.

BEURRE CLARIFIÉ

Avec l'huile d'olive et les autres huiles végétales, la *samna*, ou beurre clarifié, a presque partout remplacé la graisse d'agneau dans la cuisine du Moyen-Orient. Elle était autrefois obtenue à partir de beurre de lait de bufflonne lentement fondu au bain-marie et passé à travers une mousseline humide. Ce procédé permet de séparer les éléments solides du lait et d'éliminer les impuretés, ainsi que l'eau. Grâce à sa saveur caractéristique et à son point de fumée élevé, le beurre clarifié est très apprécié pour la friture. Bien qu'une forme indienne de beurre clarifié, appelée *ghee*, soit disponible dans les épiceries spécialisées, il est assez simple de le confectionner soi-même. Faire fondre lentement le beurre à feu doux en écumant la surface. Passer ensuite le beurre liquide à travers une étoffe fine.

CI-CONTRE : Chiche barak

POISSON À LA SÉFARADE AUX PETITS LÉGUMES

Préparation : 15 min + 30 min de macération
Cuisson : 45 min
Pour 4 à 6 personnes

☆☆

1 cuil. à soupe de graines de cumin
4 gousses d'ail
1 petit piment rouge, grossièrement haché
60 g de feuilles, de tiges et de racines de coriandre fraîche, hachées
1 cuil. à soupe de jus de citron
2 cuil. à soupe d'huile d'olive
1 poisson entier de 1,5 kg (dorade, truite saumonée), vidé et écaillé par le poissonnier
450 g de pommes de terre nouvelles, coupées en rondelles
2 à 3 tomates Roma, coupées en deux horizontalement, puis en morceaux de 1 cm de long
100 g d'olives vertes dénoyautées, coupées en deux
60 ml d'huile d'olive supplémentaire

1 Dans une poêle, faire griller à sec les graines de cumin pendant 2 à 3 min à feu moyen, jusqu'à ce qu'elles soient odorantes. Les moudre en une poudre fine dans un mortier ou un moulin à épices. Mixer le cumin, l'ail, le piment, la coriandre, le jus de citron et 1 cuil. à café de sel jusqu'à obtention d'une pâte lisse. Sans cesser de mixer, ajouter peu à peu l'huile.

2 Avec un couteau bien aiguisé, pratiquer de chaque côté du poisson trois incisions en diagonale dans la partie la plus épaisse pour assurer une cuisson homogène. Frotter le poisson avec le mélange d'épices, couvrir d'un film alimentaire et laisser macérer au réfrigérateur pendant 30 min.

3 Préchauffer le four à 240 °C. Mettre le poisson au milieu d'un grand plat à four et répartir les pommes de terre, les tomates et les olives tout autour. Arroser le tout avec 60 ml d'eau et le reste d'huile d'olive. Faire cuire pendant 40 min en arrosant souvent, jusqu'à ce que le poisson et les légumes soient cuits à cœur.

CI-DESSOUS : Poisson à la séfarade aux petits légumes

POULET AUX OIGNONS SUR PITA

Préparation : 25 min + 1 nuit de macération
Cuisson : 1 h 20
Pour 6 à 8 personnes

☆☆

1 poulet de 1,5 kg
1 cuil. à café de cannelle moulue
1/2 cuil. à café de poivre blanc moulu
3 cuil. à soupe de jus de citron
120 ml d'huile d'olive
2 cuil. à soupe de sumac
1/2 cuil. à café de gousses de cardamome, légèrement écrasées
750 g d'oignons, finement émincés
250 ml de bouillon de poule
2 grandes pitas, coupées en deux dans l'épaisseur
120 g de pignons, grillés
sumac supplémentaire, pour décorer

1 Couper le poulet en huit morceaux de taille égale, en retirant les abats et la graisse. Mélanger la cannelle, le poivre blanc, le jus de citron et 1 cuil. à café de sel. En frotter le poulet, puis le couvrir et le laisser reposer pendant une nuit au réfrigérateur dans un plat en céramique.

2 Dans une grande casserole, faire chauffer l'huile à feu moyen et ajouter le sumac, la cardamome,

l'oignon et le bouillon. Laisser cuire pendant 40 min, jusqu'à ce que l'oignon soit rouge violacé. Retirer du feu et jeter les gousses de cardamome.
3 Préchauffer le four à 200 °C. Verser le mélange d'oignons au fond d'un plat à four en céramique, puis disposer les morceaux de poulet par-dessus en une seule couche, côté peau vers le bas, et couvrir de papier aluminium. Faire cuire pendant 20 min, puis sortir le plat du four.
4 Couper les pitas en morceaux d'environ 8 cm et en tapisser le fond d'un plat à four rectangulaire en céramique, propre et légèrement huilé. Séparer le poulet des oignons, répartir les oignons et le jus sur la pita, puis reposer le poulet par-dessus, côté peau vers le haut, et faire cuire pendant encore 20 min, jusqu'à ce que la peau soit croustillante et dorée. Parsemer de pignons et de sumac, et servir.

PSARI TAHINA
(Poisson au four au tahini)

Préparation : 30 min
Cuisson : 30 min
Pour 4 personnes

- 1 poisson entier à chair blanche de 1 kg (dorade, mulet, brème), vidé et écaillé
- 3 gousses d'ail, écrasées
- 2 cuil. à café de harissa
- 2 cuil. à soupe d'huile d'olive
- 1 citron, coupé en fines rondelles
- 1 oignon, finement émincé
- 2 grosses tomates bien mûres, coupées en rondelles
- 4 brins de thym frais

SAUCE AU TAHINI
- 2 cuil. à café d'huile d'olive
- 1 gousse d'ail, écrasée
- 3 cuil. à café de tahini
- 2 cuil. à soupe 1/2 de jus de citron
- 1 cuil. à soupe 1/2 de coriandre fraîche hachée

1 Préchauffer le four à 200 °C. Beurrer un grand plat à four. De chaque côté du poisson, faire trois incisions en diagonale dans la partie la plus épaisse pour assurer une cuisson homogène. Dans un bol, mélanger l'ail, la harissa et l'huile d'olive. Déposer 2 cuil. à café de ce mélange dans le ventre du poisson. Étaler le reste sur les côtés et dans les fentes. Glisser deux rondelles de citron dans le ventre.

2 Tapisser le plat avec l'oignon. Recouvrir de tomates, de thym et du reste de citron. Poser le poisson par-dessus et faire cuire pendant 25 à 30 min, jusqu'à ce que la chair soit opaque.
3 Pendant ce temps, pour prépaper la sauce, faire chauffer l'huile à feu doux dans une petite casserole. Ajouter l'ail et laisser cuire à feu moyen pendant 30 s. Ajouter le tahini, le jus de citron et 120 ml d'eau, et mélanger. Si nécessaire, ajouter de l'eau pour obtenir une sauce homogène, mais assez épaisse. Laisser cuire pendant 2 min, puis retirer du feu et incorporer la coriandre. Assaisonner.
4 Transvaser l'oignon et les tomates dans un plat de service, poser le poisson par-dessus et saler. Verser un peu de sauce sur le poisson et servir le reste à côté.

CI-DESSUS : Psari tahina

1 Préchauffer le four à 180 °C. Avec un couteau bien aiguisé, inciser deux ou trois fois la peau de chaque magret. Dans une poêle antiadhésive, faire cuire les magrets à feu vif pendant 6 min, côté peau vers le bas, jusqu'à ce qu'elle soit croustillante et ait rendu presque toute sa graisse. Mettre les magrets dans un plat à four.

2 Ne laisser que 1 cuil. à soupe de graisse dans la poêle. Ajouter l'oignon et le faire revenir à feu moyen pendant 2 à 3 min, jusqu'à ce qu'il soit doré. Verser le jus de grenade et de citron, le sucre, la cannelle et 120 g de noix et laisser cuire pendant 1 min. Verser le mélange sur les magrets et les faire cuire au four pendant 15 min.

3 Laisser reposer pendant 5 min. Dégraisser la sauce. Couper les magrets en tranches et les napper avec un peu de sauce. Garnir de graines de grenade et des noix restantes.

NOTE : à défaut de jus de grenade frais, mélanger 60 ml de concentré de grenade et 180 ml d'eau.

PITA

Préparation : 20 min + 40 min de levage
Cuisson : 5 min
Pour 12 pitas

1 sachet de levure de boulanger
1 cuil. à café de sucre
430 g de farine
2 cuil. à soupe d'huile d'olive

1 Dans un bol, dissoudre la levure et le sucre dans 370 ml d'eau tiède. Laisser reposer pendant 10 min dans un endroit chaud, jusqu'à ce que des bulles se forment à la surface. Le mélange doit être mousseux et légèrement gonflé. Si la levure ne mousse pas, c'est que le mélange n'a pas pris et qu'il faut recommencer.

2 Mixer la farine, la levure et l'huile pendant 30 s, jusqu'à ce qu'une boule se forme, ou verser les ingrédients dans un saladier et mélanger à la main ou avec une cuillère en bois jusqu'à obtention d'une pâte lisse.

3 Déposer la pâte sur un plan de travail bien fariné et la pétrir jusqu'à ce qu'elle soit lisse et élastique. La mettre dans un saladier bien huilé, couvrir d'un film alimentaire et d'un linge et la laisser lever dans un endroit chaud pendant 20 min, jusqu'à ce qu'elle ait presque doublé de volume.

4 Dégonfler la pâte avec le poing et la diviser en douze morceaux de taille égale. Les abaisser en galettes de 5 mm d'épaisseur. Les disposer sur des

KHORESHE FESENJAN
(Magrets de canard sauce aux noix et à la grenade)

Préparation : 15 min + 5 min de repos
Cuisson : 25 min
Pour 4 personnes

4 gros magrets de canard
1 oignon, finement émincé
250 ml de jus de grenade frais (voir Note)
2 cuil. à soupe de jus de citron
2 cuil. à soupe de cassonade
1 cuil. à café de cannelle moulue
180 g de noix, hachées
graines de grenade, pour garnir (facultatif)

CI-DESSUS : Khoreshe fesenjan

MOYEN-ORIENT

plaques de four beurrées et bien les badigeonner d'eau. Les laisser lever pendant encore 20 min.

5 Préchauffer le four à 250 °C. Si la pâte a séché, la badigeonner d'eau. Faire cuire pendant 4 à 5 min. Les pitas doivent être molles et claires, légèrement gonflées et creuses à l'intérieur. Les déguster chaudes avec des brochettes ou des falafel, ou les laisser refroidir sur une grille et les servir avec de la salade.

PAIN PLAT AU ZA'ATAR

Préparation : 35 min + 2 h 50 de repos
Cuisson : 30 min
Pour 10 pains

2 sachets de levure de boulanger
1 cuil. à café de sucre
400 g de farine
120 ml d'huile d'olive
4 cuil. à soupe de za'atar (voir Note et page 15)
1 cuil. à soupe de gros sel de mer

1 Dans un bol, dissoudre la levure et le sucre dans 60 ml d'eau chaude. Laisser reposer pendant 10 min dans un endroit chaud, jusqu'à ce que des bulles se forment à la surface. Le mélange doit être mousseux et légèrement gonflé. Si la levure ne mousse pas, c'est que le mélange n'a pas pris et qu'il faut recommencer.

2 Dans un saladier, tamiser la farine et 1/2 cuil. à café de sel. Faire un puits, y verser la levure et 310 ml d'eau chaude, puis mélanger jusqu'à obtention d'une pâte. Pétrir la pâte sur un plan de travail fariné pendant 10 à 15 min, jusqu'à ce qu'elle soit lisse et élastique, en ajoutant peu à peu 1 cuil. à soupe d'huile d'olive. Couvrir la pâte et la laisser lever dans un endroit chaud pendant 1 h.

3 Dégonfler la pâte avec le poing, la pétrir de nouveau et la laisser lever pendant 30 min. La pétrir rapidement et la diviser en dix portions, puis abaisser celles-ci en galettes de 5 mm d'épaisseur. Les recouvrir d'un linge et les laisser lever pendant encore 20 min.

4 Préchauffer le four à 220 °C. Beurrer deux plaques de four. Y déposer les pains et appuyer doucement sur la surface avec les doigts pour leur donner un aspect bosselé. Badigeonner avec le reste d'huile et saupoudrer de za'atar et de sel. Faire cuire pendant 12 à 15 min. Servir chaud.

NOTE : le za'atar est vendu dans les épiceries orientales.

LEVURE

La levure est un micro-organisme unicellulaire qui provoque la fermentation des aliments, les transformant en alcool ou en dioxyde de carbone. Elle est indispensable à la confection du pain levé, car c'est l'interaction du gaz carbonique, de l'humidité, de la chaleur et du sucre qui permet à la levure de gonfler et de faire lever la pâte. La levure de boulanger est en vente dans les supermarchés sous forme de pâte fraîche compressée ou de poudre déshydratée en sachet. La levure fraîche est vivante et humide, et doit être conservée au réfrigérateur. La levure déshydratée est également vivante, mais reste en sommeil tant qu'elle n'est pas mélangée à un liquide chaud. Elle doit être conservée dans un endroit frais et sec, et peut être congelée ou réfrigérée. Elle doit être portée à température ambiante avant d'être dissoute pour devenir active.

CI-CONTRE : Pain plat au za'atar

RICOTTA

La ricotta, qui signifie littéralement « recuite » en italien, ne constitue pas à proprement parler un fromage, puisqu'elle est obtenue à partir du petit-lait et non du lait caillé. Résidu de la coagulation du lait, le petit-lait est porté à ébullition, puis les particules solides qui se forment à la surface sont récupérées et le liquide restant est éliminé. On obtient ainsi un fromage frais au lait de vache, de brebis ou de chèvre. Comme d'autres fromages frais, la ricotta est surtout utilisée en cuisine, car son goût délicat et sa texture crémeuse se marient à des saveurs plus corsées, qu'il s'agisse d'aliments salés, comme les épinards, ou sucrés, comme les agrumes et les fruits secs. Choisir une ricotta bien ferme et la conserver quelques jours seulement au réfrigérateur, car elle devient vite rance. Dans les spécialités du Moyen-Orient, elle peut être remplacée par des fromages au petit-lait de la région, comme le myzithra ou le manouri.

PAGE CI-CONTRE :
Ataif mehchi (en haut) ;
Ma' amoul b'jowz

ATAIF MEHCHI
(Crêpes fourrées frites)

Préparation : 20 min + 1 h de levage
Cuisson : 1 h
Pour environ 16 crêpes

☆☆☆☆

PÂTE
1 sachet de levure de boulanger
1 cuil. à café de sucre
180 g de farine

SIROP
500 g de sucre
2 cuil. à café de jus de citron
2 cuil. à soupe d'eau de rose

FARCE
250 g de ricotta

huile, pour badigeonner
huile d'arachide, pour frire

1 Dans un bol, dissoudre la levure et le sucre dans 60 ml d'eau chaude. Laisser reposer pendant 10 min dans un endroit chaud, jusqu'à ce que des bulles se forment à la surface. Le mélange doit être mousseux et légèrement gonflé. Si la levure ne mousse pas, c'est que le mélange n'a pas pris et qu'il faut recommencer. Tamiser la farine dans un saladier, faire un puits et y verser la levure et 370 ml d'eau chaude. Avec une cuillère en bois, verser peu à peu la farine et mélanger jusqu'à obtention d'une pâte lisse. Couvrir d'un linge et laisser reposer pendant 1 h dans un endroit chaud, jusqu'à ce que la pâte ait levé et que des bulles se forment à la surface.
2 Pendant ce temps, préparer le sirop. Dans une casserole à fond épais, dissoudre le sucre dans 310 ml d'eau à feu moyen, en remuant de temps à autre. Porter à ébullition, ajouter le jus de citron et laisser mijoter pendant 8 à 10 min, jusqu'à ce que le sirop soit assez épais pour attacher au dos d'une cuillère. Il doit avoir la consistance du miel liquide. Ajouter l'eau de rose et laisser cuire pendant encore 1 min. Laisser refroidir complètement.
3 Pour faire les crêpes, beurrer légèrement une poêle à fond épais et la faire chauffer à feu moyen. Incorporer 60 ml d'eau à la pâte. Verser 1 cuil. à soupe 1/2 de pâte dans la poêle et l'incliner légèrement pour que la pâte s'étale et forme un rond de 10 cm de diamètre. Si la pâte est trop épaisse, ajouter un peu d'eau. Faire cuire les crêpes pendant environ 3 min, jusqu'à ce qu'elles soient dorées dessous et que des bulles se forment sur le dessus. Empiler les crêpes dans une assiette et les laisser refroidir légèrement.
4 Verser 1 cuil. à soupe de ricotta sur la face non dorée des crêpes. Les plier en deux en forme de demi-lune et pincer les bords pour les coller.
5 Dans une friteuse ou dans une casserole à fond épais, faire chauffer l'huile d'arachide à 190 °C (à cette température, un morceau de pain jeté dans l'huile est doré en 10 s). Faire frire 3 ou 4 crêpes à la fois pendant 2 à 3 min, jusqu'à ce qu'elles soient dorées. Les retirer avec une écumoire et les égoutter sur du papier absorbant. Tremper les crêpes chaudes dans le sirop froid et les servir chaudes ou froides dans une grande assiette.

MA' AMOUL B'JOWZ
(Biscuits de Pâques aux noix)

Préparation : 15 min
Cuisson : 20 min
Pour 28 biscuits

☆

200 g de beurre, ramolli
120 g de sucre
2 cuil. à soupe d'eau de fleur d'oranger
250 g de farine, tamisée

FARCE AUX NOIX
50 g de noix, hachées
60 g de sucre
1 cuil. à café de cannelle moulue

1 Préchauffer le four à 160 °C. Beurrer deux plaques de four et les garnir de papier sulfurisé.
2 Dans un bol, battre le beurre et le sucre jusqu'à obtention d'un mélange léger et mousseux. Transvaser dans un saladier. Avec une cuillère en métal, incorporer l'eau de fleur d'oranger et la farine, et bien mélanger. Comprimer avec les mains jusqu'à obtention d'une pâte dure.
3 Pour la farce aux noix, bien mélanger tous les ingrédients dans un bol.
4 Former des boulettes avec de grosses cuillerées à soupe de pâte. Former une cavité au centre avec le pouce. Déposer 1 cuil. à café de farce dans les trous. Déposer les biscuits sur les plaques et les aplatir légèrement sans que la pâte recouvre la farce. Faire cuire les biscuits pendant 15 à 20 min, jusqu'à ce qu'ils soient dorés. Les laisser refroidir sur une grille et servir.

MOYEN-ORIENT

293

LE GRAND LIVRE DE LA CUISINE MÉDITERRANÉENNE

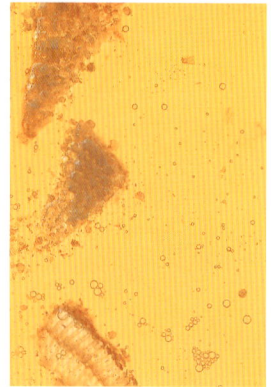

MIEL
Premier édulcorant au monde, le miel était déjà consommé au Moyen-Orient avant notre ère. Dans l'Égypte ancienne, une sorte de miel végétal était extrait des dattes et des raisins, et la Syrie était jadis réputée pour son miel d'abeille. Servant à l'origine à empêcher les pâtisseries de sécher ou à les raviver une fois rassies, le miel est employé pour parfumer et conserver les aliments. Étant élaboré à partir du nectar des fleurs, son goût et son parfum varient en fonction des fleurs butinées par les abeilles : c'est pourquoi on précise habituellement la plante dont il provient. En règle générale, plus sa couleur est foncée, plus sa saveur est corsée. Les différents miels ne sont donc pas toujours interchangeables. Pour la cuisine et la consommation courante, il est préférable d'utiliser une variété douce de teinte claire, comme le miel de trèfle.

CI-DESSUS : *Mahallabia*

MAHALLABIA
(Entremets à la crème d'amande)

Préparation : 15 min + 1 h de réfrigération
Cuisson : 40 min
Pour 4 personnes

500 ml de lait

70 g de sucre

2 cuil. à soupe de Maïzena

2 cuil. à soupe de farine de riz

70 g d'amandes mondées en poudre

1 cuil. à café d'eau de rose

2 cuil. à soupe de miel de fleurs

2 cuil. à soupe de pistaches décortiquées et concassées

1 Dans une casserole, faire chauffer le lait et le sucre à feu moyen, en remuant jusqu'à ce que le sucre soit dissous.
2 Mélanger la Maïzena, la farine de riz et 60 ml d'eau jusqu'à obtention d'une pâte. La mélanger au lait et laisser cuire à feu doux pendant 20 min, en remuant de temps à autre. Ajouter les amandes et laisser cuire pendant 15 min, puis ajouter l'eau de rose. Verser le tout dans des ramequins et les mettre au réfrigérateur pendant 1 h. Arroser de miel, parsemer de pistaches et servir.

SUFGANIYOT
(Beignets israéliens)

Préparation : 40 min + 10 min de repos
 + 1 nuit de réfrigération + 30 min de levage
Cuisson : 25 min
Pour 14 beignets

180 ml de lait tiède

1 cuil. à soupe de levure de boulanger en sachet

2 cuil. à soupe de sucre

370 g de farine

2 cuil. à café de cannelle moulue

1 cuil. à café de zeste de citron finement râpé

2 œufs (séparer les blancs des jaunes)

40 g de beurre, ramolli

100 g de confiture de prune, de fraise ou d'abricot

huile, pour frire

sucre supplémentaire

1 Verser le lait dans un bol et y dissoudre la levure et 1 cuil. à soupe de sucre. Laisser reposer pendant 10 min dans un endroit chaud, jusqu'à ce que des bulles se forment à la surface. Si la levure ne mousse pas, c'est que le mélange n'a pas pris et qu'il faut recommencer.

2 Tamiser la farine dans un saladier et ajouter la cannelle, le zeste de citron, les jaunes œufs, la levure, le reste de sucre et 1 pincée de sel. Bien mélanger, puis déposer la pâte sur un plan de travail légèrement fariné et la pétrir pendant 5 min. Incorporer peu à peu le beurre en continuant à pétrir pendant 10 min environ, jusqu'à ce que la pâte soit élastique. La mettre dans un saladier et couvrir d'un linge propre et humide. Laisser lever pendant toute une nuit au réfrigérateur.

3 Déposer la pâte sur un pland de travail légèrement fariné et l'abaisser jusqu'à obtention d'une épaisseur de 3 mm. À l'aide d'une forme de 6 cm de diamètre, découper 28 ronds dans la pâte. Disposer 14 ronds sur une plaque légèrement farinée et déposer délicatement 3/4 cuil. à café de confiture au centre de chacun. Battre légèrement les blancs d'œufs, puis en badigeonner le contour des ronds en ne touchant surtout pas la confiture. Recouvrir avec les 14 ronds restants et appuyer fermement sur les bords pour les coller. Couvrir d'un linge propre et laisser lever pendant 30 min. Vérifier que les bords ne se sont pas détachés et les recoller si nécessaire.

4 Remplir d'huile une casserole profonde à fond épais sur un tiers de sa hauteur et la faire chauffer à 170 °C (à cette température, un morceau de pain jeté dans l'huile est doré en 20 s). Faire frire les beignets en plusieurs fois pendant 1 min 1/2 de chaque côté, jusqu'à ce qu'ils soient dorés. Les égoutter sur du papier absorbant et les rouler dans le sucre. Servir immédiatement.

YAOURT À BOIRE

Presque tous les pays du Moyen-Orient possèdent leur recette de yaourt à boire, qui est souvent vendue dans les cafés et dans la rue. Pour 4 personnes. Dans un bol, battre 500 g de yaourt nature épais jusqu'à ce qu'il soit fluide, puis ajouter 500 ml d'eau glacée et battre jusqu'à obtention d'un mélange homogène. Ajouter 1 pincée de sel et 1 cuil. à soupe (ou plus) de menthe séchée broyée. Servir très frais avec des glaçons.

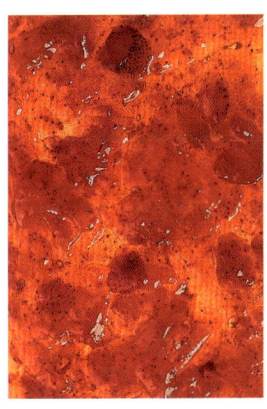

SUFGANIYOT
Le sufganiyot est la version israélienne du traditionnel beignet à la gelée polonais appelé pontchik. Comme d'autres aliments frits, il se déguste à Hanoukka, la fête des lumières, qui est célébrée pendant huit jours en commémoration d'un épisode du Talmud. Après avoir renversé un régime tyrannique, les Juifs voulurent consacrer de nouveau le Temple de Jérusalem. Malheureusement, il ne restait pas assez d'huile pour faire brûler le chandelier à sept branches plus d'une journée. Par miracle, l'huile dura huit jours, le temps de réapprovisionner les stocks.

CI-CONTRE : Sufganiyot

INDEX

Les numéros de pages en italique renvoient aux illustrations. Les numéros de pages en gras renvoient aux notes marginales.

A

Abats, **26**
    Crostini au foie de volaille, *94*, 95
    Fegato garbo e dolce, 121, *121*
    Foies d'agneau à l'origan, 26, *26*
Abbacchio, 129
Afelia, 260, *260*
Agneau, **47**
    Abbacchio, *128*, 129
    Arni yahni, 46
    Carrés d'agneau en croûte d'herbes, 168, *169*
    Chiche barak, 286, *287*
    Chiches-kebabs aux poivrons et aux herbes, 74, *74*
    Cochifrito, 234
    Fricassée d'agneau aux artichauts, 173, *173*
    Gigot d'agneau, **183**
    Gigot d'agneau en gasconnade, 183, *183*
    Gigot d'agneau farci, 236, *236*
    Harira, 254, *254*
    Hunkar begendi, 72, *73*
    Jarret d'agneau braisé et haricots blancs à la sauce tomate, 76, *76*
    Kebbeh, 284, *284*
    Kebbeh bil sanieh, 280, *280*
    Kefta bel ghanem, 77, *77*, *256*
    Méchoui, 262
    Moussaka, 44, *44*
    Pilaf d'agneau, 79, *79*
    Rôti d'agneau au citron et à la coriandre, 286, *286*
    Rôti d'agneau au citron et aux pommes de terre, 50, *51*
    Samboussek bi lahm, 276, *277*, **277**
    Souvlake, 47, *47*
    Tajine d'agneau aux coings, 258, *259*
Ail, **18**
    Ajo blanco, 220
    Bourride, 164, *164*, **164**
    Champignons sautés à l'ail, 100
    Champiñones al ajillo, 207
    Crudités à l'aïoli, 153, *153*
    Escargots au beurre d'ail et de persil, 160
    Frisée aux croûtons aillés, 157, *157*
    Gambas al ajillo, 207, *207*, **207**, 218
    Haloumi, salade et pain à l'ail, 29, *29*
    Haricots verts à l'ail et à la mie de pain, 121
    Poulet à l'ail, 224, *224*
    Poulet aux quarante gousses d'ail, 176, *177*
    Poulpes à l'ail et aux amandes, 213, *213*
    Skordalia, 18
    Soupe à l'ail, 184
    Spaghettini à l'ail et au piment, 110
Aïoli, **153**
    Crudités à l'aïoli, 153, *153*
Albondigas en salsa de tomate picante, 202, *203*, 219
Alcachofas en vinagreta, 211, *211*
Almejas a la marinera, 210, *210*

Amandes salées, 202
Amandes, **213**
    Ajo blanco, 220
    Amandes salées, 202
    Amandine, 190
    Baklavas, 84, *84*
    Cassata alla Siciliana, 141, *141*
    Escargot aux amandes, 267, *267*
    Gâteaux de semoule aux noisettes et aux amandes, 85, *85*
    Kataifi me amigthala, 57, *57*
    Kourambiethes, 56, *56*, **56**
    Mahallabia, 294, *294*
    Orgeat, 238, *239*
    Pastel de almendras, 238, *239*
    Poulet aux amandes, 263
    Poulpes à l'ail et aux amandes, 213, *213*
    Semifreddo aux amandes, 142, *142*
Amandine, 190
Anchoïade, 157
Anchois, 10, **103**
    Anchoïade, 157
    Bagna cauda, 152
    Beurre d'anchois, 154
    Poivrons rôtis aux anchois, 89, *89*
    Salade de pommes de terre aux anchois, 155
    Tapenade, 152, *152*, **152**
Antipasti, 96-97
Arancini, 90, *90*
Ardhi-chouki mehchi, 278, *278*
Arni yahni, 46
Artichauts, **127**
    Alcachofas en vinagreta, 211, *211*
    Ardhi-chouki mehchi, 278, *278*
    Artichauts braisés aux fèves, 50
    Carciofi alla Romana, 127, *127*
    Cœurs d'artichauts, 10
    Fricassée d'agneau aux artichauts, 173, *173*
Asperges, **91**
    Asperges vinaigrette, 174
    Espárragos de Andalucía, 216
    Frittata di asparagi alla menta, 91, *91*
Assaisonnements, 158-159
Ataif mehchi, 292, *293*
Aubergines farcies à la tomate et à la mozzarella, 102, *102*
Aubergines, **229**
    Aubergines farcies à la tomate et à la mozzarella, 102, *102*
    Baba ghannouj, 275, *275*
    Hunkar begendi, 72, *73*
    Imam bayildi, 68, *68*, **68**
    Melitzanosalata, 20
    Moussaka, 44, *44*
    Ragoût d'aubergines algérien, 248, *248*
    Salade d'aubergines, 28
Avocat
    Slat avocado ve pri hada, 276, *277*

INDEX

B
Baba ghannouj, 275, *275*
Bagna cauda, 152
Baklavas, 84, *84*
Basilic, **113**
    Crostini à la tomate et au basilic, *94*, 95, *97*
    Pesto, 104, **108**
    Soupe au pistou, 165, *165*
Bâtons de cannelle, **199**
Beignets au miel, 268, *268*
Beignets de fruits, 186, *187*
Beignets de riz à la sicilienne, 144, *145*
Betterave
    Betterave s et skordalia, 25, *25*
    Salade de betteraves au chèvre, 155, *155*
Bettes, 15, **281**
    Bettes sautées, *128*, 129
    Chorba adas bis silk, 282, *282*
    Salade chaude de pois chiches
        et de bettes au sumac, 281, *281*
    Soupe à la melokhia, 254
    Spanokopita, 48, *48*
    Tourte aux bettes, 189, *189*, **189**
Beurre clarifié, **287**
Biscotti, 148, *148*, **148**
Bocconcini, 10
    Insalata caprese, 93, *93*, **93**
Bœuf
    Bœuf à la provençale, 175, *175*
    Cocido madrileño, 235, *235*
    Pastitsio, 55, *55*
    Stifatho, 40
Boreks, 65, *65*
Bouillabaisse sauce rouille, 166, *166*
Boulghour, 10
    Beignets de lentilles et de boulghour,
        sauce au yaourt, 31, *31*
    Kebbeh, 284, *284*
    Kebbeh bil sanieh, 280, *280*
    Taboulé, 273, *273*
Bouquet garni, **173**
Bourride, 164, *164*, **164**
Brandade de morue, 156, *156*
Briami, 52, *52*
Briks tunisiens, 250, *251*
Brocoli
    Orecchiette aux brocolis, 108
Bucatini alla Norma, 113, *113*
Bucatini amatriciana, 109
Buñuelos de bacalao, 204, *204*

C
Cacciatora, **122**
    Poulet cacciatora, 122, *122*
Café
    Granité au café, 147
    Café turc, 84, *84*
Café turc, 84, *84*
Cailles
    Cailles au barbecue, 30, *30*
    Cailles en feuilles de vigne, 22, *23*
Cailles au barbecue, 30, *30*
Calamares a la plancha, 197, *197*
Calmars
    Calamares a la plancha, 197, *197*
    Calmars grillés sauce verte, 123, *123*
    Cuisson, **49**
    Insalata di frutti di mare, 99, *99*
    Kalamaria tiganita, 49
    Kalamaria toursi, 27, *27*
    Kalamaria yemista, 54, *54*
    Risotto aux fruits de mer, 116, *116*
    Riz aux calmars farcis, 224, *225*
Calmars grillés sauce verte, 123, *123*
Canard, **172**
    Canard rôti aux olives, 172, *172*
    Khoreshe fesenjan, 290, *290*
    Pato con peras, 231, *231*
Cannoli à la sicilienne, 144, *145*
Caponata au thon, 131, *131*
Câpres, 11, **95**
    Brochettes de thon aux câpres, 199
    Porc à la sauge et aux câpres, 178, *178*
    Tapenade, 152, *152*, **152**
Carciofi alla Romana, 127, *127*
Carottes
    Salade de carottes tunisienne, 250, *251*
    Soupe de carottes à la coriandre, 282
Carrés d'agneau en croûte d'herbes, 168, *169*
Cassata alla Siciliana, 141, *141*
Cédrat, 11
Cèpes, 13
Cerkes tavugu, 78, *78*, **78**
Cervelle
    Miala tiganita, 26
Ceviche de coquilles Saint-Jacques, 212
Champignons
    Carrés de polenta aux champignons,
        126, *126*
    Cèpes, 13
    Champignons farcis, 182, *182*
    Champignons sautés à l'ail, 100
    Champiñones al ajillo, 207
    Croquetas de jamón y de seta, 206, *206*
    Risotto aux champignons, 117, *117*
Champignons farcis, 182, *182*
Champiñones al ajillo, 207, *207*
Changurro, 222
Chermoula
    Brochettes de thon aux épices marocaines
        et chermoula, 255, *255*
Chiche barak, 286, *287*
Chiches-kebabs aux poivrons et aux herbes,
    74, *74*
Chocolat chaud espagnol, 243
Chorba adas bis silk, 282, *282*
Chorba bil hout, 252
Chorizo, 11, **202**, *219*
    Chorizo en sidra, 202, *203*
    Cocido madrileño, 235, *235*
    Paella au poulet et au chorizo, 237, *237*
    Pois chiches au chorizo, *198*, 199
Chou
    Lahano dolmathes, 24, *24*
Chou-fleur
    Beignets de chou-fleur, 66
    Chou-fleur macéré au vinaigre, 25
Chou-fleur macéré au vinaigre, 25
Churros, 242, *242*
Cilbir, 75, *75*
Citron, **39**
    Citrons confits, 13
    Granité au citron, 147
    Hamad m'rakad, 247, *247*
    Latholemono, 21
    Olives au citron confit et au piment,
        233, *233*
    Poissons grillés au fenouil et au citron, 181
    Poulet au citron, 39, *39*
    Poulet au citron confit et aux olives,
        264, *264*

Rôti d'agneau au citron et à la coriandre, 286, *286*
Rôti d'agneau au citron et aux pommes de terre, 50, *51*
Saltsa avgolemono, 37
Soupe avgolemono au poulet, 37, *37*
Tarte au citron, 188, *188*, **188**
Citrons confits, 13
Clafoutis aux cerises, 191, *191*
Cochifrito, 234
Cocido madrileño, 235, *235*
Coings aux épices, 269
Coings, **269**
Coings aux épices, 269
Dulce de membrillo, 241
Tajine d'agneau aux coings, 258, *259*
Compote d'abricots, 186, *187*
Coquilles Saint-Jacques à la provençale, 171, *171*
Coriandre, **286**
Afelia, 260, *260*
Gombos à la coriandre et à la tomate, 263, *263*
Harira, 254, *254*
Rôti d'agneau au citron et à la coriandre, 286, *286*
Soupe de carottes à la coriandre, 282
Coupe ramoneur, 148
Courgettes
Beignets de courgettes, 69, *69*
Briami, 52, *52*
Fleurs de courgettes, **88**
Fleurs de courgettes farcies, 88, *96*
Kousa mehchi bi laban, 283, *283*
Omelette aux courgettes, 181, *181*
Salade de petites courgettes, 54
Couscous sucré, 266, *266*
Couscous, 11
Couscous sucré, 266, *266*
Couscous aux légumes, 258, *259*
Crema catalana, 241, *241*
Crespelle ripiene, 114, *115*
Crevettes
Crevettes grillées sauce romesco, 200, *200*
Fritto misto di mare, 125, *125*
Gambas al ajillo, 207, *207*, **207**, *218*
Gambas al pil pil, 196
Garithes me feta, 42, *43*
Insalata di frutti di mare, 99, *99*
Risotto aux fruits de mer, 116, *116*
Crevettes grillées sauce romesco, 200, *200*
Croquetas de jamón y de seta, 206, *206*
Crostini, 94, *95*
Crostini à la napolitaine, 94, *95*
Crostini à la tomate et au basilic, 94, *95*
Crostini au foie de volaille, 94, *95*
Crostini aux olives, 94, *95*
Cumin
Kebabs de poisson au cumin, 280
Méchoui, 262
Salade de pois chiches au cumin, 69

D
Dattes
Losanges aux dattes, 269, *269*
Salade d'oranges et de dattes, 253, *253*
Truites farcies aux dattes, 257, *257*
Dolmades, 19, *19*, *35*
Dulce de membrillo, 241

E
Eau de fleur d'oranger, 13
Eau de rose, 14
Empanadas, 196, *196*, **196**
Ensalada rusa, 217, *217*, **217**
Épinards aux raisins secs et aux pignons, *226*, 227
Escabèche, 208, **208**, *209*
Escalivada, 216, *216*
Escargots au beurre d'ail et de persil, 160
Espadon
Brochettes d'espadon, 72, *73*
Involtini d'espadon, 134, *134*
Espárragos de Andalucía, 216

F
Falafel, 272, *272*
Farine besan, **66**
Fatayer sabanikh, 274
Fattouch, 279
Fava, 32
Fegato garbo e dolce, 121, *121*
Fenouil
Beignets de fenouil, 124, *124*
Olives grillées au fenouil et à l'orange, *232*, 233
Poissons grillés au fenouil et au citron, 181
Salade de fenouil, 98
Salade de fenouils grillés aux oranges, 160, *160*
Spaghetti aux sardines, au fenouil et à la tomate, 111, *111*
Feta, 11, **65**
Boreks, 65, *65*
Garithes me feta, 42, *43*
Salade de concombre et de feta à la menthe et à l'aneth, *250*, 251
Spanokopita, 48, *48*
Tiropitakia, 22, *23*
Feuilles de vigne, 15
Cailles en feuilles de vigne, 22, *23*
Dolmades, 19, *19*, *35*
Rougets en feuilles de vigne, 42, *43*
Fèves
Artichauts braisés aux fèves, 50
Fèves au jambon, 215
Purée de fèves, 249, *249*
Figues
Figues au prosciutto, 91
Figues au sirop de miel, 82, *82*
Figues pochées au vin rouge et au thym, 192
Higos rellenos, 238, *239*
Kotopoulo me syko, 46, *46*
Fleurs de courgettes farcies, 88, *96*
Focaccia, 139, *139*
Fougasse, 184, *184*
Fraises au vinaigre balsamique, 140, *140*
Frisée, 11
Frisée aux croûtons aillés, 157, *157*
Frittata di asparagi alla menta, 91, *91*
Fritto misto di mare, 125, *125*
Friture, **100**
Petits poissons frits, 100, *100*
Fromage de chèvre, **161**
Salade de betteraves au chèvre, 155, *155*
Tarte au fromage de chèvre, 161, *161*
Fruits de mer
Bourride, 164, *164*, **164**
Cuisson des fruits de mer, **49**

INDEX

Fritto misto di mare, 125, *125*
Insalata di frutti di mare, 99, *99*
Risotto aux fruits de mer, 116, *116*

G
Galatoboureko, *58*, 59
Gambas al ajillo, 207, *207*, **207**, *218*
Gambas al pil pil, 196
Garithes me feta, *42*, 43
Gaspacho, 220, *220*
Gigot d'agneau en gasconnade, 183, *183*
Gigot d'agneau farci, 236, *236*
Glace
    Glace à la lavande, 186, *187*
    Helado de canela, 240, *240*
Glace à la lavande, 186, *187*
Gnocchi à la romaine, 114, *115*
Gombo, 12, **263**
    Gombos à la coriandre et à la tomate, 263, *263*
Graines d'anis, **243**
    Biscuits à l'anis, 243, *243*
Graines de nigelle, 12
Granité au café, 147
Gratin de haricots de Lima, 50, *51*
Gratin de pommes de terre à la provençale, 168, *169*
Grenades, **71**
    Concentré de grenade, 13
    Khoreshe fesenjan, 290, *290*
    Purée de poivrons rouges aux noix et à la grenade, 273
    Salade aux olives vertes, aux noix et aux grenades, 71, *71*

H
Habas verdes en salsa de tomate, 234, *234*
Haloumi, 12, **21**
    Haloumi, salade et pain à l'ail, 29, *29*
    Saganaki haloumi, 21, *21*, *35*
Halvas fourno, 61, *61*
Hamad m'rakad, 247, *247*
Haricots
    Gratin de haricots de Lima, 50, *51*
    Habas verdes en salsa de tomate, 234, *234*
    Haricots blancs, **76**
    Haricots borlotti, 10
    Haricots lingots, 10
    Haricots verts à l'ail et à la mie de pain, 121
    Jarret d'agneau braisé et haricots blancs à la sauce tomate, 76, *76*
    Lubyi bi zayt, *34*, 66, *66*
    Purée de haricots au romarin, 88, *88*
    Salade de haricots lingots au thon, 101, *101*
    Saucisses aux haricots blancs, 230, *230*
    Soupe aux haricots lingots, 36
Haricots blancs, **76**
    Jarret d'agneau braisé et haricots blancs à la sauce tomate, 76, *76*
Haricots borlotti, 10
Haricots lingots, 10
    Purée de haricots au romarin, 88, *88*
    Salade de haricots lingots au thon, 101, *101*
    Soupe aux haricots lingots, 36
Haricots verts à l'ail et à la mie de pain, 121
Harira, 254, *254*

Harissa, 246, *246*, **246**
    Filets de poissons à la harissa et aux olives, 246
Helado de canela, 240, *240*
Higos rellenos, 238, *239*
Houmous, *35*, 64, *64*
Huevos a la flamenca, 214, *214*
Huile d'olive, 136-137
    Latholemono, 21
    Lubyi bi zayt, *34*, 66, *66*
    Purée de pommes de terre à l'huile d'olive, *176*, 177
Hunkar begendi, 72, *73*

I
Imam bayildi, 68, *68*, **68**
Insalata caprese, 93, *93*
Insalata di frutti di mare, 99, *99*
Involtini d'espadon, 134, *134*

J
Jambon
    Croquetas de jamón y de seta, 206, *206*
    Empanadas, 196, *196*, **196**
    Fèves au jambon, 215
    Jambon serrano, **215**, *218*

K
Kakavia, 36, *36*, **36**
Kalamaria tiganita, *34*, 49
Kalamaria toursi, 27, *27*
Kalamaria yemista, 54, *54*
Kataifi me amigthala, 57, *57*
Kebbeh bil sanieh, 280, *280*
Kebbeh, 284, *284*
Kefalotyri, 12
Kefta bel ghanem, 77, *77*, 256, *256*
Keftedes, 22, *23*
Khoreshe fesenjan, 290, *290*
Kotopoulo me syko, 46, *46*
Kourambiethes, 56, *56*, **56**
Kousa mehchi bi laban, 283, *283*

L
Labneh makbour, 274, *274*
Lahano dolmathes, 24, *24*
Lapin, **135**
    Lapin à la moutarde, 167, *167*
    Lapin au romarin et au vin blanc, 135, *135*
Latholemono, 21
Laurier, **274**
Leche frita, 240
Légumes farcis, **45**, **278**
Légumes macérés, **25**
Légumes, **52**
    Couscous aux légumes, 258, *259*
    Crudités à l'aïoli, 153, *153*
    Légumes farcis, **45**, **278**
    Légumes macérés, **25**
    Ratatouille, 174, *174*
    Salata baladi, 279, *279*
    Soupe au pistou, 165, *165*
    Tian de légumes, 179, *179*
    Tumbet, 229, *229*

Lentilles
    Beignets de lentilles et de boulghour, sauce au yaourt, 31, *31*
    Chorba adas bis silk, 282, *282*
    Lentilles au vin rouge, *176*, 177
    Lentilles du Puy, 12, **177**
    Salatet ads, 252, *252*
    Velouté de lentilles rouges, 70
Levure, **291**
Loukoums, 82
Lubyi bi zayt, *34*, 66, *66*

M

Ma' amoul b'jowz, 292, *293*
Mahallabia, 294, *294*
Marinades, **74**
Marsala, 12, **124**
    Côtes de porc au marsala, 126
Mayonnaise, 158, *158*
Méchoui, *262*, *262*, **262**
Melitzanosalata, 20
Melokhia, 12
Melomakarona, *58*, 59
Menthe
    Frittata di asparagi alla menta, 91, *91*
    Salade de concombre et de feta à la menthe et à l'aneth, *250*, 251
    Thé à la menthe marocain, 265
Meze, 34-35
Miala tiganita, 26
Miel, **294**
    Beignets au miel, 268, *268*
    Figues au sirop de miel, 82, *82*
    Melomakarona, *58*, 59
    Ricotta au miel et aux pignons, 238
    Tarte au miel et aux pignons, 149, *149*
Minestrone, **104**
Morue salée, 14, **227**
    Brandade de morue, 156, *156*
    Buñuelos de bacalao, 204, *204*
    Morue salée aux poivrons rouges, *226*, 227
Moules farcies, 201, *201*
Moules saganaki 33, *33*
Moules, **99**
    Insalata di frutti di mare, 99, *99*
    Moules à la sauce tomate aux herbes, 133, *133*
    Moules farcies, 201, *201*
    Moules saganaki, 33, *33*
    Risotto aux fruits de mer, 116, *116*
Moussaka, 44, *44*
Mozzarella in carrozza, 89
Mozzarella, 12, **89**
    Aubergines farcies à la tomate et à la mozzarella, 102, *102*
    Mozzarella in carrozza, 89

N

Noix, **185**
    Baklavas, 84, *84*
    Khoreshe fesenjan, 290, *290*
    Ma' amoul b'jowz, 292, *293*
    Pain aux noix, 185, *185*
    Purée de poivrons rouges aux noix et à la grenade, 273
    Salade aux olives vertes, aux noix et aux grenades, 71, *71*
    Tarator aux noix, 64
Nougat, 193, *193*, **193**

O

Œufs
    Cilbir, 75, *75*
    Huevos a la flamenca, 214, *214*
    Saltsa avgolemono, 37
Oignons
    Oignons farcis, 182
    Oignons grillés au vinaigre balsamique, 98, *98*
    Poulet aux oignons sur pita, 288
    Psari plaki, 38, *38*
    Stifatho, 40
Oignons farcis, 182
Oignons grillés au vinaigre balsamique, 98, *98*
Oktapodi krasato, 49, *49*
Olives aux herbes, 233, *233*
Olives farcies et frites, 92
Olives Kalamata, **29**
Olives niçoises, **175**
Olives, 232-233
    Canard rôti aux olives, 172, *172*
    Conservation des olives dans l'huile, 232
    Conservation des olives dans la saumure, 232
    Crostini aux olives, 94, 95
    Empanadas, 196, *196*
    Filets de poissons à la harissa et aux olives, 246
    Macération des olives, 233
    Olives au citron confit et au piment, 233, *233*
    Olives aux herbes, 233, *233*
    Olives farcies et frites, 92
    Olives grillées au fenouil et à l'orange, *232*, 233
    Olives Kalamata, 29
    Olives niçoises, 175
    Olives noires, 232
    Olives vertes, 232
    Pain aux olives, 138, *138*
    Pollo al chilindrón, 223, *223*
    Poulet au citron confit et aux olives, 264, *264*
    Préparation des olives, 232
    Salade aux olives vertes, aux noix et aux grenades, 71, *71*
    Salata horiatiki, 28, *28*, **28**
    Tapenade, 152, *152*, **152**
Om ali, 266
Omelettes, **181**
    Omelette aux courgettes, 181, *181*
Oranges
    Olives grillées au fenouil et à l'orange, *232*, 233
    Oranges macérées, 143
    Salade d'oranges et de dattes, 253, *253*
    Salade de fenouils grillés aux oranges, 160, *160*
    Slat avocado ve pri hada, *276*, 277
Oranges macérées, 143
Orecchiette aux brocolis, 108

P

Pain
    Fattouch, 279
    Focaccia, 139, *139*
    Fougasse, 184, *184*
    Haloumi, salade et pain à l'ail, 29, *29*
    Pain aux noix, 185, *185*
    Pain aux olives, 138, *138*

INDEX

Pain plat, **249**
    Pain plat au za'atar, 291, *291*
    Pain plat marocain, 265, *265*
    Pain turc, *35*, *80*, 81
    Pan con tomate, 201
    Pita, 290
    Poulet aux oignons sur pita, 288
    Semit, 264
    Tsoureki tou paska, 60, *60*, **61**
Pain plat marocain, 265, *265*
Pain plat, **249**
    Pain plat au za'atar, 291, *291*
    Poulet aux oignons sur pita, 288
Pain turc, *35*, *80*, 81
Palourdes, **210**
    Almejas a la marinera, 210, *210*
    Insalata di frutti di mare, 99, *99*
Pan con tomate, 201
Pan-bagnat, 156, *156*
Pancetta, 13, **92**
Panettone, 146, *146*
Panisses, 162, *163*
Panzanella, 103, *103*
Pappa al pomadoro, 105, *105*
Paprika, **75**
    Méchoui, 262
Parmesan, 13, **130**
    Escalopes de veau panées au parmesan
        et au romarin, 130, *130*
Pastel de almendras, 238, *239*
Pastilla, 260, *261*
Pastitsio, 55, *55*
Patatas bravas, 205, *205*
Pâte fillo, 11
    Boreks, 65, *65*
    Escargot aux amandes, 267, *267*
    Feuilleté au poulet, 41, *41*
    Galatoboureko, 58, *59*
    Om ali, 266
    Samboussek bi lahm, *276*, 277, **277**
    Sigara boregi, 67, *67*
    Spanokopita, 48, *48*
Pâtes, 106-107
    Bucatini alla Norma, 113, *113*
    Bucatini amatriciana, 109
    Linguine au pesto, 108, *108*
    Orecchiette aux brocolis, 108
    Pastitsio, 55, *55*
    Penne à la napolitaine, 109, *109*
    Ravioli aux herbes et au beurre de sauge,
        112, *112*
    Spaghetti à la puttanesca, 110, *110*
    Spaghetti aux sardines, au fenouil
        et à la tomate, 111, *111*
    Spaghettini à l'ail et au piment, 110
Pêches
    Pesche ripiene, 143, *143*
Pecorino, 13
    Salade de roquette au pecorino,
        105
Penne à la napolitaine, 109, *109*
Pesche ripiene, 143, *143*
Pesto, 104, **108**
    Linguine au pesto, 108, *108*
    Soupe minestrone au pesto, 104, *104*
Petits poissons frits, 100, *100*
Picada (sauce), 197, 221
Pignons, **285**
    Épinards aux raisins secs et aux pignons,
        226, 227
    Pesto, 104, **108**

    Poulet rôti farci aux pignons et au riz,
        285, *285*
    Ricotta au miel et aux pignons, 238
    Tarte au miel et aux pignons, 149, *149*
    Tourte aux bettes, 189, *189*, **189**
Piment
    Gambas al pil pil, 196
    Olives au citron confit et au piment,
        233, *233*
    Poisson grillé aux poivrons, au piment
        et aux pommes de terre, 228, *228*
    Spaghettini à l'ail et au piment, 110
Pissaladière, 162, *162*
Pistaches, **79**
Pita, 290
Pizza au prosciutto et à la roquette,
    119
Pizza aux quatre fromages, 119
Pizza turque, *80*, 81
Pizzas, 118-119
    Pissaladière, 162, *162*
    Pizza Margherita, 118
    Pizza rustica, 120, *120*
    Pizza turque, *80*, 81
    Prosciutto et roquette, 119
    Quatre fromages, 119
Plats aigres-doux, 46
Plats en terre cuite, **214**
Poires
    Pato con peras, 231, *231*
    Poires pochées au vin rouge,
        190, *190*
Pois chiches frits, 32, *32*
Pois chiches, 11, **32**, **272**
    Cocido madrileño, 235, *235*
    Falafel, 272, *272*
    Farine besan, **66**
    Galettes de farine de pois chiches,
        163
    Harira, 254, *254*
    Houmous, 64, *64*
    Panisses, 162, *163*
    Pois chiches au chorizo, *198*, 199
    Pois chiches frits, 32, *32*
    Salade chaude de pois chiches
        et de bettes au sumac, 281, *281*
    Salade de pois chiches au cumin, 69
Poisson
    Bouillabaisse sauce rouille, 166, *166*
    Chorba bil hout, 252
    Cuire le poisson dans le sel, **222**
    Escabèche, 208, *208*, *209*
    Filets de poissons à la harissa et aux olives,
        246
    Kebabs de poisson au cumin, 280
    Poisson à la séfarade aux petits légumes,
        288, *288*
    Poisson cuit dans le sel, 222, *222*
    Poisson en papillote, 170, *170*
    Poisson frit mariné, 248, *248*
    Poisson grillé aux poivrons, au piment
        et aux pommes de terre, 228, *228*
    Poissons grillés au fenouil et au citron,
        181
    Psari plaki, 38, *38*
    Psari tahina, 289, *289*
    Sardines au four, 31
    Taramosalata, 20
    Zarzuela de pescado, 221, *221*
Poisson à la séfarade aux petits légumes,
    288, *288*

Poisson cuit dans le sel, 222, *222*
Poisson en papillote, 170, *170*
Poisson frit mariné, 248, *248*
Poisson grillé aux poivrons, au piment et aux pommes de terre, 228, *228*
Poissons grillés au fenouil et au citron, 181
Poivrons
    Chiches-kebabs aux poivrons et aux herbes, 74, *74*
    Morue salée aux poivrons rouges, *226*, 227
    Poisson grillé aux poivrons, au piment et aux pommes de terre, 228, *228*
    Poivrons farcis, 45, *45*
    Poivrons marinés, *198*, 199
    Poivrons rôtis aux anchois, 89, *89*
    Poivrons rouges rôtis, 77
    Pollo al chilindrón, 223, *223*
    Purée de poivrons rouges aux noix et à la grenade, 273
Poivrons farcis, 45, *45*
Poivrons marinés, *198*, 199
Poivrons rôtis aux anchois, 89, *89*
Polenta, 13
    Carrés de polenta aux champignons, 126, *126*
Pollo al chilindrón, 223, *223*
Pommes de terre, **129**
    Briami, 52, *52*
    Gratin de pommes de terre à la provençale, 168, *169*
    Patatas bravas, 205, *205*
    Poisson grillé aux poivrons, au piment et aux pommes de terre, 228, *228*
    Pommes de terre au romarin, 129
    Purée de pommes de terre à l'huile d'olive, *176*, 177
    Rôti d'agneau au citron et aux pommes de terre, 50, *51*
    Salade de pommes de terre aux anchois, 155
    Salade de pommes de terre sauce piquante, 215, *215*
Porc
    Afelia, 260, *260*
    Côtes de porc au marsala, 126
    Porc à la sauge et aux câpres, 178, *178*
    Saucisses aux haricots blancs, 230, *230*
Poulet
    Cerkes tavugu, 78, *78*, **78**
    Feuilleté au poulet, 41, *41*
    Kotopoulo me syko, 46, *46*
    Paella au poulet et au chorizo, 237, *237*
    Pastilla, *260*, 260-261
    Pollo al chilindrón, 223, *223*
    Poulet à l'ail, 224, *224*
    Poulet au citron, 39, *39*
    Poulet au citron confit et aux olives, 264, *264*
    Poulet aux amandes, 263
    Poulet aux oignons sur pita, 288
    Poulet aux quarante gousses d'ail, *176*, 177
    Poulet cacciatora, 122, *122*
    Poulet rôti au romarin, 132, *132*
    Poulet rôti farci aux pignons et au riz, 285, *285*
    Soupe avgolemono au poulet, 37, *37*
Poulet rôti au romarin, 132, *132*
Poulpes
    Cuisson des fruits de mer, **49**
    Oktapodi krasato, 49, *49*
    Poulpes à l'ail et aux amandes, 213, *213*
    Poulpes à la provençale, 180, *180*
Poulpes à la provençale, 180, *180*
Produits régionaux (Provence), **168**
Prosciutto, 14
    Figues au prosciutto, 91
    Pizza au prosciutto et à la roquette, 119
    Saltimbocca, 124
Provolone, 14
Psari plaki, 38, *38*
Psari tahina, 289, *289*
Purées
    Baba ghannouj, 275, *275*
    Houmous, 35, 64, *64*
    Melitzanosalata, 20
    Purée de fèves, 249, *249*
    Purée de poivrons rouges aux noix et à la grenade, 273
    Skordalia, 18, *18*
    Tapenade, 152, *152*, **152**
    Taramosalata, 20, *20*, 35
Puttanesca, **110**
    Spaghetti à la puttanesca, 110, *110*

R

Radis, **279**
Ragoût d'aubergines algérien, 248, *248*
Ras-al-hanout, 14, 261
Ratatouille, 174, *174*
Ravioli aux herbes et au beurre de sauge, 112, *112*
Ricotta aux herbes, 102
Ricotta, **292**
    Ataif mehchi, 292, *293*
    Cannoli à la sicilienne, 144, *145*
    Ricotta au miel et aux pignons, 238
    Ricotta aux herbes, 102
Riñones al jerez, 204
Risotto, **117**
    Risotto aux champignons, 117, *117*
    Risotto aux fruits de mer, 116, *116*
Riz arborio, 10
Riz calasparra, 10
Riz, **224**
    Arancini, 90, *90*
    Beignets de riz à la sicilienne, 144, *145*
    Kalamaria yemista, 54, *54*
    Légumes farcis, **45**
    Paella au poulet et au chorizo, 237, *237*
    Pilaf d'agneau, 79, *79*
    Poivrons farcis, 45
    Poulet rôti farci aux pignons et au riz, 285, *285*
    Risotto, **117**
    Risotto aux champignons, 117, *117*
    Risotto aux fruits de mer, 116, *116*
    Riz arborio, 10
    Riz au safran, 256
    Riz aux calmars farcis, 224, *225*
    Riz calasparra, 10
    Riz pilaf, 48
    Spanakorizo, 38
    Tomates yemistes, 53, *53*, **53**
    Zerde, 83
Romarin, **132**
    Escalopes de veau panées au parmesan et au romarin, 130, *130*
    Lapin au romarin et au vin blanc, 135, *135*
    Pommes de terre au romarin, 129

INDEX

Poulet rôti au romarin, 132, *132*
   Purée de haricots au romarin, 88, *88*
Romesco (sauce), 200, *200*
Roquette, 14
   Salade de roquette au pecorino, 105
Rougets en feuilles de vigne, *42*, 43

S

Sabayon, 140, **140**
Safran, 14
   Riz au safran, 256
   Zerde, 83
Saganaki haloumi, 21, *21*, 35
Salade (préparation), **105**
Salade de carottes tunisienne, *250*, 251
Salade de concombre au yaourt, 65
Salade de concombre et de feta à la menthe
   et à l'aneth, *250*, 251
Salade niçoise, 154, *154*
Salata baladi, 279, *279*
Salata horiatiki, 28, *28*, **28**
Salatet ads, 252, *252*
Salmoriglio à la marjolaine, 132
Salsa rossa (« Sauce rouge »), 130
Saltimbocca, 124
Saltsa avgolemono, 37
Samboussek bi lahm, *276*, 277, **277**
Sangria, 227
Sardinas murciana, 208, *209*
Sardines au four, 31
Sardines farcies, 92, *92*, 97
Sardines, **111**
   Sardinas murciana, 208, *209*
   Sardines au four, 31
   Sardines farcies, 92, *92*, 97
   Spaghetti aux sardines, au fenouil
      et à la tomate, 111, *111*
Sauce béchamel, 55
Sauces, 158-159
   Sauce blanche, 201
   Sauce ravigote, 158, *159*
   Sauce verte, 159, *159*
   Sauce vierge, 159, *159*
Sauge, **178**
   Porc à la sauge et aux câpres, 178, *178*
   Ravioli aux herbes et au beurre de sauge,
      112, *112*
Saumon
   Saumon poché, 170
Seiche, **125**
   Fritto misto di mare, 125, *125*
Semit, 264
Semoule, 14
   Gâteaux de semoule aux noisettes
      et aux amandes, 85, *85*
   Halvas fourno, 61, *61*
Sigara boregi, 67, *67*
Skordalia, 18, *34*
   Betteraves et skordalia, 25, *25*
Slat avocado ve pri hada, *276*, 277
Soufflé chaud aux fruits, 192, *192*
Soupe à la melokhia, 254
Soupe au pistou, 165, *165*
Soupe avgolemono au poulet, 37, *37*
Soupe de carottes à la coriandre, 282
Soupe minestrone au pesto, 104, *104*
Soupes
   Ajo blanco, 220
   Bouillabaisse sauce rouille, 166, *166*
   Bourride, 164, *164*, **164**

Chorba adas bis silk, 282, *282*
Chorba bil hout, 252
Gaspacho, 220, *220*
Harira, 254, *254*
Pappa al pomadoro, 105, *105*
Soupe à l'ail, 184
Soupe à la melokhia, 254
Soupe au pistou, 165, *165*
Soupe au yaourt, 70, *70*
Soupe aux haricots lingots, 36
Soupe avgolemono au poulet, 37, *37*
Soupe de carottes à la coriandre, 282
Soupe minestrone au pesto, 104, *104*
Velouté de lentilles rouges, 70
Souvlake, 47, *47*
Spaghetti à la puttanesca, 110, *110*
Spaghetti aux sardines, au fenouil
   et à la tomate, 111, *111*
Spaghettini à l'ail et au piment, 110
Spanakorizo, 38
Spanokopita, 48, *48*
Stifatho, 40, *40*
Sucreries grecques, **61**
Sufganiyot, 294, *295*, **295**
Sumac, 15
   Salade chaude de pois chiches
      et de bettes au sumac, 281, *281*

T

Taboulé, 273, *273*
Tahini, 15
   Psari tahina, 289, *289*
Tapas, 218-219
Tapenade, 152, *152*, **152**
Tarama, 15, **20**
Taramosalata, 20, *20*, 35
Tarte au citron, 188, *188*, **188**
Thé à la menthe marocain, 265
Thon, **101**
   Brochettes de thon aux câpres, 199
   Brochettes de thon aux épices marocaines
      et chermoula, 255, *255*
   Caponata au thon, 131, *131*
   Salade de haricots lingots au thon,
      101, *101*
Tian, **179**
   Tian de légumes, 179, *179*
Tiropitakia, 22, *23*
Tomates à la provençale, 168, *169*
Tomates Roma semi-séchées, 123
Tomates séchées, 15
Tomates, **109**
   Albondigas en salsa de tomate picante,
      202, *203*, 219
   Aubergines farcies à la tomate
      et à la mozzarella, 102, *102*
   Concentré de tomate, 15
   Crostini à la tomate et au basilic,
      94, 95, 97
   Gaspacho, 220, *220*
   Gombos à la coriandre et à la tomate, 263
   Habas verdes en salsa de tomate, 234, *234*
   Insalata caprese, 93, *93*, **93**
   Lubyi bi zayt, *34*, 66, *66*
   Moules à la sauce tomate aux herbes,
      133, *133*
   Pan con tomate, 201
   Pappa al pomadoro, 105, *105*
   Patatas bravas, 205, *205*
   Poulpes à la provençale, 180, *180*

Psari plaki, 38, *38*
Sauce aux tomates fraîches, 159, *159*
Spaghetti aux sardines, au fenouil
  et à la tomate, 111, *111*
Tomates à la provençale, 168, *169*
Tomates Roma semi-séchées, 123
Tomates séchées, 15
Tomates yemistes, 53, *53*, **53**
Tortilla, 212, *212*, 219
Tourte aux bettes, 189, *189*, **189**
Trévise cuite, 131
Truites farcies aux dattes, 257, *257*
Tsoureki tou paska, 60, *60*, **61**
Tumbet, 229, *229*
Tzatziki, 18, *18*

V

Veau
  Escalopes de veau panées au parmesan
    et au romarin, 130, *130*
  Saltimbocca, 124
  Sofrito, 40, *40*
Vin
  Almejas a la marinera, 210, *210*
  Figues pochées au vin rouge et au thym,
    192
  Lapin au romarin et au vin blanc,
    135, *135*
  Lentilles au vin rouge, 176, *177*
  Oktapodi krasato, 49, *49*
  Poires pochées au vin rouge,
    190, *190*
  Poulpes à la provençale, 180, *180*
  Riñones al jerez, 204
Vinaigre
  Fraises au vinaigre balsamique,
    140, *140*
  Oignons grillés au vinaigre balsamique,
    98, *98*
  Sofrito, 40, *40*
  Vinaigre balsamique, **98**
  Vinaigre de vin rouge, **252**
Vinaigre balsamique, **98**
  Fraises au vinaigre balsamique, 140, *140*
  Oignons grillés au vinaigre balsamique, 98, *98*
Vinaigrette, 158, *158*

Y

Yaourt à boire, 295
Yaourt, **70**
  Beignets de lentilles et de boulghour,
    sauce au yaourt, 31, *31*
  Chiche barak, 286, *287*
  Cilbir, 75, *75*
  Kousa mehchi bi laban, 283, *283*
  Labneh makbour, 274, *274*
  Salade de concombre au yaourt, 65
  Sauce au yaourt, 277, 283, 287
  Soupe au yaourt, 70, *70*
  Tatlisi au yaourt, 83, *83*
  Tzatziki, 18, *18*
  Yaourt à boire, 295
  Yaourt nature, 27
Yemista, **45**
  Kalamaria yemista, 54, *54*
  Tomates yemistes, 53, *53*, **53**

Z

Za'atar, 15
  Pain plat au za'atar, 291, *291*
Zarzuela de pescado, 221, *221*
Zerde, 83
Zuppa inglese, 142

REMERCIEMENTS

ÉCONOMISTES DOMESTIQUES : Alison Adams, Renee Aiken, Kate Brodhurst, Rebecca Clancy, Ross Dobson, Justin Finlay, Jo Glynn, David Herbert, Michelle Lawton, Michaela Le Compte, Valli Little, Ben Masters, Tracey Meharg, Kate Murdoch, Justine Poole, Margot Smithyman, Angela Tregonning, Wendy Quisumbing.

AUTEURS DES RECETTES : Alison Adams, Roslyn Anderson, Janene Brooks, Jane Charlton, Rebecca Clancy, Judy Clarke, Ross Dobson, Michele Earl, Sue Forster-Wright, Jo Glynn, David Herbert, Katy Holder, Caroline Jones, Eva Katz, Kathy Knudsen, Jane Lawson, Valli Little, Barbara Lowery, Kerrie Mullins, Kate Murdoch, Christine Osmond, Sally Parker, Sarah Randell, Tracy Rutherford, Sylvia Sieff, Melita Smilovic, Margot Smithyman, Dimitra Stais, Angela Tregonning, Alison Turner, Jody Vassallo, Lovoni Welch.

PHOTOGRAPHES : Jon Bader, Craig Cranko; Ben Dearnley, Joe Filshie, Phil Haley, Chris Jones, Tony Lyon, André Martin, Luis Martin, Valerie Martin, Reg Morrison, Peter Scott, Mil Truscott.

STYLISTES : Marie-Hélène Clauzon, Carolyn Fienberg, Mary Harris, Michelle Noerianto, Maria Villegas, Sophie Ward.

L'éditeur tient à remercier les sociétés suivantes, toutes membres de NSW, pour l'aide qu'elles ont apportée à la réalisation des photographies de ce livre :
Bertolli Olive Oil ; Breville Holdings Pty Ltd ; Chief Australia ; MEC-Kambrook Pty Ltd.